二十一世纪普通高等院校实用规划教材 经济管理系列

商 法 概 论
(第 2 版)

雷兴虎　樊启荣　主　编
陈晓星　吴京辉　副主编

清华大学出版社
北京

内 容 简 介

本书以培养应用型、实用型人才为目标，紧跟我国商事立法的发展趋势，吸收商法研究的最新理论成果，注重案例分析和实证研究，着力打造一本适合普通高等院校经济管理类专业本科生教学的优秀商法教材。

全书分为六编，即商法总论、公司法、证券法、票据法、保险法与破产法，共计 22 章。本书立足于经济管理类专业应用型本科教学的需要，针对经济管理类专业学生知识结构的特点，系统介绍了商法的基本概念、基本原理与基本制度，重点培养学生对商法基本原理与制度的实际运用能力。

本书不仅适合普通高等院校经济管理类专业学生学习，而且还适合其他专业对商法感兴趣的学生和社会读者阅读。

图书在版编目(CIP)数据

商法概论/雷兴虎，樊启荣主编. —2 版. —北京：清华大学出版社，2017（2020.1重印）
(二十一世纪普通高等院校实用规划教材　经济管理系列)
ISBN 978-7-302-47632-0

Ⅰ. ①商… Ⅱ. ①雷… ②樊… Ⅲ. ①商法—中国—高等学校—教材 Ⅳ. ①D923.99

中国版本图书馆 CIP 数据核字(2017)第 153993 号

责任编辑：陈冬梅
封面设计：刘孝琼
责任校对：周剑云
责任印制：杨 艳

出版发行：清华大学出版社
　　　　　网　　　址：http://www.tup.com.cn, http://www.wqbook.com
　　　　　地　　　址：北京清华大学学研大厦 A 座　　　邮　　编：100084
　　　　　社 总 机：010-62770175　　　　　　　　　邮　　购：010-62786544
　　　　　投稿与读者服务：010-62776969, c-service@tup.tsinghua.edu.cn
　　　　　质量反馈：010-62772015, zhiliang@tup.tsinghua.edu.cn
　　　　　课件下载：http://www.tup.com.cn, 010-62791865
印 装 者：北京富博印刷有限公司
经　　销：全国新华书店
开　　本：185mm×230mm　　印　张：22.75　　字　数：492 千字
版　　次：2011 年 1 月第 1 版　2017 年 9 月第 2 版　印　次：2020 年 1 月第 2 次印刷
定　　价：53.00 元

产品编号：072994-01

前　言

目前，虽然我国各种版本的商法教材较多，但大多面向法学专业学生而编写，真正适合非法学专业特别是经济管理类专业学生学习的商法教材并不多见。本书正是基于这种现状而编写，以经济管理类专业学生为主要对象，重点突出商法与经济管理类专业知识的融通与应用。

随着我国社会主义市场经济的发展，经济、管理、法律等各专业之间的联系越来越密切，社会急需既懂经济管理又熟悉法律的融通型人才。毫无疑问，商法领域包含了经济生活领域中最活跃的部分，因而，学好商法对推动经济管理类学生正确理解商法、熟悉市场交易规则具有重要意义。本书的出版，希望能够满足经济管理类专业学生学习商法的需求，为培养应用型、复合型人才尽绵薄之力。

本书自 2011 年出版以来，我国商事立法有了较大幅度的修改，商法学界也取得了新的研究成果，为了适应客观形势的发展变化，我们对初版进行了相应的修改和完善。本书的突出特色有以下几点。

(1) 知识之系统性。本书全面反映了我国近期商事立法修改的动向，系统地叙述了商法的基本知识，既有商法总论对商法基本原理的介绍，又分公司法、证券法、票据法、保险法、破产法五编，具体阐述商法的各项具体制度。

(2) 内容之简明性。针对经济管理类专业学生的知识结构，本书内容尽可能采纳学界的通说，力求以简明的语言准确地介绍商法的基本概念、原理与制度。全书不拘泥于商法的学术争鸣和理论探讨，重在培养学生掌握简要的商法基本知识和处理商事实践问题的能力。

(3) 体例之创新性。为了更好地有利于经济管理类专业学生学习商法，本书进行了体例创新：每章先提出知识要点，之后再以案例引出该章重点内容，章后配有习题，方便学生自主学习。

本书分六篇，即商法总论、公司法、证券法、票据法、保险法与破产法，共计 22 章，系统地介绍了商法的基本概念、基本原理与基本制度，内容包括商法概述、商人与商行为、商事登记与商事账簿、公司法概述、有限责任公司、股份有限公司、证券法概述、证券发行法律制度、证券交易法律制度、证券监管法律制度、票据和票据法、票据权利、票据行为、记票、本票与支票、保险法概述、保险合同总则、人身保险合同、财产保险合同、破产法概述、破产实体法和破产程序法等，重点培养学生对商法基本原理与制度的实际运用能力。

　　本书由雷兴虎教授、樊启荣教授担任主编，陈晓星副教授、吴京辉副教授担任副主编。各撰稿人分工如下：雷兴虎，第一编各章；蔡科云，第二编第四章第一至四节，第五章第一至二节、第六节，第六章第一至二节；刘斌，第二编第四章第五节，第五章第三至五节、第七节，第六章第三至六节；向前，第三编第七章、第九章；田石英，第三编第八章、第十章；吴京辉，第四编各章；樊启荣，第五编各章；陈晓星，第六编各章。

　　本书在编写的过程中，参考了国内外学者许多有价值的研究成果，由于篇幅所限，没有一一列出，在此谨向有关著者、译者表示衷心的感谢。同时也敬请各位专家、学者和读者不吝赐教。

作　者

目　　录

第一编　商 法 总 论

第二编　公 司 法

第三编　证　券　法

第五编　保　险　法

第六编 破 产 法

第一编 商法总论

第一章 商法概述

知识要点:

依照其表现形式,商法可分为形式意义的商法和实质意义的商法。形式意义的商法是指国家立法机关制定的以"商法典"命名的狭义商法;实质意义的商法是指调整商事关系的法律规范的总称。我国的商法属于实质意义的商法。商法一般具有私法公法化、集组织法与行为法于一身、技术性、协调性和国际性等特点。商法应坚持商事主体法定原则、确认营利保护营利原则、促使交易简便迅捷原则、维护交易公平原则和保障交易安全原则等基本原则。

引导案例:

一位孩子的父亲到一家人寿保险公司为孩子购买平安险。保险公司提供的格式条款中规定,被保险人身体体检合格是合同的生效要件之一。父亲对条款没有异议,自认为孩子身体健康。在没有体检的情况下,在合同上签了字,并依照合同向保险公司交了保险费。在带孩子去医院体检的路上发生了交通事故,孩子被车撞死了。这位父亲便向保险公司索赔。

法院在审理该案件时有两种观点,其中有一种观点认为,保险公司应当赔偿。主要理由是投保人已经在合同上签字并交付了保险费,被保险人的死亡和合同中要求的体检无关,世界上不可能存在身体强壮得都不会被汽车撞死的人。从实质正义出发,保险公司应赔偿。另一种观点则认为,保险公司不应当赔偿,主要理由是合同未生效,在本案中应慎用"公平、正义"这种民法中的基本原则。因为保险公司是商人,追求营利目标,保险合同中的许多内容包括要求被保险人体检都是在不违反法律规定的情况下,将自己的风险降低到最小限度的一种安排。在国际人寿保险的惯例中,均要求被保险人进行体检。因此,该合同尚未生效,保险公司无须赔偿。

法官的前一种意见倾向于民法观念、民法意识,而后一种意见则倾向于商法观念、商法意识。这是一个商法案件,理应用商法的观念去理解和处理,千万不要用民法的观念代替商法的观念,否则,就会出现差错。学生学习商法概论的目的在于在认识商事活动和处理商事纠纷时,能够树立一个独立的商法观念和商法意识。

(资料来源:王小能、郭瑜.《商法独立性初探》.载于《中国商法年刊》第1卷,

上海人民出版社2002年。)

本章概述了商法总论中最基本、最重要的理论问题。通过本章的学习，要求学生准确理解商及商事的基本语义与范围，正确认识商法的概念、特征与调整对象，重点掌握商法的基本原则。

第一节　商法的概念与特征

一、商法的概念

商法是世界各国法律体系的有机组成部分，在各国的法律体系中占据十分重要的地位。我国要建设富强、民主、文明、和谐的社会主义现代化国家，实行市场经济的改革取向，与国际经贸惯例接轨，就必须发挥商法的重要作用。

商法这一概念，在国外出现的历史比较悠久，在我国大陆地区则是随着经济体制改革的进一步深化，才逐渐被法学界所承认和使用。由于在社会制度、经济结构、法制背景、民族传统和语言习惯等方面的差异，各国对商法这一概念的认识也不相同，即使在同一国家，人们对商法这一概念的理解也存在一定的分歧。所以，要给商法下一个统一的全世界都适用的定义几乎是不可能的。但商法的概念又是商法学中最基本的首要问题，只有准确理解了商法的概念，才能进一步研究商法学的其他理论问题，才能对商法的各项具体制度进行深入扎实的探讨和研究，因为商法学的其他问题都是由商法的概念引申出来的。因此，研究商法学的首要任务就是科学地揭示商法这一概念的本质属性，为其下一个比较准确的定义。

依照传统学者的认识，商法为"规定关于商事之法律"。[1]因此，要全面而又准确地把握商法这一概念，首要的问题是必须弄清"商"的含义和"商事"的范围，在此基础上再进一步探讨商法的概念。

(一)商的含义

"商"的含义可分别从一般字义、经济学和法律诸方面予以诠释。

1. 从一般字义上讲

"商"的本义为"贩卖货物的人"，并引申为"商品的买卖活动"。早在我国古代，《汉书》就称："通财鬻货曰商"，这是对商的一种最简单的解释。《白虎通义》说："商其远近，度其有无，通四方之物，故谓之商"，则是对商的一种较为详明的解释。在我国的上古时代，由于人们的生活简陋、交通不便，当时所称的"商"仅指媒介货物直接交换的行为，即物

---

[1]　张国键：《商事法论》，台北三民书局，1980 年 7 月版。

物交易。到了中古时代，随着货币制度的创立，其所称的"商"则是指以货币为媒介的财货交易。

2. 从经济学角度讲

从经济学角度讲，"商"指以营利为目的的直接媒介财货交易的行为。它是沟通生产与消费的直接媒介、中间环节，即从生产者手中将商品以低价买入，然后以较高的价格卖给消费者的营利行为，也即一般学者所称的"买卖商"。在这里，营利成了"商"的本质。

3. 从法律角度讲

从法律角度讲，"商"是在商事实践和商事习惯的基础上逐步形成的一个概念，它比经济学讲的"商"的范围要广得多。由于现代社会经济发达、交通便利、商业繁荣，颇有"无业不商"的感觉。因此，商法中的"商"泛指以营利为目的的营业行为，随着时代的发展，其范围逐渐扩大。根据各国商法的规定，法律所称的"商"，一般包括以下几种类型。

(1) 固有商，又称买卖商，即直接媒介财货交易的行为。如商品交易、证券交易、票据交易、海商活动等。

(2) 辅助商，又称第二种商，即间接媒介财货交易的行为。如货物运输、仓储保管、居间、行纪、代办等。

(3) 第三种商，即虽不直接或间接以媒介财货交易为目的，但与财货交易有密切关联的行为。如银行、信托、票据、承揽加工、制造、出版、印刷、影视等。

(4) 第四种商，即与辅助商、第三种商有关系的行为。如广告、保险、旅馆、饭店、酒楼、电影院、戏院、歌舞厅、马戏团等。

(二)商事的范围

所谓商事是关于商的诸种事项的总称。根据 1985 年《联合国国际贸易法委员会国际商事仲裁示范规则》的规定，商事是指具有商事性质的以下事项。

(1) 任何提供或交换商品或劳务的贸易交易。

(2) 销售协议。

(3) 商事代表或代理。

(4) 保付代理。

(5) 租赁。

(6) 工程建造。

(7) 咨询。

(8) 设计。

(9) 许可。

(10) 投资。

(11) 融资。

(12) 银行。

(13) 保险。

(14) 开采协议或特许权。

(15) 合营企业或其他形式的工业或商业合作。

(16) 客货的航空、海洋、铁路或公路运输等。

从范围来讲,商事有广义和狭义之分。广义的商事是指有关商的一切事项,如商事登记、商事组织、商事合同、商事账簿、商事管理、商事课税、商事仲裁、商事诉讼等。狭义的商事则专指商法所规范的事项,主要以公司、票据、保险、海商和破产五项为限。商法之所以将这五项确认为商事,主要因为这是由商事活动的基本过程和一般法律决定的。

从西方各国来看,关于商事主要有两种立法体例。一是民商分立模式,采用这种模式的国家将商事与民事相互区分、分别立法,即民事由民法典规范,商事则由商法典规范。其所称"商事"是指商人所为或与商人所为的行为。二是民商合一模式,采用这种模式的国家认为商事是民事的一部分,将商事和民事统合立法,即只制定民法典,而不另制定商法典。其所称"商事"是指以营利为目的或与其有关的一切行为,受民法典规范。关于商事的一些特殊事项,则由单行法规范,而这些单行法又属于民法特别法的范畴。

(三)商法的概念

依照其表现形式,商法可分为形式意义的商法和实质意义的商法。形式意义的商法是指国家立法机关制定的以"商法典"命名的狭义商法。换而言之,即指立法机关依照法定程序制定的商法典。据统计,在法国、德国、日本、比利时、西班牙等六十多个民商分立的国家制定有商法典。①另外,美国虽没有民法典,但却于1952年公布了《统一商法典》,几乎被全美五十个州采用。实质意义的商法则是指调整商事关系的法律规范的总称。实质意义的商法主要包括有关商事的单行法律、法规、规章以及商事自律性规范和商事习惯。在市场经济条件下,一个国家可能没有商法典,但不可能没有实质意义的商法。

根据我国现行商事立法的有关规定,并借鉴国外成功的立法经验,我们认为,商法不仅是国家对商事活动实行宏观调控和有效监管的重要依据,也是人们在商事活动过程中所必须遵循的行为准则,更是指导中国社会主义市场经济朝着规范化、制度化、法制化和国际化方向发展的有力武器。商法是调整商事主体在商事活动过程中所发生的社会关系的法律规范的总称。简而言之,商法是调整商事关系的法律规范的总称。商法所调整的商事关系主要有商事组织关系、商事交易关系、商事代理关系、商事自律关系和商事监管关系五种类型。我国没有形式意义的商法(即统一、系统的商法典),因此,我国的商法属于实质意义的商法,它是我国公司法、证券法、票据法、保险法和破产法等一系列单行商事法律的统称。

---

① 任先行、周林彬:《比较商法总论》,北京大学出版社,2000年版,第74~81页。

二、商法的特征

在我国社会主义市场经济法律体系中，商法与民法、经济法共同承担着对经济关系的法律调整，但作为一个独立的法律部门，商法与民法、经济法相比，又具有其自身内在的本质特征。

(一)商法具有私法公法化的特点

公法与私法之分，源于罗马法并一直为西方法学者所沿用。随着社会主义市场经济体制的确立，我国法学界也开始接受了西方传统的公法与私法的二元论。一般来讲，规定公权利义务关系的法律为公法，规定私权利义务关系的法律为私法。公法维护的是宏观利益，即国家利益和社会公共利益，其调整原则为国家或社会干预原则(或曰非意思自治原则)，而私法维护的却是微观利益，即公民个人和法人的私人利益，其调整原则为意思自治。商法的规范对象主要是营利性主体的营利行为，故商法属于私法范畴。但到了近代，鉴于社会经济生活的深刻变化，加之受"社会本位"法律思想的影响，许多国家在商法领域逐渐改变了以往"放任主义"的态度，转而采取积极的"干预主义"政策，学者称这种倾向为"商法公法化"。现代各国的商法"虽以私法规定为中心，但为保障私法规定之实现，颇多属于公法性质的条款，几乎与行政法、刑法等有不可分离之关系，却已形成'商事法之公法化'。"① 这就是说，商法具有私法性质，但却带有较为浓厚的公法色彩。例如，我国公司法关于公司登记及其法律责任的规定，我国票据法关于对票据违法行为予以行政处罚和刑事制裁的规定，我国保险法关于保险业监督管理的规定等，皆属公法的性质。所以，商法具有私法公法化的特点。换言之，商法是私法与公法的有机融合，是受公法限制和干预较多的一个私法领域。强调商法的私法性质，就要突出商自然人、商合伙和商法人作为商事主体的法律地位，使其在商事交易中具有独立性、自主性和平等性；承认商法的公法性质，就要加强国家对商事主体及商事交易活动的正确引导和宏观调控。

(二)商法是集组织法与行为法于一身的法律部门

由于商法是以商事主体和商事活动为规范对象的基本法，因此，商法既是一种组织法，又是一种行为法。作为组织法，商法规定了商事主体的组织形式、商事主体的名称、住所及能力、商事主体的法律地位、组织章程和组织机构等组织性问题。作为行为法，商法规定了商事主体的设立、合并、分立、解散、破产与清算，商事活动的代表、代理与监管，证券的发行、上市、交易及上市公司的收购与信息披露，票据的出票、背书、承兑、保证、付款及追索，保险合同的订立、解释、履行、变更及解除，保险的代理及经纪等行为性问

---

① 李宜琛：《民法总则》，台北中正书局，1977 年版第 3～4 页。

题。需要说明的是,商法规范的行为只是与商事主体的组织特点直接相关的行为,至于与商事主体的组织特点没有直接关联的行为,则不属于商法规范的对象,应由其他相关的法律予以规范。因此,商法是集组织法与行为法于一身的法律部门。

(三)商法具有浓厚的技术性

商法是在商事实践与惯例发展演变的基础上逐步形成的一门专门法律,它以反映商事交易简捷、公平与安全的客观要求为己任,以商事上的实用为依归,其规定的内容中含有大量的技术性规范,使其条款更具操作性。因此,商法具有浓厚的技术性,这与民法等一般私法规范偏重伦理性的特点形成了鲜明的对照。例如,公司法中关于公司设立的发起与募集方式、非货币出资方式的评估作价、出资证明书和股票的制作与签发、股东会的议事规则与表决程序、公司公积金和公益金的提取、公司资产的清算与分配等规定,证券法中关于证券的发行、上市与交易、上市公司的收购和信息披露等规定;票据法中关于票据的出票、背书、承兑、保证、付款、票据的抗辩和追索等规定;保险法中关于保险合同的订立、保险费用的计算、保险标的价值的测定、保险事故的确定、保险损害的理赔等规定,都具有技术规范的性质。商法规范的技术性,一方面要求人们要具有诚实信用的商事道德观念,另一方面则要求人们更要具有丰富的经济和技术知识,否则,就无法熟悉商法、遵守商法和使用商法。

(四)商法具有明显的协调性

法律规范有任意性和强制性之分。任意性规范规定的内容可以由人自行决定,而强制性规范规定的内容则十分明确,且必须履行,不允许任何人予以变更。由于各国商法大多同时采用了自由主义与强制主义的立法原则,因此,商法规范既有任意性,也有强制性。这便是一般学者所称的商法的协调性或二元性。

早期的商法以任意性规范为主。由于商事组织在市场经济中处于十分重要的地位,商事组织是否健全,直接关系到交易的安全,影响到国家利益或社会公共利益,自然不宜由当事人自行决定。故在商事组织方面,商法大多具有强制性的特点,例如公司设立必须符合法定种类、具备法定条件、履行法定程序、股东和公司必须履行法定义务,公司必须设置相应的组织机构,公司名称中必须标明公司的法定种类等,都是商法的规范具有强制性的体现。

由于商事交易贵在简便、迅捷、富有弹性,以由当事人自行决定为宜,故在商事交易方面,商法大多具有任意性的特点,例如合同的订立、交易的达成、形式的采用,证券的投资和票据的转让等都是商法规范具有任意性的体现。正是由于商法具有强制规范与任意规范相结合的特点,德国商法学者德恩(Dahn)才说:"商法是一切法律中最为自由,同时又是最为严格的法律。"①

---

① 张国键:《商事法论》,台北三民书局,1980 年版第 24 页。

(五)商法具有很强的国际性

自 18 世纪英国工业革命以来，社会生产力得到了迅猛发展，社会分工越来越细、越来越专业化，各国之间的商事往来和合作也越来越密切。特别是自 20 世纪以来，随着现代化生产规模的不断扩大，几乎每个国家和地区都参与了国际分工和合作，从而使各国的一国商事走向世界商事。当今的世界是一个开放的世界，谁都不能孤立于世界之外，任何国家和地区的商事活动，都不可能在封闭的状态下求得发展，只能从各国经济的互补性出发，去适应世界商事一体化的发展趋势。世界商事一体化和国际统一大市场的形成，使得调整商事关系的商法具有明显的国际性。

(1) 国际社会订立的有关商事活动的国际公约不胜枚举。有重要影响的，如 1910 年的《船舶碰撞及海难救助统一公约》、1924 年的《共同海损规则》、1924 年的《统一提单若干法律规则的国际公约》、1930 年的《统一汇票本票法公约》、1931 年的《统一支票法公约》、1946 年的《关税与贸易总协定》、1964 年的《统一国际货物买卖法公约》、1972 年的《国际海上避碰规则公约》、1974 年的《海上旅客及其行李运输公约》、1978 年的《联合国海上货物运输公约》、1980 年的《联合国国际货物买卖合同公约》等。

(2) 成立了一系列旨在推动"商法一体化"的国际商事组织。如国际海事委员会、国际法协会、国际商会、国际商会仲裁院、国际商事仲裁委员会、联合国国际贸易法委员会、世界贸易组织等，为商法的国际化做出了巨大贡献。

(3) 各国商法的内容愈益趋同化。由于受国际商事公约、国际商事惯例和国际商事组织的影响，各国商法的内容愈益趋同。因此，商法虽属国内法，但却具有很强的国际性、统一性或趋同性，正如德国学者李佩斯所言："尽管 20 世纪以来世界各国所经历的私法统一化过程可能包含更广泛的含义，但这一法律统一化过程首先是从商法开始的。"[①]

第二节　商法的基本原则

商法以促进市场繁荣、维护交易安全为宗旨，以尊重交易自由、发展经济贸易为己任。因此，各国商法普遍存在着反映其立法精神、适用于商事关系的某些基本原则。商法的基本原则是商法所确认的商事主体及其商事活动必须遵循的根本准则，它在商法体系中起着凝聚和统帅的作用，在商事立法中起着依据和准则的作用，在商事司法中起着指导和制约的作用。各国所确认的原则虽然有所不同，但大体上可分为规范商事主体和商事行为两类原则。在现代市场经济条件下，商法主要有以下五个基本原则。

---

① 董安生：《中国商法总论》，吉林人民出版社，1994 年版第 29 页。

一、商事主体法定原则

商事主体制度的健全与否,不仅涉及交易相对人的利益、商事活动的繁荣,而且关系到市场秩序的稳定,因此,各国商法通常以大量的强行法规则对商事主体的市场准入加以控制。商事主体法定原则主要体现在商事主体类型法定、标准法定和程序法定三个方面。

1. 商事主体类型法定

商事主体类型法定即商法对商事主体的类型作出的明确规定:投资者只能按照法定类型来设立商事主体,而不能任意创设法律未规定的商事主体。因此,投资者在创设或变更商事主体时,只能在法定范围内选择自己所希望的商事主体,否则,就无法得到法律的承认和准入。我国商事立法按照不同的标准对商事主体作了不同的划分,按照所有制可分为国有企业、集体企业、私营企业、外商投资企业、联营企业和个体工商户等类型;按照组织形式可分为个体工商户、独资企业、合伙企业和公司;按照大多数国家商事立法的规定,商事主体通常可分为商自然人、商合伙、商法人三种类型。从目前来看,我国商事立法对商事主体类型的规定,还存在着种类繁多、性质交叉、标准不统一等问题,应通过深化改革和完善立法予以解决。

2. 商事主体标准法定

商事主体标准法定即商法对商事主体的实质性条件作出的明确规定:投资者只能在完全具备这些实质性条件时,才能成立相应的商事主体。如在我国成立有限责任公司必须具备《公司法》第23条所规定的5个条件,而要设立股份有限公司则必须具备《公司法》第76条所规定的6个条件。不完全具备这些条件的,就不能设立有限责任公司或股份有限公司。

3. 商事主体程序法定

商事主体程序法定即商法对商事主体在设立时的程序作出的明确规定:投资者欲成立商事主体必须严格按照这些法定程序和步骤进行,否则,就无法达到预期的法律后果。如在我国设立有限责任公司和股份有限公司不仅要具备法定条件,还必须履行设立登记程序,对涉及国家安全、公共利益和关系国计民生等特定行业和项目,法律、行政法规规定需要审批的,还要履行审批程序,经公司登记机关核准后发给《企业法人营业执照》。《企业法人营业执照》签发之日,即为公司的成立日期,公司即取得了生产经营资格和法人资格,便可依法进入市场,从事商事活动。

二、确认营利保护营利原则

商事主体从事商事活动讲究成本、重视核算、谋求投资回报、追求利润最大化,以营利为目的。"天下熙熙，皆为利来；天下攘攘，皆为利往"，就是对商事主体趋利行为的真实写照。而作为规范商事主体及其商事活动的商法则始终渗透着确认营利、保护营利的原则。商法关于商事登记、公司、票据、保险、海商等规范均从不同方面反映了商法确认营利、保护营利的价值取向和原则。所以，"商法与民法，虽同为规定关于国民经济生活之法律，有其共同之原理，论其性质，两者颇不相同。盖商法所规定者，乃在于维护个人或团体之营利；民法所规定者，则偏重于保护一般社会公众之利益"。[①] 以公司法为例，发起人之所以创设公司，旨在营利，公司之所以从事营业活动，也是为了营利，股东之所以转让其所持有的股票，还是为了营利，非股东之所以购买股票，都是以营利为目的。因此，确认营利、保护营利是商法对商事交易价值规律的客观反映，没有商事主体对利润的孜孜追求，没有商法对营利行为的法律承认和切实保护，就不会有繁荣的市场经济，也就不会有人类物质文明的进步。

需要强调的是，商法承认和保护的营利必须是通过合法交易、正当手段，在遵守公认的商业道德的基础上所获得的经济收益和利润。对于采用非法交易、不正当手段、违背公认的商业道德而获得的收益和利润，商法不仅不予以承认和保护，还要予以相应的法律制裁。这意味着，商法虽是承认和保护利己的法，但绝不是承认和保护损人的法。

三、促使交易简便、迅捷原则

商事交易，重在简便、贵在迅捷。对于商事主体来讲，简便、迅捷的商事交易意味着交易周期的缩短、交易成本的降低、交易次数的增多和资金利润率的提高。为了适应商事交易这一客观要求，商法确定了促使交易简便、迅捷的原则。商法贯彻的促使交易简便、迅捷原则主要体现在以下三个方面。

1. 尊重当事人的意思自治

交易最为简便的方法就是确认当事人的商事契约自由与方式自由。因为，当事人只有在意志自由的情况下，才能更好地发挥主观能动性，以明智的决策，去谋求利润最大化。为此，商法对某些商事交易事项，如公司法中公司章程的任意记载事项、票据法中票据的任意记载事项、保险法中保险标的价值的约定、海商法中海上保险之委托等均允许当事人自行约定，其宗旨即在于促使商事交易的简便和迅捷。

2. 交易方式和交易客体的定型化

交易方式的定型化是指商法将交易的方式预先规定为若干类型，使任何商事主体，无论何时交易，都可以获得同样的效果。如对销售商货柜商品明码标价的规定，记名证券的

---

① 张国键：《商事法论》，台北三民书局，1980 年版第 23 页。

背书转让与无记名证券的交付转让等。交易客体的定型化是指商法对交易客体的商品化与证券化。交易的客体，若是有形物品，使之商品化，予以划一的规格或特定的商标，确保大量交易迅速成交；交易的客体，若是无形的权利，由于不便流通，商法使之证券化，如股票、公司债券、支票、汇票、本票、保险单、运输单、提单、仓单等证券，商法均规定了一定的内容和格式，使之定型化，便于使用和流通。

3. 短期时效主义

所谓短期时效主义，即规定交易行为所生请求权的时效期间较短，而从速确定其行为效力的立法规定。商法为谋求交易的迅捷，颇多采用短期时效主义之规定。例如，《中华人民共和国票据法》第17条规定，票据权利在下列期限内不行使而消灭：持票人对票据的出票人和承兑人的权利，自票据到期日起2年；见票即付的汇票、本票，自出票日起2年；持票人对支票出票人的权利，自出票日起6个月；持票人对前手的追索权，自被拒绝承兑或者被拒绝付款之日起6个月；持票人对前手的再追索权，自清偿日或者被提起诉讼之日起3个月。再如，《中华人民共和国保险法》第26条规定，人寿保险以外的其他保险的被保险人或者受益人，向保险人请求赔偿或者给付保险金的诉讼时效期间为二年，自其知道或者应当知道保险事故发生之日起计算。人寿保险的被保险人或者受益人向保险人请求给付保险金的诉讼时效期间为五年，自其知道或者应当知道保险事故发生之日起计算。而《中华人民共和国海商法》则从第257条至第267条对短期时效作了专章规定。

四、维护交易公平原则

商事交易活动追求的是利润，因而体现的是利己主义，凡进行商事交易活动者，大都凭着一己之力自由竞争，以达到其营利之目的。商法为了维护正常的交易秩序，反映价值规律的内在要求，必须贯彻维护交易公平原则。公平原则是伦理道德在商法上的反映，是社会进步、人类文明的体现。所谓维护交易公平原则就是以利益均衡作为价值判断标准来协调商事交易活动，确定商事交易主体之间的权利和义务的法律要求。倡导公平、谴责偏私是商法的精髓，尽管商法的规定千头万绪、复杂万端，但概括起来都是为了实现商事交易当事人之间利益平衡的公平需求。商法维护交易公平原则主要体现在以下两个方面。

1. 平等互利原则

商法中的平等互利原则包括两个含义，一是各商事交易主体在法律地位上要平等，在权利和义务方面要对等；二是各商事主体在商事交易活动中都要有利可图。其中，平等和互利是密不可分、相辅相成的，平等是基础，互利则是平等的必然要求，不平等就不会有互利，只有互利才是真正的、实质上的平等。按照平等互利原则的要求，各商事主体签订的商事合同，必须公平合理，而不允许附带不平等的条件和过分的要求，损害他方利益。

如《中华人民共和国海商法》第 126 条规定，海上旅客运输合同中含有下列内容之一的条款无效：免除承运人对旅客应当承担的法定责任；降低承运人的责任限额；对举证责任作出相反的约定；限制旅客提出赔偿请求的权利。

2. 诚实信用原则

商法中的诚实信用原则是指商事交易主体应以诚实和信用理念为交易，以维护交易公平。商法奉行诚实信用原则，在许多场合规定了当事人披露有关事实的义务和忠实履行商事合同的义务，禁止尔虞我诈、巧取豪夺、坑蒙拐骗等背信行为。如《中华人民共和国保险法》第 16 条规定，订立保险合同，保险人应当向投保人说明保险合同的条款内容，并可以就保险标的或者被保险人的有关情况提出询问，投保人应当如实告知。投保人故意隐瞒事实，不履行如实告知义务的，或者因过失未履行如实告知义务，足以影响保险人决定是否同意承保或者提高保险费率的，保险人有权解除保险合同。投保人故意不履行如实告知义务的，保险人对于保险合同解除前发生的保险事故，不承担赔偿或者给付保险金的责任，并不退还保险费。投保人因过失未履行如实告知义务，对保险事故的发生有严重影响的，保险人对于保险合同解除前发生的保险事故，不承担赔偿或者给付保险金的责任，但可以退还保险费。

五、保障交易安全原则

现代商事活动，随着交易标的的增大、交易手段的复杂、交易周期的加快、交易范围的扩大，交易的风险日益突出。为了增强商事主体的安全感，调动人们从事商事交易活动的积极性，保障交易安全便构成了商法的又一基本原则。保障交易安全就是要减少和消除商事交易活动中的不安全因素，确保交易行为的法律效用和法律后果的可预见性。现代商法采用了要式主义、公示主义、外观主义和严格责任主义，以保障交易安全。

1. 要式主义

所谓要式主义是指商法对公司章程、招股说明书、票据、保险合同、提单、仓单等重要的商事文书，大都规定了法定必载事项和相应的格式，以避免当事人在重大问题上的疏漏。例如，《中华人民共和国公司法》第 25 条规定，有限责任公司章程必须载明以下 7 个法定事项：公司名称和住所；公司经营范围；公司注册资本；股东的姓名或名称；股东的出资方式；出资额和出资时间；公司的机构及其产生办法、职权、议事规则；公司的法定代表人。股东依法还应在公司章程上签名、盖章。

2. 公示主义

所谓公示主义是指商法要求交易当事人对涉及利害关系人利益的客观事实必须公告周知，以便利害关系人有所了解，免受损害。我国商法为保障交易安全，采取公示主义规定的颇多。例如,《中华人民共和国公司法》第 173 条至第 177 条规定,公司合并、分立、减少注册资本时,应自作出决议之日起 10 日内通知债权人,并于 30 日内在报纸上公告。再如,《中华人民共和国证券法》第 67 条规定,发生可能对上市公司股票交易价格产生较大影响的重大事件,投资者尚未得知时,上市公司应当立即将有关该重大事件的情况向国务院证券监督管理机构和证券交易所报送临时报告,并予公告,说明事件的起因、目前的状态和可能产生的法律后果。

3. 外观主义

所谓外观主义是指商法以交易当事人的行为外观为标准而认定其行为的法律效果。按照外观主义,交易当事人的真实意思与意思表示不一致时,以意思表示为准,意思表示一经成立即发生法律效力。假若允许当事人以外观表示与真实意思不符而撤销商事行为,则显然不利于交易关系的稳固,从而造成交易的不安全。商法中的外观主义以票据法的规定最为典型。例如,《中华人民共和国票据法》第 4 条规定:“票据出票人制作票据,应当依法定条件在票据上签章,并按照所记载的事项承担票据责任。”第 14 条第 3 款规定:“票据上其他记载事项被变造的,在变造之前签章的人,对原记载事项负责;在变造之后签章的人,对变造之后的记载事项负责;不能辨别是在票据被变造之前或者之后签章的,视同在变造之前签章。”

4. 严格责任主义

所谓严格责任主义是指商法对商事交易的当事人规定了严格的义务和责任。现代公司的行为多依赖于公司负责人,其负责人的责任若不予以严格的规定,势必妨害交易的安全。为此,《中华人民共和国公司法》第 149 条规定,董事、监事、高级管理人员执行公司职务时违反法律、行政法规或者公司章程的规定,给公司造成损害的,应当承担赔偿责任。该法第 95 条又规定,股份有限公司的发起人,在公司不能成立时,对设立行为所产生的债务和费用负连带责任;在公司不能成立时,对认股人已缴纳的股款,负返还股款并加算银行同期存款利息的连带责任;在公司设立过程中,由于发起人的过失致使公司利益受到损害的,应当对公司承担赔偿责任。

自 测 题

1. 什么是商法?它有哪些基本特征?
2. 谈谈你对商法调整对象的认识。
3. 简述我国商法的基本原则。

第二章　商人与商行为

知识要点:

商人是指以自己的名义持续实施商行为,并以其为经常职业或营业的公民和组织。商人的本质特征在于对利润的追求,既有民事主体的共性,又有自身的个性。商人资格就是指商人能够以自己的名义从事商事活动,享有商事权利和承担商事义务的能力。要取得商人资格必须具备行为、职业、名义和利益以及知识或技能等几个实质性要件。商行为,即商事法律行为,是指商事主体为了设立、变更、终止商事权利和商事义务而实施的合法行为。商行为应具有以意思表示为基本要素、能够引起预期的法律后果、自主性和合法性等特征。商事代理行为是指商事代理人以营利为目的,接受被代理人(委托人)的委托,在一定的区域或处所代替被代理人同相对人(第三人)建立商事法律关系,其法律后果直接归属于被代理人的商行为。

引导案例:

武汉股民李惠明与他的四个朋友在其家中一起炒股,并摆有五台电脑供各自炒股之用。2008 年 10 月 24 日,武汉桥口供电公司在其门上贴了一张缴费通知单,认为李惠明等人属下海经商,是商业人士,在一起炒股是商业经营行为,所用电应为商业用电(0.95 元/度),而非居民用电(0.57 元/度),要求李在一个星期内按商业用电标准补交电费差额,否则将予以断电。李认为自己不是商业人士,炒股不是商业经营行为,用电应属居民用电而非商业用电,故未补交电费差额。一周之后供电公司果然停了李惠明家的电。

在我国一亿多股民中,绝大多数是在家炒股,股民并非商人,但股民炒股行为则属于商行为,即商法规定的、具有明显的营利性质,即便不是作为营业虽只作了一次也当然属于商行为。

(资料来源:整理自武汉电视一台 2008 年 11 月 1 日晚都市写真栏目)

本章介绍的商人和商行为是构成商法体系的两大支柱。通过本章的学习,要求学生熟悉商人的概念、特征、构成要件和分类,掌握商行为的概念、特征、构成要件和分类,注意区分商事代理行为与民事代理行为的本质区别和基本内容。

第一节 商　　人

一、商人的法律界定

(一)商人的概念

在西方传统商法上，商事主体被称为"商人"。随着 11 世纪欧洲城市的兴盛，经商的人逐渐增多，于是产生了商人这一特定的社会阶层。在中世纪的商人习惯法中，作为一个社会历史概念的商人，是指一个特定的社会阶层，享有经商权的特殊身份者，并不具有确切的法律含义。19 世纪以后，随着社会的普遍商化，商人已不是社会上的特定阶层，商人的特权受到了根本动摇并被禁止。在这种历史条件下，各国商法才将商人作为一个法律概念固定了下来。

我国历史上一向有重农抑商的传统，因此那个时期商人在某种意义上成了贬义词，现实生活中人们有鄙视商人的心态，这严重抑制了商品经济的发展。明清时代，随着生产力水平的巨大发展，自然经济逐步解体、商品经济不断发展，商人阶层进一步扩大。随着 1904 年《大清商律》的颁行，商人在我国也成了一个法律概念。

商人作为一个法律概念，在各国商法典中都有明确的界定。然而现代各国商法在对商人进行界定时，往往并不注重商人的外部特征，而是更加关注商人的实质性条件，即以是否持续从事营利性商行为作为商人的基本条件。

从各国立法对商人的定义来看，商人是指以自己的名义持续实施商行为，并以其为经常职业或营业的公民和组织。

(二)商人的构成要件或标准

从法理上讲，要取得商人身份必须具备以下几个实质性要件。

(1) 行为标准。行为标准即商人须实施某种特定的商行为(营利行为)，不实施任何一种商行为的公民或组织不能作为商人。

(2) 职业标准。职业标准即商人须以实施商行为作为习惯性职业。商人必须持续地实施同一性质的商行为，偶尔实施以营利为目的的行为，而不以实施商行为为职业或营业的公民或组织不属于商人。

(3) 名义标准和利益标准。名义标准和利益标准即商人须以自己的名义，并且是为了自己的利益而实施商行为。如果不是以自己的名义，即使不是为了自己的利益而实施商行为也不能算作商人。

(4) 知识或技能标准。知识或技能标准，即商人须对交易所涉及的标的或交易惯例具有专门知识或者技能。

二、商人的分类

商人依据不同的标准，可以有不同的分类。

(一)商自然人、商合伙和商法人

依据组织形态的不同，商人可分为商自然人、商合伙和商法人。

1. 商自然人

商自然人又称商个人或个体商人。它是指依照商法的规定，独立从事营利性行为，并享有商事权利和承担商事义务的公民个人。按照我国的相关规定，商自然人主要有流动摊贩、个体工商户和个人独资企业等类型。公民个人除法律、行政法规禁止经商者外，原则上都有商事权利能力和商行为能力的，都可以从事商事经营活动。个体工商户和个人独资企业均可以以工商行政管理机关核准的商号，独立从事商事经营活动。商自然人从事商事经营活动所发生的债务，个人经营的，以个人财产承担责任，家庭经营的，以家庭共有财产承担责任。

2. 商合伙

商合伙是介于商自然人和商法人之间的一种商人形态。传统理论认为，合伙只是合伙人之间的一种法律关系，而并非独立的法律关系主体。但是，随着社会经济的发展，合伙在不少国家立法中成了与自然人、法人并列的另一种独立的法律主体。商合伙在中国称为合伙企业，是指由各合伙人订立合伙协议，共同出资、合伙经营、共享收益、共担风险，并对合伙企业债务承担无限连带责任的营利性组织。商合伙有相对独立的人格、相对独立的财产和相对独立的责任能力，虽不完全具备法人的条件和特征，但却是独立的商事主体。

3. 商法人

商法人是指具有商事权利能力和商行为能力，能够独立进行商事经营活动，并享有商事权利和承担商事义务的社会组织。在中国立法上称为"企业法人"，也可称为"营利法人"。商法人不同于商自然人和商合伙之处主要在于：商法人是依照法定条件和程序设立的社会组织，拥有自己独立的财产，有自己的名称、组织机构和场所，能够独立承担法律责任。中国的商法人主要有国有企业法人、集体企业法人、私营企业法人、外商投资企业法人和联营企业法人等。但从组织形态来看，中国的商法人则主要包括有限责任公司、股份有限公司和其他企业法人等。

(二)营业商人、要式商人与拟制商人

依据德国 2009 年新商法典对商人的基本分类，商人可分为营业商人、要式商人与拟制

商人。

1. 营业商人

营业商人包括实际商人或必然商人、企业经营者任意商人或自由登记商人、农林业企业任意商人或自由登记商人以及公法人商人等。

2. 要式商人

要式商人，也称"法定形式商人"是指非独资的商事公司基于其法定形式而取得商人身份。

3. 拟制商人

拟制商人，也称为"依登记的商人"。如商号已在商事登记簿中登记，则对援用该登记的人，法律视其为商人，该拟制商人不得主张该商号名下的营业为非商事营业。

(三)大商人和小商人

依照经营规模的不同，商人可分为大商人和小商人。

1. 大商人

大商人又称为"完全商人"，是指以法律规定的商行为为经营范围，完全符合法定标准的商人。大商人通常从事法定的某种营利性行为，其设立必须符合法定条件和程序。其形式一般为企业或社团组织，其规模则多为大中型企业。因此，大商人是完全符合法定标准的典型商人。

2. 小商人

小商人又称为"不完全商人"，是指营业规模小、设备简单、资本金较少、经营范围比较狭窄的商人。采用小商人这一概念的国家和地区主要有德国、日本、意大利和中国台湾地区。小商人的经营规模一般较小，其资本金往往在法定标准额以下，如在日本，资本金未满50万日元的商人称为小商人。小商人，一般不适用商法中有关商业登记、商号和商业账簿的规定。小商人一般不需要履行登记程序，如在中国台湾地区，小商人主要是指沿门沿街叫卖者，在市场外设摊营业者，家庭农、林、渔、牧业者，家庭手工业者和其他小规模经营者。

三、商人的资格

(一)商人资格的概念

具有民事主体资格的人，并不必然具有商人资格，如未成年人可以成为民事主体，但是不能成为商人。所谓商人资格是指商人能够以自己的名义从事商事活动，享有商事权利和承担商事义务的能力。法律之所以规定商人的资格，主要基于两个方面的考虑：一是为了保护准备经商的人的利益，因为从事商事活动面临的风险很大，而事实上，并不是任何人都可以经商；二是为了保护社会整体的利益，因为无诚信的人经商、无经商资格的人经商，会导致公众利益的损害，甚至会造成社会秩序的破坏。

(二)商人资格的类型

在现代商法中，商人的资格一般可分为积极的商人资格与消极的商人资格。

积极的商人资格是指行为人依法取得商人资格必须具备的"能力要件"；消极的商人资格则是行为人依法不能取得商人资格的条件。

商人的积极资格与消极资格在法律效果上并不相同。如果行为人不具备积极要件，则该行为人不能取得商人身份，不得从事商事活动；如果行为人具备消极要件，则行为人不得经商，但是违反法律规定从商，有时可以获得商人身份，有时则不能。

(三)商人资格的基本内容

1. 成年人具有完全的商人资格

法国与意大利先后于 1974 年 7 月 5 日和 1975 年 3 月 8 日颁布法律，将成年人的年龄由 21 周岁降到了 18 周岁。在各国立法中，一般规定年满 18 周岁的人是成年人，具有完全的商人资格。

2. 未成年人原则上不能取得商人资格

在中国，未满 10 周岁的人是无行为能力人，而在法国，16 周岁以下属于"尚未解除亲权(监护权)的未成年人"，16 周岁以上则属于"已经解除亲权的未成年人"。无论何种情形，未成年人在法国均没有商人资格，未成年人即使从事了商行为，也不能在商事法院进行诉讼。另外，由未成年人订立的商事合同无效，但该无效只能由未成年人或其法定代理人提出，相对方则不能援引此种无效以摆脱其承担的义务。这是为了切实保护未成年人，因为通常情况下，未成年人并未完全成熟，仍然不具备商人的要件。比利时、葡萄牙也有类似规定。但在意大利，一旦未成年人结婚，则该人已被解除监护关系，经法院许可也可以成为商人。在德国、日本，未成年人可以成为商人，但必须由法定代理人进行代理或履行商事登记义务。

3. 精神病患者或弱智者不能取得商人资格

精神病患者或弱智者不能取得商人资格，因为他们不可能与竞争对手平等地进行竞争，如法国等国家对此有规定。

4. 公务员不得经商

如中国以及法、德、日、英、美等国的法律明文规定公务员不得经商。

5. 无诚信的人禁止经商

如法国法律明文规定无诚信的人禁止经商。

(四)商人资格的取得和终止

1. 商人资格的取得

商人资格的取得主要有以下情形。
(1) 以实施商行为而取得商人资格,如实际商人(必然商人)、小商人、法定商人。
(2) 通过登记而取得商人资格,如公司、企业。
(3) 以实施为营业作准备的行为而取得商人资格。

2. 商人资格的终止

商人资格的终止主要有以下情形。
(1) 因自动终止营业、解散而终止。
(2) 因被吊销营业执照、责令关闭或者被撤销而终止。
(3) 因被司法强制解散而终止。
(4) 因注销登记、缴销营业执照而终止。

第二节 商 行 为

一、商行为的法律界定

(一)商行为的概念

商行为也称商事行为,是大陆法系商法中的特有概念。法律规范的对象是各种不同性质的行为,商法规范的对象则是商行为,而非其他行为。在大陆法系的诸国,商事主体制度和商行为制度是构成商法的两大基本制度。凡是商事法律规范,要么为规范商事主体而设,要么为规范商事行为而设。

在民商法分立的国家,认定商行为的原则并不相同。有的采用"主观主义"或"商人法主义"的原则,以商人概念为其立法基础,并在此基础上推导出商行为,即先确定商人这个概念,再把商人的行为定义为商行为。采用这种原则的国家,如德国、瑞士均认为商人所从事的行为就是商行为。商人的主体身份或商人的经营方式在确定商行为中具有十分重要的意义。有的采用"客观主义"或"商行为主义"原则，以商行为为其立法基础，并在此基础上推导出商人的概念，即先确定商行为的客观性质，再把行使商行为的人界定为商人。法国是这一原则的最早采用者，但现在已改为采用"折中主义"了。西班牙则继承和发展了这一原则。西班牙认为，确定商行为应根据行为的客观内容和形式，而不问该行为是否由商人行使。有的则采用"折中主义"原则，以商人和商行为共同作为其立法基础，即实行主观主义和客观主义相结合的原则。有的商行为是根据行为的客观性质确定的，而有的则是根据商人的主体身份或商人的经营方式确定的。采用这种原则的国家以法国和日本为代表。按照这种原则，认定商行为既应根据行为的客观内容和形式，也要适当考虑行为人的主体身份。如日本商法首先规定了绝对商行为和营业商行为，并定义了以自己的名义，实施这些行为的人就是商人。这是"客观主义"的做法。然后，把商人为了营业而附带进行的行为界定为商行为。以营利为目的的社团、店铺经营者和矿业营业者，虽非以从事商行为为业，但也视其为"虚拟商人"，同时"虚拟商人"的行为也类推为商行为。这又是"主观主义"的做法。

大陆法系各国关于商行为的法律界定模式也不相同，大体可划分为概括主义、列举主义和概括列举相结合的三种立法体例。①采用概括主义的国家对商行为概念直接作出简洁的立法解释，也就是下一个归纳性的抽象定义。如《瑞士债务法》规定，凡经营商业、工厂或其他依商人之方法为营业，而为商业登记者所实施的行为即是商行为。②采用列举主义的国家对商行为的概念没有下归纳性的抽象定义，而是依法列举出若干种类的商行为，让具体行为来界定商行为的概念。如《西班牙商法典》没有明确规定商行为的定义，而是把商行为列举为三类，一是证券交易、票据、保险、运输、代理、居间等基本商行为，二是与基本商行为类似的其他交易行为，三是公司的营业行为。③采用概括主义与列举主义相结合的国家对商行为概念既下归纳性定义又列举出若干种类的商行为。如《德国商法典》不仅将商行为界定为商人所实施的、属于其商事营业经营的一切行为。而且列举了大量商行为，主要可分为五类，一是商业买卖，二是行纪营业，三是货运营业，四是运输代理营业，五是仓库营业。

上述关于商行为的三种立法体例，由于产生背景的不同，各有其特点。概括主义具有高度的抽象性，但不够具体，不便于操作。列举主义将概念具体化，可操作性强，但难以穷尽所有商行为。概括主义和列举主义相结合，既有抽象定义，又有具体行为界定，能够形成严谨的逻辑关系，避免了单独使用概括或列举的不足之处，不失为一种较为科学的概念界定体例。

各国由于立法主义和立法体系的差异，对商行为的理解和认识也不尽相同。但都认为商行为是商事主体所为之法律行为，是与民事法律行为相对应的一个概念。[1]在民商法合一的国家，商行为被认为是民事法律行为的有机组成部分，在本质上仍是民事法律行为，只

---

① 张国键：《商事法论》，台北三民书局，1980年版第6页。

是要适用作为民法特别法的商事法而已。

商行为或商事行为，在国外商事立法中，一般称为"商行为"，有的则称为"商业行为"、"经营行为"、"营业行为"、"企业行为"。按照《德国商法典》第 343 条和第 344 条的规定，商行为是指商人所实施的、属于其商事营业经营的一切行为。若无其他规定，那么由商人所为的法律行为，就被视为属于经营性营业。由商人签署的债据，以文书上无相反的规定为限，视为是在经营性营业中签署的。我们认为，商行为，即商事法律行为，是指商事主体为了设立、变更、终止商事权利和商事义务而实施的合法行为。

(二)商行为的特征

一般来讲，商行为具有以下四个法律特征。

1. 以意思表示为基本要素

商行为既然是商事主体有目的、有意识的行为，故"意思表示"是构成商行为不可缺少的基本要素。所谓"意思表示"是指行为人内在意志的外部表现，即商事主体把要求设立、变更、终止商事法律关系的内在意志用一定的方式表示于外部的行为。由此可见，意思表示有两层含义，一是要有内在意志，即行为人必须具有追求某种商事法律后果的主观愿望。这是行为人进行商事法律行为之前的心理状态，是行为人的出发点和归宿。其目的是要设立、变更、终止某种商事权利和商事义务。二是要有表示行为，即行为人将其内在意志通过一定的方式表现于外部，使他人能够了解。行为人的内在意志只有表现于外部，内在意志才有可能获得法律上的意义。因此，意思表示是产生商行为的基本要素或前提，没有意思表示，也就没有商行为。

2. 能够引起商事主体预期的法律后果

商行为是以取得商事权利、设定商事义务为预期目的的表意行为。因此，商行为除要求行为人所为的行为以意思表示为核心外，还要求必须能够引起行为人的预期的法律后果，即商事法律关系的设立、变更或终止。能否引起行为人预期的法律后果，是判断行为人的行为是否为商行为的一个重要标志。

3. 商行为具有自主性

各国的商法对商行为大多采用任意性规范，充分体现了当事人的意思自治原则。商人依法在国家宏观调控下，有权按照市场需求自主组织商事交易，不受他人非法干预。如《中华人民共和国海商法》第 127 条规定："本章(船舶租用合同)关于出租人和承租人之间的权利、义务的规定，仅在船舶租用合同没有约定或没有不同约定时适用。"这一规定充分体现了商行为的自主性。

4. 商行为是一种合法行为

行为只有同一定的法律联系起来，才是法律行为。因此，不是商事活动中的一切行为都是商事法律行为，只有上升为商事法律规范的行为，才是商行为。这就使商行为获得了不同于其他行为的法律意义。因此，商行为是以商法规范的存在为前提条件的。商行为的内容和形式符合商法的要求或者不违背商法的规定，才能受到商法的承认和保护，也才能产生行为人所预期的法律后果。因此，商行为就其本质而言，是一种合法行为。这种法制要求体现了国家对商行为进行法律指导与监督的实际情况。商行为的合法性，既体现为行为内容的合法，也体现为行为形式的合法，只有这样，商行为的效力才能得到法律的承认和保护，并产生行为人预期的法律后果。

(三)商行为的构成要件

商行为是法律对商事实践活动中最为普遍的营利性行为的高度概括，是商法规范的最为普遍、最为重要、最为典型的行为。一般来讲，商行为具有以下三个构成要件。

1. 商行为的主体必须是商人

商行为以商人为前提，商人在商事交易中有着十分重要的意义。因为商行为不仅是依照商人的经营方式确定的，而且是依照商人的经营方式分类的。不具有商事权利能力和行为能力的公民个人或社会组织不是商人，自然不能进行商行为。如《中华人民共和国公司法》规定，未依法登记为有限责任公司或者股份有限公司，而冒用有限责任公司或者股份有限公司名义从事商行为的，责令改正或者予以取缔，并可处以1万元以上10万元以下的罚款；构成犯罪的，还要依法追究刑事责任。

2. 商行为必须具有营利的目的

商行为的根本目的在于营利，这是商品交换价值规律的集中反映。商品交易如果不讲究成本核算，不讲营利，就不称其为商行为。营利是商行为的出发点和归宿，商法则是以营利为主线规范商行为的法律、法规和规章的总称。判断某行为是否为商行为，一个基本的标准就是营利，营利是商行为内在的本质特征。

3. 商行为属于持续性的营业行为

营业一般是指经营业务的意思。持续性营业则是在有效期间内连续不断地反复经营同一性质的业务。商行为就是一种持续性的营业行为。一般主体从事一次或为数不多的几次营利行为，不构成商行为。如公民偶尔出售自家的生活用品，就不能算作商行为。另外，一般主体从事的营利行为虽有连续性，但如果其从事的不是同一性质、同种类型的营利行为，就不构成商行为。因此，商行为不仅是一种营利行为，而且是一种具有连续性和同一性的营利行为。

二、商行为的分类

商行为依据不同的标准，可以有不同的分类。

(一)单方商行为与双方商行为

以行为主体双方是否都是商事主体为标准，商行为可以分为单方商行为与双方商行为。这种分类法主要存在于德国和日本。

1. 单方商行为

单方商行为是指在商事交易中，行为的一方当事人为商事主体，而另一方则为非商事主体，或者当事人一方所实施的是商行为，而另一方所实施的则是非商行为。学界把它们之间进行的商行为，又称为"混合交易行为"。例如，销售商与消费者之间的买卖行为，运输商与旅客之间的交易行为，商业银行与顾客之间的存款取款行为等。对于单方商行为的法律性质和法律适用，各国商法的规定和实践存在一定的差异。一般认为，单方商行为在本质上仍是商行为，行为主体均应受商法的约束。例如，《德国商法典》第345条规定："对于双方中的一方为商行为的法律行为，对双方均适用关于商行为的规定，但以此种规定无其他规定为限。"《日本商法典》第3条规定："当事人一方行为构成商行为的，本法适用于当事人双方。当事人一方为两人以上时，其中一人行为构成商行为的，本法适用于其所有成员。"这种规定虽然对适用法律带来许多方便，但对非商人来说却增加了不少商法上的过高的义务。而法国、英美等国的法律则认为，单方商行为在本质上是商行为与一般民事行为的结合，商法中关于商行为的规定只能适用于商事主体一方，而非商事主体一方则只能适用民法的相应规定。

2. 双方商行为

双方商行为是指行为的双方当事人都具有商事主体资格，他们所从事的活动都属于商事交易行为。例如制造商与销售商之间的买卖行为，批发商与零售商之间的购销行为，还有代理行为与居间行为等。对于双方商行为的法律性质和法律适用问题，各国商法的理论与实践多无分歧，这些行为适用商法自不待言。至于双方商行为的主体是商自然人还是商法人则不影响其性质的认定和法律适用。商法主要是规范商人和商人之间的法律，所以，对双方商行为也就提供了更多的法律保障。

这种分类对实体法与程序法的适用都有意义，主要在于解决商行为的法律性质和法律适用问题，而这一问题所体现的则是各国对民法与商法的关系，以及民法一般规则与商法特殊规则的关系的认识和主张。

(二)绝对商行为与相对商行为

商行为依据行为的性质和确认条件的不同，可分为绝对商行为与相对商行为。这一分类仅在实行客观主义或折中主义原则的国家具有法律意义。

1. 绝对商行为

所谓绝对商行为是指商法规定的、具有明显的营利性质，即便不是作为营业，虽只做了一次也当然属于商行为的行为。绝对商行为又称"客观商行为"，它具有客观绝对性、法律确定性和事实确定性，并不以行为主体是商人或行为采用营业方式为构成要件。由于它是由商法"限定列举"，并非"例示列举"，故不允许作类推性的扩大解释。所以，凡是商法明文规定的，才能认定为商行为，适用商法。绝对商行为基本上属于传统的商事活动。根据《日本商法典》第 501 条的规定，绝对商行为主要是指：①以获利而转让的意思，有偿取得动产、不动产、有价证券的行为或者有偿转让其取得物的行为；②缔结供给自他人处取得的动产或有价证券的契约，以及为履行此契约而实施的以有偿取得为目的的行为；③交易所中的交易行为；④有关票据及其他商业证券的行为。

2. 相对商行为

所谓相对商行为又称"主观商行为"或"营业商行为"，是指在商法规定的范围内，由商人作为营业而进行的行为。相对商行为具有相对性和条件性，它必须以行为主体是商人和行为采用营业方式为构成要件，否则，就不能算作商行为。相对商行为必须是商人所为，而且是作为营业而进行时，即在营业条件下所实施的行为。所谓"作为营业"是指反复、持续从事营利活动。这里的营业既包括主观意义上的营业(营业活动)，也包括客观意义上的营业(营业组织)。它可依主体、行为方式和法律规定的不同而有所不同。根据《日本商法典》第 502 条的规定，下列行为作为营业而进行时为商行为，但是，专以取得工资报酬为目的而从事制造物品或付出劳务的行为，不在此限。

(1) 以租赁的意思，有偿取得或承租动产或不动产的行为，或者以出租其取得物或承租物为目的的行为。

(2) 为他人实施的制造或加工行为。

(3) 供应电或供应气的行为。

(4) 运输行为。

(5) 工程或劳务承揽。

(6) 出版、印刷或摄影行为。

(7) 以招徕顾客为目的而实施的场所交易。

(8) 兑换及其他银行交易。

(9) 保险。

(10) 保管行为。

(11) 居间或行纪行为。

(12) 商行为代理。

(13) 信托行为。

这种分类的意义主要在于解决商行为的标准和条件问题,为司法实践确认商行为带来了方便,有利于解决民法和商法的适用顺序问题。

(三)基本商行为与附属商行为

商行为依据行为所处的地位不同,可分为基本商行为与附属商行为。

1. 基本商行为

基本商行为,即商人的本业,包括绝对商行为和营业商行为。它们是构成商人概念的基础,即根据基本商行为可以推导出商人的概念。换言之,凡是以自己名义,以从事商行为为业者就是商人。由于这两类商行为在整个商行为中属于基本形式,且符合商行为的基本要求,故合称其为基本商行为。在传统商法学者看来,基本商行为具有"直接媒介商品交易"的属性,是直接以营利性目的为内容的商行为。

2. 附属商行为

附属商行为又称"辅助商行为",它是指商事主体(固有商人和虚拟商人)为了自身的基本营业而附带进行的行为。这是采用"商人法主义"而作的规定,这种行为虽然也适用有关商行为通则的规定,但它不是以商人概念作为基础的,而是由商人概念导出的。换言之,附属商行为是以行为人即商人的存在为前提条件的,并非客观的商行为。在整个商行为中处于辅助地位,对基本营业行为的实现起辅助和推动作用。我们通常所说的主营就是基本商行为,而兼营则是附属商行为。对于买卖商来说,销售是其基本商行为,而仓储和运送则是其附属商行为。对于承运商来说,运送为其基本商行为,而原材料的购买则是附属商行为。商事主体为开业而进行的准备活动,也是附属商行为。《日本商法典》第 503 条第 1款对附属商行为作了规定,即商人为其营业所实施的行为为商行为。

这一分类对于在理论和司法实践中确认具体商行为的性质有着十分重要的意义。

(四)完全商行为与推定商行为

商行为依据适用商法的情况不同,可分为完全商行为与推定商行为。

1. 完全商行为

完全商行为又称"传统商行为"、"固有商行为"、"纯然商行为",即依照商法的规定或列举可以直接认定的商行为。它理所当然地完全适用商法有关商行为的规定,主要是指绝对商行为和与商人营业直接有关的商行为。

2. 推定商行为

推定商行为又称"准商行为"、"非完全商行为"、"非固有商行为"，是指不能直接依照商法的规定或列举加以认定，而必须通过事实或法律推定方可确认其具有商行为性质的行为，即准用商法有关商行为规范的行为。推定商行为一般是指虚拟商人(在日本包括民事公司、店铺经营者和矿业营业者等)的营业行为。虚拟商人所从事的行为本身并不是商法所规定的商行为，所以只能当作准商行为对待。这里也是采用"商人法主义"而作的规定。《日本商法典》第 503 条第 2 款对推定商行为作了规定，即商人的行为，推定为为其营业实施的行为。

这种分类的意义，既突出了完全商行为这一重点，又增强了商法的稳定性和覆盖面，使商行为制度更加适应现代复杂的商事活动和市场经济的发展需要。

三、商事代理行为

(一)商事代理行为的概念

一般认为，商事代理萌芽于 11～12 世纪的欧洲地中海沿岸。当时，自治城市形成了独立阶层的商人，他们不仅亲自经商，而且也因手工业之托，从事代为购销等商事代理业务。13～15 世纪的欧洲海上贸易有了长足的发展，对商事代理起到了较大的促进作用。当时，许多商人并不亲自出海，而是将货物或业务委托于代理商经营。为了适应商事代理的发展需要，1897 年的德国新商法典正式确立了商事代理制度。此后，各国纷纷仿效，如今商事代理已风靡全球。因此，商事代理是商品经济进一步发展的产物。

在现代市场经济条件下，商事代理更是无时不在、无处不有，而且发挥着越来越重要的作用。概括起来，商事代理主要有以下 5 个方面的作用。

(1) 有利于搞活商事交易活动。

(2) 有利于开展国际商事交易。

(3) 有利于解决与商事交易相关的问题。

(4) 有利于转换企业经营机制，改善企业经营管理。

(5) 有利于简化交易手续、节约成本，提高企业经济效益。

代理本是民法规范的民事法律行为中的概念，将之引用于商法领域中的商行为后，因其内容发生了质的变化，便成了商事代理。商事代理是民事代理派生出来的特殊形式，是民事代理在商事活动中的应用。因此，商事代理与民事代理存在着一定的渊源关系，但商事代理绝不是民事代理的简单再现，而是对民事代理的革新与发展。因此，只有将代理行为的本质特征和商事活动的客观要求结合起来，才能正确理解商事代理行为的确切概念。代理行为的本质特征是代理人以自己的行为为他人利益服务，而商事活动的客观要求则是简便、迅捷、公平、安全。商事代理是商事实践活动发展的必然结果,商事代理行为的概念必须反映代理行为的本质特征和商事活动的客观要求。

我们认为,商事代理行为是指商事代理人以营利为目的,接受被代理人(委托人)的委托,在一定的区域或处所代替被代理人同相对人(第三人)建立商事法律关系,其法律后果直接归属于被代理人的商行为。

由此可见,商事代理行为是商行为的一种,涉及商事代理人、被代理人和相对人三方面利益关系。没有相对人就不能产生商事代理行为,只有商事代理人代理被代理人与相对人进行商行为时,商事代理人与被代理人之间的商事代理关系才能实现。故被代理人与商事代理人之间为商事代理委托关系,商事代理人与相对人之间为商事代理行为关系,被代理人与相对人之间则为商事代理行为的法律后果承受关系。

(二)商事代理行为的特征

与一般民事代理行为相比,商事代理行为具有以下特征。

1. 商事代理行为产生于被代理人的委托

由于民事代理有委托代理、法定代理和指定代理三种类型,因此,民事代理既可以来源于被代理人的委托,也可以来源于法律的直接规定,甚至也可以来源于人民法院或有关单位的指定。而商事代理仅系委托代理,所以商事代理只能来源于被代理人的委托,否则,商事代理就无从产生。

2. 只有商人才能成为商事代理的被代理人

民事代理的被代理人是民事主体,即公民或法人,而商事代理的被代理人只能是商人,包括商自然人、商合伙、商法人。非商人可以成为民事代理的被代理人,但却不能成为商事代理的被代理人。

3. 依法成立的代理商是商事代理的代理人

民事代理的代理人既可以是公民,也可以是法人,只要具有民事行为能力即可。而商事代理行为是一种营业性行为,故须是经过商事登记成立的代理商,对从事银行、运输、专利、商标、证券、广告、外贸等业务的代理商,往往有较为严格的专业技术人员的资格要求。

4. 商事代理都具有有偿性

民事代理既可以是有偿的,也可以是无偿的,但商事代理均属有偿代理。因为商事代理是代理人的经营性行为,代理本身就是实施商行为,因此须以营利为目的。营利始终是商事代理的动因和归宿。因此,各国商法一般规定,代理商要依合同请求报酬,或请求偿还其费用。

5. 商事代理可以采用"非显名主义"

民事代理行为只有以被代理人的名义进行，才能为被代理人取得权利、设定义务。如果以自己的名义进行，就不称其为民事代理行为，而是自己的行为，这即民事代理的"显名主义"原则。商事代理既可以以被代理人的名义进行，也可以以代理人自己的名义进行，这就是商事代理的"非显名主义"原则，它是商事代理同民事代理的主要区别。

(三)商事代理行为的分类

商事代理行为依不同的标准，可划分为不同的种类。

1. 直接代理与间接代理

商事代理依据代理名义的不同，可分为直接代理与间接代理。

直接代理又称"显名代理"，是指商事代理人在代理权限内，以被代理人的名义同相对人进行商事交易活动，其法律后果是直接由被代理人承担的商事代理。在直接代理的情况下，由于商事代理人实施的代理行为是以被代理人的名义进行的，法律后果直接归于被代理人，第三人亦直接与被代理人发生权利义务关系。

间接代理又称"非显名代理"，是指商事代理人在代理权限内，以自己的名义同相对人进行商事交易活动，其法律后果是间接由被代理人承担的商事代理。在间接代理的情况下，由于商事代理人实施的代理行为是以自己的名义而非被代理人的名义进行的，故该代理行为的法律后果仅间接地归于被代理人，第三人并不能直接同被代理人发生权利义务关系，只能在代理人将该代理行为所形成的法律后果移交给被代理人后，第三人与被代理人才能发生权利义务关系。

2. 一般代理与全权代理

商事代理依据代理权限的大小，可分为一般代理与全权代理。

一般代理是代理权限受到一定限制的商事代理。一般代理有地区及业务范围的限制，必须在被代理人明确授权范围内实施代理行为。在实务中，如无特别说明，商事代理即为一般代理。

全权代理是指代理人的代理权限不受特别限制，可以实施法律允许的一切行为的商事代理。全权代理必须由被代理人在授权委托书中明确规定，否则，只能是一般代理。

3. 总代理与分代理

商事代理依据代理业务的范围，可分为总代理与分代理。

总代理又称"全部代理"，是指商事代理人在确定的区域内，可以代理被代理人从事全部业务活动的商事代理。

分代理亦称"部分代理"，是指代理人在确定的区域只能代理被代理人从事部分业务活动的商事代理。

4. 独家代理与多家代理

商事代理依据代理权是否具有排他性，可分为独家代理与多家代理。

独家代理是指具有排他性的商事代理。在独家代理的情况下，被代理人在约定的地区只能将代理权委托给一个代理人，该代理商独自享有代理权，其代理权具有排他性，被代理人不得另行委托其他代理人为其办理商事代理业务。

多家代理是指不具有排他性的商事代理。在多家代理的情况下，被代理人可以将代理权委托给两个或两个以上的代理人，各个代理人的代理权限都不具有排他性，各个代理人只能在各自的授权范围内实施代理行为，相互间并不发生任何法律关系。

5. 缔约代理与媒介代理

商事代理依据代理人是否享有缔约权，可分为缔约代理与媒介代理。

缔约代理是指代理人有权与第三人订立契约的商事代理。在缔约代理中，被代理人授权代理人对外签订商事合同，代理人一般应显示自己缔约代理人的身份。

媒介代理是指代理人仅有权促成被代理人与第三人订立契约，而无权代理被代理人直接与第三人订立契约的商事代理。在媒介代理中，代理人只起媒介作用，并不能以被代理人的名义直接与第三人订立契约，契约上一般也不显示媒介代理人的身份。

(四)商事代理行为的实施

商事代理人在商事代理关系中起着承上启下的作用，其商事代理行为的实施是否得当，直接影响到被代理人和第三人的合法权益。因此，代理人实施商事代理行为必须遵守以下三个规则。

1. 实施商事代理行为必须在授权范围内进行

商事代理人在实施商事代理行为之前，必须同被代理人订立代理协议，明确自己的代理事项、代理权限和代理期限。如果授权范围不够明确，代理人应主动向被代理人征询清楚。在没有征询清楚之前，不得随意实施。同时，代理人在实施商事代理行为过程中，若遇到新的情况出现，应及时请示被代理人。任何超越授权范围的商事代理行为，若未由被代理人追认，对被代理人则不产生法律效力，其后果只能由代理人自己承担。

2. 实施商事代理行为必须维护被代理人的合法权益

为被代理人的利益服务，是法律创设代理制度的主要宗旨，也是代理制度的本质特征。因此，代理人在实施商事代理行为时，必须自觉维护被代理人的合法权益。在商事代理过程中，代理人应以被代理人的利益为重，绝不能放弃甚至侵占被代理人的利益。代理人必须承担对被代理人的管理义务，忠实严格地履行代理职责，不得懈怠。如发现情况有变，继续代理的结果对代理人不利，则应停止实施商事代理行为，并及时告知被代理人，否则，代理人就要承担相应的法律责任。

3. 实施商事代理行为绝不能滥用代理权

代理人在实施商事代理行为时，必须正确使用被代理人授予的代理权，而不能滥用代理权。滥用代理权是指代理人利用享有代理权的便利条件，而损害被代理人的利益。滥用代理权主要包括以被代理人的名义与自己进行商事交易，同时作为双方当事人的代理人和与第三人恶意串通等类型。滥用代理权而实施的商事代理行为不由被代理人承担，而应由代理人独自承担或由代理人与第三人共同承担。

自　测　题

1. 什么是商人？它必须具备哪些构成要件？
2. 谈谈商自然人、商合伙、商法人的区别与联系。
3. 什么是商行为？它有哪些法律特征？
4. 商行为的构成要件有哪些？
5. 试分析商事代理行为与民事代理行为的联系与区别。

第三章　商事登记与商事账簿

知识要点：

商事登记是指拟从事商事经营活动的公民、组织为设立、变更或终止商事主体资格，依照法定条件和程序向商事登记主管机关申请登记并由商事登记主管机关核准登记的法律制度。我国的商事登记体制属于行政监管主义。我国的商事登记机关为国家工商行政管理总局和地方各级工商行政管理局。商事账簿是指商事主体依法造具的记载其营业及财产状况的书面簿册。商事账簿的置备者只能是商事主体，商事账簿必须依法置备，商事账簿日趋准则化和国际化。我国的商事账簿主要有会计凭证、会计账簿和财务会计报告三种类型。

引导案例：

陈维富是四川眉山市川佛油气发展有限公司(以下简称川佛公司)的股东、法定代表人。2003年5月，他与公司其他3名股东共同签署了《股份转让协议》，陈维富的股份由55%降到了32%。该"协议"同时约定上述股权变更经川佛公司第八次股东会同意后生效。6月1日，4人又准备签署川佛公司《第八次股东会决议》，对新增股东予以确认，并选举产生公司新的法定代表人。由于在股份转让条款上的争执，并未形成《第八次股东会纪要》。

但川佛公司的拟任法定代表人张进旭依然签署了《公司变更登记申请书》。眉山市工商局收到申请材料后，经审查核准了川佛公司的变更登记内容，并颁发了核准后的《企业法人营业执照》。

2005年9月5日，陈维富委托眉山公信司法鉴定中心，对川佛公司在申请变更登记时向工商局提交的《第八次股东会纪要》上"陈维富的签名和捺印"进行鉴定。鉴定结论为："第八次股东会纪要上的签名'陈维富'不是陈维富本人书写，签名'陈维富'处指印不是陈维富所留。"

陈维富持鉴定结论向眉山市东坡区法院提起行政诉讼，认为工商局应对登记材料不真实承担相应的责任，请求撤销工商局的变更登记。其他三名股东作为第三人参与了诉讼。

眉山市东坡区法院认为：申请材料不真实引发的后果，登记主管机关不承担责任，因此，陈维富认为工商局应对登记申请材料不真实承担相应责任的理由不能成立，不予支持。陈维富不服，提起了上诉。

眉山市中级人民法院则认为：工商登记机关必须审查证据的来源及内容的真实性，才符合法律程序，否则任何人都可能凭伪造的登记材料进行工商登记。2006年7月18日，眉山中院作出判决：撤销眉山市工商局2003年6月12日作出的向川佛公司核发《企业法人营业执照》的变更登记行为。

凭伪造的申请材料变更了股权登记，该登记当然没有法律效力。我国工商登记机关要对重要的登记事项依职权进行审查，但已登记的事项不能因此而推定其完全真实，其登记事项的真伪最终应由司法机关予以裁定。

(资料来源：孙继斌、孟琳达.《伪造材料变更股权登记，把工商机关推到了风口浪尖》，

原载《法制日报》2006-09-26。)

本章阐述了商事登记与商事账簿的基本内容。通过本章的学习，要求学生掌握商事登记的概念、特征及商事登记机关与登记体制，熟悉商事账簿的概念、特征及商事账簿的种类与内容。

第一节 商事登记

一、商事登记的概念与特征

商事登记，在日本和我国的台湾地区被称为"商业登记"。所谓商事登记是指拟从事商事经营活动的公民、组织为设立、变更或终止商事主体资格，依照法定条件和程序向商事登记主管机关申请登记并由商事登记主管机关核准登记的法律制度。

一般来讲，商事登记具有以下法律特征。

(1) 商事登记是一种法律行为。商事登记的目的在于创设、变更或终止商事主体资格，商事登记的法律效力就在于赋予经商者以商事权利能力和行为能力。

(2) 商事登记是一种要式法律行为。商事登记必须严格依照法定条件、法定格式和法定要求进行，否则，就不能产生预期的法律效果。

(3) 商事登记是一种公法行为。商事登记制度主要体现的是一种国家意志，在本质上属于公法行为。

(4) 商事登记是强化商事监管的有效手段。建立健全商事登记制度，有利于保护商事主体自己的合法权益，昭示其商业信誉。通过商事登记，可以使社会公众了解商事主体的基本情况，从而有利于实现交易安全，保护社会公众的利益。同时，有了商事登记制度，登记主管机关就可以掌握商事主体的有关情况，便于政府对商事主体进行有效监管。

二、商事登记的主管机关

1. 国外的商事登记主管机关

各国关于商事登记主管机关的规定，颇不相同。归纳起来，主要有以下四种模式。

(1) 以法院作为商事登记主管机关。采用这种模式的国家主要是德国和日本等，在这

些国家，一般商事登记和公司登记的机关均为地方法院。

(2) 以行政机关作为商事登记主管机关。采用这种模式的国家主要有英国和美国等。在这些国家，一般商事登记和公司登记的主管机关均为行政机关。

(3) 分别以法院和行政机关为商事登记主管机关。采用这种模式的国家主要是法国。在法国，一般商事登记由法院负责，而公司登记则由行政机关负责。

(4) 以商会作为商事登记主管机关。采用这种模式的国家主要是荷兰。在荷兰，由于认为商事登记的作用仅为公众信息的来源，其商事登记则由具有非官方性质的地方商会负责。这是一种较为特殊的商事登记模式。

2. 我国的商事登记主管机关

我国的商事登记主管机关属于行政机关模式。根据国家有关法律和行政法规的规定，我国的商事登记机关为国家工商行政管理总局和地方各级工商行政管理局。下级商事登记机关在上级商事登记机关的领导下，依法开展商事登记工作，不受非法干预。

三、商事登记制度的主要内容

1. 商事登记制度的立法主义

综观世界各国的商事登记制度，就立法主义而言，有任意登记主义与强制登记主义之分。所谓任意登记主义是指商事登记并非取得商事主体资格的必备条件，从事商事经营活动的当事人可以先行开业，然后再进行商事登记，但未经商事登记则不具有对抗善意第三人的法律效力。所谓强制登记主义则系指商事登记是取得商事主体资格的必备前提和要件。未经商事登记则不能取得商事主体资格，不能参加商事法律关系，不得从事商事经营活动，否则，就要受到法律的制裁。随着商事活动的日趋复杂，为了维护正常的市场秩序，防止商业诈骗，促进商事交易的安全和稳定，现代各国的商事登记制度大多采用强制登记的立法主义。根据我国商事登记法律法规的有关规定，我国商事登记制度采用的立法主义属于强制登记主义。

2. 商事登记的管辖

根据我国的有关规定，国务院国有资产监督管理机构履行出资人职责的公司以及该公司投资设立并持有50%以上股份的公司和外商投资的公司等商事组织由国家工商行政管理总局负责登记。省级人民政府国有资产监督管理机构履行出资人职责的公司以及该公司投资设立并持有50%以上股份的公司等商事组织由省级工商行政管理局负责登记。一般商事组织、个体工商户则由市、县工商行政管理局负责登记。

3. 商事登记的种类

各国商事立法关于商事登记的种类的规定不尽相同。在我国，关于商事主体的商事登记，主要有开业登记、变更登记和注销登记三种类型。

(1) 开业登记。开业登记也称为设立登记，是指为设立商事主体，并使其取得生产经营资格而进行的登记，它是商事登记中最为基础、最为重要的登记种类。

(2) 变更登记。已经履行了开业登记的商事主体，在登记事项如名称、住所、法定代表人等发生变化时，应当在法定期限内向原登记机关办理变更登记。

(3) 注销登记。商事主体歇业、被撤销、宣告破产或者因其他原因终止营业时，应当向登记机关办理注销登记。对于已经注销登记的商事主体，登记机关应收缴营业执照及其副本，收缴公章，并将注销登记情况告知其开户银行。

4. 商事登记的程序

商事登记的程序是指商事登记申请者和商事登记主管机关在办理商事登记时所应共同遵循的法定步骤。在我国，商事登记的程序主要包括申请、审查、核准和公告四个阶段。

(1) 申请。申请是商事登记的起始阶段。申请人既可以是商事主体的组建负责人，也可以是授权代理人。申请人提交登记申请时，依法必须采用书面形式，提交相关的文件、证件以及填报登记注册书。只有符合法定要求的申请，登记主管机关才会受理。

(2) 审查。登记机关收到申请人的相关材料后，应在法定期限内进行审查，以确定其是否具备登记要件。从历史发展的角度来看，各国关于商事登记的审查制度主要存在三种立法模式。第一，形式审查主义，即登记机关对申请者的登记申请书及有关文件，仅审查其形式上是否符合法律要求，至于登记内容是否真实，则在所不问。也就是说登记机关不承担对登记事项真伪的调查核实责任。第二，实质审查主义，即登记机关不仅要对申请者的申请书及有关文件从形式上审查其是否合法，而且还要审查登记事项的真伪，对登记结果负责。也就是说，登记机关必须对登记内容的真实性、合法性和有效性负责。第三，折中审查主义，即登记机关虽然拥有实质审查的职权，却没有进行实质审查的义务。也就是说，登记机关要对重要的、有疑问的登记事项依职权进行审查，但已登记的事项不能因此而推定其完全真实，其登记事项的真伪最终应由司法机关予以裁定。

根据我国有关立法的规定，登记机关受理登记申请后，应当对申请人提交的申请书及相关文件、证件和填报登记注册书的真实性、合法性和有效性进行审查，并核实有关登记事项。由此可见，我国过去采用的是实质审查主义。然而，在登记实践中，由于人力等方面的原因，登记机关往往对审查流于形式，并未按实质审查的要求进行名副其实的实质审查。于是，国家工商行政管理总局于 2004 年 6 月 10 日颁发的《企业登记程序规定》，正式将我国的企业登记制度由实质审查主义改为折中审查主义。

(3) 核准。登记机关经过审查，认为申请人申请登记的事项符合法律规定的，应当在法定期限内作出核准登记的决定，发给其营业执照和登记证明，并及时通知申请人。如果认为申请人申请登记的事项不符合法律规定，也应在法定期限内作出不予登记的决定，说明理由，并及时通知申请人。

(4) 公告。商事登记经核准后，应及时予以公告。至于公告的具体方法，各国则有不同的规定：有的要求在专门设立的公告场所进行公告；有的要求在当地的商业报纸上进行公告；有的则要求将登记事项登载于政府的官方公告上。在我国，商事登记公告只能由登记主管机关公告，其他主体未经主管机关批准无权公告。至于公告的方式，则大多通过登记主管机关指定的报纸、期刊或其他方式进行公告。

第二节 商 事 账 簿

一、商事账簿的概念与特征

(一)商事账簿的概念

商事活动是以营利为目的的活动，商人为了考核其盈利状况与财产状况，必须借助商事账簿这一工具。因此，商事账簿是商事实践的产物，与商事活动有着内在的必然联系。

一般来讲，商事账簿起源于欧洲 10 世纪的海商贸易。随着海商贸易的发展，商船主因运输及海事的需要而在商船上设立了专门的"书记"，对营业及相关事项作册记载，遂形成了商事账簿的最初形态。在繁荣的简单商品经济条件下，商事账簿虽有一定的发展，但仅由商人自便采用，而法律尚无强制性要求。在资本主义时期，由于同业行会的诞生和商业联盟的拓展，商事管理日趋成熟和规范，商事账簿也随之完善和制度化。随着商事生活的日趋复杂，商人之间的联系日渐密切，这就在客观上要求商人编制商事账簿，借以维护自身利益和社会公共利益，确保商事交易的安全、有序。为了适应这一客观要求，各国立法逐渐确认和建立了商事账簿制度，对商事账簿的内容和编制规则予以规范，使之由商事习惯走向了法制化轨道，并形成了当代商法中一项十分重要的制度。

商事账簿是指商事主体依法造具的记载其营业及财产状况的书面簿册。从法理上讲，商事账簿有形式意义的商事账簿和实质意义的商事账簿之分。形式意义上的商事账簿也称必备商事账簿，专指商事主体依照商事立法的规定必须置备的那些账簿；实质意义上的商事账簿也称广备商事账簿，是指商事主体所置备的一切账簿，既包括法律规定必须置备的账簿，也包括自己依据需要额外设置备用的那些账簿。对形式意义上的商事账簿又有广义和狭义两种理解。广义的商事账簿是指按照商事立法所置备的各种账簿，而狭义的商事账簿则专指依照商业会计法及有关法规所置备的账簿。商法所称的商事账簿乃指广义的、形式意义上的商事账簿，即广义的必备商事账簿。

(二)商事账簿的法律特征

商事账簿具有如下法律特征。

1. 商事主体是商事账簿的置备者

商事账簿的置备者只能是商事主体，而不是一般的民事主体，更不可能是政府或政府有关主管部门，这是由商事账簿的性质所决定的。但这并不意味着所有的商事主体都必须置备商事账簿，至于哪一种商事主体必须全部置备、部分置备或者不必置备，法律应根据商事主体的不同情况和实际需要，作出明确而又具体的规定。

在我国，《会计法》明确规定，企业必须依法设置会计账簿，并保证其真实性和完整性，《公司法》则明确要求公司必须制作会计报表。一些小规模的经营者，国家则不要求其必须建立完整的商事账簿。根据财政部 1986 年发布的《关于个体工商户账簿管理的规定》，个体工商户必须按税务机关的规定，建立、使用和保管账簿、凭证。但经营规模小，确无建账能力，而聘请财会人员又有实际困难的，可报经税务机关批准，暂缓建账，但购货簿、发票和其他收支凭证粘贴簿则必须建立。但根据新的《中华人民共和国会计法》的规定，个体工商户也要按规定建立相应的商事账簿。由此可见，在我国法律上不准搞无账会计，不允许无账商人的存在。

2. 商事账簿必须依法置备

依法置备商事账簿是一项十分重要的商法制度，但各国立法对商事账簿所采取的立法主义则有所不同，归纳起来，大致有以下三种立法主义。

(1) 放任主义原则，亦称自由主义原则，即商事账簿是否置备、如何置备，纯粹是商事主体的自由，由其自己决定，法律并不直接规定、不加干涉。英美法系一般采用这种立法主义，如《美国统一商法典》中对商事主体是否设立账簿，就未作出强制性的规定。但由于不置备商事账簿，在诉讼或破产程序中，对其自身极为不利，所以，在商事实践中，商事主体几乎没有不置备商事账簿的情况发生。

(2) 干涉主义，亦称干预主义，即国家法律要求商事主体必须置备商事账簿，并对商事账簿的种类、内容和记载方法作出明确规定，甚至政府主管部门会随时派员监督检查商事账簿的置备情况。法国法系诸国多采用这种立法主义，如《法国商法典》对商事账簿作了详细规定，并要求商事主体必须履行在商事账簿方面的法定义务。

(3) 折中主义，即法律仅规定商事主体有置备商事账簿的义务，而不规定商事账簿的内容和记载方法，并不受政府主管部门的干涉。德国法系诸国采用这种立法主义。随着市场经济的飞速发展，干涉主义的优点日益突出，而放任主义和折中主义的弊端则日趋明显，于是，采用放任主义和折中主义的国家则逐渐对立法作出修正，明确规定了商事账簿的内容和编制方法，以适应对日益社会化的商事主体加强监管的客观需要。

在我国，商事主体置备商事账簿，必须严格按《公司法》、《证券法》、《会计法》、《企业会计准则》和《企业财务通则》等法律、法规的规定进行。若法律、法规规定有关商事主体应当置备商事账簿,那么,有关商事主体就必须置备商事账簿。商事主体在置备商事账簿时,必须依照法定类型、内容、格式和方法进行,不得擅自而为,否则,就要承担相应的法律责任。

3. 商事账簿日趋准则化和国际化

为了加强对商事账簿的规范化和标准化管理,许多发达国家于 20 世纪 70 年代纷纷成立了会计职业团体,如英国于 1970 年成立了"会计标准筹划委员会",荷兰于 1970 年成立了"三方会计准则委员会"(三方即雇主、雇员和会计师),美国于 1973 年成立了"财务会计准则委员会"等。这些组织成立后,制定了不少会计准则,这些准则一般由会计职业界的专家学者制定,从而具有很高的权威性,成为会计工作的指南。各国的会计准则一般具有法律约束力,德、日等国的会计准则由国家或政府颁发确认,具有强制的约束力。美国的会计准则虽由民间团体颁布,但它受到权威机构的支持,尤其是受到政府部门的支持,实质上也具有法律约束力。因为在美国,只有按会计准则编制的会计报表才认为是合法的报表,否则,就得不到注册会计师的签字认可。随着国际贸易的发展,特别是跨国公司的产生,使商事活动日益国际化,由于各国的会计准则存在一定的差异,这样便产生了制定国际会计准则的必要。1973 年 6 月在英国伦敦成立了"国际会计准则委员会",该会自成立以来已颁布了 30 多项国际会计准则。该会已有 30 多个成员国,虽系民间组织,但其会计准则被不少国家所承认和接受。我国虽未加入该委员会,但一些原则和经验则是可资借鉴的。

二、商事账簿的法律意义

制作商事账簿具有重大的法律意义,具体体现在以下几点。

1. 依法制作商事账簿是商事主体的一项法定义务

商事账簿是商事主体记载自身营业及财产状况的法定文件。法律之所以规定商事主体要置备商事账簿,就是为了确保会计资料和会计信息能够得到真实、准确、完整而又合法的反映。对于商事主体自身而言,通过置备的商事账簿,可以全面知晓自己的经营状况和财产状况,计算盈亏、分配利润,也可以通过对其商事账簿的分析,及时制定和调整企业的经营方针、发展计划和决策战略。

2. 商事账簿有利于维护第三人的交易安全

商事账簿是第三人选择交易对象和投资渠道的重要依据。对于商事主体以外的第三人来讲,通过商事账簿可以了解账簿设立人的经营状况、资信情况、经济实力和发展潜力,以便作出是否与其交易、是否向其投资的决定,从而维护第三人的利益和交易的安全。

3. 商事账簿是政府进行监督检查的重要凭证

商事账簿是政府主管部门监督检查商事主体的经营状况和征收税款的主要依据。对于政府主管部门而言，无论是对商事主体进行营业的年度检验、物价的检查、财务的审计，还是对税款的征收和税务的稽查，无不依赖于商事主体依法编制的商事账簿。

4. 商事账簿是具有法律效力的事实依据

由于商事账簿是商事主体依法对其营业状况和财产状况的真实、全面而又系统的记载和反映，因此，商事账簿是具有法律效力的事实依据，是当事人在诉讼中最为有利的证据材料。商事账簿的法律效力在各国立法中都得到充分的肯定。英美法系长期不承认商事账簿的法律效力，现在承认商事账簿具有证据效力，但要求必须具备以下三个条件。

(1) 由专门负有此项义务的人员进行记载。

(2) 必须按企业通常的会计方式记载。

(3) 记载要及时、正确。

在我国，商事账簿如果依法制作且内容属实，则是具备证据效力的一种书证，而且比其他证据具有更强的证明力。商事账簿的证据效力意味着，当事人可以要求以商事账簿作为举证材料，法院也可以要求商事主体在诉讼过程中出示该商事账簿。

三、商事账簿的种类与内容

根据会计原理，商事账簿是由账户构成的，账户是账簿的实质内容。账户既是会计科目在账簿中设置的具体户名，又是自身账页格式的体现。会计科目按资本运作的内容分为资产和负债两大类，其分类的依据就是会计核算和经营管理的需要。以会计科目的纵向相互关系为标准，会计科目又可分为总分类科目和明细科目。关于会计科目的设置，有的国家规定由企业根据需要自行设置，有的国家规定依照会计准则设置，而有的国家则规定按中央财政部门或主管部门的统一要求设置。账户须设在账页上，账页格式则有一栏式、二栏式、三栏式和多栏式几种模式，一般由商事主体自由选定。

从我国现行的法律、法规和有关规定来看，我国的商事账簿主要有会计凭证、会计账簿和财务会计报告三种类型。

(一)会计凭证

所谓会计凭证是指记录商事主体日常经营活动，明确经济责任，作为会计记账依据，具有法律效力的书面证明。商事主体进行各种经营业务，必须由经办人取得或填制会计凭证，并在会计凭证上签字、盖章，借以明确其经济责任或法律责任。没有会计凭证，就不能收支款项、动用资产，更不能进行财务处理。经审核无误的会计凭证才能作为制作会计账簿的依据。按其填制程序和用途的不同，会计凭证可分为原始凭证和记账凭证两种。

1. 原始凭证

原始凭证又称单据，是在经营活动发生或者完成时取得或填制的，用来证明经营活动已经发生或者完成的情况，明确经济责任，并作为记账原始依据的一种书面凭证，它是进行会计核算的原始资料。原始凭证按其来源又可分为外来原始凭证和自制原始凭证两种。外来原始凭证是同外单位发生业务往来关系时，从外单位取得的原始凭证，如发票、收据、银行结算凭证等。而自制原始凭证则是由商事主体在营业活动发生或完成时自行编制的原始凭证，如收货单、发货单、领料单、产品入库单、现金收据等。

2. 记账凭证

记账凭证是指根据审核无误的原始凭证或原始凭证汇总表，用来记载经营活动简要内容，确定会计分录，直接作为制作会计账簿依据的一种会计凭证。记账凭证按其所反映的经营业务内容的不同，可分为收款凭证、付款凭证和转账凭证。一般来讲，原始凭证记载的是经营信息，而记账凭证记载的则是会计信息，因此，从原始凭证到记账凭证是经营信息转化为会计信息的一个质的飞跃。由于原始凭证只表明经营业务的具体内容，而不能反映其归类的会计科目和记账方向，且内容、格式不一，故不能直接入账。这就需要将原始凭证或原始凭证汇总表归类、整理，并编制成记账凭证。

为了保证会计凭证内容的真实性、合法性和正确性，充分发挥会计的监督职能，对会计凭证必须进行形式和实质上的审核。

(二)会计账簿

会计账簿是以会计凭证为依据，由专门格式并互有联系的账户所组成的，对商事主体的各项经营活动进行全面、系统、综合记录和反映的书面簿册。会计账簿全面、系统地提供了会计信息，归类总结了会计资料，是编制财务会计报告的主要依据，对于保障商事主体的财产安全和资金的合理使用具有十分重要的意义。按照性质和用途的不同，会计账簿可分为序时账簿、分类账簿和备查账簿三种类型。

1. 序时账簿

序时账簿也称为日记账，是按照经营业务发生的先后顺序，逐日逐笔连续登记的账簿。序时账簿可以用来登记全部经营业务，也可以用来登记某一类经营业务。因此，根据其用途的不同，又可将其分为普通日记账和特种日记账两种。普通日记账又称为分录簿，是用来登记全部经营业务，按照时间先后和复式记账原理，列出账户名称和借贷金额的一种账簿。该账簿登记的工作量大，查阅也不太方便。特种日记账是用来登记某一类经营业务的增减变化及其结果，按照其时间先后登记的一种账簿，如现金日记账、银行存款日记账等。

2. 分类账簿

分类账簿是按照会计科目对其经营业务进行分类登记的账簿。分类账按其反映内容的详细程度，可分为总分类账(总账)和明细分类账(明细账)两种。总分类账是包括全部账户，分类记载其经营业务总体情况的账簿。而明细分类账则是分类记载某一类经营业务的明细情况的账簿。

3. 备查账簿

备查账簿又称为辅助账簿，它是对某些在日记账和分类账等主要账簿中不能记载或者记载不全的经营业务进行补充登记的一种账簿。备查账簿与其他主要账簿之间不存在严密的依存关系，但可以为某些经营业务活动的内容提供相应的参考。

(三)财务会计报告

财务会计报告是根据会计账簿的记录，按照规定的内容、格式和方法而编制的一种书面文件。为了规范企业的财务会计报告，保证财务会计报告的真实性、完整性，根据《中华人民共和国会计法》，国务院于 2000 年 6 月 21 日颁发了《企业财务会计报告条例》。企业财务会计报告是指企业对外提供的反映企业某一特定日期财务状况和某一会计期间经营成果、现金流量的文件。

企业的财务会计报告由以下财务会计报表及附属明细表构成：资产负债表、损益表、财务状况变动表、财务情况说明书和利润分配表。根据我国有关规定，企业的财务会计报告应当在每一会计年度终了时制作，并依法经审查验证。

自 测 题

1. 什么是商事登记？它有哪些法律特征？
2. 谈谈我国的商事登记体制。
3. 什么是商事账簿？它的法律意义主要表现在哪些方面？
4. 简述我国商事账簿的类型与其主要内容。

第二编　公　司　法

第四章　公司法概述

知识要点：

公司这一词汇在各国家及地区，无论名称还是内涵与外延，都有较大差异。我国《公司法》规定公司为企业法人，包括有限责任公司和股份有限责任公司两种。公司法是调整公司在"法人设立、资本运营、组织安排和解散清算"过程中所发生的社会关系的法律规范的总称。在我国《公司法》语境中，作为"公司内部人"的董事、监事、高级管理人员的任职资格与义务是法定的。同时作为"商法人"的公司本身，其权利能力、行为能力及责任能力亦是法定的，公司的变更、解散与清算也应按照法定的方式和步骤进行。

引导案例：

1996 年 8 月 24 日，上海 B 实业有限公司注册成立，股东为赵某、方某，二人各出资 250 000 元。1999 年 9 月 23 日，B 公司被吊销营业执照。

上海 A 工贸有限公司因与 B 公司有借款纠纷，于 2005 年 3 月以 B 公司为被告向上海市松江区人民法院提起诉讼，松江法院于 2005 年 4 月 29 日判决：B 公司归还 A 公司借款 100 000 元，并负担案件受理费 3 510 元。2006 年 7 月 18 日，A 公司又以赵某、方某为被告就该借款纠纷向上海市浦东新区人民法院提起诉讼，浦东法院于 2006 年 12 月 7 日判决被告赵某、方某应自判决生效之日起 30 日内对 B 公司进行清算，并在清算后的剩余资产范围内偿付给 A 公司 103 510 元。但赵某、方某怠于履行清算义务，一直未对 B 公司进行清算。A 公司债务未获清偿。A 公司因此诉至法院，请求法院判令两被告(赵某、方某)连带清偿 B 公司欠 A 公司的债务 103 510 元。

赵某辩称，B 公司现已经倒闭，公司的责任不能由其个人承担。

方某辩称，其 1997 年上半年已离开公司，对公司的情况概不清楚，其还认为 A 公司应起诉原 B 公司总经理陈某，该借款是陈某的个人借款。

法院经审理认为，有限责任公司在解散后股东具有对公司进行清算的法定义务。B 公司于 1999 年 9 月 23 日被吊销。该公司解散，两被告赵某、方某应对 B 公司进行清算。因其怠于履行义务，导致公司主要财产、账册、重要文件等灭失，无法进行清算，原告 A 公司主张 B 公司两股东对公司债务承担连带清偿责任，于法有据，应予支持。判决如下：B 公司对原告 A 公司所负的 103 510 元债务由被告赵某、方某承担连带清偿责任。

公司是依法成立的企业法人。公司以其全部财产对公司债务承担责任，股东以其投资额为限对公司承担责任。公司在具有法人性、营利性的同时，还应具有合法性。而合法性的内涵中就包括公司的解散清算应符合公司法规定的原则与要求。

我国《公司法》于 1993 年 12 月 29 日颁布，1994 年 7 月 1 日起施行，2013 年 12 月 28 日第十二届全国人民代表大会常务委员会第六次会议作了最新的重大修正。本章概述了公司法最为基本、最为重要的问题。通过本章的学习，要求学生准确理解公司及公司法的概念及特征，熟悉公司董事、监事、高级管理人员的资格与义务，正确认识公司的权利能力、行为能力和责任能力，掌握公司变更、解散与清算的基本规则。

第一节 公司的法律界定

一、公司的概念与特征

(一)公司的概念

从辞源上讲，公司一词中的"公"含有"公共""共同"之意，"司"则是指"主持""掌管""管理"，合在一起就是指数人共同主持、管理其共同事务；从社会学角度看，公司是多数人为了某种特殊目的组织起来以公司形式进行活动的社会团体；从经济学角度看，公司是各个生产要素特别是劳动力和资本进行结合并以营利为目的，以营业为特征的组织团体。因此从总体上看，公司是人与财产的结合。

从法律概念来看，大陆法系国家、地区大多对公司的内涵与外延进行界定，如在德国、法国等欧洲国家，公司与合伙在词汇上使用的是同一词语，公司包括人合公司和资合公司。前者包括合伙、无限公司和两合公司，后者则包括股份公司、有限责任公司和注册合作社。日本则强调会社(亦即公司)的经营性、营利性和社团性；而英美法系国家和地区则尽量避免对公司概念做法律上的严格规定，因而缺少对公司概念的明确定义。比如在美国 company 泛指一切商业企业，无论其是否具有法人资格，而 corporation 则指依法而注册成立的法人，包括市政当局法人、非营业法人和商业公司等。由此可见，公司作为法律概念在各国家、地区，无论其名称还是其内涵与外延，都有较大差异。

我国现行《公司法》通过第 2、3、4、5 条，以立法的形式，对公司进行了法律上的界定：公司是指依法在中国境内设立的有限责任公司和股份有限公司，是有独立的法人财产，享有法人财产权的企业法人。公司以其全部财产对公司的债务承担责任，而有限责任公司的股东以其认缴的出资额为限对公司承担责任，股份有限公司的股东则以其认购的股份为限对公司承担责任。公司作为"法律拟制的人",在经营活动中合法权益受法律保护的同时,还必须遵守法律、行政法规,遵守社会公德、商业道德,诚实守信,接受政府和社会公众的监督,承担社会责任。

由此可见,公司这一语词的"内涵"是:以投资额为限承担有限责任的股东依照法定条件和法定程序设立的,以营利为目的且兼顾社会责任的,具有法人资格的商事企业。我国公司这一语词从"外延"上看:公司限于有限责任公司和股份有限公司两大类。其中有限责任公司又包括普通的有限责任公司(股东2~50人)、一人公司和国有独资公司三种;股份有限公司则包括上市的股份有限公司和非上市的股份有限公司两种。

(二)公司的特征

公司是商品经济发展的产物,是现代企业的典型代表,具有区别于传统企业(个人企业、合伙企业)的鲜明特点。

从我国公司的法律概念来看,公司具有以下三个法律特征。

1. 合法性

公司的合法性,首先体现为公司市场准入应合法:①公司类型合法,即我国没有无限公司、两合公司,只有有限责任公司和股份有限公司。②设立的标准合法,即我国对有限责任公司、一人公司、国有独资公司、股份有限公司乃至外国公司分支机构设立的"人"的要件、"物"的要件、"章程"要件和其他要件,是通过公司法、银行法、证券法、保险法等明确规定的。不符合法定条件,该公司(分支机构)则无法成立。③设立程序合法,即公司的设立一般应当经历以下步骤:发起人订立发起人协议、办理必要的行政审批及名称预先核准登记、订立公司章程、缴纳出资、向工商机关申请设立登记。经过工商机关核准之后签发《企业法人营业执照》,营业执照签发之日即为公司成立之日。没有经过以上程序取得《企业法人营业执照》,就没有经营资格和法人资格。

公司的合法性,还体现为公司的资本运营行为、内部组织安排和解散清算行为应合法。

(1) 我国公司法对公司债权、股票的发行,公司的合并、分立与形式变更以及公司的利润分配等资本运营行为进行了明确的实体与程序性规定。

(2) 我国公司法对股东(大)会、董事会、监事会的地位、权利义务和具体的行权要求做了专门规定。

(3) 我国公司法还对公司解散的原因、效力以及清算的种类与程序进行了详细规定。

总之,公司在资本运营、组织安排和解散清算过程中应当根据公司法所规定的条件和程序进行。否则不仅不会发生相应的法律效力,还要承担否定的法律后果和法律责任。

2. 法人性

公司是依法取得《企业法人营业执照》,拥有独立的财产,有自己的名称、组织机构和住所,能够独立承担法律责任的法人实体。公司的财产来自于股东的出资。股东一旦出资,并办理财产转移手续之后,就失去了财产的所有权,取而代之的只是股权。公司作为法律拟制的人,由公司组织机构(股东会或股东大会、董事会、监事会)贯彻实现其权利能力与行为能力,股东不能代表公司。公司存续期间,公司具有独立的法人账号,具有独立的财产权,股东不得抽回出资。因此,公司与公司股东是分离的。与此相对应,公司具有独立责任能力,即公司以其全部财产对公司的债务承担全部责任(资不抵债时则进入破产程序),而公司股东则仅以投资额为限对公司的债务承担有限责任。

3. 营利性与营业性

营利性是公司的本质特性。营利是公司作为商事主体存在与活动的基本动机和目的。所谓以营利为目的是指公司必须通过其经营活动获得经济上的利益,并通过合理的利润分配使股东也获得收益。因此,公司具有典型的商业特征,其必须讲究成本核算,充分合理地利用其资本,从而以最小的物质消耗获得最大限度的经济利益。区别于不以营利为目的的公益法人,区别于以行政管理为目的的机关法人,也区别于如自治团体、事业单位等社团法人设立的非商业性公司,公司必须依法制定公司章程,且其经营范围由章程规定。需要强调的是,经营范围凸显行业特征的同时,表现为公司应当是持续性、连续性地从事同一性质的营业性活动。当然公司以营利为目的,并不否认公司在承担资本责任的同时承担社会责任,即遵守法律、行政法规,遵守社会公德、商业道德,诚实守信,接受政府和社会公众的监督。

二、公司的分类

(一)以股东责任形式为标准对公司的分类

按股东对公司责任形式的不同,公司可以分为无限公司、有限责任公司、股份有限公司、两合公司四种类型。

1. 无限公司

无限公司是无限责任公司的简称。所谓无限公司是指由两个以上的股东所组织的、股东对公司债务负无限连带清偿责任的公司。无限公司是仅由无限责任股东组成的公司,它是典型的人合公司。无限公司的所有权与经营权是合一的,并不发生分离,因此,每个股东都有权执行公司的业务。无限公司的股东必须对公司的债务负无限连带清偿责任,所谓无限连带清偿责任是股东不问其出资方式、出资数量和盈亏分配比例,就公司债务向债权人承担全部偿还的责任。当公司资产不足以清偿债务时,债权人可直接要求全体股东或任何一个股东以自己所有的全部资产予以全额偿还。我国《公司法》没有确认无限公司这一公司形式。

2. 有限责任公司

有限责任公司，即股东以其认缴的出资额为限对公司承担责任，而公司则以其全部资产对公司的债务承担责任的公司。

3. 股份有限公司

股份有限公司，即其全部资本分为等额股份，股东以其认购的股份为限对公司承担责任，公司则以其全部资产对公司债务承担责任的公司。

4. 两合公司

两合公司是指由一人以上的无限责任股东与一人以上的有限责任股东所组织的，无限责任股东对公司债务负无限连带清偿责任，有限责任股东对公司债务仅以其出资额为限对公司负责的公司。两合公司必须由无限责任股东和有限责任股东共同组成，其中每种股东至少要有一人，这是两合公司在股东方面的特殊要求，也是两合公司成立和存续的必要条件。如果仅剩下一种股东，两合公司就要解散或变更为另一种公司。两合公司既有无限公司的特征，也有有限责任公司的特征，可以说是二者的嫁接形式。在两合公司中，由于无限责任股东和有限责任股东所负责任的不同，所以股东在公司中的地位也不尽相同，有限责任股东不得执行公司业务及对外代表公司，公司业务的执行和对外代表公司的只能是无限责任股东。我国《公司法》未规定两合公司这一形式。

(二)以公司对外信用基础为标准对公司的分类

根据公司对外信用基础的不同，可以将公司划分为人合公司、资合公司和人合兼资合公司。

1. 人合公司

人合公司是指以股东个人的名誉、地位和声望作为对外经营活动的信用基础，股东以股东个人全部财产承担责任的公司。人合公司的信用基础在于"人"，即股东。它着重于股东的个人条件，强调的是股东相互之间的信任，不在乎公司资本的多寡。无限公司就是典型的人合公司。

2. 资合公司

资合公司是指以资本的结合作为对外经营活动的信用基础的公司。资合公司的信用基础在于"公司的资本"，即公司的财产数额，而不注重股东的个人条件和信用。一般来讲，资合公司的资本数额大、股东人数多、经营规模大。股份有限公司是典型的资合公司。

3. 人合兼资合公司

人合兼资合公司介于人合公司与资合公司之间，是指以股东的个人信用与公司的资本共同作为对外经营活动的信用基础的公司。这种公司既有人合的一面，也有资合的一面，是两者的有机结合。有限责任公司、两合公司皆系人合兼资合公司。

(三)以组织管辖系统为标准对公司的分类

根据我国《公司法》第 14 条第 1 款的规定，公司依据其组织管辖系统，即是否具有从属关系，可划分为总公司和分公司。

1. 总公司

总公司是指在组织上统辖其系统内所有分公司的，具有法人资格的公司。它的资格要在公司章程中加以确认，并经公司登记机关核准登记，它有权对分公司实行统一管理、协调指导和监督检查。按照国家工商总局关于贯彻《企业名称登记管理规定》有关问题的通知规定，称总公司的，必须下设 3 个以上与该企业名称中组织形式相同的直属分公司。

2. 分公司

分公司是指总公司在其住所以外依照法定条件和程序设立并受其统辖的从事经营活动，不具备法人资格的分支机构。根据我国公司法，公司可以设立分公司。但设立分公司，应当向公司登记机关申请登记，领取《营业执照》。它虽有相对固定的资产、营业场所、一定的组织机构和负责人，但却没有独立的法律人格、独立的权利能力和行为能力，不能独立承担法律责任，其法律责任最终由总公司承担。因此，从本质上讲分公司并不是公司，而是公司的一个组成部分。

(四)以公司之间的控制关系为标准对公司的分类

根据我国《公司法》第 14 条第 2 款的规定，公司之间依据其控制关系可分为母公司和子公司。

1. 母公司

母公司又称控股公司，是指拥有另一公司一定比例的股权或通过协议方式能够对另一公司进行实际控制的公司。母公司具有独立的法人资格，能够以自己的名义进行经营活动，并能独立承担法律责任。母公司在客观上实际控制了子公司，它对子公司的重大事项拥有实际上的决策权。

2. 子公司

子公司也称被控股公司，是指其一定比例以上的股权被另一公司所拥有或通过协议方式受另一公司实际控制的公司。我国公司法规定，公司可以设立子公司。子公司具有独立的法人资格，子公司独立于母公司而存在，拥有自己独立的财产，能够独立从事经营活动，并独立承担法律责任。是否具有独立的法人地位，是子公司与分公司的最大区别。需要注意的是：鉴于我国公司法对公司取得自己股份采取"原则禁止、例外允许"的态度，母公司持有子公司股份是是有现实基础和法律意义的。然而子公司反过来有偿取得母公司股份时，在效果上等同于返还了母公司在子公司设立之际所认缴的股款，有违资本维持的原则。由此，应当原则禁止子公司持有母公司股份。

(五)以国籍为标准对公司的分类

按照国籍的不同，可把公司分为本国公司和外国公司。但各国确定公司国籍的标准并不相同，有的以住所来确定，有的以股东国籍来确定，有的以准据法来确定，有的则以设立行为地来确定。大多数国家兼采用准据法和设立行为地两者，即"复合标准"来确定公司国籍。我国也采用"复合标准"，即以准据法和设立行为地共同确定公司的国籍。

1. 本国公司

本国公司就是依照本国的公司立法在本国登记成立的公司，如中国公司就是依照我国的《公司法》和《公司登记管理条例》在中华人民共和国境内登记成立的公司。

2. 外国公司

根据我国《公司法》第 191 条的规定，外国公司是指依照外国法律在中国境外设立的公司。外国公司依照我国公司法所规定的条件和程序，向我国主管机关申请设立分支机构，应提交其公司章程、所属国的公司登记证书等有关文件，经批准后，还应向工商登记机关办理工商登记。外国公司分支机构领取《营业执照》后，方可在我国境内从事经营活动。需要注意的是，外国公司在中国境内设立的分支机构不具有中国法人资格，因此由该外国公司对其分支机构在中国境内进行的经营活动承担民事责任。

第二节　公司法的概念与特征

一、公司法的概念

公司法有广义和狭义两种含义。狭义的公司法，即形式意义的公司法，仅指冠以"公司法"名称的统一公司法典或单行公司法，如：1993 年 12 月 29 日第八届全国人大常委会第五次会议通过、2013 年 12 月 28 日第十二届全国人民代表大会常务委员会第六次会议最新修正的《中华人民共和国公司法》。广义的公司法，即实质意义的公司法，它是指所有规范公司组织和行为的法律、法规和规章的总称，包括公司登记条例、三资企业法、证券法、银行法、保险法、民法、行政法甚至刑法等法律规范中涉及公司法人的有关规定。

所谓公司法就是国家为了实现对公司组织和行为进行规范而制定的，调整公司在设立、变更和终止以及其他对内对外活动中所发生的社会关系的法律规范的总称。具体来说，公司法就是规定公司的种类、确立公司的法律地位、规范公司的组织机构，界定股东、公司的权利义务、规定公司设立、变更和终止的法定程序的法律规范的总称。从公司法的概念中，我们可以看出，公司法既调整公司的内部关系，也调整公司的外部关系。

公司法调整的内部关系如下。

(1) 发起人之间的关系。

(2) 股东之间的关系。

(3) 发起人与公司之间的关系。

(4) 股东与公司之间的关系。

(5) 公司与其职工之间的民主管理关系。

(6) 公司负责人与公司之间的关系。

(7) 公司的权力机构、业务执行机构和监督机构之间的关系。

(8) 股东与清算组织之间的关系等。

公司法调整的外部关系如下。

(1) 发起人与债权人之间的关系。

(2) 股东与债权人之间的关系。

(3) 公司与债权人之间的关系。

(4) 公司负责人与债权人之间的关系。

(5) 公司与政府或政府有关主管部门之间的关系。

(6) 公司与资产评估、审计和法律服务等有关专业性机构之间的关系。

(7) 公司与债券持有人之间的关系。

(8) 公司与证券交易所之间的关系。

(9) 关联公司之间的关系。

(10) 清算组织与债权人之间的关系等。

需要说明的是，公司法并不调整公司所有的内外部关系，它调整的只是一定范围的社会关系，即与公司组织特点直接相关的内外关系，而不调整与公司组织特点无关的内外关系，如公司与职工之间的劳动关系、公司与其他经营者之间的商品买卖、加工承揽和信贷关系等。

二、公司法的特征

公司法具有如下特征。

1. 兼具组织法和行为法的双重性质，以组织法为主

公司法在内容与形式上都具有明显的组织法特征。它首先确认了公司的形式、公司的名称、住所和能力、公司的法律地位、章程和公司的组织机构等组织性问题，还明确了股东及股东(大)会、董事及董事会、监事及监事会、经理及其他高级管理人员的资格、地位、职权、议事规则及监督机制等组织运行问题。此外，公司法还要规范与公司组织特点直接相关的行为，如公司股票、债券的发行和交易行为、公司的增减资行为以及公司解散清算等行为。但从总体来看，公司法本质上是组织法，以组织法为主。

2. 兼具实体法和程序法的双重性质，以实体法为主

公司法是以确认权利和义务或职权和职责为主的法律，它规定了公司设立的实体条件、公司法人财产权与股东的股权、公司组织机构的职权与职责、公司发起人及董事、监事、高级管理人员的资格与责任等实体性问题；公司法还涉及保证权利义务得以实施及职权职责得以履行的有关程序规定，如公司设立的程序步骤、股份的发行、转让和上市、债券的发行和转让、公司的合并、分立、公司的解散和清算等的法定程序等。但从总体来看，公司法本质上是实体法，以实体法为主。

3. 兼具强制法和任意法的双重性质，以强制法为主

公司法是由国家机关制定的、反映国家意志，并由国家强制力保证实施的行为规则。它的核心任务就是要兼顾公司的当前利益与长远利益、局部利益与整体利益。在多方利益进行权衡的过程中，必然体现为强行性，也就是说，公司法虽然是典型的商法(属于私法范畴)，但是其公法化色彩非常浓厚，强制法大量存在，主要体现为"公司设立登记强制、公司重要事项公示、公司章程条款确定以及公司及发起人甚至董事、监事、高级管理人员责任严格"四个方面。当然，公司法也体现了一定的私法自治和意思自由。比如我国新公司法中增加了一部分选择性、任意性条款，在表述上较多地使用"可以"、"章程另有约定的除外"等。但从总体上看，公司法主要体现为"私法公法化"，以强制法为主。

4. 兼具国内法和涉外法的双重性质，以国内法为主

公司法就其本质而言，它由我国立法机关制定，属于国内法的范畴。但它同其他一般国内法相比，又具有一定的涉外性。公司法的涉外性主要体现在以下三个方面。

(1) 公司法适用于外商投资的有限责任公司和股份有限公司。我国公司法明确规定，除有关外商投资的法律另有规定外，外商投资的有限责任公司和股份有限公司均要适用公司法的规定。

(2) 外国法人、自然人可以作为设立股份有限公司的发起人。我国公司法规定，设立股份有限公司，应当有 2 人以上 200 人以下为发起人，其中须有半数以上的发起人在中国境内有住所。

(3) 公司法还对外国公司的分支机构做了专门规定。我国公司法在第 11 章专门规定了外国公司的分支机构，涉及外国公司及其分支机构的法定含义、外国公司分支机构的权利义务、外国公司分支机构的设立、撤销和清算等内容。此外，鉴于公司是一种重要的投资工具，在经济全球化浪潮的推动下，当前世界各国的公司法律制度相互借鉴、融合的趋势明显，公司立法开始向统一化、国际化方向发展，公司法具有一定的国际性亦是必然。由此可见，公司法是具有国际性的国内法。

第三节　公司董事、监事、高级管理人员的资格与义务

一、公司的董事、监事、高级管理人员的资格

为了保证公司董事、监事、高级管理人员的素质，加强公司经营管理层的诚信理念的构建，从源头减少道德风险，我国《公司法》第 146 条对这类人员的任职设定了门槛，并且采用了规定消极资格条件的立法技术，把具备以下情况之一的人员绝对禁止在公司董事、监事、经理、副总经理、财务负责人以及董事会秘书等高级管理人员的职位上任职。

(1) 无民事行为能力或者限制民事行为能力。

(2) 因贪污、贿赂、侵占财产、挪用财产或者破坏社会主义市场经济秩序，被判处刑罚，执行期满未逾 5 年，或者因犯罪被剥夺政治权利，执行期满未逾 5 年。

(3) 担任破产清算的公司、企业的董事或者厂长、经理，对该公司、企业的破产负有个人责任的，自该公司、企业破产清算完结之日起未逾 3 年。

(4) 担任因违法被吊销营业执照、责令关闭的公司、企业的法定代表人，并负有个人责任的，自该公司、企业被吊销营业执照之日起未逾 3 年。

(5) 个人所负数额较大的债务到期未清偿。

公司违反这些规定选举、委派董事、监事或者聘任高级管理人员的，该选举、委派或者聘任无效。董事、监事、高级管理人员在任职期间，出现"成为无民事行为能力或者限制民事行为能力人"情形的，公司应当解除其职务。

此外，由国家单独出资、由国务院或者地方人民政府委托本级人民政府国有资产监督管理机构履行出资人职责的有限责任公司(国有独资公司)，由于其不设股东会，并且其拥有特殊的股权结构，我国《公司法》第 67 条规定，国有独资公司的董事会成员中除职工代表由公司职工代表大会选举产生外，其他的董事由国有资产监督管理机构委派。并且《公司法》第 69 条还规定，国有独资公司的董事长、副董事长、董事、高级管理人员，未经国有资产监督管理机构同意，不得在其他有限责任公司、股份有限公司或者其他经济组织兼职，防止缺乏职业操守的经营管理者利用制度漏洞在公司之间暗箱操作、转移国有资产。

二、公司董事、监事、高级管理人员的义务

(一)忠实义务

董事、监事、高级管理人员应当遵守公司章程，忠实履行职务，维护公司利益，不得越权，不得利用职权收受贿赂或者其他非法收入，不得侵占公司的财产，并且，股东会或者股东大会要求董事、监事、高级管理人员列席会议的，董事、监事、高级管理人员应当列席并接受股东的质询。

此外，《公司法》第148、150条还对董事、高级管理人员，即公司执行机构的组成人员的忠实义务进一步进行了细化，具体如下。

(1) 不得损害公司资产的义务。即公司的董事及高级管理人员不得挪用公司资金，不得将公司资金以其个人名义或者以其他个人名义开立账户存储，不得违反公司章程的规定，未经股东会、股东大会或者董事会同意，将公司资金借贷给他人或者以公司财产为他人提供担保。

(2) 自我交易限制的义务。即公司的董事、高级管理人员不得违反公司章程的规定或者未经股东会、股东大会同意，与本公司订立合同或者进行交易。如果公司章程允许或者股东会、股东大会同意，则上述人员可以与本公司订立合同或进行交易。

(3) 竞业禁止的义务。即公司的董事、高级管理人员不得未经股东会或者股东大会同意，利用职务便利为自己或者他人谋取属于公司的商业机会，自营或者为他人经营与所任职公司同类的业务。

(4) 禁止接受商业贿赂的义务。即公司的董事、高级管理人员不得接受他人与公司交易的佣金归为己有。

(5) 保密的义务。即公司的董事、高级管理人员不得擅自披露公司秘密。

(6) 配合监事行使职权的义务。即董事、高级管理人员应当如实向监事会或者不设监事会的有限责任公司的监事提供有关情况和资料，不得妨碍监事会或者监事行使职权。我国《公司法》规定董事、高级管理人员的忠实义务是为了解决监事与董事、高级管理人员之间的信息不对称所带来的问题。如果公司的董事、高级管理人员违反以上这些忠实义务所得的收入应当归公司所有，也就是说公司对这些违法所得享有归入权。

(二)勤勉义务

董事、监事、高级管理人员的勤勉义务也称注意义务、善管义务，是指公司的董事、监事、高级管理人员在履行职责时，应当具备善良管理者所应具备的谨慎品质和通常知识，在同样环境下给予合理的注意，慎重、尽责地管理公司事务。

勤勉义务是否履行的衡量标准有客观标准、主观标准和折中标准三种。

(1) 客观标准。要求董事、监事、高级管理人员在履行职责时，应当向普通管理者一

样具备通常知识，在一般环境下给予合理注意。

（2）主观标准。以董事、监事、高级管理人员的个人情况来判断其是否勤勉地履行了职责，它缺乏客观的可操作性衡量标准。

（3）折中标准。一般情况下以知识、技能、经验都适中的一个普通管理者的注意程度作为衡量标准来判断董事、监事、高级管理人员是否履行了对公司勤勉的义务。但特定董事、监事、高级管理人员的知识、技能、经验确实低于一个普通管理者时，这是公司在选任这个董事、监事、高级管理人员上的不当，可以予以改选或者解聘，但只要他竭尽所能了，则算是尽到了对公司勤勉的义务。

第四节　公司的权利能力、行为能力及责任能力

一、公司的权利能力

(一)公司权利能力的含义

公司的权利能力是指公司法所赋予的公司能够参加法律关系，并在其中享有权利和承担义务的资格或能力。简言之，公司的权利能力就是公司依法可以享受权利、承担义务的资格。公司只有依法具有了权利能力，才能取得企业法人的地位，才能成为独立的法律关系的参加者，才能享有某项具体的权利或承担某项具体的义务。由此可见，公司的权利能力并不等同于公司的权利，公司的权利能力是公司取得具体权利的资格、基础或前提条件。没有权利能力，公司便不能取得具体的权利，而公司取得具体权利，又是公司具有权利能力在具体法律关系中的一种体现，即公司的权利是公司权利能力得以实现的具体体现。

公司的权利能力具有以下四个方面的特征。①公司的权利能力从本质上讲，是公司的法律资格。如果公司没有这种资格，就不能参加法律关系，并享受权利和承担义务。②公司的权利能力不是天赋的，而是由国家的立法所赋予的。我国民法和公司法直接赋予公司以权利能力，使得公司能够成为法律关系的主体——法人。③公司的权利能力开始于公司依法成立、营业执照的签发之日，消灭于公司依法解散、营业执照的缴销之日。设立中的公司没有权利能力。所谓设立中的公司是指自订立公司章程起至设立登记完成前尚未正式成立的公司，由于它正在创设之中，还没有办理公司的设立登记手续，没有领到营业执照，故设立中的公司依法没有权利能力。④公司的权利能力在不同公司之间是不均等的。公司的权利能力因公司性质、公司目的、公司所在行业以及各自经营范围的不同而有所区别，有的公司的权利能力大一些，有的公司的权利能力则小一些，有的公司的权利能力的范围广些，而有的公司的权利能力的范围则窄一些。

由此，从功能与作用的角度来看，公司的权利能力是判断公司是否享有某种特定权利或承担某种特定义务的首要标准，也是判断公司某项行为在法律上有效、无效或者可撤销

的重要标准。新公司法相对于以前的公司法而言，对公司能力的限制少了，换句话说，我国公司的权利能力提高了。

(二)公司权利能力的限制

公司依法成立后，当然具有权利能力。但由于公司与自然人的性质不同，自然人有其自然实体，而公司没有。加之国家基于政策上的考虑和公司制度本身的客观要求，公司的权利能力受到了一定的限制。这些限制主要体现在性质、法律规定和经营范围三个方面。

1. 性质上的限制

公司是一种企业法人，没有自然人的自然实体，因此，凡以性别、年龄、生命、身体及亲属关系为前提的权利和义务，公司一概不能享有，也无须承担。比如公司不能享有婚姻权、继承权、监护权、生命权、身体权、自由权、亲属权和抚养权等权利，理所当然也不必承担与这些权利相应的义务，它只能享有与自然人的自然属性无关的名称权、名誉权、荣誉权、著作权、商标权和专利权等经济性权利。除此之外，公司的权利能力不受主体性质的限制，不因所有制不同而在公司的权利能力的大小上有不同。

2. 法律上的限制

国内外的公司立法都明确规定，公司只能在法律规定的范围内具有权利能力，即公司的权利能力要直接受法律规定的限制。根据《公司法》及其相关法的规定，这些限制主要有以下几种情况。

(1) 公司在转投资上的限制。公司转投资是指公司成立后利用公司财产对外进行再一次投资的行为。转投资可以增加资本运作效率，扩大公司的利润来源，有利于公司经营的规模化和效率化。因此，转投资权是公司独立财产权的内容之一，应当予以一定的自由和制度保证。在转投资的决议程序上，我国《公司法》第16条第1款规定："公司向其他企业投资或者为他人提供担保，依照公司章程的规定，由董事会或者股东会、股东大会决议；公司章程对投资或者担保的总额及单项投资或者担保的数额有限额规定的，不得超过规定的限额。"由此可见，虽然我国公司法规定转投资数额由公司章程进行自由确定，但我国公司法对转投资对象仍然进行了明确的禁止：转投资公司不得向无限公司、两合公司、合伙企业和个人独资企业等投资而成为其负连带责任的股东或出资人。因为无限公司、合伙企业和个人独资企业的股东或出资人依法要对公司、企业的债务承担无限连带责任。如果允许有限公司向他们投资，就意味着公司要将对外承担有限责任的全部财产用来清偿他们所投资的公司的债务。这不仅加重了公司的责任限度，而且也影响了公司股东和债权人的权益。公司可以向两合公司投资而成为其有限责任的股东，但不能向两合公司投资而成为负无限责任的股东，其原因与向无限公司、合伙企业投资的相同。因此，为了保证公司股本的稳固、保护股东和债权人的利益、维护正常的社会经济秩序，我国《公司法》第15条明确规定："公司可以向其他企业投资；但是，除法律另有规定外，不得成为对所投资企业的债务承担连带责任的出资人。"也就是说，公司可以向其他有限责任公司、股份有限公司或者向允许有承担有限责任投资人的非法人企业投资，并以该投资额为限对所投资公司或者企业的债务承担责任。

(2) 公司在对外担保上的限制。公司作为商主体在经营过程中对其他商主体或者个人进行债务上的担保，在实践中不可避免。但我们也同时看到公司对外担保的风险在于如果所担保的债务到期、债务人不能清偿时，公司则要承担代为清偿的担保责任。因此公司对外担保会导致公司资产因非经营性行为而减少。因此我国《公司法》第 16 条规定，公司为他人提供担保，按照公司章程的规定由董事会或者股东会、股东大会决议；公司章程对投资或者担保的总额及单项投资或者担保的数额有限额规定的，不得超过规定的限额。公司为公司股东或者实际控制人提供担保的，必须经股东会或者股东大会决议。预接受担保的股东或者预接受担保的实际控制人支配的股东，不得参加对外担保事项的表决。该项表决由出席会议的其他股东所持表决权的过半数通过。同时为了进一步保证公司对外担保决议程序不被公司经营管理者操纵，我国《公司法》第 148 条对公司的董事、高级管理人员还有一个原则性要求，即不得违反公司章程的规定，未经股东会、股东大会或者董事会同意，擅自以公司财产为他人提供担保。

(3) 公司在资金借贷上的限制。首先在资金"借"的限制上，主要体现在公司债券的发行上：公司债券是指公司依照法定程序发行、约定在一定期限还本付息的有价证券。公司法第 7 章专门规定"公司债券"对公司发行债券的行为模式进行设定。并且在《公司法》第 153 条有一条授权性法律规范，即公司发行公司债券应当符合《证券法》规定的发行条件。一般而言，公开发行公司债券的，股份有限公司的净资产不低于 3000 万元，有限责任公司的净资产不得低于 6000 万元，并且累计债券余额不得超过公司净资产的 40%；其次在公司资金"贷"的限制上，主要体现为公司资金外借的决议程序的规范上。我国《公司法》第 148 条规定：公司的董事、高级管理人员不得违反公司章程的规定，未经股东会、股东大会或者董事会同意，擅自将公司资金借贷给他人。也就是说公司资金外借的决定权在股东会、股东大会或者董事会，而不是公司的董事或者高级管理人员个人。

(4) 公司在股份回购上的限制。股份回购直接导致公司资本减少，资本信用降低，可能危及公司债权人的利益，因此我国公司法原则上禁止公司回购本公司的股票。但是又考虑到股份回购能够防止恶意收购、控制公司股价、为推行股权激励提供股份的合法来源并在一定程度上能够保护中小股东的利益，我国《公司法》第 142 条规定公司只能在"减少公司注册资本、与持有本公司股份的其他公司合并、将股份奖励给本公司职工、股东因对股东大会作出的公司合并、分立决议持异议，要求公司收购其股份的"四种特定情形下，通过股东大会决议的形式回购股份。并且《公司法》还要求：回购的股份应当在法定的期限内转让或者注销，公司不得长期持有本公司的股份。

(5) 公司在接受本公司股票作为质押权标的的限制。我国《公司法》第 142 条明确规定，公司不得接受本公司的股票作为质押权的标的。

3. 经营范围上的限制

经营范围是公司业务活动范围的法律界限，公司的权利能力与公司的经营范围是相适应、相一致的。我国《公司法》第12条规定，公司的经营范围由公司章程规定，并依法登记。公司可以修改公司章程，改变经营范围，但是应当办理变更登记。公司的经营范围中属于法律、行政法规规定须经批准的项目，应当依法经过批准。因此，公司只能依法在其登记的经营范围内从事经营活动。公司越权经营的，公法角度的法律后果是由工商行政管理部门给予相应的行政处罚；私法角度的法律后果是超越经营范围签订的合同如果是违反国家的强行性规定的，认定其无效。而一般的超越经营范围签订的合同，如果交易相对人是善意的，则一般认定其有效。

二、公司的行为能力

(一)公司行为能力的含义

所谓公司的行为能力是指公司在法律规定的范围内，通过自己的独立意思进行经营活动，并取得权利和承担义务的一种资格或能力。简言之，公司的行为能力就是公司能够通过自己的行为取得权利和承担义务的资格。行为能力是公司作为法人参加法律关系的必要条件。公司没有行为能力，就无法行使法律所规定的权利，也无法承担法律所规定的义务。由此可见，公司的行为能力同公司的权利能力一样，都是公司必须具备的一种资格和能力。

公司的行为能力同自然人的行为能力具有明显的区别。

(1) 公司的行为能力与其权利能力是同时产生并同时终止的，二者同时产生于公司成立之日，又同时终止于公司被注销之日。公司没有了行为能力，也必然丧失其权利能力。

(2) 公司的行为能力与其权利能力在范围上是一致的。公司行为能力的范围与其权利能力的范围都是由法律规定和章程载明的范围，两者没有区别。这就决定了公司的行为能力不能超出其权利能力的范围，即不能超越其经营范围，否则其行为无效。

(3) 各个公司的行为能力并不相同。公司的行为能力虽同其权利能力的范围相一致，但每一个公司的行为能力的范围并不相同。例如，有的公司的行为能力大，有的公司的行为能力却十分有限。有的公司只有生产方面的行为能力，有的只有商业流转方面的行为能力，有的则既有生产方面的行为能力，也有商业流转方面的行为能力。各公司的行为能力之所以不同，一方面取决于其权利能力，同时也取决于公司的性质、资本、设备条件和管理水平等，当然从法律上讲则取决于公司在工商机关登记的经营范围。

(二)公司行为能力的实现

公司是一种组织，其本身并不具有思维能力、识别能力，也不能亲自实施法律行为。

那么，公司的行为能力又是怎样体现和实现的呢?一般来说，公司的行为能力是通过公司的机关来实现的，更具体点说，是通过公司机关的自然人成员的意思和行为实现的。公司机关的行为，代表的是公司的行为。公司的机关是公司的代表者，不是独立的权利主体，而是公司有机体的组成部分。一般而言，公司的机关应由意思表示机关、执行机关和监督机关三部分构成。公司的意思表示机关是公司股东意志的表示机关，公司的执行机关是公司的经营管理机关，而公司的监督机关则是公司的监督检查机关。公司就是这三部分构成的有机体。公司的行为通过公司机关的自然人，如法定代表人和其他成员的职务代理行为而表现出来。一般来说，公司法定代表人由公司的章程规定，由董事长、执行董事或者经理担任，并依法向工商机关登记。凡公司机关及其成员在其权力范围内代表公司执行业务的行为，在法律上就认为是公司本身的行为，公司应对其承担一切法律后果。

三、公司的责任能力

(一)公司责任能力的含义

所谓公司的责任能力，是指公司在进行经营活动过程中对自己的违法行为承担法律责任的资格和能力。公司的责任能力同公司具体承担的法律责任是不同的。公司的责任能力指的是公司有无承担法律责任的资格问题，而法律责任则是公司违反国家有关法律、法规所应承担的具体法律责任。没有责任能力，公司的法律责任就失去了存在的前提和基础。

公司的责任能力主要有以下四个方面的特征。

(1) 公司的责任能力是公司具有权利能力和行为能力的必然结果。一个公司如果没有权利能力和行为能力，从法律上讲就不是独立的法人，也就没有责任能力。既然一个公司有权利能力和行为能力，也就必然有责任能力。

(2) 公司的责任能力与公司的权利能力和行为能力是同时产生、同时终止的，即它们都产生于公司的成立、营业执照的签发之日，也都终止于公司的解散、营业执照的缴销之日。

(3) 公司责任能力的具备是以公司行为能力的实现为前提条件的。只有公司以自己的行为实施了有关行为，而且是违法行为，才能追究该公司相应的法律责任，否则公司的责任能力就无从谈起。

(4) 公司的责任能力从性质上讲，包括民事责任能力、行政责任能力和刑事责任能力三种形式。

(二)公司责任能力的体现

我国《公司法》之所以规定公司具有责任能力，这是由公司所拥有的权利能力和行为能力所决定的。公司既然拥有行为能力，就必然要有责任能力，只有这样，公司才能成为一个真正的法人，真正的法律关系主体，才能确保交易对象的合法权益。我们知道，公司法人的机关与公司法人是一个有机统一体，是不能分离和割裂的，公司机关虽然是由自然人构成的，但这些自然人只要参加公司机关，成为其组成人员，则其执行公司业务的意思表示就是公司法人机关的意思表示。而其形成的决议，就成了公司的意思，否则公司就无法进行任何意思表示，也就无法进行任何经营活动。因此，公司机关相对于公司犹如人之头脑相对于身体，公司本身无意志、思维活动，只有靠其头脑——公司机关来思考、决议，表示其意志。公司机关在其意志支配下所为的行为与公司的行为是同一的，紧密联系在一起不能分离的。公司机关的职务行为就是公司的行为，而行为本身又有合法与非法之别，因合法行为而产生的权利和义务归公司享有和承担，这是公司行为能力实现的结果。与此相适应，因非法行为而导致的法律责任自然也应由公司承担，因为公司机关的意志和行为就是公司的意志和行为。公司不仅要承担公司机关为其所为的合法行为所产生的法律后果，也要承担公司机关为其所为的非法行为所产生的法律后果，这便是公司具有责任能力的体现。只有确认公司的责任能力，才能完整体现公司法人的独立性，才能体现公司机关与公司的有机统一，才能使公司成为真正的法律关系的参加者，才能更好地维护债权人的合法权益。因此，承认公司的责任能力是承认公司行为能力的必然结果。

第五节　公司的变更、解散与清算

一、公司的变更

(一)公司变更的含义

公司的变更，是指公司依法成立后，在其存续期间，依照法律和行政法规的规定，改变其构成要素的法律行为。公司变更的主体只能是我国《公司法》所设立的有限责任公司和股份有限公司。公司变更是一种法律行为，必须严格按照《公司法》和《公司登记管理条例》所规定的条件和程序进行，否则，就无法到达其预期的法律后果。公司变更是依照法律对公司各个构成要素的变化，更改这些要素主要包括公司的名称、住所、法定代表人、注册资本、公司类型、经营范围、营业期限、股东姓名等。

公司的变更依其变更内容的不同，可分为一般变更和重大变更。公司的一般变更是指公司名称、住所、法定代表人、注册资本、公司类型、经营范围、营业期限、股东的变更，而公司的重大变更是指公司合并、分立和组织形式的变更。我们这里主要介绍公司的重大变更。

(二)公司的合并

1. 公司合并的概念

公司合并是指两个或者两个以上的公司通过签订合并协议，依照法定要求和程序合并成一个公司的法律行为。公司合并对于经济发展有着重要意义。公司合并可以使公司迅速扩大生产规模、调整经营范围、进入新的经营领域，有利于公司调整组织结构与产品结构，实现生产要素的合理流动和优化组合，使公司在市场竞争中处于有利地位，增强竞争力，减少竞争对手。但公司合并必须依法进行，如果公司合并超过了一定的限度、规模，也可能在某些行业、领域和地区形成垄断，妨碍市场的公平竞争，损害其他经营者、消费者的利益。所以，有必要对公司合并行为进行专门的规定。

2. 公司合并的形式

公司合并的形式是指公司合并实现的具体形式。不同的合并形式决定了合并中不同的法律关系，会产生不同的法律后果。我国《公司法》第 172 条规定了两种公司合并方式，即吸收合并和新设合并。

(1) 吸收合并。

吸收合并又称存续合并，是指两个或者两个以上的公司合并时，其中一个或者一个以上的公司并入另一个存续公司的法律行为。并入的公司即被吸收进入存续公司，其法人人格消灭。合并后的公司仍然沿用吸收方公司的名称，被吸收方公司的财产及债权债务都归属于吸收方公司，其股东亦成为吸收方公司的股东。

(2) 新设合并。

新设合并又称创设合并，是指两个或者两个以上的公司合并设立一个新公司的法律行为。在这种合并中，原公司均丧失其法律人格，一个具有新的独立法人资格的公司在此基础上产生。

3. 公司合并的程序

公司合并是公司变更的重要内容，关系到公司的前途和命运。为了使合并产生预期的法律效果，《公司法》规定公司的合并必须依照下列程序进行。

(1) 签订合并协议。公司合并首先应由合并各方在平等协商的基础上，就合并的有关事宜达成合并协议。合并协议应采用书面协议。

(2) 作出合并决议。公司合并事关股东的重大利益，将决定公司的命运走向，公司合并须由股东会作出决议。根据我国公司法的规定，有限责任公司的合并决议必须经代表 2/3 以上表决权的股东通过；股份有限公司的合并决议必须经出席股东会议的股东所持表决权 2/3 以上通过。

(3) 编制资产负债表及财产清单。合并各方应编制资产负债表和财产清单，以供债权人查询。资产负债表应明确公司资产的借贷情况，财产清单应将公司所有的动产、不动产、债权、债务及其他资产分别注明。

(4) 通知及公告债权人。公司应当自作出合并决议之日起 10 日内通知债权人，并于 30 日内在报纸上公告。债权人自接到通知书之日起 30 日内，未接到通知书的自公告之日起 45

日内，可以要求公司清偿债务或者提供相应的担保。否则，公司不得合并。

(5) 实施合并。完成了对债权人的催告及相应的保护措施后，合并中的公司即可实施合并。根据合并的种类的不同，相关方进行资产的合并及财产的转移。

(6) 办理合并登记。公司合并后应当办理相应的登记手续。公司合并后解散的公司应当依法向公司登记机关办理注销登记手续；存续的公司应当依法向公司登记机关办理变更登记手续；新设立的公司应当依法向公司登记机关办理设立登记手续。

4. 公司合并的法律后果

公司合并是一种法律行为，必然具有一定的法律效力，产生一定的法律后果。主要表现在以下三个方面。

(1) 合并公司的变化。依据公司合并情形的不同，公司合并可产生公司消灭、公司变更和公司设立三种结果。一是公司消灭。在吸收合并的场合，被吸收合并公司的法人资格消灭；在新设合并的场合，参加合并公司的法人资格均归于消灭。二是公司变更。在吸收合并时，存续公司的股东、资本等都发生了变化，需要修改公司章程并办理变更登记。三是公司设立。在新设合并时，因合并形成了一个新公司，需要办理设立登记。

(2) 权利义务的概括承受。存续公司及后成立的公司对消灭公司的权利义务须概括承受。所谓概括承受是指不仅对先前公司的积极财产要承受，对消极财产也要承受。

(3) 股东身份的变化。股东身份的变化是指被吸收公司原股东及被解散公司原股东由合并获得存续公司或者新设公司股东的身份。

(三)公司的分立

1. 公司分立的概念

公司分立是指一个公司依法分成两个或者两个以上公司的法律行为。在市场经济的激烈竞争中，为了适应市场情况的变化，实行专业化经营，有效地占领市场，一个公司往往会分出一部分资本和人力，再重新设立一个或若干个公司，这些分出来的公司实行独立核算，具有独立的法人资格，有时一个公司往往也会将原来的公司分为两个或两个以上的公司，使其自主经营、自负盈亏，原有的公司则予以解体。同合并一样，分立也是公司迅速扩大经营，提高市场竞争力的重要手段。

2. 公司分立的形式

公司分立依原公司的法人资格是否消灭为标准，可以分为新设分立和派生分立两种。

(1) 新设分立。

新设分立又称解散分立，是指将一个原有公司分成两个或两个以上的新公司，原公司解散，新分立的公司依法成为新的公司法人。新设分立是以原来公司的法人人格消灭为前提，新设的公司须符合公司法关于公司设立的相关条件的规定，新分立出的公司应当到公司登记管理机关办理设立登记，原公司应当到公司登记机关办理注销登记。

(2) 派生分立。

派生分立又称存续分立，是指将一个原有公司的财产和业务分出一部分或若干部分，组成新的公司，新组成的公司依法组成新的公司法人，原公司继续存在。虽然原公司法人人格仍然存在，但其法人人格要素发生了变化，其注册资本、资产规模、业务范围、股东人数等均发生了变化。在派生分立中，原来公司须进行变更登记，分立出去的公司要进行设立登记。

3. 公司分立的程序

公司的分立不仅涉及分立的公司本身，而且关系到债权人的合法权益，甚至对公司的经营管理者和其他雇员都会产生一定的影响。因此，公司的分立必须严格按照公司法所规定的程序进行。一般来说，公司分立必须经过以下法定程序。

(1) 签订分立协议。公司进行一系列分立行为的依据为分立协议。分立协议的内容主要涉及分立后公司财产的归属，以及分立各方所享有的权利和承担的义务。

(2) 作出分立决议。公司分立属于与股东利益密切相关的重大事项，因此，公司分立须由股东会作出决议。根据我国公司法规定，有限责任公司的分立决议必须经代表 2/3 以上表决权的股东通过；股份有限公司的分立决议必须经出席股东会议的股东所持表决权 2/3 以上通过。

(3) 编制资产负债表及财产清单。

(4) 通知及公告债权人。公司应当自作出分立决议之日起 10 日内通知债权人，并于 30 日内在报纸上公告。

(5) 实施分立。完成了通知和公告债权人的程序后，分立的公司即可进行资本的分立及财产的移转。分立后存续的公司及新设的公司应召集股东会议，报告分立事宜，变更或订立公司章程。

(6) 办理分立登记。公司分立后应当办理相应的登记手续。公司分立后解散的公司应当依法向公司登记机关办理注销登记手续；存续的公司应当依法向公司登记机关办理变更登记手续；新设立的公司应当依法向公司登记机关办理设立登记手续。

4. 公司分立的法律后果

合法的公司分立，其法律后果主要表现在以下几个方面。

(1) 分立公司的变化。依据公司分立情形的不同，公司分立可产生公司消灭、公司变更和公司设立三种结果。一是公司消灭。在新设分立的场合，被分立公司的法人资格消灭。二是公司变更。在派生分立时，存续公司的股东、资本等都发生了变化，需要修改公司章程并办理变更登记。三是公司设立。在新设分立及派生分立时，均形成了新的公司，需要办理设立登记。

（2）权利义务的概括承受。公司按照法定的条件和程序进行分立时，因分立而注销的公司，其权利和义务一并转移给分立后存续的公司或新设立的公司。

（3）股东资格的变化。公司按照法定的条件和程序进行分立后，参与分立的各公司股东，可以按照分立协议的有关规定，当然转换为分立后存续的公司或新设立的公司的股东。

(四)公司组织形式的变更

1. 公司组织形式变更的概念

公司组织形式的变更，是指公司不中断其法人资格及业务的情况下，由一种公司形式变为另一种公司形式的法律行为。公司形式的变更是公司法上特有的制度，其特点是在公司不中断其法人资格及业务的情况下，使公司组织形式从一种变更为另一种，这是法律制度支持企业组织在维持中创新的极好形式。

2. 公司组织形式变更的限制

由于公司成立的条件、信用基础、股东责任等不同，各国对公司从某种公司形式变为另一种公司形式往往有一定的限制。一般说来，只许公司的成立条件、信用基础、股东责任相同或类似的公司之间进行公司组织形式的变更。具体来讲，公司法允许下列公司组织变更：无限公司与两合公司之间的互变；有限责任公司与股份有限公司之间的互变；股份有限公司与股份两合公司之间的互变。

3. 我国《公司法》关于公司组织形式变更的规定

根据《公司法》第 9 条第 1 款的规定，有限责任公司变更为股份有限公司，应当符合《公司法》规定的股份有限公司的条件。股份有限公司变更为有限责任公司，应当符合《公司法》规定的有限责任公司的条件。该条第 2 款规定，公司变更前的债权、债务由变更后的公司承担。这是因为，虽然公司的组织形式发生了变化，但是公司作为一个特定的经济组织体并没有发生变化，《公司法》规定的组织形式变更制度并不意味着公司法人人格消灭或者变化，而是强调公司存在的本质、内容及精神不变。

二、公司的解散

(一)公司解散的概念

公司解散，是指公司因法律或章程规定的解散事由出现而停止营业活动，开始处理未了结的事务并逐渐终止其法人资格的行为。与自然人有出生和死亡一样，公司也有设立与终止的法律行为。但公司解散并不必然导致公司法人人格的消灭，而是公司主体资格消灭的必经程序。只有经过法定清算程序，处理了公司的剩余财产并了结了公司的各种法律关系后，公司的法定人格才被终止。

(二)公司解散的事由

依公司解散事由的不同，公司解散有自愿解散和强制解散之分，前者是基于公司或股东的意愿而解散公司；后者是由于法律规定或行政机关命令或司法机关裁判而解散公司。我国《公司法》第180条列举了公司解散的五种事由如下。

(1) 公司章程规定的营业期限届满或者公司章程规定的其他解散事由出现。

(2) 股东会或者股东大会决议解散。

(3) 因公司合并或者分立需要解散。

(4) 依法被吊销营业执照、责令关闭或者被撤销。

(5) 公司经营管理发生严重困难，继续存续会使股东利益受到重大损失，通过其他途径不能解决的，持有公司全部股东表决权10%以上的股东，可以请求人民法院解散公司。

(三)公司解散的效力

公司解散的效力主要体现在以下几个方面。

(1) 须停止公司的一切经营活动，所有活动均须限制在清算的范围内。公司解散只是公司终止的原因，公司解散时公司的法人资格并不立即消灭，公司为清算之目的而存续，故解散后的公司不得开展与清算无关的经营活动。

(2) 公司立即进入清算程序。公司因法律或者章程规定的事由出现解散，此时公司的债权债务需要清算了结，因此除公司因合并或者分立而解散无须进行清算外，解散之公司应立即进入清算程序，按照法律法规的规定清理债权债务。

(3) 公司的清算人为对外代表人。一旦公司进入清算程序，公司的清算人就取代原公司的代表人，对外代表公司进行与清算有关的活动，如清收债权、清偿债务、从事相关民事活动等。

三、公司的清算

(一)公司清算的概念

公司清算，是指公司解散后，终结已解散公司的各种法律关系，处理其剩余财产，并使公司法人资格最终归于消灭的法律行为。只有通过清算，终结公司现存的法律关系，处理公司的剩余财产，才能使其完全丧失其生产经营和法人资格。公司的清算不仅关系到公司、股东、职工的合法权益，而且涉及债权人、债务人的切身利益，因此，公司清算是一个十分重要的法律问题。

(二)公司清算的种类

公司清算依不同的标准，可以分为以下几种类型。

1. 任意清算与法定清算

根据清算的方式和要求是否按照法律规定的程序进行，可以分为任意清算与法定清算。任意清算也称为自由清算，是指公司按照股东的意志和公司章程的规定进行的清算。法定清算是指公司必须按照法律规定的程序和方法进行的清算。任意清算适用于无限公司和两合公司，而法定清算则主要适用于有限责任公司和股份有限公司。我国现行公司法仅规定了有限责任公司和股份有限公司这两类公司类型，故我国公司法只确定了法定清算这种方式。

2. 破产清算与正常清算

根据是否在破产情形下进行，清算可以分为破产清算和正常清算。破产清算是指公司不能清偿到期债务被依法宣告破产时适用的清算程序。正常清算是指公司除因合并、分立或破产的原因解散外，因其他一切原因解散而适用的清算程序。在正常清算过程中，清算组如果发现公司的资产不足以清偿债务时，应当转为破产程序。

3. 普通清算与特别清算

根据清算是否受到法律或行政机关的干预，法定清算又可以分为普通清算和特别清算。普通清算是指由公司按照法定程序自行组织清算机构进行的清算。特别清算是在适用普通清算发生显著困难时，或清算不能或有资不抵债嫌疑时由法院或行政机关命令组织清算组并加以监督所进行的清算。特别清算是介于普通清算和破产清算之间的一种特别程序，由法院或行政机关进行一定的干预和监督。这两种清算的区别主要在于，前者由公司从内部产生清算组，后者则由有关主管机关组织成立清算组。

(三)清算组

1. 清算组的概念

清算组是指公司在出现清算原因后依法成立的处理公司债权、债务的组织。在公司进入清算程序后，清算组将接管公司全部权力，对外代表公司，对内处理公司的业务。

2. 清算组的组成

根据我国公司法的规定，公司依法解散的，应当在解散事由出现之日起 15 日内成立清算组，开始清算。有限责任公司的清算组由股东组成，股份有限公司的清算组由董事或者股东大会确定的人员组成。逾期不成立清算组进行清算的，债权人可以申请人民法院指定有关人员组成清算组进行清算。人民法院应当受理该申请，并及时组织清算组进行清算。

3. 清算组的职责

根据我国公司法的规定，清算组在清算期间负有下列职责。

(1) 清理公司财产，分别编制资产负债表和财产清单。

(2) 通知或者公告债权人。清算组应当自成立之日起 10 日内通知债权人，并于 60 日内在报纸上公告。债权人应当自接到通知书之日起 30 日内，未接到通知书的自公告之日起 45 日内，向清算组申报其债权。

(3) 处理与清算有关的公司未了结的业务。清算组成立后，应尽快处理与清算有关的公司未了结的业务，且不得开展新的经营活动。

(4) 清缴所欠税款以及清算过程中产生的税款。由于税收涉及国家财政收入，具有重要意义，因此，对公司终止前所欠的国家税款，清算组应当依法全部缴纳。

(5) 清理债权、债务。如果公司享有债权，清算组应要求债务人履行。清算组应当在公告债权期限届满后，清偿公司债务。在申报期限内，不得对任何债权人进行清偿。

(6) 处理公司清偿债务后的剩余财产。清算组在清偿公司债务后，应依照法定方式将所有剩余财产分配给各股东。

(7) 代表公司参与民事诉讼活动。在清算目的范围内，清算组既有权以公司的名义对拒不清偿或不承认债权的债务人提起诉讼，对他人提起的对公司的诉讼，也有权以公司的名义进行应诉。

4．清算组成员的义务与责任

无论是公司确定的清算人员，还是法院指定的清算人员，都应当忠于职守，承担相应的法律义务。根据我国《公司法》第 189 条的规定，清算组成员的义务和责任主要有以下几个方面。

(1) 忠于职守，依法履行清算义务。

(2) 不得利用职权收受贿赂或者其他非法收入。

(3) 不得侵占公司财产。

(4) 因故意或者重大过失给公司或者债权人造成损失的，应当承担赔偿责任。

(四)公司清算的程序

公司清算是依时间先后依次进行的一系列活动的总称。为了使清算工作能够顺利达到预期的法律后果，提高公司清算的效率，使公司清算沿着规范化的方向健康地向前发展，公司清算必须按照下列程序进行。

(1) 成立清算组。公司应当在解散事由出现之日起 15 日内成立清算组，逾期不成立清算组进行清算的，债权人可以申请人民法院指定有关人员组成清算组进行清算。

(2) 公告通知债权人。清算组应当自成立之日起 10 日内通知债权人，并于 60 日内在报纸上公告。

(3) 债权人申报债权。债权人应当自接到通知书之日起 30 日内，未接到通知书的自公告之日起 45 日内，向清算组申报其债权。债权人申报债权，应当说明债权的有关事项，并提供证明材料。清算组应当对债权进行登记。

(4) 清理公司财产、编制资产负债表和财产清单。

(5) 制定清算方案，并报股东会、股东大会或者人民法院确认。

(6) 按照法定顺序清偿公司债务。公司清算方案确定后，清算组必须按照法律规定的顺序清算：支付清算费用；职工的工资、社会保险费用和法定补偿金；缴纳所欠税款；清偿公司债务。

(7) 公司清算结束后，由清算组制作清算报告，报股东会、股东大会或者人民法院确认。

(8) 办理注销登记并向社会公告公司终止。

自 测 题

1. 简述我国公司的内涵与外延。
2. 试分析我国公司法的特点。
3. 公司的董事、监事、高级管理人员的任职资格条件有哪些？
4. 简述董事、监事、高级管理人员的忠实义务与勤勉义务。
5. 论公司的权利能力、行为能力与责任能力。
6. 简述公司解散的法律效力。

第五章　有限责任公司

知识要点：

有限责任公司是"股东以其认缴的出资额为限对公司债务承担有限责任，而公司以全部财产对自己的债务承担全部责任"的企业法人。它的人资两合性和相对的闭锁性，决定了它在设立和组织机构安排上较股份有限公司简单、灵活。普通的有限责任公司、国有独资公司和一人公司的设立既有法定的"人"的要件、"物"的要件、"行为"要件和"其他"要件，也有法定的设立方式、程序和步骤。有限责任公司的组织机构包括股东会、董事会(下辖经理层)、监事会，其性质、地位、职权和职责在公司法中有明确规定。鉴于一人公司和国有独资公司的股东的唯一性，公司法对其设立和监管问题进行了特别规定。

引导案例：

2007年1月周某、忻某、施某、黄某以及南通A机械制造有限公司签订《上海B机械制造有限公司合作股东协议》一份：①约定上海B机械制造有限公司由以上五人共同设立，注册资本为110万元，其中周某与黄某各以现金出资15万元；忻某以生产技术和销售优势作为出资折合10万元；施某以生产技术和销售优势作为出资折合5万元；南通A机械制造有限公司以现金出资65万元。协议同时约定所有出资需在上海B机械制造有限公司注册后6个月内到位。②约定由黄某担任董事兼任总经理，负责业务经营和管理。③约定B公司当年完税后净利部分的10%按股东各自所占股份分红，90%作为公司的风险公积金和资本公积金或经股东会同意用于增加资本金。④约定股东退股时，应该向执行董事提出书面申请，经股东会同意后按协议约定的程序退股。

2007年3月26日，周某交付给设立中的B公司所聘请的出纳刘某15万元。设立中的B公司收到周某的15万元都用在了购买原材料、黄某担任总经理期间的费用报销、工人工资、房租等事项上了。然而，忻某、施某、黄某和南通A机械制造有限公司均未按协议出资到位。上海B机械制造有限公司实际未成立。

2008年11月，周某以有限公司股东出资纠纷为案由，向上海市宝山区人民法院起诉忻某、施某、黄某和南通A机械制造有限公司，请求判令确认股东协议无效；判令四被告连带返还原告出资款15万元及利息损失，并由四被告负担案件诉讼费。审理中，原告变更确认股东协议无效的诉讼请求为解除协议。

法院经审理认为：原告与四被告为设立公司签订的协议既受合同法也受公司法的约束。协议中"所有资金需在公司注册后6个月内到位"及"以销售优势出资"的内容违反公司法的相关规定，属于无效，但该条款的无效不影响协议其他内容的效力，协议的其他内容系各方的真实意思表示，合法有效。因四被告未按约定足额出资，导致公司设立失败，对于已经履行了全部出资义务的原告而言，可以要求四被告承担已发生的设立费用以及违约责任。审理中被告忻某、施某、黄某认为协议没有继续履行的必要，而被告南通A机械制造有限公司也同意解除，故法院支持原告主张协议解除的诉请。协议解除后，应当恢复原状并赔偿损失，四被告连带返还原告出资款15万元并向原告支付同期人民银行规定的贷款利息损失。

有限责任公司的设立应当符合法定的条件和程序，本案B有限公司的设立协议不符合公司法的要求，应当确认相应的内容无效。本案判决没有直接、简单适用公司法按照违约责任进行判决，而是根据庭审中当事人解除合同的诉请，主要依据合同法，按照合同解除的法律效力，判令被告恢复原状并赔偿同期贷款利息损失。这是一个公正而且合理的判决。

本章阐述了有限责任公司的基本法律制度。通过本章的学习，要求学生准确理解有限责任公司的概念与特征，重点掌握有限责任公司的设立、股东、资本与组织机构的一般法律规定，了解一人有限责任公司与国有独资公司的特殊法律规定。

第一节　有限责任公司的概念和特征

一、有限责任公司的概念

从公司发展的历史来看，有限责任公司在所有公司形式中产生最晚。从1892年《德国有限责任公司法》算起，至今才100多年。它融合了股份有限公司的资合性与无限公司的人合性，具有股东相对稳定、股权相对封闭和组织运行相对灵活的优点。

我国公司法规定，有限责任公司的股东以其认缴的出资额为限对公司承担责任。因此，有限责任公司从内涵上看，是指依照公司法规定的条件和程序设立的，由一定人数(1～50人)的股东出资组成的，股东以其认缴的出资额为限对公司债务承担有限责任，而公司以全部财产对自己的债务承担全部责任的企业法人。有限责任公司，在实践中也可简称为"有限公司"。有限责任公司从外延上看，按股东人数划分，有限责任公司包括：多人投资的普通有限责任公司、国有独资公司和一人公司。按所有制划分，有限责任公司包括：国有的有限责任公司(包括国有独资公司和两个以上国企或国有投资主体投资设立的有限公司)、非国有的有限责任公司(包括民营有限公司、外资有限公司和部分合营有限公司)。

二、有限责任公司的特征

(一)股东责任的有限性

这是有限责任公司最为基本的特征。股东责任的有限性是指各个股东依法仅以各自认缴的出资额为限对公司经营活动及后果承担有限责任，而公司则以全部财产对公司所负债务承担全部责任，直至公司破产。也就是说，公司债权人不能直接向股东主张公司债权，而只能向公司主张。作为股东有限责任的例外，只有存在股东滥用股东地位或有其他法人人格否认情形时，公司债权人才能向股东进行追索。例如，公司股东滥用公司法人独立地位和股东有限责任，逃避债务，严重损害公司债权人利益的，应当对公司债务承担连带责任。又如，一人有限公司的股东不能证明公司财产独立于股东自己财产的，应当对公司债务承担连带责任。

(二)信用基础的人资两合性

有限责任公司是一种资本的联合，具有资合公司的特点，同时它又是一种人的集合，具有人合公司的特点。其"资合性"表现为：公司注册资本为全体股东认缴资本的总和；股东可以用货币出资，也可以用实物、知识产权、土地使用权等可以用货币估价并可以依法转让的非货币作价出资；公司利润分配应当首先弥补亏损和提取法定公积金之后才能进行股东分红。其"人合性"表现在：各股东之间的相互关系具有人身因素；公司资本不划分为等额股份，而是由股东按比例认缴；股东的出资证明书不能自由流通转让；股东出资额的对外转让应当经其他股东过半数同意，其他股东在同等条件下有优先购买权；股东可以约定不按出资比例分取红利；公司章程也可以规定股东不按出资比例行使表决权；股东的个人条件、声誉和地位对公司的信用有一定的影响作用。

(三)设立程序与组织安排的简便性

有限责任公司只能采取发起设立，而不能采取募集设立，其设立程序较为简便。与股份有限公司相比，有限责任公司避免了股份发行及股份发行后发起人应当在30日内主持召开公司创立大会等复杂而又严格的法律程序。有限责任公司一般实行准则登记制度，除从事特殊行业的经营，或国家法律、法规有特别规定者外，只要符合法定条件均可直接予以工商登记。

此外，有限责任公司的股东会、董事会、监事会三大组织机构的设置也不像股份有限公司那样必须依法设置。其设置往往具有一定的灵活性和选择性。如股东人数较少或者规模较小的有限责任公司，可以设一名执行董事，不设立董事会。执行董事可以兼任公司经理。执行董事的职权可由公司章程规定。又如，一人有限责任公司不设股东会。股东作出行使股权做决定时，采用书面形式并由股东签字后置备于公司即可。国有独资公司不设股东会。

(四)设立与运营的相对闭锁性

有限责任公司相对于股份有限公司而言，具有闭锁、封闭的特点。

(1) 股东人数有限。我国有限责任公司依法应由 50 个以下股东出资设立。将股东人数限制在一个相对狭小的范围内，这就为有限责任公司的封闭性奠定了基础。

(2) 有限责任公司在设立方式上只能采用发起设立，而不能采用募集设立。它只能在少数甚至特定人中筹资，在资本筹集上具有封锁性。

(3) 有限责任公司在经营管理方面也有封锁性，由于股东人数有限且相对稳定(出资转让较为困难)，其经营状况一般不涉及社会公众的利益。因此，其财务状况也无需向社会公开，这就在客观上使公司经营管理处于相对封闭的状态。

第二节　有限责任公司的设立

一、有限责任公司的设立条件

(一)普通有限责任公司设立的条件

有限责任公司的设立条件是指公司法规定的有限责任公司获准工商登记机关的登记注册，取得企业法人资格所必须具备的法定条件。有限责任公司设立的条件实质上是法律为有限责任公司进入市场所设定的门槛，其目的是为了维护市场信用、保障社会的交易安全、保证公司管理机关对公司进行必要的监督与管理。《中华人民共和国公司法》第 23 条规定："设立有限责任公司，应当具备下列条件：股东符合法定人数；有符合公司章程规定的全体股东认缴的出资额；股东共同制定公司章程；有公司名称，建立符合有限责任公司要求的组织机构；有公司住所。"同时该法第 2 章第 1 节的相关条款对设立条件进行了具体化。综合这些规定，在我国设立有限责任公司应当具备以下四个方面的条件。

1. "人"的条件

"人"的条件，即有限责任公司的股东人数应当符合公司法的要求。《中华人民共和国公司法》第 24 条规定，有限责任公司由 50 个以下股东出资设立。有限责任公司的股东人数没有底线限制，最少可以是 1 个股东，而最多不能超过 50 个股东。这是由有限责任公司的"人合性"所决定的，股东之间的合作与信任对有限责任公司的运作具有重要意义。因此为防止过多股东人数而导致协商成本增加，公司法以一个技术性条款要求有限责任公司"人"的条件——股东不超过 50 人。如果超过了 50 人，要么不能成立有限责任公司，要么在合理期限内变更公司的形式将其改为股份有限公司。具体而言，有限责任公司的股东可以是自然人股东，也可以是法人股东，还可以是国家股东(由国务院或者地方人民政府授权本级人民政府国有资产监督管理机构作为代表)。

2. "物"的条件

为了保证有限责任公司的资本信用，传统公司法对有限责任公司经营的自有资本提出了基本要求，一方面可以保证设立的公司达到基本规模及具备必要的财产为自己设定权利，同时更主要是保证公司有足够的财产对外承担义务。简言之，从事经营的有限责任公司必须具备基本的责任财产和责任能力，能够承担与其经营活动相适应的财产义务。2013 年《中华人民共和国公司法》为了鼓励民间投资和无形资产的创新，与旧公司法相比，大大降低了有限责任公司设立的"物"的条件。

首先在股东的出资额方面，将公司注册资本实缴登记制改为认缴登记制，取消公司注册资本最低限额。公司法第 3 条第 2 款规定："有限责任公司的股东以其认缴的出资额为限对公司承担责任；股份有限公司的股东以其认购的股份为限对公司承担责任。"因此，有限责任公司的股东需要按照其认缴的出资额、股份有限公司的股东需要按照其认购的股份承担有限责任，公司法确定了股东在出资上采取"认缴资本制"。同时，公司法还取消了公司注册资本最低限额，即取消了原公司法中规定的有限责任公司最低注册资本 3 万元，股份有限公司最低注册资本 500 万元的最低限制。公司法第 26 条规定："有限责任公司的注册资本为在公司登记机关登记的全体股东认缴的出资额。法律、行政法规以及国务院决定对有限责任公司注册资本实缴、注册资本最低限额另有规定的，从其规定。"公司法第 80 条规定："股份有限公司采取发起设立方式设立的，注册资本为在公司登记机关登记的全体发起人认购的股本总额。在发起人认购的股份缴足前，不得向他人募集股份。股份有限公司采取募集方式设立的，注册资本为在公司登记机关登记的实收股本总额。法律、行政法规以及国务院决定对股份有限公司注册资本实缴、注册资本最低限额另有规定的，从其规定。"在注册资本最低限额上有较高规定的有限责任公司，从相应的特别法规定。如《中华人民共和国商业银行法》规定设立商业银行的注册资本的最低限额为 10 亿元人民币，城市合作商业银行注册资本的最低资本限额为 1 亿元人民币，农村合作商业银行的注册资本最低限额为 5000 万元人民币，并且其注册资本是实缴资本。

其次在股东的出资登记方面，放宽注册资本登记条件，简化了登记事项。新《中华人民共和国公司法》删除了原公司法规定股东缴纳出资后，必须经依法设立的验资机构验资并出具证明的规定。公司设立不再需要会计师事务所出具相应的验资报告，降低了公司设立费用，简化了公司登记程序。公司法第 29 条规定："股东认足公司章程规定的出资后，由全体股东指定的代表或者共同委托的代理人向公司登记机关报送公司登记申请书、公司章程等文件，申请设立登记。"可见，股东依据公司章程缴足认缴的出资后，直接由全体股东指定的代表或者共同委托的代理人申请登记即可，不需要进行验资，成立公司的程序更加简单。

3. "行为"上的条件

"行为"上的条件，就是说要成立有限责任公司，其股东应当有一个共同的行为——制定公司章程。在该公司章程中载明下列事项：公司名称和住所；公司经营范围；公司注册资本；股东的姓名或者名称；股东的出资方式、出资额和出资时间；公司的机构及其产生办法、职权、议事规则；公司法定代表人；股东会会议认为需要规定的其他事项。依照《中华人民共和国公司法》第 11 条的规定："设立公司必须依法制定公司章程。公司章程对公司、股东、董事、监事、高级管理人员具有约束力。"因此，在有限责任公司设立之初，只有所有出资人(将来的股东)在公司章程上签名、盖章，该章程方为有效，才可以认定其符合了有限责任公司设立的"行为"上的条件。

4. 其他条件

其他条件，即有限责任公司应当有"标明有限责任公司或者有限公司字样"的公司名称，应当建立股东会、董事会和监事会或者建立其他符合法律要求的组织机构，还应当有以"主要办事机构所在地"为公司住所。

(二)一人有限责任公司设立的条件

一人公司是指只有一个自然人股东或者一个法人股东的有限责任公司。它突破了传统公司法理念中对公司社团性的界定，是有限责任公司中比较特殊的公司形式。我国新公司法承认了一人公司的法律地位，并强调一人公司的设立适用普通的有限责任公司设立的一般条件。但考虑到一人公司内部缺乏制衡，容易产生公司财产与股东个人财产的混同，侵害债权人利益的风险，《中华人民共和国公司法》第二章第三节在一人公司的设立上进行了相应的特殊规定。

1. "人"的条件

一人公司的股东是 1 个自然人或者 1 个法人。并且实行"计划生育"，一个自然人只能投资设立一个一人有限责任公司，并且该一人有限责任公司不能投资设立新的一人有限责任公司，也就是说禁止自然人为唯一股东的一人公司转投资设立新的一人公司。

2. "物"的条件

新《中华人民共和国公司法》删除了原一人公司注册资本最低限额为 10 万元并且应当一次足额缴纳出资额的规定，一人公司的注册资本为在公司登记机关登记的认缴出资额。

3. "行为"条件

一人公司的章程由一人股东独立制定。

4. 其他条件

除应符合普通有限责任公司的相关要求之外，一人公司有一个特殊的要求，即在申请设立时应当在公司登记中注明自然人独资或者法人独资，并在公司营业执照中载明。由此可见，一人公司的设立条件相对于普通有限责任公司而言，虽然减少了股东人数，但对登记内容的要求却提高了。

(三)国有独资公司设立的条件

国有独资公司，是指国家单独出资、由国务院或者地方人民政府委托本级人民政府国有资产监督管理机构履行出资人职责的有限责任公司。由于它在投资主体上的特殊性，因此《中华人民共和国公司法》第二章第四节对国有独资公司设立的条件进行了具体规定。

1. "人"的条件

国有独资公司的股东只有一个——国家，并通过国务院或者地方人民政府委托本级人民政府国有资产监督管理机构履行出资人职责。

2. "行为"条件

设立国有独资公司应当制定公司章程。所不同的是国有独资公司章程由国有资产监督管理机构制定，或者由董事会制订报国有资产监督管理机构批准。除此之外，国有独资公司其他各方面的设立条件适用普通有限责任公司设立的一般条件。

二、有限责任公司的设立方式

《中华人民共和国公司法》第24条规定："有限责任公司由50个以下股东出资设立。"同时，第57条规定："一人有限责任公司是指只有一个自然人股东或者一个法人股东的有限责任公司。"此外，第64条规定："国有独资公司是指国家单独出资、由国务院或者地方人民政府授权本级人民政府国有资产监督管理机构履行出资人职责的有限责任公司。"这就是关于有限责任公司设立方式的法律规定。

由此可见，有限责任公司有共同出资设立和单独投资设立两种方式。普通有限责任公司由2~50个股东共同出资设立。一人有限责任公司是由一个自然人股东或者一个法人股东单独出资设立，国有独资公司则由国家单独出资设立。这几种设立方式，从法理上讲都属于发起设立方式，前者属于多个股东发起设立，后者属于一个股东发起设立。

三、有限责任公司的设立程序

(一)设立人共同协商达成设立协议

虽然在公司立法中没有明确要求有限责任公司的设立人应共同协商达成设立协议，但是在实务中还是一般要有"达成设立协议"这一步骤的。因为有限责任公司的设立人首先要对拟设立公司的规模、营业环境、赢利能力等事项进行可行性调查研究、分析和预测，在此基础上准备参与设立该有限责任公司的人员签订设立协议，以明确各当事人在设立过程中的权利义务关系。设立协议的主要内容涉及组建公司的方案、设立人之间的职责分工等。设立协议在法律上的性质被视为合伙协议。如果公司设立成功，该协议履行完毕，那么因设立所生的权利义务由公司承担。如果因设立而对外负有债务导致设立不成功，那么应当依照设立协议由设立人对第三人承担责任，其他在设立协议上签名的设立人承担连带责任。

(二)股东共同制定公司章程

股东共同制定公司章程既是公司设立应当具备的条件，也是公司设立应当具备的程序之一，而且是决定公司基本组织结构非常重要的程序，这是设立人通过协商形成共同意愿的过程，其结果是形成由全体股东共同签署的有法律约束力的公司章程。根据我国公司法的规定，制定章程的程序、章程记载的内容必须严格按照法律、法规的规定进行。公司章程主要是规范公司成立后股东之间、公司机构之间以及它们相互之间的关系和行为。我国公司法第11条规定，设立有限责任公司必须依法制定公司章程。公司章程对公司、股东、董事、监事、高级管理人员具有约束力。由此可见，公司章程与发起人协议相比，是公司成立的必须要件之一，并且效力范围更广、法律效果也截然不同。

我国公司法第25条规定，有限责任公司的章程应当载明下列事项。

(1) 公司名称和住所。

(2) 公司经营范围。

(3) 公司注册资本。

(4) 股东的姓名或者名称。

(5) 股东的出资方式、出资额和出资时间。

(6) 公司的机构及其产生办法、职权、议事规则。

(7) 公司法定代表人。

(8) 股东会会议认为需要规定的其他事项。

股东应当在公司章程上签名、盖章。普通有限责任公司表现为全体设立人在章程上签名、盖章；一人有限责任公司表现由该一人股东制定章程并签名；国有独资公司表现为由国有资产监督管理机构制定，或者由董事会制定报国有资产监督管理机构批准章程并盖章。

(三)申请名称的预先核准，特殊有限责任公司还要经过设立核准

《中华人民共和国公司登记管理条例》(2014年修订)第17条规定："设立公司应当申请名称预先核准。法律、行政法规或者国务院决定规定设立公司必须报经批准，或者公司经营范围中属于法律、行政法规或者国务院决定规定在登记前须经批准的项目的，应当在报送批准前办理公司名称预先核准，并以公司登记机关核准的公司名称报送批准。"由此可见，所有有限责任公司在设立的过程中必须预先核准名称，从而保证公司名称的规范性和合法性，最终符合设立登记的要求。名称核准的，应当由有限责任公司全体股东指定的代表或者共同委托的代理人向公司登记机关进行申请。同时我们也可以看到，虽然普通有限责任公司的设立适用"准则主义"，在符合了公司法对有限责任公司设立的条件，股东缴纳出资、

验资之后，即可直接到工商部门进行注册登记。但对于法律、行政法规或者国务院决定明确规定的特殊(特定经营范围内或者特定行业)有限责任公司，还需经过主管机关的设立核准。这就说，凡是设立中的公司拟经营的范围涉及国家许可证管理的或者所从事的行业是国家依法认为应当控制的，该设立中的公司就应经过行政审批程序。例如烟草公司、盐业公司、证券公司、保险公司的设立以及国有企业进行公司制改革，需要成立有限责任公司的，都必须先提请相关主管部门核准。

(四)缴纳出资

缴纳出资是设立人履行设立协议或章程中规定的出资义务的行为。设立人应按设立协议或公司章程规定的出资时间及出资形式履行其出资义务。关于出资的具体问题，在"有限责任公司设立的条件"部分对"物"的条件的叙述中已经非常详细，在此不再赘述。需要注意的是我国公司法不但确定了"认缴资本制"，还确定了"公司章程在缴纳出资上进行确定"的制度，即公司章程应载明股东的出资方式、出资额和出资时间。也就是说，有限责任公司的设立过程中，股东缴纳出资的依据是公司的章程。股东应当按期足额缴纳公司章程中规定的各自所认缴的出资额。股东以货币出资的，应当将货币出资足额存入有限责任公司在银行开设的账户；以非货币财产出资的，应当依法办理其财产权的转移手续。当然，不管如何缴纳出资，出资人都必须对其出资拥有独立完整的支配权，凡是出资人不拥有独立完整支配权的货币、实物、知识产权、土地使用权等可以用货币估价并可以依法转让的非货币财产，是不能用来进行投资的。股东不按照公司章程以及公司法的规定缴纳出资的，除应当向公司足额缴纳外，还应当向已按期足额缴纳出资的股东承担违约责任。

(五)申请设立登记

设立有限责任公司，应当由全体股东指定的代表或者共同委托的代理人向公司登记机关申请设立登记。设立国有独资公司，应当由国务院或者地方人民政府授权的本级人民政府国有资产监督管理机构作为申请人，申请设立登记。法律、行政法规或者国务院决定规定设立有限责任公司必须报经批准的，应当自批准之日起90日内向公司登记机关申请设立登记。逾期申请设立登记的，申请人应当报批准机关确认原批准文件的效力或者另行报批。

申请设立有限责任公司，应当向公司登记机关提交下列文件：①公司法定代表人签署的设立登记申请书；②全体股东指定代表或者共同委托代理人的证明；③公司章程；④依法设立的验资机构出具的验资证明，法律、行政法规另有规定的除外；⑤股东首次出资是非货币财产的，应当在公司设立登记时提交已办理其财产权转移手续的证明文件；⑥股东的主体资格证明或者自然人身份证明；⑦载明公司董事、监事、经理的姓名、住所的文件以及有关委派、选举或者聘用的证明；⑧公司法定代表人任职文件和身份证明；⑨企业名称预先核准通知书；⑩公司住所证明；⑪国家工商行政管理总局规定要求提交的其他文件。法律、行政法规或者国务院决定规定设立有限责任公司必须报经批准的，还应当提交有关批准文件。

(六)登记发照

当公司登记机关收到申请人提交的符合法律规定的全部文件后，依照公司法和有关规定进行审查，凡符合法律、法规规定条件的，由公司登记机关发给企业法人营业执照。公司营业执照签发日期为公司成立日期。公司凭公司登记机关核发的企业法人营业执照刻制印章，开立银行账户，申请纳税登记。公司自成立之日起取得法人资格的，可以以公司的名义对外营业。在审查的过程中，发现公司章程有违反法律、行政法规的内容的，公司登记机关有权要求公司作相应修改。对不符合法律规定条件的公司，公司登记机关可以不予登记。作为救济手段，申请人如果对登记机关不予登记的决定不服的，可以依法提起行政诉讼。

另外，设立有限责任公司同时设立分公司的，应当由全体股东指定的代表或者共同委托的代理人就拟设立的分公司向该分公司所在地的工商机关申请登记，领取营业执照，并且应当自分公司登记之日起30日内，持分公司的营业执照到总公司所在地的工商机关办理备案；如果有限责任公司成立后设立分公司的，则应由公司的法定代表人向拟设立的分公司所在地的工商机关申请登记，领取营业执照并在30日内在总公司所在地的工商机关备案。

第三节　有限责任公司的股东

一、有限责任公司股东的界定

所谓有限责任公司的股东，是指向公司直接出资，并以其出资对公司享有权利和承担义务的人。

取得股东资格，除了缴纳出资以外，一般还应当具备一定的形式要件。根据《中华人民共和国公司法》及《中华人民共和国公司登记管理条例》的规定，有限责任公司的股东资格的确定应当具备以下条件：①向公司实际出资，缴纳其所认缴的份额；②将其姓名或名称登记在股东名册上，并经公司登记机关核准，记载于公司登记簿中。

二、有限责任公司股东的权利与义务

(一)有限责任公司股东的权利

股东的权利一般简称为股东权，是指股东基于其出资而对公司依法所享有的权利。我国公司法第4条规定："公司股东依法享有资产收益、参与重大决策和选择管理者等权利。"实际上，学理上一般将股东的权利分为自益权和共益权。自益权是指股东为自己的利益而行使的权利，主要包括股利分配请求权、剩余财产分配请求权、新股认购优先权等。共益权是指股东维护自己利益的同时，也兼以维护公司的共同利益为目的而行使的权利，主要包括表决权、查阅公司账簿请求权、请求召集股东会的权利等。具体而言，股东权利主要有以下几项。

(1) 股东表决权。这是股东基于其股东地位而享有的，就股东会议案作出一定意思表示的权利。《中华人民共和国公司法》第 42 条规定："股东会会议由股东按照出资比例行使表决权；但是，公司章程另有规定的除外。"依据此规定，有限责任公司股东依法有出席股东会会议的权利，并在出席股东会会议时，享有表决权。

(2) 选举权和被选举权。股东有权选举公司的董事、监事，同时也有权被选举为公司的董事、监事或其他高级管理人员，只要该股东符合法律和公司章程的规定。

(3) 股东会首次会议的召集和主持权。根据《中华人民共和国公司法》第 38 条规定，首次股东会会议由出资最多的股东召集和主持。

(4) 红利分取权。根据《中华人民共和国公司法》第 34 条规定，股东有权按照实缴的出资比例分取红利。分取红利的权利是股东经济权利的主要表现形式，股东出资的目的就是为了获取一定的利益。

(5) 剩余财产分配请求权。有限责任公司若依法解散清算，在分别支付清算费用、职工工资、社会保险费用、法定补偿金和所欠税款并清偿公司债务后的剩余财产，按照公司股东的出资比例分配。

(6) 出资转让权。股东之间可以任意转让其全部出资或者部分出资，但股东若向股东以外的人转让其出资，则需要经过其他股东过半数同意。同时，经股东同意转让的出资，在同等条件下，其他股东享有优先购买权。

(7) 知情权。股东出资设立公司后，往往并不亲自参与公司的生产经营活动。为了更好地了解公司的经营动态，股东有权审议有关公司经营的计划、报告，有权查阅公司会计账簿，对公司业务状况及活动进行检查和监督。

(8) 其他依法应享有的权利。例如制定和修改公司章程、提起直接诉讼和派生诉讼、决定公司董事及高级管理人员薪酬等权利。

(二)有限责任公司股东的义务

股东享有权利的同时也负有义务。股东当然有义务遵守法律规定和公司章程的规定，按照法定程序行使权利，不得滥用权利。股东的义务主要表现在以下几个方面。

(1) 足额缴纳出资的义务。股东应当按期足额缴纳公司章程中规定的各自所认缴的出资额。股东以货币出资的，应当将货币出资足额存入有限责任公司在银行开设的账户；以非货币财产出资的，应当依法办理其财产权的转移手续。股东不按照前款规定缴纳出资的，除应当向公司足额缴纳外，还应当向已按期足额缴纳出资的股东承担违约责任。

(2) 不得抽回出资的义务。股东在公司登记后,不得抽回出资。这是由有限责任公司人资两合的性质和公司资本的法定原则所决定的。如果允许股东抽回出资,就可能会造成公司法定资本不足,达不到法定资本最低要求,也可能造成股东人数低于法定最低人数,从而使公司不具备或不完全具备法定设立条件。

(3) 遵守公司章程的义务。公司章程是公司组织及其成员必须遵守的基本行为准则,无论是公司设立时的股东,还是公司成立后加入公司的股东,都必须遵守公司章程的规定。

(4) 以其所缴纳的出资额为限对公司承担责任的义务。根据《中华人民共和国公司法》第3条的规定,有限责任公司的股东以其认缴的出资额为限对公司承担责任。

(5) 出资填补义务。有限责任公司成立后,发现作为设立公司出资的非货币财产的实际价额显著低于公司章程所定价额的,应当由交付该出资的股东补足其差额;公司设立时的其他股东承担连带责任。

(6) 公司章程规定的其他义务。

三、有限责任公司的股东名册

股东名册是指有限责任公司依据公司法的规定必须置备的、记载股东个人信息和股权信息的法定簿册。股东名册反映了公司的信誉和集资情况,股东和债权人可以亲自查阅,也可以委托律师或其他人代为查阅。

(一)记载事项

我国公司法第32条规定,有限责任公司应当置备股东名册。有限责任公司的股东名册应记载以下事项。

(1) 股东的姓名或者名称及住所。

(2) 股东的出资额。

(3) 出资证明书编号。

(二)效力

股东名册在处理股东关系上具有确定的效力,即记载于股东名册上的股东,才可以依股东名册的记载主张行使股东权利。任何名义上或实质上的权利人在尚未完成股东名册登记或者股东名册上的股东名义变更前,不能对抗公司,只有完成股东名册的登记或名义变更后,才能成为对公司行使股东权利的人。公司以股东名册上记载的股东作为本公司的股东,给予股东待遇。同时,公司应当将股东的姓名或者名称及其出资额向公司登记机关登记,这是公司的法定义务,如果公司不履行此项法定义务应承担相应的法律责任。前述事项发生变更的,公司应当办理变更登记。

第四节 有限责任公司的资本

一、有限责任公司资本的含义

(一)公司资本的一般含义

在实务中，公司资本主要有以下三种含义。

(1) 公司的总投资，公司的资本等于注册资本和借入资本的总和。这是我国外商投资企业立法关于外商投资有限公司资本的含义。

(2) 公司的实缴资本，即股东向公司实际缴纳的出资额的总和。

(3) 公司的注册资本，又称核定资本，是公司在登记机关登记的资本。

(二)公司资本的法定含义

根据我国公司法的规定，有限责任公司的资本即指注册资本，它是在公司登记机关登记的全体股东认缴的出资额，即注册资本等于股东认缴出资额的总和。有限责任公司注册资本的法律特征如下。

(1) 是公司章程的法定记载事项。

(2) 是股东对于公司的永久性投资。

(3) 是在公司登记机关登记的资本。

(4) 是全体股东认缴出资额的总和。

(5) 是公司对债权人最低限额的担保。

二、有限责任公司的出资

(一)有限责任公司出资的含义

股东的出资是有限责任公司成立的前提和基础。所谓有限责任公司的出资就是股东依法定形式和程序向公司投入的资本份额。股东的出资是构成公司资本的基础，没有股东的出资，公司的资本就成了无源之水、无本之木。

实践中，常常有人将有限责任公司的"出资"和股份有限公司的"股份"等同使用，有的甚至把"出资"也称为"股份"，这种认识是不符合我国法律规定和传统公司法理论的。两者虽然都是对股东投资的表述，但他们仍有以下三点区别。

(1) 适用的情况不同。在我国公司法中，"出资"和"股份"适用的情况是不同的，即"出资"专指有限责任公司股东的投资，而"股份"则专门适用股份有限公司股东的投资。我国公司法对两者的适用情况作了明确的规定。

(2) 表现形式不同。在我国公司法中,"出资"的表现形式为"出资证明书",而"股份"的表现形式为"股票"。出资证明书与股票都是股权的凭证,但两者也不完全相同:①出资证明书一律记名,而股票有的记名,有的不记名;②出资证明书不是流通证券,不能在证券市场上进行流通转让,更不能上市交易,而股票则是流通性证券,可以上柜流通,还可以上市流通。

(3) 转让难易程度不同。出资转让的条件严格,程序复杂,而股份的转让则较为方便和自由。

(二)有限责任公司出资的方式

有限责任公司股东的出资形式必须符合法律的规定。我国公司法第27条规定,股东可以用货币出资,也可以用实物、知识产权、土地使用权等可以用货币估价并可以依法转让的非货币财产作价出资;但是,法律、行政法规规定不得作为出资的财产除外。

股东以货币出资的,应当将货币出资足额存入有限责任公司在银行开设的账户。以非货币财产出资的,应当评估作价,核实财产,不得高估或者低估作价,并且依法办理其财产权的转移手续。

由于货币以外的其他财产总是经评估作价以后才出资的,所以现实生活中,经常会出现因市场行情等诸多因数的影响,有限责任公司成立后,作为货币以外其他财产出资的实物、知识产权和土地使用权的实际价额,显著低于公司章程所定的价额。依我国公司法的规定,在此种情况下,应当由交付该出资的股东补缴差额,公司设立时的其他股东对其承担连带责任。此外,股东未履行其应尽的出资义务时,应对其他已履行出资义务的股东承担违约责任。

(三)有限责任公司出资的转让

有限责任公司的出资转让,实际上就是指公司股东的股权转让。股东转让出资事实上存在着两种情况:①将出资转让给其他现有的股东,即公司内部的出资转让;②股东将出资转让给现有股东以外的其他投资者,即公司外部的出资转让。

1. 公司内部的出资转让

由于公司内部转让并不涉及第三人的利益,对重视人合因素的有限责任公司来说,其股东之间的相互信任也没有任何变化,所以公司法对内部出资转让不作特殊限制。我国公司法第71条第1款规定:"有限责任公司的股东之间可以相互转让其全部或者部分股权。"一般情况下,公司内部出资转让时,只要转让方和受让方协商一致,签署转让协议并办理登记,即可完成出资转让。

2. 公司外部的出资转让

与公司内部转让相比,外部转让会吸引新股东加入公司,故会影响股东间的信任基础。因此,我国公司法对公司外部的出资转让作了较为具体的规定。我国公司法第 71 条规定:"股东向股东以外的人转让股权,应当经其他股东过半数同意。股东应就其股权转让事项书面通知其他股东征求同意,其他股东自接到书面通知之日起满三十日未答复的,视为同意转让。其他股东半数以上不同意转让的,不同意的股东应当购买该转让的股权;不购买的,视为同意转让。经股东同意转让的股权,在同等条件下,其他股东有优先购买权。两个以上股东主张行使优先购买权的,协商确定各自的购买比例;协商不成的,按照转让时各自的出资比例行使优先购买权。公司章程对股权转让另有规定的,从其规定。"

(四)有限责任公司的出资证明书

出资证明书又称股单,是有限责任公司成立之后以公司名义发给股东的出资凭证。在法律上,出资证明书仅是一种书面形式的证据,又称书证,同法律上所讲的证券有本质区别。因此,出资证明书只能是记名形式的,既不能上市流通,其转让还要受到严格的限制。依据我国公司法第 31 条的规定,出资证明书的记载事项有以下几方面。

(1) 公司名称。
(2) 公司成立日期。
(3) 公司注册资本。
(4) 股东的姓名或者名称、缴纳的出资额和出资日期。
(5) 出资证明书的编号和核发日期。出资证明书由公司盖章。

第五节 有限责任公司的组织机构

一、股东会

(一)股东会的性质

我国公司法第 36 条明确规定:"有限责任公司股东会由全体股东组成。股东会是公司的权力机构,依照本法行使职权。"由此可见,股东会是有限责任公司的权力机构,决定公司的重大决策事项,这就是有限责任公司的性质或法律地位。

(二)股东会的职权

股东会对外并不代表公司,对内也不执行业务,但有权对公司一切重要事务作出决定。根据我国公司法第 37 条的规定,股东大会拥有的职权有以下几方面。

(1) 决定公司的经营方针和投资计划。

(2) 选举和更换非由职工代表担任的董事、监事，决定有关董事、监事的报酬事项。

(3) 审议批准董事会的报告。

(4) 审议批准监事会或者监事的报告。

(5) 审议批准公司的年度财务预算方案、决算方案。

(6) 审议批准公司的利润分配方案和弥补亏损方案。

(7) 对公司增加或者减少注册资本作出决议。

(8) 对发行公司债券作出决议。

(9) 对公司合并、分立、解散、清算或者变更公司形式作出决议。

(10) 修改公司章程。

(11) 公司章程规定的其他职权。

股东对前述事项以书面形式一致表示同意的，可以不召开股东会会议，直接作出决定，并由全体股东在决定文件上签名、盖章。

(三)股东会的种类

根据我国公司法的规定，有限责任公司的股东会会议可以分为首次会议、定期会议和临时会议。首次会议于公司成立前由出资最多的股东召集与主持，目的在于通过公司章程、产生公司机构及决定其他重大事项。定期会议，即按照公司章程的规定按时召开，由全体股东出席例会，通常每年1～2次。临时会议是根据公司需要而临时安排在定期会议间隔中召开的会议。根据我国公司法的规定，有限责任公司有下列情形的，应当召开临时股东会议：代表1/10以上表决权的股东、1/3以上的董事、监事会或者不设监事会的公司的监事提议召开临时会议的。

(四)股东会的召开

根据我国公司法的规定，有限责任公司设立董事会的，股东会会议由董事会召集，董事长主持；董事长不能履行职务或者不履行职务的，由副董事长主持；副董事长不能履行职务或者不履行职务的，由半数以上董事共同推举一名董事主持。有限责任公司不设董事会的，股东会会议由执行董事召集和主持。

董事会或者执行董事不能履行或者不履行召集股东会会议职责的，由监事会或者不设监事会的公司的监事召集和主持；监事会或者监事不召集和主持的，代表1/10以上表决权的股东可以自行召集和主持。

召开股东会会议，应当于会议召开15日前通知全体股东；但是，公司章程另有规定或者全体股东另有约定的除外。

(五)股东会的议事规则

有限责任公司股东会会议由股东按照出资比例行使表决权；但是，公司章程另有规定的除外。其中，股东会会议作出修改公司章程、增加或者减少注册资本的决议，以及公司合并、分立、解散或者变更公司形式的决议，必须经代表 2/3 以上表决权的股东通过。 除此之外，股东会的议事方式和表决程序，除本法有规定的外，由公司章程规定。

股东会应当对所议事项的决定作成会议记录，出席会议的股东应当在会议记录上签名。公司应妥善保管会议记录，以备股东查阅。

二、董事会

(一)董事会的性质

有限责任公司的董事会是由董事组成的公司经营决策和业务执行机构。董事会是由股东会选举产生的，向股东会负责，对内执行公司业务，对外代表公司，依照法律和公司章程行使其职权。

(二)董事会的职权

作为有限责任公司的经营决策和业务执行机构，根据我国公司法第 46 条规定，董事会行使下列职权。

(1) 召集股东会会议，并向股东会报告工作。

(2) 执行股东会的决议。

(3) 决定公司的经营计划和投资方案。

(4) 制订公司的年度财务预算方案、决算方案。

(5) 制订公司的利润分配方案和弥补亏损方案。

(6) 制订公司增加或者减少注册资本以及发行公司债券的方案。

(7) 制订公司合并、分立、解散或者变更公司形式的方案。

(8) 决定公司内部管理机构的设置。

(9) 决定聘任或者解聘公司经理及其报酬事项，并根据经理的提名决定聘任或者解聘公司副经理、财务负责人及其报酬事项。

(10) 制定公司的基本管理制度。

(11) 公司章程规定的其他职权。不设董事会的有限责任公司，执行董事的职权参照上述董事会的职权，由公司章程予以规定。

(三)董事会的组成

我国公司法规定董事会由董事组成，有限责任公司董事会的成员一般为 3～13 人。董事会设董事长1人,可以设副董事长。董事长、副董事长的产生办法由公司章程规定。

两个以上的国有企业或者两个以上的其他国有投资主体投资设立的有限责任公司,其董事会成员中应当有公司职工代表;其他有限责任公司董事会成员中可以有公司职工代表。董事会中的职工代表由公司职工通过职工代表大会、职工大会或者其他形式的民主选举产生。 股东人数较少或者规模较小的有限责任公司,可以设一名执行董事,不设董事会。执行董事可以兼任公司经理。

董事任期由公司章程规定,但每届任期不得超过三年。董事任期届满,连选可以连任。董事任期届满未及时改选,或者董事在任期内辞职导致董事会成员低于法定人数的,在改选出的董事就任前,原董事仍应当依照法律、行政法规和公司章程的规定,履行董事职务。

(四)董事会会议

一般而言,董事会会议由董事长召集和主持;董事长不能履行职务或者不履行职务的,由副董事长召集和主持;副董事长不能履行职务或者不履行职务的,由半数以上董事共同推举一名董事召集和主持。董事会的议事方式和表决程序,除本法有规定的外,由公司章程规定。董事会决议的表决,实行一人一票。 董事会应当对所议事项的决定形成会议记录,出席会议的董事应当在会议记录上签名。

三、经理

公司设立经理作为其常设辅助业务执行机关。经理是辅助董事会执行业务并隶属于董事会的代理机关,负责公司的日常管理事务。

根据我国公司法的规定,有限责任公司可以设经理,由董事会决定聘任或者解聘。经理对董事会负责,行使下列职权。

(1) 主持公司的生产经营管理工作,组织实施董事会决议。

(2) 组织实施公司年度经营计划和投资方案。

(3) 拟订公司内部管理机构设置方案。

(4) 拟订公司的基本管理制度。

(5) 制定公司的具体规章。

(6) 提请聘任或者解聘公司副经理、财务负责人。

(7) 决定聘任或者解聘除应由董事会决定聘任或者解聘以外的负责管理人员。

(8) 董事会授予的其他职权。 公司章程对经理职权另有规定的,从其规定。

经理可以由公司的股东担任,也可以由公司的非股东担任。经理依法应列席董事会的会议。

四、监事会

(一)监事会的性质

监事会是对董事及经理执行业务活动进行监督检查的机构。监事会作为公司的监督机关，其职责是对董事及经理的活动实行监督。其内容包括一般业务上的监督，也包括会计业务上的监督，一般不得参与公司的业务决策和管理。

(二)监事会的组成

有限责任公司设监事会，其成员不得少于 3 人。股东人数较少或者规模较小的有限责任公司，可以设 1～2 名监事，不设监事会。监事会应当包括股东代表和适当比例的公司职工代表，其中职工代表的比例不得低于 1/3，具体比例由公司章程规定。监事会中的职工代表由公司职工通过职工代表大会、职工大会或者其他形式的民主选举产生。

监事会设主席 1 人，由全体监事过半数选举产生。监事会主席召集和主持监事会会议；监事会主席不能履行职务或者不履行职务的，由半数以上监事共同推举一名监事召集和主持监事会会议。 董事、高级管理人员不得兼任监事。

(三)监事会的职权

我国公司法第 53 条规定，监事会、不设监事会的公司的监事行使下列职权。

(1) 检查公司财务。

(2) 对董事、高级管理人员执行公司职务的行为进行监督，对违反法律、行政法规、公司章程或者股东会决议的董事、高级管理人员提出罢免的建议。

(3) 当董事、高级管理人员的行为损害公司的利益时，要求董事、高级管理人员予以纠正。

(4) 提议召开临时股东会会议，在董事会不履行本法规定的召集和主持股东会会议职责时召集和主持股东会会议。

(5) 向股东会会议提出提案。

(6) 依照本法第 152 条的规定，对董事、高级管理人员提起诉讼。

(7) 公司章程规定的其他职权。

此外，为了便于监事或监事会监督权利的行使，公司法还规定监事有权列席董事会会议，并对董事会决议事项提出质询或者建议。监事会、不设监事会的公司的监事发现公司经营情况异常，可以进行调查；必要时，可以聘请会计师事务所等协助其工作，费用由公司承担。

(四)监事会议事规则

监事会每年度至少召开一次会议，监事可以提议召开临时监事会会议。监事会的议事方式和表决程序，除公司法规定的以外，由公司章程规定。监事会决议应当经半数以上监事通过。监事会应当对所议事项的决定作成会议记录，出席会议的监事应当在会议记录上签名。

第六节　一人有限责任公司

一、一人公司的法律界定

一人公司亦称独资公司、独股公司。从一人公司的内涵上看，一人公司是指由一名股东持有公司的全部资本，并由该一人股东承担有限责任的公司。其法律特征如下。

(1) 股东的唯一性。该公司的股东仅为一人，这里的"一人"可以是自然人、法人，特殊情况下，还可以是国家。

(2) 资本的单一性。该公司的资本全部来源于一个股东，并非来自于复数股东的出资。

(3) 责任的有限性。该公司的股东仅以其出资额或持有的股份数对公司承担有限责任。

(4) 地位的法人性。该公司虽由一人举办，但依然具有独立的法人资格，这同个人独资企业的非法人地位截然不同。

从一人公司的外延上看，按股东性质划分，一人公司包括：自然人一人公司、法人一人公司和国家一人公司。按产生方式或形成时间划分，一人公司包括：原生型一人公司(设立时)和衍生型一人公司(成立后)。

二、我国对一人公司的立法态度

我国 1993 年的《中华人民共和国公司法》对一人公司采取了"原则禁止，例外允许"的立法态度，即原则禁止法人、自然人设立一人公司，破例允许设立"国家一人公司(国有独资公司)"和"外商一人公司(外商独资公司)"。需要注意的是，1993 年的公司法还间接允许衍生型一人公司的存在，因为该法第 190 条并没有规定"股东仅剩一人"是公司解散的法定事由之一。

以上"只允许国有独资公司和外商独资公司存在"的立法态度，实际上是对其他市场主体投资权利的限制和剥夺。为了创造公平的竞争环境，公平对待每一类型的投资者，我国 2005 年 10 月 27 日修订的公司法，顺应国际公司立法的潮流和国内公司发展的实践，首次赋予自然人、法人拥有像国家一样的设立一人公司的权利。也就是说，既允许国家设立一人公司，也允许国内外的自然人、法人设立一人公司。当然，我国只允许设立一人有限责任公司,而不允许设立一人股份有限公司。

三、我国公司法关于一人有限责任公司的规定

我国现行公司法第二章第三节专节对一人公司进行了规定,一人有限责任公司是指只有一个自然人股东或者一个法人股东的有限责任公司。一人有限责任公司的设立和组织机构,适用一人有限责任公司一节的专门规定,该节没有规定的,适用有限责任公司设立和组织机构一章中第一节、第二节的规定。

(一)一人有限责任公司的设立

1. 自然人设立一人公司和一人公司转投资的限制

为避免产生连锁型的一人公司,防止滥用一人公司的独立人格和股东有限责任,将个人财产无限细分,设立若干个一人公司,我国公司法第58条规定,一个自然人只能投资设立一个一人有限责任公司。该一人有限责任公司不能投资设立新的一人有限责任公司。也就是说,我国只是对自然人设立一人公司进行"计划生育",并且对该一人公司还进行"绝育",而对法人设立一人公司则没有此限制。即:法人可以设立多家一人公司,该法人设立的一人公司还可以转投资设立新的一人公司。

2. 公司登记的标示和章程的制定要求

一人公司名称的特别标示,有利于明显区分一人公司和普通的社团公司。我国公司法第59条规定,一人有限责任公司应当在公司登记中注明自然人独资或者法人独资,并在公司营业执照中载明。此外,我国公司法第60条还规定,一人公司也应当制定章程,即使只有一名股东,也应由该一人股东制定公司章程。

(二)一人有限责任公司的监管

为了划清"一人公司行为"与"股东个人行为"之间的边界,一人公司的唯一股东代表公司实施经营行为,必须采取书面形式,且应记载于公司的议事簿记或制作成其他书面材料,以此来加强对一人公司的监管。我国公司法第61条就明确规定,一人有限责任公司不设股东会。股东作出行使公司法第37条第1款所列的股权行使行为的,该股东所作的决定应当采用书面形式,并由该股东签字后置备于公司。另外,为了加强一人有限责任公司的财务会计监管,我国公司法第62条还规定,一人有限责任公司应当在每一会计年度终了时编制财务会计报告,并经会计师事务所审计。

(三)一人有限责任公司的人格否认

为防止股东滥用一人有限责任公司的法人地位和股东有限责任的法律原则,我国公司

法第63条对一人有限责任公司的法人人格否认作了明确规定，即一人有限责任公司的股东不能证明公司财产独立于股东自己财产的，该股东应当对公司债务承担连带责任。

第七节　国有独资公司

一、国有独资公司的概念

根据《中华人民共和国公司法》第64条的规定，国有独资公司是指国家单独出资、由国务院或者地方人民政府授权本级人民政府国有资产监督管理机构履行出资人职责的有限责任公司。

国有独资公司是我国在建立社会主义市场经济体制的过程中，借鉴西方国家通行的现代公司制度，适应中国建立现代企业制度的需要，为国有企业进行公司制改革而专门创设的一种特殊形态的公司组织。

国有独资公司由国家单独出资设立，具体来讲，有两种设立方式：一是新建设立，即由国务院或者地方人民政府授权本级人民政府的国有资产监督管理机构代表国家单独出资设立；二是改建设立，即由具备法定条件、单一投资主体的国有大中型企业依照公司法的规定改建为国有独资公司。

二、国有独资公司的特征

国有独资公司具有以下特征。

(1) 股东的单一性。国有独资公司是由国家单独出资设立的，因此它的投资者即股东只有一个，即国家。

(2) 出资人的授权性。国家虽是国有独资公司的唯一公司，但国家是一个特殊的主体，不可能以其名义并以一个出资人的身份经营管理公司，而应授权特定的机构代表国家履行出资人的职责。为此，我国《公司法》明确规定，由国务院或者地方人民政府授权本级人民政府国有资产监督管理机构履行出资人职责。

(3) 责任的有限性。国有独资公司的资产是国家作为出资者单独投资的，国有独资公司一旦宣告成立，国家对公司的出资就转为了公司所有，国家作为投资者的身份就变成了股东，国家也因此获得了股权；公司则拥有了自己独立的财产、独立的人格和独立的权利。因此，作为股东的国家对公司只承担有限责任，即仅以其认缴的出资额为限对公司承担责任，对公司的债务并不承担无限责任。

(4) 经营的自主性。国有独资公司虽然带有"国有"二字，但毕竟不是一般的国有企业，而是一种现代企业形态。在遵守公司章程的情况下，国有独资公司享有完全的法人财产权，在生产经营活动中拥有独立的自主权。

(5) 章程制定的特殊性。国有独资公司章程的制定有两种形式，一是由国有资产监督管理机构制定，二是由董事会制定报国有资产监督管理机构批准。

三、国有独资公司的特别规定

针对国有独资公司的特殊性，我国公司法第 65～70 条作出了特别的规定。

(1) 国有独资公司的章程。国有独资公司不设股东会，只有一个股东，所以国有独资公司章程由国有资产监督管理机构制定，或者由董事会制定报国有资产监督管理机构批准。

(2) 国有独资公司不设股东会。国有资产监督管理机构行使股东会职权。国有资产监督管理机构可以授权公司董事会行使股东会的部分职权，决定公司的重大事项，但公司的合并、分立、解散、增加或者减少注册资本和发行公司债券，必须由国有资产监督管理机构决定；其中，重要的国有独资公司合并、分立、解散、申请破产的，应当由国有资产监督管理机构审核后，报本级人民政府批准。至于重要的国有独资公司的范围，按照国务院的规定确定。

(3) 国有独资公司设立董事会。董事会依照《中华人民共和国公司法》第 46 条、第 66 条的规定行使职权。董事每届任期不得超过三年。董事会成员中应当有公司职工代表。董事会成员由国有资产监督管理机构委派；但是，董事会成员中的职工代表由公司职工代表大会选举产生。董事会设董事长 1 人，可以设副董事长。董事长、副董事长由国有资产监督管理机构从董事会成员中指定。

(4) 国有独资公司设经理。经理由董事会聘任或者解聘。经理依照《中华人民共和国公司法》第 49 条规定行使职权。经国有资产监督管理机构同意，董事会成员可以兼任经理。

(5) 国有独资公司的兼职限制。国有独资公司的董事长、副董事长、董事、高级管理人员，未经国有资产监督管理机构同意，不得在其他有限责任公司、股份有限公司或者其他经济组织兼职。

(6) 国有独资公司设立监事会。监事会成员不得少于 5 人，其中职工代表的比例不得低于 1/3，具体比例由公司章程规定。监事会成员由国有资产监督管理机构委派；但是，监事会成员中的职工代表由公司职工代表大会选举产生。监事会主席由国有资产监督管理机构从监事会成员中指定。监事会行使《中华人民共和国公司法》第 53 条第 1 项至第 3 项规定的职权和国务院规定的其他职权。

自　测　题

1. 什么是有限责任公司？它有哪些法律特征？
2. 简述有限责任公司的设立条件。
3. 简述有限责任公司的出资转让制度。
4. 简评我国公司法关于一人有限责任公司的规定。
5. 简评我国公司法关于国有独资公司的规定。

第六章　股份有限公司

知识要点：

股份有限公司是"股东以其认购的股份为限对公司债务承担有限责任，而公司以全部财产对自己的债务承担全部责任"的企业法人。它的资和性和开放性，决定了它在设立和组织机构安排上比有限责任公司严苛、复杂。采取发起设立、募集设立方式设立股份有限公司的，应当符合法定条件和程序。股份有限公司的股东同股同权，股东享有权利的同时也要承担相应的义务。股份有限公司的组织机构包括股东大会、董事会、监事会，其性质、地位、职权和职责在公司法中有明确规定。股份有限公司股份的转让采取自由转让为主、限制转让为辅的原则，股份转让的方式以记名股票背书方式或者法律、行政法规规定的其他方式转让。

引导案例：

建南公司是一家股份有限公司，其注册资本为9000万元人民币，发行股票90万股，经国务院证券管理部门批准，其发行的股票被允许上市交易。公司成立后，连续微利，可供分配的股息、红利难以支付股东的股利。2006年8月，为了解决公司资金短缺的问题，维护公司股票的信誉，公司董事会决定向社会发行新股，经出席会议的股东所持表决权的半数以上通过。

未报审批，该公司就擅自在报纸上刊登发行新股的公告，开始向社会发行股票。后被国务院证券管理部门发现，要求建南公司立即停止发行新股并作出了罚款的处罚决定。9月该公司董事长王某将其持有的全部10万股转让给了某公司经理颜某。因为被国务院证券管理部门处罚的事情，该公司的股价一落千丈，所以颜某要求王某收回股票。王某于是指令公司以原来的价格收回了颜某的股票，致使公司遭受到了损失。这件事随后被公司的股东发现，要求王某赔偿损失，于是发生纠纷，诉至法院。

发行新股的公司依法必须履行相应的程序：新股发行的决议、履行必要的核准程序、签订承销协议和代收股款协议、变更登记等。本案中，建南公司没有经过国务院证券管理部门的审批擅自在报纸上发布公告，显然不符合法定的程序。另外，根据《公司法》第141条第2款的规定，公司董事、监事、高级管理人员应当向公司申报所持有的本公司的股份及其变动情况，在任职期间每年转让的股份不得超过其所持有本公司股份总数的25%；所持本公司股份自公司股票上市交易之日起1年内不得转让。公司董事长王某转让自己所持股份的行为违反了公司法的规定，他转让股份所得的利益根据法律应归公司所有。同时，王某要求公司回购自己股份的行为违反了公司法的规定。公司的董事违反法定义务对公司的利益造成损害的，必须承担相应的赔偿责任。

(资料来源：顾功耘.《商法案例法规选编》，北京大学出版社，2008 年版第 60~61 页。)

　　本章阐述了股份有限公司的基本法律制度。通过本章的学习，要求学生准确理解股份有限公司的概念与特征，掌握股份有限公司的设立、股东、资本与组织机构的法律规则，熟悉股份有限公司股份的内涵与外延及股份发行与转让的法律规则。

第一节　股份有限公司的概念和特征

一、股份有限公司的概念

　　自 17 世纪初形成以来，股份有限公司在西方各国得到了迅猛的发展。尤其在资本主义时期，它作为一个具有投资杠杆的投资工具，达到了鼎盛。当时的学者甚至把股份有限公司制度比成新时代的伟大制度发明(它改变了人类的投资方式)，将它与蒸汽机、电灯泡等这些器物发明(它们改变了人类的生产生活方式)的重要性相提并论。正如马克思所指出的，假如必须等待积累去使某些单个资本增长到能够修建铁路的程度，那么恐怕直到今天世界上还没有铁路。但是通过股份公司，转瞬之间就把这件事情完成了。可见，股份有限公司可以公开募股集资的优点十分突出。

　　我国公司法规定，股份有限公司的股东以其认购的股份为限对公司承担责任。股份有限公司的资本划分为股份，每一股的金额相等。由此，股份有限公司从内涵上看，是指依照公司法规定的条件和程序设立的，由一定人数(2~200)的发起人发起，可以由无限多的股东组成的，股东以其认购的股份为限对公司债务承担有限责任，而公司以全部财产对自己的债务承担全部责任的企业法人。股份有限公司，在实践中也可简称为"股份公司"。股份有限公司从外延上看，按设立方式不同进行划分，股份有限公司包括发起设立的股份有限公司和募集设立的股份有限公司；按公司股票是否上市流通进行划分，股份有限公司包括上市公司和非上市公司。

二、股份有限公司的特征

(一)股东责任的有限性

　　这是股份有限公司最为基本的特征。股东责任的有限性是指各个股东依法以其所认购的股份为限对公司承担有限责任，而股份公司则以全部财产对公司所负债务承担全部责任。公司债务超过其全部资产的，可以申请破产。股东除了出资义务外，对公司和债权人不负财产责任，公司不得以章程或决议扩大股东的财产责任范围。当然，与有限责任公司相同的是，作为股东有限责任的例外，只存在于公司法人否认制度中，即公司股东滥用公司法人独立地位和股东有限责任，逃避债务，严重损害公司债权人利益的，对公司债务承担连带责任。

(二)信用基础的资合性

股份有限公司是典型的资合公司，它以资本的结合作为公司对外经营活动的信用基础，而不注重公司股东的个人信用和条件。正是基于此，股份有限公司的股东，除因为特殊身份(如公务人员)进行排除外，没有特别的个人信用标准限制，只要出资认购公司股份，都是该股份公司的股东。股份有限公司股东人数众多、募集资本的资金来源广泛、资金股份的自由流通，体现了股份有限公司相比于有限责任公司更为充分的资合性。

(三)资本结构的股份性

资本结构的股份性是股份有限公司与有限责任公司最为明显的区别。股份有限公司的资本必须划分为股份，且每一股的金额也应相等，并且公司的股份应采取股票这一有价证券形式。将公司资本均分为股份，不仅适应了股份有限公司发行股票、向社会筹集资金的客观需要，而且便于贯彻"同种类的每一股份应当具有同等权利；同次发行的同种类股票，每股的发行条件和价格应当相同；任何单位或者个人所认购的股份，每股应当支付相同价额"的股份发行原则，同时也便于计算股东的表决权数和应分配的股息红利。

(四)公司运营的开放性

与有限责任公司设立与运营的相对闭锁性不同，股份有限公司的资合性以及自身资本证券化的特质，使得股份有限公司从封闭走向开放。这不仅体现为股份公司股东的广泛和人数的无限制，而且体现为股份有限公司在发起人认购公司 35%以上股份总数基础上，可以向不特定的社会公众公开募集股份。基于股份发行的公开性，股权转让应当具有自由性，于是股份有限公司尤其是其中的上市公司成了公众型公司。为了平衡公司、股东、债权人、社会公众的在公司信息占有上的不对称，股份公司的信息公开也就成了一项重要公司准则。例如股份公司采取募集设立方式的，必须公告招股说明书。股份有限公司应当及时、全面、准确地制作财务会计报告。如果是上市的股份有限公司，还应当依法对重大经营事项、重要财务信息向社会公告，并依法设立董事会秘书办理信息披露事宜。

第二节 股份有限公司的设立

一、股份有限公司的设立条件

股份有限公司的设立所涉社会面广、影响力大，因此我国公司法第 76 条规定："设立股份有限公司，应当具备下列条件：发起人符合法定人数；发起人认购和募集的股本达到法定资本最低限额；股份发行、筹办事项符合法律规定；发起人制定公司章程，采用募集方式设立的经创立大会通过；有公司名称，建立符合股份有限公司要求的组织机构；有公司住所。"同时我国公司法第四章第一节的相关条款对每个条件予以了具体化，以增强股份有限公司设立的安全性与秩序性。综合这些规定，我国设立股份有限责任公司应当具备四个方面的条件。

(一)"人"的条件

与成立有限责任公司"人"的条件(其指的是"股东人数")不同，成立股份有限公司的"人"的条件是指"发起人的人数"。所谓发起人是指倡议设立公司，签订了发起人协议，并在公司设立过程中承担公司筹办事务，公司成立后成为公司股东，公司设立不成功则要承担一定的法律责任的人。在发起人人数的要求上，我国公司法第 78 条规定："设立股份有限公司，应当有 2 人以上 200 人以下为发起人，其中须有半数以上的发起人在中国境内有住所。"对此需要注意的有两点。

(1) 股份有限公司发起人与股份有限公司股东是两个概念，虽然在某些条件下发起人与股东重合，但不是一定能够得出"股东发起人人数只能 2 人以上 200 人以内，公司股东人数也是 2 人以上 200 人以内"的结论，在募集设立的条件下，股东人数一定会超过发起人人数。

(2) 发起人在中国境内有住所与发起人有中国国籍是两个概念。"发起人在中国境内有住所"，就具有中国国籍的自然人或者法人而言，是指其户籍所在地、经常居住地或者主要办事机构在中国境内；就不具有中国国籍的外国自然人或者法人而言，是指经常居住地或者主要办事机构所在地在中国境内。关于发起人的资格，我国公司法没有做出具体的规定，依照法理，发起人应是具备完全民事权利能力与民事行为能力的自然人或者法人。

(二)"物"的条件

作为具有较强社会性的股份有限公司，达到一定的资本规模是国家认可其成立的基本要求。另外，股份有限公司又是典型的资合公司，股份公司的存在和对外的信用基础首先取决于公司的股本。

1. 股份有限公司注册资本的数额

2013年《中华人民共和国公司法》不再对股份有限公司的最低注册资本数额作出要求，同时还取消了对以发起方式设立的股份有限公司首次出资比例、出资期限的限制。这种取消投资门槛的方式，有利于鼓励投资、充分利用社会闲散资金活跃市场经济。

2. 股份有限公司注册资本的缴纳

为了保护股东及社会公众的利益，我国公司法分"发起设立"和"募集设立"两种情况分别进行了详细的规定。

(1) 采取发起设立方式的，注册资本为在公司登记机关登记的全体发起人认购的股本总额。在发起人认购的股份缴足前，不得向他人募集股份。由此可见，对于发起设立的股份有限公司采取的是认缴资本制。

(2) 采取募集设立方式的，注册资本为在公司登记机关登记的实收股本总额。也就是说，对于募集设立的股份有限公司采取的是实缴资本制，无论是发起人还是发起人之外的持有募集股份的股东，都必须在公司成立之前把所认购的股本全部缴足，才算履行了出资义务，并且《中华人民共和国公司法》第84条还规定："以募集设立方式设立股份有限公司的，发起人认购的股份不得少于公司股份总数的35%；但是，法律、行政法规另有规定的，从其规定。"也就是说，在募集设立的方式下，发起人认购股份数额的法定比例在没有特别规定的情况下，其最低限制是35%，对此没有认购比例的上限。募集设立方式下的股份有限公司的发起人可以自由选择出资方式，甚至可以全是无形资产或者实物出资，只要折合的出资额占公司注册资本总额的35%以上，就符合了公司法的设立条件。

3. 股份有限公司的出资方式

我国公司法第82条规定，适用有限责任公司出资方式的相关规定。关于出资的具体形式以及禁止作价出资的情形，与公司法中对有限责任公司的要求一致。

(三)"行为"上的条件

股份有限公司的设立行为必须符合公司法的要求，这主要包括股份的发行、公司设立事项的筹办、章程的制定。我国公司法对这些行为上的条件进行了具体的规定。

1. 股份发行、筹办事项符合法律规定

该条件是对股份发行及筹办事项做出的概括性规定、原则性要求。发起人只有严格根据《中华人民共和国公司法》及相关法律的规定，进行公司设立，保证设立中的公司在股份的发行程序、条件、方式等及其他的筹办事项完全符合法律的规定，这样才能保证公司设立成功。由于发行股份是股份有限公司区别于其他类型公司、企业的重要标志，就我国公司法来看，"股份发行筹办事项应当符合的法律规定"的相关要求，主要集中在公司法第

四章的第一节和第五章的第一节，涉及的条款比较多，概括起来在实体方面主要有股份发行的条件、发行的原则、发行价格、制作认股书等规定，在程序方面主要有发行股份的审核、公告、招募股份、股票的交付等内容。

2. 发起人制定公司章程，采用募集方式设立的经创立大会通过

该项条件是对制定公司章程作出的规定。公司的章程一旦制定，不管是在公司的设立中，还是在公司存续中都是公司的行为准则，具有非常重要的意义。本项规定"采用募集方式设立的经创立大会通过"，给人感觉好像是制定公司章程是专门针对募集设立而做出的规定。事实上，募集设立与发起设立都要制定公司章程，只不过在发起设立的情形下，发起人协商一致的基础上共同制定公司章程即具备本项条件。但如果股份公司采取募集设立方式设立的，由于募集设立需要从发起人和其他认股人处筹集公司资本，涉及众多的认股人的利益，公司章程的制定则要复杂些。因此，我国公司法明确规定股份公司的章程在募集股份完成后，必须经创立大会通过，由此才形成对全体股东均有约束力的公司章程。

(四)其他条件

其他条件主要包括：股份有限公司应当有"标明股份有限公司或者股份公司字样"的公司名称；建立符合股份有限公司要求的组织机构；还应当有以"主要办事机构所在地"为公司的住所。

总之，股份有限公司设立的门槛要高于有限责任公司，条件也相对严格。股份有限公司设立的过程中只有依法具备了上述四个方面的条件，才能获准成立、取得法人资格。如果缺少其中任何一个条件，即使其他方面的条件都具备，也不能在工商机关取得营业执照，使股份有限公司成立。

二、股份有限公司的设立方式

股份有限公司设立是创办股份有限公司的一系列法律行为的总称，是一个连续的过程。公司的设立过程就是使设立中的公司具备法定的成立条件，最终取得法人资格的过程。股份有限公司将资本划分为等额股份向发起人、社会公众投资者发售，是典型的资合性、开放性法人。从世界各国的公司立法来看，股份有限公司有发起设立和募集设立两种方式。我国公司法第 77 条规定："股份有限公司的设立，可以采取发起设立或者募集设立的方式。"

(一)发起设立

发起设立又称为共同设立或单纯设立，是指公司设立时的股份全部由发起人认购，不向发起人以外的任何人募集而设立公司。我国公司法第 77 条对发起设立的概念进行了明确界定"发起设立是指，由发起人认购公司应发行的全部股份而设立公司"。发起设立具有程

序简单的优点,其股本的筹集无须履行复杂的募股程序,可以有效地缩短公司设立的周期,减少公司的设立费用,降低公司的设立成本。因而,这种设立方式是目前较流行的设立方式。但这种设立方式仅适合规模不大的公司。如果公司所需股本较大,发起人又难以认购其全部股份时,则不宜采取这种设立方式。

(二)募集设立

募集设立又称为复杂设立或渐次设立,是指发起人首先认购公司应发行股份总额的一定比例,其余的部分经一定程序向社会公开募集而设立公司。我国公司法第77条对募集设立的概念也进行了明确界定"募集设立,是指由发起人认购公司应发行股份的一部分,其余股份向社会公开募集或者向特定对象募集而设立公司。"由此可见,我国新公司法把募集设立分为了"公募"和"私募"两种方式。公募在原公司立法中就有,私募是新增加的规定。公募也就是"向社会公开募集",具体是指"向不特定的人募集或者向200人以上的特定的对象募集(新《中华人民共和国证券法》第10条)",而私募也就是"向特定对象募集",具体是指"向200人以下的特定的对象募集"。无论是公募还是私募,都需要发起人对外募集股份。较发起设立方式而言,募集设立在设立的条件上更严格、在程序上也更复杂,故又称其为复杂设立。同时由于在募集设立的方式下,股东之确定是分次为之,发起人认股在前,其他社会上投资人的认股在后,公司发行的股本逐次确定、分次到位,故又称为渐次设立。

三、股份有限公司的设立程序

股份有限公司有两种法定的设立方式:发起设立和募集设立。发起人可以根据法律、法规对所设公司在资本上的要求及发起人自身的出资条件和意愿,来选择股份公司的设立方式。股份有限公司选取的设立方式不同,设立程序也有一定的区别。一般来说,以发起设立方式设立股份有限公司的程序较为简单,而以募集设立方式设立股份有限公司的程序要复杂得多。归纳起来,股份有限公司的设立一般应经过下列程序。

(一)签订发起人协议

我国公司法第79条规定:"股份有限公司发起人承担公司筹办事务。发起人应当签订发起人协议,明确各自在公司设立过程中的权利和义务。"也就是说,发起人签订发起人协议是法定的股份有限公司设立的程序之一,如果没有发起人协议,则不符合公司成立的程序要件。发起人协议确定了发起人在设立公司中的相互关系,确定了发起人的范围、发起人认购股份的数量、各发起人出资的方式及各发起人在设立中的分工。我们所称的发起人是指在发起人协议上签名的负责公司筹办事务的人。发起人协议在法律上的性质被视为合伙协议。如果股份公司设立成功,该协议履行完毕,则应当由设立所生的权利义务由该股份公司承担；如果设立不成，如因设立对外负有债务，则应当依照发起人协议由相应发起人对第三人承担责任，其他在发起人协议上签名的发起人承担连带责任。

(二)制订公司章程

订立公司章程是公司设立中最具实质意义的程序。公司章程是决定设立公司能否成功、成立后的公司能否在关系明晰的状态下运行的规范性文件。公司章程的制定在两种设立方式中有明显区别。

(1) 采取发起设立方式的，由全体发起人共同制定即可。由于发起人一般较少，发起人经过充分协商不难取得共识。如在协商中发生矛盾，不同意章程内容的人可以退出设立活动。因此，在实践中，发起设立方式设立的股份公司章程的制定是由全体发起人在协商一致的基础上共同制定的，是全体发起人共同意志的体现。表现在形式上，公司章程由全体发起人签名。

(2) 采取募集设立方式的，则先由发起人在充分协商一致的基础上共同制订公司章程，注意这里是"制订"而不是"制定"。也就是说此时的章程仅仅设计出拟设立的股份有限公司的基本框架，形成公司设立前期的公司章程。只有在公司募集的股款缴足之后30日内举行的创立大会上，对前期制订的公司章程经出席创立大会的认股人所持表决权的半数以上通过，才形成对公司包括全体股东有约束力的公司章程。可见，采取募集设立方式的股份公司中，前期"制订"的章程体现了全体发起人的意志，但是是否能够发生法律上的效力，能否"制定"还要看在创立大会上对公司章程能否经出席创立大会的认股人所持表决权的半数以上通过。在这种情况下，"资本多数决定"原则在公司成立前即有所体现。

关于股份有限公司章程的内容，我国公司法第81条规定股份有限公司章程应当载明下列事项。

(1) 公司名称和住所。

(2) 公司经营范围。

(3) 公司设立方式。

(4) 公司股份总数、每股金额和注册资本。

(5) 发起人的姓名或者名称、认购的股份数、出资方式和出资时间。

(6) 董事会的组成、职权、任期和议事规则。

(7) 公司法定代表人。

(8) 监事会的组成、职权、任期和议事规则。

(9) 公司利润分配办法。

(10) 公司的解散事由与清算办法。

(11) 公司的通知和公告办法。

(12) 股东大会会议认为需要规定的其他事项。

（三）申请名称预先核准，特殊股份有限公司还要经过设立核准

《中华人民共和国公司登记管理条例》(2014 年修订)第 17 条规定："设立公司应当申请名称预先核准。法律、行政法规或者国务院决定规定设立公司必须报经批准，或者公司经营范围中属于法律、行政法规或者国务院决定规定在登记前须经批准的项目的，应当在报送批准前办理公司名称预先核准，并以公司登记机关核准的公司名称报送批准。"由此可见，与有限责任公司在设立的过程中必须申请名称预先核准一样，设立中的股份有限公司也应当申请名称预先核准。同时，虽然我国公司法删去了设立股份有限公司应当通过行政审批的规定，但是对于法律、行政法规或者国务院决定明确规定的特殊(特定经营范围内或者特定行业)股份有限公司还是需要经过主管机关的设立核准。比如商业银行、烟草公司、盐业公司、证券公司、保险公司的设立以及国有企业进行公司制改革，需要成立股份有限公司的，都必须首先提请相关主管部门核准。

（四）缴纳出资

1. 采取发起设立方式的，缴纳出资的程序较为简单

我国公司法第 83 条规定："以发起设立方式设立股份有限公司的，发起人应当书面认足公司章程规定其认购的股份，并按照公司章程规定缴纳出资。以非货币财产出资的，应当依法办理其财产权的转移手续。发起人不依照前款规定缴纳出资的，应当按照发起人协议承担违约责任。发起人认足公司章程规定的出资后，应当选举董事会和监事会，由董事会向公司登记机关报送公司章程以及法律、行政法规规定的其他文件，申请设立登记。"

2. 采取募集设立方式的，缴纳出资的程序较为复杂

首先，发起人认足法定数量或者比例的股份。依照《中华人民共和国公司法》第 84 条规定："以募集设立方式设立股份有限公司的，发起人认购的股份不得少于公司股份总数的35%；但是，法律、行政法规另有规定的，从其规定。"

其次，发起人募足其余股份。在募集设立方式中，我国公司法第 77 条第 3 款确立了私募和公募两种具体股份募集方式。私募是我国公司法、证券法确立的新募股方式，在股份募集的程序上立法还没有具体明确(《中华人民共和国证券法》第 10 条只有一个原则性要求，即非公开发行证券，不得采用广告、公开劝诱和变相公开方式)，但公募(向不特定对象募股或向累计超过 200 人的特定对象募股)的程序立法给予了明确的规定。

(1) 募股申请。发起人向社会投资人公开募股，必须向中国证监会或国务院授权的部门提出公开募股的申请。申请募股时，依法应提交的主要文件有：批准设立公司的文件；公司章程；发起人协议；发起人姓名或者名称，发起人认购的股份数、出资种类及验资证明；招股说明书；代收股款银行的名称及地址；承销机构名称及有关的协议。募集股份聘请了保荐人的，还应当报送保荐人出具的发行保荐书。

（2）募股的批准。中国证监会或国务院授权的部门对符合《中华人民共和国公司法》和其他法律法规规定条件的募股申请，予以批准。对不符合规定的募股申请，不予批准。

（3）公告招股说明书并制作认股书。发起人向社会公开募集股份，必须公告招股说明书，并制作认股书。招股说明书应当附有发起人制订的公司章程，并载明下列事项：发起人认购的股份数；每股的票面金额和发行价格；无记名股票的发行总数；募集资金的用途；认股人的权利、义务；本次募股的起止期限及逾期未募足时认股人可以撤回所认股份的说明。招股说明书应当在国务院证券管理部门指定的全国性报刊、网站上公告，根据情况也可以同时在地方报刊上进行公告。此外，发起人向社会公开募集股份，不仅要制作招股说明书，而且还要制作认股书。认股书是发起人制作的，供认股人认股时填写之用的书面法律文件。从本质上讲，认股书是一种格式合同。认股书应当载明招股说明书的有关内容。

（4）认股人认股。认股人决定认股时，应依法在发起人备妥的认股书上填写所认股数、金额、住所并签名、盖章。从法律上讲，认股人的认股行为是对发起人募股要约的承诺，认股人一旦填写了认股书，就应当按所认股份数承担缴纳股款的义务，否则将构成违约。

（5）缴纳股款。认股人依法填写了认股书后，认股人按照所认购股数缴纳股款。具体的程序是，认股人向代收股款的银行缴纳股款，并要求代收股款的银行出具收款单据，作为出资义务履行的证据。认购人未能及时缴纳股款，发起人有权催告认股人在一定期限内缴纳股款。如果在规定期限内仍未缴纳股款，其所认购的股份发起人可另行募集。如果因此给设立中公司造成损失的，违约的认股人应向发起人承担违约责任。

(五)验资机构进行验资

我国公司法第 83 条第 3 款规定，发起设立的股份有限公司股东依据公司章程认足出资后，应当选举董事会和监事会，并由董事会代表公司向公司登记机关申请设立登记即可，不需要进行验资。而我国公司法第 89 条规定，发行股份的股款缴足后，必须经依法设立的验资机构验资并出具证明。也就是说，采取募集设立方式的，发起人和认股人缴纳出资后，须经法定的验资机构进行验资并出具验资证明。

(六)召开发起人(认股人)大会

采用发起设立方式设立股份有限公司的，发起人认足公司章程规定的出资后，即应召开全体发起人大会，选举董事会、监事会成员；采用募集设立方式设立股份有限公司的，发起人在募足全部股份，收足全部股款后，发起人应当在 30 日内主持召开公司创立大会。为了保证创立大会的顺利召开，发起人应当在创立大会召开 15 日前将会议日期通知各认股人或者予以公告。创立大会应有代表股份总数过半数的认股人出席，方可举行。创立大会行使下列职权：①审议发起人关于公司筹办情况的报告。②通过公司章程。③选举董事会成员。④选举监事会成员。⑤对公司的设立费用进行审核。⑥对发起人用于抵作股款的财产的作价进行审核。⑦发生不可抗力或者经营条件发生重大变化直接影响公司设立的,可以做出不设立公司的决议。创立大会对以上各事项做出决议,必须经出席会议的认股人所持表决权过半数通过。

(七)申请设立登记

我国公司法第92条以及《中华人民共和国公司登记管理条例》(2014年修订)第21条对于股份有限公司的设立登记申请有具体规定:设立股份有限公司,应当由董事会向公司登记机关申请设立登记;以募集方式设立股份有限公司的,应当于创立大会结束后30日内向公司登记机关申请设立登记。

申请设立时应当向公司登记机关提交下列文件:公司法定代表人签署的设立登记申请书;董事会指定代表或者共同委托代理人的证明;公司章程;发起人的主体资格证明或者自然人身份证明;载明公司董事、监事、经理姓名、住所的文件以及有关委派、选举或者聘用的证明;公司法定代表人任职文件和身份证明;企业名称预先核准通知书;公司住所证明;国家工商行政管理总局规定要求提交的其他文件。以募集方式设立股份有限公司的,还应当提交创立大会的会议记录以及依法设立的验资机构出具的验资证明;以募集方式设立股份有限公司公开发行股票的,还应当提交国务院证券监督管理机构的核准文件。法律、行政法规或者国务院决定规定设立股份有限公司必须报经批准的,还应当提交有关批准文件。

(八)登记发照

经工商登记机关审查,符合法律法规规定的,核准其设立登记,并发给《中华人民共和国企业法人营业执照》,此时股份公司即告成立。公司凭登记机关核发的企业法人营业执照,刻制印章,开立银行账户,申请纳税登记。另外,设立股份有限公司同时设立分公司的,应当由董事会就拟设立的分公司向该分公司所在地的设区的市(地区)以上工商行政管理局申请登记,领取营业执照,并且应当自分公司登记之日起30日内,持分公司的营业执照到总公司所在地的工商机关办理备案。

此外,我国公司法第95条规定:"有限责任公司变更为股份有限公司时,折合的实收股本总额不得高于公司净资产额。有限责任公司变更为股份有限公司,为增加资本公开发行股份时,应当依法办理。"也就是说,有限责任公司变更为股份有限公司时,工商登记机关还应对其净资产折合为实收股本总额的相关情况进行审核。公开发行股份的,还必须审核其是否依照公开募股的程序进行股份的发行。符合条件的,由工商登记机关换发企业法人营业执照。

四、股份有限公司的设立责任

股份有限公司的设立责任,在这里特指在股份有限公司设立的过程中设立人或发起人的一系列设立行为所产生的民事责任由谁来承担的问题，即发起人的设立责任。

(一)公司成立时发起人的设立责任

设立中的公司通过发起人的一系列设立行为而成立，领取了营业执照，获得了企业法人的主体地位。此时，公司是独立的责任主体，它应当承担发起人在设立过程中为设立公司而产生的一系列债务。也就是说，一般条件下公司成立时设立行为所产生的民事责任"归公司"。

但是公司成立后，无论是有限责任公司的设立人，还是股份有限公司的发起人，都应履行资本充实的义务，否则就要承担相应的责任。①有限责任公司设立人的"违约责任"与"差额补齐责任"：依照我国公司法第 28 条的规定，有限责任公司的股东如果不按期足额缴纳公司章程中规定的各自所认缴的出资额，以货币出资的不能将货币出资足额存入有限责任公司在银行开设的账户，以非货币财产出资的不能依法办理其财产权的转移手续，则应当向公司足额缴纳外，还应当向已按期足额缴纳出资的股东承担违约责任。此外，我国公司法第 30 条规定，有限责任公司成立后，发现作为设立公司出资的非货币财产的实际价额显著低于公司章程所定价额的，应当由交付该出资的股东补足其差额。公司设立时的其他股东承担连带责任。②股份有限公司发起人的"连带认缴与差额填补责任"：我国公司法第 93 条规定，股份有限公司成立后，发起人未按照公司章程的规定缴足出资的，应当补缴；其他发起人承担连带责任。股份有限公司成立后，发现作为设立公司出资的非货币财产的实际价额显著低于公司章程所定价额的，应当由交付该出资的发起人补足其差额。其他发起人承担连带责任。

此外，为了保护公司自身的利益，防止发起人的过失设立行为导致公司利益受损，我国公司立法确立了股份有限公司发起人的"过失损害赔偿责任"。依照我国公司法第 94 条的规定，在股份有限公司设立过程中，由于发起人的过失致使公司利益受到损害的，应当对公司承担赔偿责任。因此，股份有限公司成立后，如果发现发起人在设立的过程中有过失，并且发起人的过失导致了公司利益受损的，股份有限公司可以通过董事会或者监事会以公司的名义向该发起人提起损害赔偿诉讼，要求有过失的发起人承担法律责任。股份有限公司发起人的过失损害赔偿责任制度的确立，有利于督促发起人在公司的设立过程中认真负责、审慎勤勉地筹办公司。

(二)公司不成立时发起人的设立责任

设立中的公司虽然有发起人的一系列设立行为，但是因为各种原因导致公司不能成立时，公司登记机关拒绝颁发公司营业执照。此时，设立中的公司没有独立的法人地位，不具有相应的权利能力和行为能力。因此，一般条件下公司不能成立时，设立行为所产生的民事责任归发起人。

有限责任公司的设立人因为公司不能成立而需要对设立产生的债务、费用对外承担连带责任，设立人内部可以依照设立协议进行分担。

股份有限公司的发起人因为公司不能成立而需要承担的民事责任，依照《中华人民共和国公司法》第94条规定，主要体现为以下两个方面：①对设立行为所产生的债务和费用负连带责任。也就是说，股份有限公司不能成立时，在发起人协议上签字的发起人对设立行为所产生的债务和费用承担连带责任。发起人协议中关于责任分担的约定对外不具有对抗效力，债权人可以向任何一个发起人主张所有债权数额。当然，承担了连带责任之后的发起人，可以依照发起人协议向其他发起人追偿。②对认股人已缴纳的股款，负返还股款并加算银行同期存款利息的连带责任。股份有限公司有两种设立方式——发起设立与募集设立。在采取募集设立方式的情况下，股份有限公司不能成立时，由于涉及发起人之外的认股人的合法权益问题，发起人应当对于已经募集到的股款如数退还给认股人，并加算从股款到账至股款归还期间的银行同期存款利息。对于"已缴纳股款的退还"有三种法定情形：一是《中华人民共和国公司法》第89条规定，股份公司发行股份的股款缴足后，发起人在30日内未召开创立大会的，认股人可以按照所缴股款并加算银行同期存款利息，要求发起人返还。二是《中华人民共和国公司法》第91条规定，股份公司召开创立大会决议不设立公司的，认股人可以要求发起人返还并加算同期存款利息。三是《中华人民共和国证券法》第26条规定，国务院证券监督管理机构或者国务院授权的部门对已作出的核准证券发行的决定，发现不符合法定条件或者法定程序，已经发行尚未上市的，撤销发行核准决定，发行人应当按照发行价并加算银行同期存款利息返还证券持有人。保荐人应当与发行人承担连带责任，但是能够证明自己没有过错的除外。发行人的控股股东、实际控制人有过错的，应当与发行人承担连带责任。

总之，公司不能成立时发起人的设立责任应以"法定"为原则，以"约定"为补充。无论是有限责任公司的设立还是股份有限公司的设立，公司不能成立时，因为设立行为而产生的债务、费用，设立人都要依法承担连带责任，并且采取募集设立的股份有限公司的设立人还对已缴纳的股款和同期存款利息的返还承担连带责任。在相关责任人承担了连带责任之后，则可以依照设立人协议或者发起人协议进行追偿。也就是说，公司不成立时发起人的设立责任对外从"法定"，对内从"约定"。

第三节　股份有限公司的股东

一、股东的概念

根据我国公司法第137条的规定，并结合国外的有关公司立法的规定，股份有限公司的股东就是股份有限公司的股份持有人。股东是依法认购股份、履行出资义务的自然人或法人，是公司最高权力机构股东大会的构成分子。股东是股份有限公司存在的基础，没有股东，股份有限公司就无法存在。股东是股份有限公司的股份持有人，是公司的投资人，并不是公司的债权人。

股东与发起人、认股人既有联系，也有区别。发起人、认股人和股东都是公司股份的认购人，这是他们的相同之处。但发起人是在公司正式成立之前参加公司设立活动的人，认购公司股份是其发起行为的一个重要组成内容，在公司成立之前，发起人仅是公司筹备的负责人，只有到公司成立后，发起人才能转成公司股东。认股人是在公司发起人募集股份时依法认购所发行股份的人，在公司成立之前，认股人虽然已缴清了全部所认股份，仍不能成为股东，只有当公司正式成立后，认股人才真正成为公司的股东。

二、股东的分类

根据不同的标准，可将股东分为不同的种类。

(一)普通股东和特别股东

根据股东所持股份的性质，可将股东分为普通股东和特别股东。普通股东是指持有公司所发行的无任何差别待遇的普通股份的股东；特别股东是指持有公司所发行的具有一定优先权利的优先股份的股东。

(二)记名股东和无记名股东

根据股东所持股票记名与否，可将股东分为记名股东和无记名股东。记名股东是指持有的股票上记载着持有人姓名或名称的股东；无记名股东是指持有的股票上不记载持有人姓名或名称的股东。

(三)大股东和小股东

根据股东持有股份的多寡，可将股东分为大股东和小股东。大股东是指持有公司股份数较多的股东；小股东是指持有公司股份数较少的股东。一般来说，大股东对公司的支配权较大，小股东对公司并无多大的影响。

(四)投资股东和投机股东

根据股东持有股份目的，可将股东分为投资股东和投机股东。投资股东是指为了获得公司的股息和红利而持有公司股份的股东，该类股东注重所投资公司的经济效益和分配制度；投机股东是指为了从股票交易价格涨跌中获取差价收益而持有公司股份的股东，该类股东看重的是股票的投机性和价格的涨跌幅度，以便从炒股中获利。

三、股东的权利和义务

股份有限公司是股东共同组织的企业法人，股东与公司之间的关系和股东在法律上的地位集中表现为股东所享有的权利和承担的义务。

(一)股东的权利

股东的权利是股东基于其股东资格，依其所认股份而对公司拥有的权利。股东权利的内容较为广泛。根据我国公司法的有关规定，股份有限公司的股东享有以下权利。

(1) 出席或委托代理人出席股东大会的权利。

(2) 行使或委托代理人进行表决的权利。

(3) 单独或合计持有公司 10%以上股份的股东有请求召开临时股东大会的权利。

(4) 按投入公司的股份额享有资产受益权。

(5) 公司章程、股东大会会议记录和财务会计报告的查阅权。

(6) 对公司经营的建议或者质询权。

(7) 对所持股份的依法转让权。

(8) 公司解散后有依法对公司剩余财产的分配权。

(9) 股东大会、董事会或高级管理人员等的决议违反法律、行政法规，侵犯股东合法权益的，股东有权向人民法院提起要求停止该违法行为和侵害行为的诉讼。

(10) 记名股票被盗、遗失或者灭失时，股东有依法请求人民法院宣告该股票失效的权利，人民法院宣告股票失效后，股东可以向公司申请补发股票。

(11) 公司章程规定的其他权利。

(二)股东的义务

股东的义务是股东基于其股东资格，依其所认股份对公司所应承担的责任。根据我国公司法的有关规定，股份有限公司股东应履行的主要义务有以下几项。

(1) 遵守国家法律和行政法规的义务。

(2) 遵守公司章程的义务。

(3) 依其所认股份履行出资的义务。

(4) 无记名股票股东出席股东大会时，应当于会议召开五日以前至股东大会闭会时止将股票交存于公司。

(5) 公司正式成立后不得退股。

(6) 以其所持股份为限对公司承担责任。

(7) 公司章程规定的其他义务。

第四节　股份有限公司的资本

一、股份有限公司注册资本的法律含义

我国公司法第 80 条规定："股份有限公司采取发起设立方式设立的，注册资本为在公司登记机关登记的全体发起人认购的股本总额。在发起人认购的股份缴足前，不得向他人募集股份。股份有限公司采取募集方式设立的，注册资本为在公司登记机关登记的实收股本总额。法律、行政法规以及国务院决定对股份有限公司注册资本实缴、注册资本最低限额另有规定的，从其规定。"这一规定表明，我国公司法虽然不再对股份有限责任公司的最低注册资本作出要求，同时还取消了对以发起方式设立的股份有限公司首次出资比例、出资期限的限制，但是发起设立的股份有限公司仍然需要考虑后续融资的可能性问题，在发起人未缴足认购股份之前不得再次募集股份。

二、股份有限公司资本的变更

股份有限公司必须遵守资本确定、资本维持和资本不变的法律原则，但这并不是说注册资本一成不变。事实上，随着公司生产规模、经营范围和社会需求的变化，公司的注册资本在客观上也会相应地增加或减少。因此，各国的公司立法大都对股份有限公司注册资本变更的方式、条件和程序做了明确规定，如果不具备法定条件，不履行法定程序，其注册资本的变更无效。

(一)资本的增加

1. 资本增加的含义

注册资本的增加简称增资，是指股份有限公司为了扩大经营规模，依照法定条件和程序增加公司注册资本的法律行为。

2. 资本增加的方式

注册资本的增加主要有发行新股和将公司债券转换成股票以及股票增值三种方式。发行新股是增加注册资本的主要方式，但它同授权资本制所实行的授权董事会发行新股不同，前者是在注册资本总额外发行，属于注册资本的增加，而后者则是在注册资本总额内发行，不属于注册资本的增加。上市公司依法发行的可转换为股票的公司债券，应当按其转换办法将债券转换为公司股票以增加公司的注册资本。股票增值是指公司在不改变原股份总数情况下增加每一股份的金额，通过这种方式可以达到增资的目的。例如法定公积金，应分

配股利留存，以及股东新缴纳的股款，均可以记入每一股份中，从而使其票面价值增加。

3. 资本增加的法定程序

增加注册资本牵涉到股东的利益和公司登记事项的变更，因此必须严格履行注册资本增加的法定程序，主要包括依法变更公司章程，并办理必要的变更登记手续。《中华人民共和国公司法》第 178 条规定："股份有限公司为增加注册资本发行新股时，股东认购新股，依照本法设立股份有限公司缴纳股款的有关规定执行。"同时，第 179 条还规定："公司增加或者减少注册资本，应当依法向公司登记机关办理变更登记。"

(二)资本的减少

1. 资本减少的含义

注册资本的减少简称减资，是指股份有限公司在资本过剩或严重亏损的情况下，依照法定条件和程序，削减公司注册资本的法律行为。注册资本的减少有实质性的减少和形式上的减少之别。实质性的减少是由于资本过剩而免除股东缴款义务或发还股东股款；形式上的减少是指由于弥补亏损而销除股份或注销股份部分金额。

2. 资本减少的方式

注册资本的减少，从理论上讲有减少股份总数、减少每股金额和既减少股份总数又减少每股金额三种方式。减少股份总数，即每股金额并不减少，而只是减少股份总数，其具体方法又有注销股份和合并股份两种情况。注销股份是指依照法定程序消除一部分或特定的股份。合并股份则是指合并二股或二股以上的股份为一股。减少每股金额，即不改变股份总数，只减少每股的金额。既减少股份总数又减少每股金额，即同时采用上述两种方式。这三种减资方式，可由公司根据自身的实际情况选用。

我国公司法规定，股份有限公司可以通过收购本公司股票的方式减少公司的注册资本，但要求在收购本公司的股票后，必须在 10 日内注销该部分股份，并依照法律、行政法规办理变更登记手续，进行公告。

3. 资本减少的法定条件

注册资本的减少，由于缩小了公司对外信用基础，直接影响到公司债权人的利益，所以，必须具备法律规定条件，否则，便不能减少。一般来说，减少注册资本的法定条件为：①必须有资本过剩或亏损严重的事实存在。根据资本不变原则，公司的注册资本是不能随意减少的，但如果有资本过剩或亏损事实存在，则可以减少。因为资本过剩会造成公司资本的闲置，不利于充分发挥资本的增值效用，而严重亏损则会造成公司注册资本同实有资本的差距，公司的注册资本也就失去了其应有的表明其信用状况的法制意义，同时，股东也无法分配到股利。为了反映公司的实际状况，可以依法减少公司的注册资本。②公司需要减少注册资本时，必须编制资产负债表和财产清单。所谓资产负债表是反映公司在某一特定日期财务状况的报表，其项目应按资产、负债和所有者权益的类别分项列示。财产清单即财产目录，包括财产的名称、种类、数量及其价款等内容。

4. 资本减少的法定程序

注册资本的减少事关重大，不仅涉及股东的股权，而且涉及到债权人利益的保护，为此，我国公司法规定了注册资本减少的法定程序如下。

(1) 制订公司减少注册资本的方案。

(2) 作出公司减少注册资本的决议。

(3) 编制资产负债表及财产清单，通知和公告债权人。

(4) 实施减资，办理变更登记。

(5) 发布公告。

第五节　股份有限公司的组织机构

一、股东大会

(一)股东大会的性质

我国公司法第 98 条明确规定："股份有限公司股东大会由全体股东组成。股东大会是公司的权力机构，依照本法行使职权。"由此可见，股东大会是股份有限公司的权力机构，这就是股东大会的性质或法律地位。股东大会是公司法规定的股份有限公司必须设置的组织机构，作为法律意义上的股份有限公司不能没有股东大会。股东大会虽是法定必设机构，但不是常设机构，这同董事会有明显的区别。因为股东大会由众多股东组成，每一股东居住分散，不易召集，而且股东大会只在公司遇到有关重大问题时才行使职权，故股东大会无常设之必要。股东大会行使法定职权时必须以会议的方式进行，不召开由全体股东组成的股东大会，便无法行使其职权。股东大会是公司的权力机构，有权决定公司法定的重大问题。对股东大会形成的合法决议，董事会必须执行。董事会和监事会都是由股东大会选举产生的，必须对股东大会负责，并报告工作。股东大会只是一个意思表示机关，通过全体股东开会依法形成决议，并不直接执行业务，对外也不代表公司，但它却是股份有限公司的最高权力机构，没有它，也就没有其他机构的产生。除公司法规定应由董事会行使的职权外，其他重大问题皆由股东大会决议，决议后应由董事会和监事会执行。

(二)股东大会的职权

股东大会作为股份有限公司的权力机构，其行使的职权皆系公司最为重大问题的决定权、批准权、决议权和选举权等。根据我国公司法第 99 条的规定，股东大会拥有的职权如下。

(1) 决定公司的经营方针和投资计划。

(2) 选举和更换非由职工代表担任的董事、监事，决定有关董事、监事的报酬事项。

(3) 审议批准董事会的报告。

(4) 审议批准监事会或者监事的报告。

(5) 审议批准公司的年度财务预算方案、决算方案。

(6) 审议批准公司的利润分配方案和弥补亏损方案。

(7) 对公司增加或者减少注册资本作出决议。

(8) 对发行公司债券作出决议。

(9) 对公司合并、分立、解散、清算或者变更公司形式作出决议。

(10) 修改公司章程。

(11) 公司章程规定的其他职权。

(三)股东大会的种类

我国公司法第 100 条规定，股东大会可分为股东大会年会和临时股东大会两种。股东大会年会是指依照公司法的规定每年应召开一次的股东大会，股东大会年会一般在每个会计年度结束后的一定时期内举行，主要是由董事会和监事会向股东大会报告工作，并由股东大会对有关重大问题进行决议。临时股东大会则是由于法定事由的出现而临时召开的不定期的股东大会。我国公司法第 100 条和第 104 条规定，出现以下法定事由时，应当在 2 个月内召开临时股东大会，包括以下几方面。

(1) 董事人数不足本法规定人数或者公司章程所定人数的 2/3 时。

(2) 公司未弥补的亏损达实收股本总额 1/3 时。

(3) 单独或者合计持有公司 10%以上股份的股东请求时。

(4) 董事会认为必要时。

(5) 监事会提议召开时。

(6) 公司章程规定的其他情形。

(7) 公司法或公司章程规定公司转让、受让重大资产或者对外提供担保等事项必须经股东大会作出决议的。

(四)股东大会的召开

股东大会系会议体之组织机构，欲行使其法定权限，必须召开由股东组成的股东大会会议，否则其权限便无法行使。我国公司法规定股东大会会议由董事会负责召集。召开股东大会，应当将会议召开的时间、地点和审议的事项于会议召开 20 日前通知各股东。临时股东大会应当于会议召开 15 日前通知各股东。发行无记名股票的，应当于会议召开 30 日以前将要审议的事项作出公告。股东大会会议由董事长主持，董事长不能履行职务或者不履行职务的，由副董事长主持；副董事长不能履行职务或者不履行职务的，由半数以上董事共同推举一名董事主持。董事会不能履行或者不履行召集股东大会会议职责的，监事会应当及时召集和主持；监事会不召集和主持的，连续 90 日以上单独或者合计持有公司 10%以上股份的股东可以自行召集和主持。出席股东大会，股东既可亲自出席，也可委托代理人出席，代理人出席时，应当向公司提交股东授权委托书，并在授权范围内行使表决权，无记名股票持有人出席股东大会时，还应于会议召开 5 日以前至股东大会闭会时止将股票交存于公司。

(五)股东大会的议事规则

股东大会决议事项依法采取表决的方式。股东的表决权以其所持有的股份为标准，所持每一股份有一表决权，即所谓"一股一票制"，这是世界各国公司立法的共同规定。但在有的地区却对股东"一股一票制"做了某些限制，如我国台湾省的公司法规定，股东持有已发行股份总数 3%以上的股份时，应依章程限制其表决权。我国公司法规定公司持有本公司股份没有表决权。

股份有限公司因股东人数众多，且各股东只负间接责任，因此其议事规则采取少数服从多数的表决原则，而不必采取一致通过表决的原则，只是因其所决议事项的重要程度不同，其表决通过的比例也有所不同。各国公司立法大都把股东大会的决议分为普通决议和特别决议两种，这是根据决议的事项和决议的比例而进行区分的。普通决议也称通常决议，是适用于一般决议事项，以简单多数即可通过的决议。这里的一般决议事项是指除依公司法应以特别决议通过事项以外的所有决议事项。简单多数通过即是指由出席股东大会的股东所持表决权的半数以上通过。特别决议则是适用于公司法规定的特别决议事项，以绝对多数方能通过的决议。特别决议事项依照我国公司法的规定，主要是指增加或减少注册资本、变更公司形式、公司的合并、分立、解散和公司章程的修改事项。绝对多数通过，在不同的国家，对不同的决议事项都有不同的规定，有的规定为三分之二，有的规定为四分之三。我国公司法规定的绝对多数通过是指必须经出席股东大会的股东所持表决权的三分之二以上通过。

我国现行公司法在董事、监事的选举中引入了累积投票制。累积投票制是股东大会在选举董事或者监事时，每一股份拥有与应选董事或者监事人数相同的表决权，股东拥有的表决权可以集中使用。适用累积投票制的前提是公司章程中有规定，或者经股东大会决议适用累积投票制。累积投票制与普通投票制的区别主要在于，前者使得公司股东可以把自己拥有的表决权集中使用于待选董事或监事中的一人或多人。所以累积投票制的功能就在于保障中小股东有可能选出自己信任的董事或者监事，从而在一定程度上平衡大小股东的利益。

(六)股东大会的会议记录

股东大会的决议事项，应作成会议记录。我国公司法第 107 条规定，股东大会应当对所议事项的决定作成会议记录，主持人、出席会议的董事应当在会议记录上签名。会议记录应当与出席股东的签名册及代理出席委托书一并保存。法律之所以这样规定，主要是为了方便股东、债权人和有关人员查阅，有利于公司完整地保存档案材料，也便于分清各自的责任界限和范围。

二、董事会

董事会是由一定人数的董事组成的股份公司的执行机关。董事会是公司的执行机构，由股东会选举产生，向股东会负责，对内执行公司业务，对外代表公司。

(一)董事会的性质

股份有限公司必设董事会，董事会是由全体董事组成的会议体业务执行机构或经营决策机构。董事会对于有限责任公司来说并非必须设置，只有股东人数较多、规模较大的有限责任公司才须设董事会，股东人数较少、规模较小的则只设执行董事，而不设董事会，但股份有限公司的董事会则是必须设置的组织机构之一。董事会是股份有限公司的法定机构，其性质、组成、职权和议事规则等事项公司法都做了具体而明确的规定，不能任意设置。与股东大会不同，董事会自公司成立之日起即是一个常设的机构，它是作为稳定的机构而存在的，其成员可以更换，但董事会本身则不能撤销，也不能停止活动。董事会只能由全体董事组成，虽然各国公司立法对董事的人数规定不一，但董事都是董事会的构成人员，都享有同等的权利，并承担相应的义务。董事会从体制上讲，是一种会议体机构，必须以会议的方式来行使法定职权，离开了会议这种方式，其职权就无法行使。从职权方面来看。董事会是股份有限公司的业务执行机构或经营决策机构，因为董事会一方面是由股东大会选举产生的，要向股东大会负责并报告工作，还要执行董事会的决议；另一方面法律又明确规定公司的经营计划和投资方案由董事会决定。

(二)董事会的职权

根据我国公司法第 108 条的规定，董事会依法享有的职权如下。
(1) 召集股东会会议，并向股东会报告工作。
(2) 执行股东会的决议。
(3) 决定公司的经营计划和投资方案。
(4) 制订公司的年度财务预算方案、决算方案。
(5) 制订公司的利润分配方案和弥补亏损方案。

(6)　制订公司增加或者减少注册资本以及发行公司债券的方案。

(7)　制订公司合并、分立、解散或者变更公司形式的方案。

(8)　决定公司内部管理机构的设置。

(9)　决定聘任或者解聘公司经理及其报酬事项，并根据经理的提名决定聘任或者解聘公司副经理、财务负责人及其报酬事项。

(10)　制定公司的基本管理制度。

(11)　公司章程规定的其他职权。

(三)董事会的组成

股份有限公司的董事会是由股东大会选举产生的董事组成的。关于董事会成员的人数，我国公司法第108条明确规定，董事会成员为5人至19人，至于是单数还是双数则无明文规定，但由于董事会系会议体机构，故董事之人数以单数为宜。关于董事会的成员，可分为董事长、副董事长和董事三种类型。董事会依法设董事长1人，可以设副董事长。董事长和副董事长以全体董事的过半数选举产生。董事的任期由公司章程规定，但每届任期不得超过3年，董事任期届满，连选可以连任，董事在任职期满未及时改选，或者董事在任期内辞职导致董事会成员低于法定人数的，在改选出的董事就任前，原董事仍应当依照法律、行政法规和公司章程的规定，履行董事职务。

董事长的职权如下。

(1)　主持股东大会和召集、主持董事会会议。

(2)　检查董事会决议的实施情况。副董事长协助董事长工作，董事长不能履行职务或者不履行职务的，由副董事长履行职务；副董事长不能履行职务或者不履行职务的，由半数以上董事共同推举一名董事履行职务。

(四)董事会会议

董事会为会议体机构，要行使其职权，必须举行会议。董事会会议由董事长召集和主持。董事会会议根据会期之不同，可分为定期董事会会议和临时董事会会议。所谓定期董事会会议依法每年度至少召开两次，而临时董事会会议则是根据需要而临时召开的董事会会议。定期董事会会议依法应当于会议召开10日以前通知全体董事和监事，代表十分之一以上表决权的股东、三分之一以上董事或者监事会，可以提议召开董事会临时会议。董事会召开临时会议，可以另定召集董事会的通知方式和通知期限。关于董事会会议的举行条件，法律规定有过半数的董事出席方可举行。董事会会议应由董事本人出席，董事因故不能出席时，可以书面委托其他董事代为出席，委托书应载明授权范围。董事会会议依法应由董事长主持召开，董事会成员无论是董事长、副董事长，还是一般董事，都享有平等的表决权，即每一位董事只有一票表决权，其表决权同董事所持股份多寡没有任何关系。关于董事会的议事规则,我国公司法规定董事会决议必须经全体董事的过半数通过。董事会的决议如果违反法律、行政法规或者公司章程、股东大会决议,致使公司遭受严重损失的,参与决议的董事应负赔偿责任。但经证明在表决时曾表明异议并记载于会议记录的,该董事可以免除责任。

三、经理

(一)经理的性质

根据我国公司法的规定,经理是股份有限公司必设的主持公司生产经营和管理工作的辅助业务执行机构。经理依法由董事会决定聘任或者解聘,同股份有限公司之间的关系属于一种特殊的委任关系,这种委任是有报酬的,其报酬待遇应由董事会决定。因此,经理应对董事会负责,行使职权时不得变更董事会的决议或超越授权范围。

(二)经理的职权

经理依法行使下列职权。

(1) 主持公司的生产经营管理工作,组织实施董事会决议。

(2) 组织实施公司年度经营计划和投资方案。

(3) 拟订公司内部管理机构设置方案。

(4) 拟订公司的基本管理制度。

(5) 制订公司的具体规章。

(6) 提请聘任或者解聘公司副经理、财务负责人。

(7) 决定聘任或者解聘除应由董事会决定聘任或者解聘以外的负责管理人员。

(8) 公司章程和董事会授予的其他职权。经理依法应列席董事会会议。

四、监事会

(一)监事会的性质

随着股份有限公司董事会权力的不断扩大,为了防止其滥用职权,损害公司、股东和其他人的利益,我国公司法从第 117 条到第 119 条对股份有限公司监事会作了专门规定。监事会是股份有限公司依法必须设置的对公司经营状况和财务状况进行监督检查的组织机构。监事会依照公司法的规定设立并行使职权,具有法定性。监事会是由监事组成的常设机构,随时对公司的业务和财务状况进行监督检查。监事会是股份有限公司的自治监督机构,依法享有对董事、经理执行公司职务行为的监督检查权。

(二)监事会的职权

作为公司监督检查机构的监事会，依法享有下列职权。

(1) 检查公司的财务。

(2) 对董事、高级管理人员执行公司职务的行为进行监督，对违反法律、行政法规、公司章程或者股东会决议的董事、高级管理人员提出罢免的建议。

(3) 当董事、高级管理人员的行为损害公司的利益时，要求董事、高级管理人员予以纠正。

(4) 提议召开临时股东会会议，在董事会不履行本法规定的召集和主持股东会会议职责时召集和主持股东会会议。

(5) 向股东会会议提出提案。

(6) 依照本法第152条的规定(指派生诉讼)，对董事、高级管理人员提起诉讼。

(7) 公司章程规定的其他职权。

监事可以列席董事会会议，并对董事会决议事项提出质询或者建议。监事会的监事发现公司经营情况异常，可以进行调查；必要时，可以聘请会计师事务所等协助其工作，费用由公司承担。

(三)监事会的组成

根据我国公司法第117条的规定，股份有限公司设监事会，其成员不得少于三人。监事会应当包括股东代表和适当比例的公司职工代表，其中职工代表的比例不得低于三分之一，具体比例由公司章程规定。监事会中的职工代表由公司职工通过职工代表大会、职工大会或者其他形式民主选举产生。监事会设主席一人，可以设副主席。监事会主席和副主席由全体监事过半数选举产生。监事会主席召集和主持监事会会议；监事会主席不能履行职务或者不履行职务的，由监事会副主席召集和主持监事会会议；监事会副主席不能履行职务或者不履行职务的，由半数以上监事共同推举一名监事召集和主持监事会会议。由于监事会是公司的监督机构，依法要行使对董事和经理以及公司财务负责人的监督职责，所以公司法明确规定，董事、高级管理人员不得兼任监事。

(四)监事的任期

根据我国公司法第117条的规定，监事的任期每届为三年。监事任期届满，可连选连任。监事任期届满未及时改选，或者监事在任期内辞职导致监事会成员低于法定人数的，在改选出的监事就任前，原监事仍应当依照法律、行政法规和公司章程的规定，履行监事职务。

(五)监事会的议事方式和表决程序

我国公司法第 119 条规定,股份有限公司的监事会每 6 个月至少召开一次会议。监事可以提议召开临时监事会会议。监事会的议事方式和表决程序,除本法有规定的外,由公司章程规定。监事会决议应当经半数以上监事通过。监事会应当对所议事项的决定作成会议记录,出席会议的监事应当在会议记录上签名。

第六节　股份有限公司的股份

一、股份的概念

关于股份有限公司的股份概念,国内外均有不同的理解。有的从公司资本的角度出发,认为股份是股份有限公司资本的一部分或组成单位,即股份是划分股份有限公司资本的均等单位;有的从股东资格的角度入手,认为股份是指股东权的依据和基础,即股东在公司中享受权利和承担义务的基本依据;有的则从股票的角度分析,认为股份是股票的价值之所在,即股份之股数及每股之金额都是通过股票记载和表示的,没有股份之存在,股票就失去了存在的前提和条件。因此,人们在习惯上往往把股份与股票视为一体,混同使用。但事实上股份与股票并非同一。

综合起来,所谓股份就是以股票为表现形式的、均等划分股份有限公司资本的,表示股东享有权利和承担义务的基本计量单位。

二、股份的特征

股份有限公司的股份,从本质上讲是股东出资份额,但与其他公司的出资份额却有明显的区别。具体来讲,股份有限公司的股份具有以下法律特征。

(一)金额性

股份是构成股份有限公司资本的基本单位,从我国公司法的规定来看,我国股份有限公司的股份具有金额性,即每一股份均需用一定的货币金额表示,而不能用该股份占公司资本总额的比例或份数来表示。

(二)平等性

股份不仅是划分股份有限公司资本的基本单位,而且每一股份所代表的资本都应一律平等。从我国公司法的规定来看,股份是指每一股份的金额相等,对于国外发行的无面额股份来说,则是指每一股份在公司资本中所占的比例相等。作为股东权基本依据的股份,其所包含的权利义务也应一律平等，即股份有限公司的股份依法必须做到同股同权、同权同利和同股同价。我国公司法关于股份平等的规定，是为了体现"一股一权"的公平原则。

(三)不可分割性

股份既可归一人所有，也可由数人共有，股份为数人共有时，其共有人应推定为一人行使股东权。由于股份是构成公司资本的基本单位，因此每一股份虽可由数人共有，但其股份却不能分割，如二人共有一股份，不能将其分割为各二分之一，从而破坏其单位的完整性。

(四)可转让性

股份有限公司属于典型的资合公司，公司的信用基础是资本，而不是股东，股东之间的关系甚为松散，因此股份有限公司的股份具有可转让性，但股东转让其股份必须在法律规定的场所，依照法定方式和程序进行，否则其转让无效。

(五)证券性

股份有限公司的股份依法必须采取股票的形式，股票是股份有限公司签发的证明股东所持股份的凭证。股票记载的事项由法律规定，主要记载每一股份的金额及所代表的股份数，因此股份具有证券性，这与有限责任公司股东的出资采用非证券性质的出资证明书形式有着显著的区别。

股份和股票之间的关系就是内容和形式的关系，即股票是股份的证券化形式，而股份则是股票的实质内容。股份之所以采取证券化的形式，是为了证明股东的股份持有权，便于股东行使其股东权，也便于股份的自由转让和流通。

三、股份的种类

股份有限公司的资本依法应全部划分为股份，这是股份有限公司之显著特征，股份因其所依据的标准不同而有不同的划分，从而形成了不同的种类。

(一)金额股与比例股

依据股份是否标明票面金额，股份可以分为金额股与比例股。金额股又称面额股，是指用一定货币金额表示的股份。比例股，亦称无面额股，是指不用一定金额表示，而用一定比例或分数表示的股份。我国公司法不承认比例股，只有关于金额股的规定，而且每一股份的金额也要相等。

(二)普通股与优先股

依据股份所表现的股东权内容的不同,股份可分为普通股和优先股两种,这也是国际上惯用的股份分类方法。普通股是股份有限公司通常发行的股东权利均属平等、无差别待遇的股份。简言之,普通股是构成股份有限公司资本的基础,是当前世界上发行的股份当中最为普遍、报酬最高和风险最大的股份。它的最大特点是红利随着发行公司利润的变化而变化。持有普通股的股东享有参与经营管理权、优先认股权、红利分享权和剩余财产分配权。而优先股则是普通股的对称,它是股份有限公司发行的其股东比普通股份的股东享有一定优先权的股份。公司发行优先股的目的主要在于吸引保守的投资者,因为优先股预定的优先股息一般高于公司债券的利率,有高收益的特征。同时,在公司终止时对剩余财产也有优先分配权,有安全性。因此,它的最大特点是股息具有固定性和优先支付性以及相对保险性。优先股又可划分为累积优先股与非累积优先股、参与优先股与非参与优先股、可转换优先股与不可转换优先股等形式。持有优先股的股东享有股东大会的参加权、股息的优先取得权和剩余财产的优先分配权。

(三)有表决权股与无表决权股

依据股东表决权的不同,股份可划分为有表决权股和无表决权股。有表决权股又可分为普通表决权股(一股享有一个表决权的股份)、多数表决权股 (即一股享有若干表决权的股份)和限制表决权股(即股东表决权受一定限制的股份)。无表决权股则是股东对公司一切事务均无表决权的股份,一般情况下,无表决权股即指优先股。

(四)国家股、法人股、个人股和外资股

根据股份投资主体的不同,我国的股份可以划分为国家股、法人股、个人股和外资股。国家股是有权代表国家投资的部门或机构以国有资产投入公司所形成的股份,国家股一般应为普通股;法人股是企业法人以其依法可支配的资产投入公司所形成的股份,或者具有法人资格的事业单位以国家允许用于经营的资产向公司投资所形成的股份;个人股是社会公众或本公司内部职工以个人合法财产投入公司形成的股份;外资股是外国和我国香港、澳门、台湾地区投资者投资于股份有限公司所形成的股份。

(五)旧股与新股

依据股份发行时间的不同,可把股份划分为旧股和新股。旧股即股份有限公司在成立时所发行的股份,而新股则是股份有限公司成立后在存续发展过程中所发行的股份。

四、股份的发行与转让

(一)股份有限公司的新股发行

新股发行是指股份有限公司在成立之后的存续发展过程中再次发行股份的法律行为。依据是否增加公司资本，可将新股发行划分为非增资的新股发行和增资的新股发行。非增资的新股发行是指在股份依法可分期分次发行的情况下，除公司设立时首次发行股份外，其后所进行的股份发行。它并未增加公司的资本总额，只是将章程所定的未发行部分的股份，补充发行而已。增资的新股发行则是指在公司增加资本的情况下所进行的再次股份发行，即公司章程所定的股本总额已全部发行完毕后，为增加公司资本而再次发行股份。需要说明的是，在实行"法定资本制"的国家，所谓的新股发行只是指增资的新股发行，而实行"授权资本制"的国家，其所谓新股发行则属于非增资的新股发行。新股发行不仅关系到公司的发展，而且也直接涉及新老股东利益和社会公共利益，因此法律必须对此进行规范。发行新股的公司必须履行相应的程序。

1. 新股发行的决议

我国公司法第133条规定，公司发行新股，股东大会应当对下列事项作出决议。
(1) 新股种类及数额。
(2) 新股发行价格。
(3) 新股发行的起止日期。
(4) 向原有股东发行新股的种类及数额。

2. 履行必要的核准程序

我国公司法第134条规定，公司经国务院证券监督管理机构核准公开发行新股时，必须公告新股招股说明书和财务会计报告，并制作认股书。

3. 签订承销协议和代收股款协议

我国公司法第134条转述第88条、第89条规定，发起人向社会公开募集股份，应当由依法设立的证券经营机构承销，签订承销协议，还应当与银行签订代收股款协议。

4. 变更登记

我国公司法第136条规定，公司发行新股募足股款后，必须向公司登记机关办理变更登记，并公告。

(二)股份有限公司的股份转让

股份有限公司的股东在公司存续期间依法是不能退股的，这是世界各国公司法的一致规定，但股东持有的股份依法是可以转让的。所谓股份转让，从经济学的观点来看，是股东收回其投资的一种方式；从法律的角度来看，股份转让则是指股东依照法定的方式和程序将所持股份转移给受让人的法律行为。股份的转让，意味着股东权的转让，即股东将其基于股东资格对公司享有的股东权转让于受让人，由受让人继受取得股东权而成为公司的新股东。

1. 股份转让的原则

股东转让自己的股份，必须遵守法律规定的原则。一般来说，转让股份应该坚持以自由转让为主、限制转让为辅的法制原则。

以自由转让为主是指股东对其持有的股份除法律另有规定外均可依法自由转让，公司不得以章程禁止或限制。法律之所以要规定以自由转让为主，这是由股份有限公司的特点和证券交易的客观要求所决定的。股份有限公司是通过向社会公众发行股票而建立起来的，其资本来源广泛，经营规模宏大，股东人数众多，公司对股东的个人条件并不注重。因此，作为表现股东权的股份，原则上也不具有个人特性，所以股东所持股份的自由转让，并不会影响公司的对外信用。为了确保投资者收回投资，立法上也有保障股份自由转让之必要。证券交易市场的建立和完善，也为股份自由转让提出了客观要求，如果股份不允许自由转让，证券交易市场也就失去了存在的前提和基础。基于上述理由，我国公司法确立了股份以自由转让为主的法制原则。根据这一原则，股东就可按照自己对公司生产经营情况的分析判断和预测，并根据证券交易的市场行情，随时将其所持有的股份转让，以收回其投资，从而避免可能遇到的风险和损失。

以限制转让为辅是指为了保护社会公众投资者和债权人的合法权益，法律对某些股东转让其股份做了限制性规定。我国公司法对股份转让的限制性规定主要有以下四种情形。

(1) 对发起人股份转让的限制。我国公司法第 141 条规定："发起人持有的本公司股份，自公司成立之日起 1 年内不得转让。"我国法律之所以对发起人转让其股份进行限制是因为发起人是公司最为重要的股东，为确保公司的健全和信誉，再加之发起人依法负有重大的设立责任，为了使公司及第三人能从发起人持有的股份中获得损害赔偿，于是法律限制发起人之股份，公司成立后 1 年内不得转让。违反这一限制规定而为之股份转让应为无效行为。

(2) 新股发行前股份转让的限制。我国公司法第 141 条规定："公司公开发行股份前已发行的股份，自公司股票在证券交易所上市交易之日起一年内不得转让。"这同样是为了保护其他投资者的利益，防止公司原有股东借股份有限公司上市牟利，而不关心公司的经营，以增强公司上市前的持有公司股份股东的责任感。

(3) 对董事、监事和经理股份转让的限制。我国公司法第 141 条规定："公司董事、监事、高级管理人员应当向公司申报所持有的本公司的股份及其变动情况，在任职期间每年转让的股份不得超过其所持有本公司股份总数的百分之二十五；所持本公司股份自公司股票上市交易之日起一年内不得转让。上述人员离职后半年内，不得转让其所持有的本公司股份。公司章程可以对公司董事、监事、高级管理人员转让其所持有的本公司股份作出其他限制性规定。"董事、监事和高级管理人员都是公司的内幕人员，为了防止董事、监事和高级管理人员利用职务之便，获取内幕信息，从事内幕交易，从而损害广大投资者的利益，置公司利益于不顾，所以我国公司法作出了以上的规定限制他们转让其所持有的股份。

（4）公司股份回购和质押的限制。股份回购是公司依法或者公司章程的规定从公司股东手中买回自己股份的行为。我国公司法第142条规定，公司不得收购本公司股份。因为通常公司股份回购容易导致公司资本减少，违反公司资本维持的基本原则，同时扰乱了证券市场的交易秩序，损害投资者的利益，而且公司成为自己股份的持有人，造成股东权利主体的混乱。我国公司法第142条规定，公司不得接受本公司的股票作为质押权的标的。因为公司作为本公司股票的质押权人，很可能导致公司持有本公司的股份，这将是一种变相的股份回购。但是根据公司法第142条规定，有下列情形之一的，公司可以股份回购：①减少公司注册资本；②与持有本公司股份的其他公司合并；③将股份奖励给本公司职工；④股东因对股东大会作出的公司合并、分立决议持异议，要求公司收购其股份的。公司因前款第①项至第③项的原因收购本公司股份的，应当经股东大会决议。公司依照前款规定收购本公司股份后，属于第①项情形的，应当自收购之日起十日内注销；属于第②项、第④项情形的，应当在六个月内转让或者注销。公司依照第一款第③项规定收购的本公司股份，不得超过本公司已发行股份总额的百分之五；用于收购的资金应当从公司的税后利润中支出；所收购的股份应当在一年内转让给职工。

2. 股份转让的方式

股份的转让是通过股票转让而实现的。因此，股份的转让方式因股票的记名与否而有所不同，记名股票就是票面上记载股东姓名或名称的股票，它的转让由股东以背书方式或者法律、行政法规规定的其他方式转让。记名股票转让后，由公司将受让人的姓名或名称及住所记载于股东名册，但股东大会召开前20日内或者公司决定分配股利的基准日前5日内，不得进行股东名册的变更登记。也就是说，记名股票一经背书交付，在转让人与受让人之间即发生转让的效力，并可以以其转让对抗第三人。但只有将受让人姓名或者名称及住所记载于股东名册，才能以其转让对抗公司。无记名股票因票面上没有记载股东姓名或名称，也没有股东名册的设置，因此，无记名股票的转让比较方便和自由。无记名股票的转让，由股东将该股票交付给受让人后发生转让的效力。也就是说，无记名股票通常以交付股票的方式而转让，当事人之间一经交付，转让即告完成，即既可以以其转让对抗第三人，也可以以其转让对抗公司，但必须是在依法设立的证券交易场所进行，否则，转让也无效。

自 测 题

1. 什么是股份有限公司？它有哪些法律特征？
2. 试分析股份有限公司的设立方式。
3. 简述股份有限公司的组织机构。
4. 简述股份有限公司资本减少的法定条件。
5. 试分析股份有限公司股份转让的原则与方式。

第三编 证 券 法

第七章 证券法概述

知识要点：

证券法规范的证券是指具有投资性质的资本证券，主要包括股票、债券、投资基金券及其他金融衍生工具等多种类型。证券法以调整投资关系为基本宗旨，以公开、公平、公正为最核心的基本原则。

引导案例：

1998年，天津的大港公司(以下简称为大港)决定在公开市场上收购上海的一家上市公司——爱使公司(以下简称为爱使)。大港耗资1.5亿元买到爱使10.01%的股权，成为爱使的第一大股东。大港完成收购后不久，爱使召开股东大会，大港作为第一大股东当然希望委派自己的代表进入爱使的董事会、监事会。但他们的提名权受到了爱使公司章程第67条的阻碍。其内容是"董事会提出董事、监事的候选人名单；单独或合并持有公司有表决权股份总数10%以上，持有时间半年以上的股东，如要推派代表进入董事会、监事会的，应在股东大会召开前20日书面向董事会提出。"而此时的大港持有股票的时间不足半年，尚无法行使提名权。在其后发生的争议过程中，爱使认为公司章程的这一条款并不违法，理由是：①法律对所争议的事项(即公司通过章程限定董事候选人的提名条件)并没有禁止性的规定，法律不禁止就意味着市场主体有行为的自由。另外，从公司章程的产生过程来看，该章程由出席股东大会的代表90%通过，程序上也合法。②之所以在章程中对股东行使提名权进行限制，其目的是防止个别股东滥用提案权，不负责任地干扰股东大会及公司经营。③类似的做法在国外的反收购策略中较为常见，是一种国际惯例。

大港公司并不同意爱使的观点，双方的争议逐步升级。事件在中国证券监督管理委员会干预后才得以解决。中国证券监督管理委员会认定爱使公司章程第67条实际上是剥夺了中小股东的提名权，严重侵害了中小股东的合法权益，因此属于违法条款，必须进行修改。这一案件所涉及的法律问题，在成文法中并无明确的规定，对该争议进行是非判断的依据是证券法的基本原则——公平原则。

(资料来源：刘黎明.《证券法学》，北京大学出版社，2007年版第37页。)

我国于 1998 年颁布了新中国第一部《证券法》，并于 2004 年、2005 年、2013 年和 2014 年先后四次对该法进行了进一步修改。随着资本市场的快速发展，证券法已经成为我国市场经济法制建设中最重要的法律部门之一。本章阐述了证券法最为基础、最为重要的问题。通过本章的学习，要求学生准确地掌握证券的含义与种类，熟悉股票与公司债券的基础知识，全面认识证券法的公开、公平与公正原则。

第一节　证券与证券法

一、证券的含义

证券是指记载并代表一定权利的法律凭证。在实践生活中，证券的内涵与外延均非常丰富，立法不可能将所有的证券都纳入证券法的调整范围。因此，应当从证券法的立法目的出发来对证券的含义进行科学的界定。证券立法的基本目的与宗旨是为了调整投资关系，证券法中的证券就应以具有投资性质的资本证券为限。

我国《证券法》第 2 条所规定的证券种类如下。

(1) 股票。

(2) 公司债券。

(3) 政府债券。

(4) 证券投资基金份额。

(5) 证券衍生品种。

(6) 国务院依法认定的其他证券等。

二、证券的种类

(一)股票

股票是指由股份有限公司发行的，证明股东所持股份的凭证。按照股东享有权益的内容来划分，股票可分为普通股和优先股。

普通股是股份有限公司所发行的最基本、同时也是发行数量最多的一种股票。普通股的特点包括以下两方面。

(1) 普通股股东的股权内容最为完全，包括经营参与权、表决权、股息请求权、剩余财产分配请求权、新股认购权、股票转让权等。

(2) 由于普通股股东有权参与公司经营，因此，普通股股东应当对公司的经营状况承担全面的风险。这表现在，首先，其股息的获取排在公司债券和优先股之后；其次，股息随经营状况而不断变化；最后，公司解散时，若有剩余财产可供分配，普通股股东的权益也排在优先股股东之后。

优先股是指依照公司法，在一般规定的普通种类股份之外，另行规定的其他种类股份，其股份持有人优先于普通股股东分配公司利润和剩余财产，但参与公司决策管理等权利受到限制。公司发行优先股的目的主要是在不希望影响普通股股东对公司控制权的前提下筹集资金。2013 年 11 月，国务院发布《关于开展优先股试点的指导意见》，内容涉及优先股的含义、利润分配细则、剩余财产分配细则、转股与回购、表决权的限制与恢复、优先股的发行人范围与发行条件、公开发行优先股的规则、优先股的交易转让与登记存管、公司收购对优先股的影响、优先股的会计处理与税收政策。2014 年 3 月 21 日，中国证监会颁布《优先股试点管理办法》，标志着优先股制度的正式推出。

优先股的特点包括以下两方面。

(1) 优先股股东的投资风险小，他们在财务利益上拥有较之于普通股股东更为优越的权利。首先，优先股股东按照约定的票面股息率，优先于普通股股东分配公司利润。公司应当以现金的形式向优先股股东支付股息，在完全支付约定的股息之前，不得向普通股股东分配利润。其次，公司因解散、破产等原因进行清算时，公司财产在按照公司法和破产法有关规定进行清偿后的剩余财产，应当优先向优先股股东支付未派发的股息和公司章程约定的清算金额，不足以支付的按照优先股股东持股比例分配。

(2) 优先股股东的表决权要受到限制。根据我国法律规定，除以下情况外，优先股股东不出席股东大会会议，所持股份没有表决权：修改公司章程中与优先股相关的内容；一次或累计减少公司注册资本超过百分之十；公司合并、分立、解散或变更公司形式；发行优先股；公司章程规定的其他情形。上述事项的决议，除须经出席会议的普通股股东(含表决权恢复的优先股股东)所持表决权的三分之二以上通过之外，还须经出席会议的优先股股东(不含表决权恢复的优先股股东)所持表决权的三分之二以上通过。

优先股股东在经济利益上的优先权与其放弃"用手投票"的权利之间互为对价，这使得各种股东的权利义务基本对等，不影响股东平等的原则，且优先股的设置一般源于公司章程或者股东大会决议，合乎公司意思自治的原则。

(二)公司债券

公司债券是指公司为了筹集资金，依照法定的条件和程序向社会公开募集的，约定在一定期限内还本付息的有价证券。公司债券与股票相比，存在以下方面的不同。第一，代表的权利的性质不同。公司债券是一种债权凭证，持有人是公司的债权人，对公司享有的是一种请求支付特定金额的权利，无权参与公司的经营；股票是股东所持有的权利凭证，持有人是公司的股东，股东权的内容则非常广泛，可以参与公司经营。第二，对持有人而言，由于身份和权利(主要是经营参与权)的不同，对公司经营状况承担的风险也不同。债券持有人请求权的内容是要求发行人依照约定偿还固定的本金和利息，除非公司破产，否则发行人不能拒绝履行此义务；股票的持有人拥有的是利润分配请求权，股息多少取决于公司的经营状况。第三,从发行公司的角度来看,发行股票后无须还本,只需支付一定的股息,而债券则须还本付息。第四,债券的本息在税前支付,在企业成本中列支,可以减少公司应缴纳的所得税,而股息则在税后利润中支付,不具有抵税作用。

近年来,我国在公司债券实践中进行了大胆的创新,在传统公司债券的基础上,又培育出可转换公司债券、可交换公司债券、可分离公司债券、中小企业私募债、短期融资券和中期票据等多个金融品种。

(三)政府债券

政府债券是指中央政府、地方政府或者政府有关部门出于弥补财政赤字、进行公共投资等目的而发行的债券。政府债券以国家信用作为偿债担保,是一种风险小、价格稳定、流动性强的证券投资品种。

(四)证券投资基金份额

证券投资基金份额是指由投资人出资认购证券投资基金,将资金交由专业投资管理机构,并根据出资比例分享投资收益的凭证。根据赎回方式的不同,证券投资基金可以分为开放式与封闭式投资基金两种形式。封闭式基金是指经核准的基金份额总额在基金合同期限内固定不变,基金份额可以在依法设立的证券交易场所交易,但基金份额持有人不得申请赎回的基金。开放式基金是指基金份额总额不固定,基金份额可以在基金合同约定的时间和场所申购或者赎回的基金。

(五)证券衍生品种

所谓证券衍生品种是指由股票、债券等基本证券派生出来的各种新型证券,如证券期货、权证及存托凭证等。《证券法》第2条的规定主要是规范股票、公司债券、政府债券和投资基金券,而"证券衍生品种发行、交易的管理办法由国务院依照本法的原则规定"之规定,意味着证券法具有扩大其调整范围的弹性空间。

目前我国证券衍生产品实践中以权证较为典型。权证是一种有价证券,投资者出资购买特定权证后,有权利(而非义务)在某一特定期间(或特定时点)按约定价格向发行人购买或者出售标的证券。按买卖方向的不同,权证可以分为认购权证和认沽权证。认购权证的持有人有权按约定价格在特定期限内或到期日向发行人买入标的证券,认沽权证的持有人则有权按照约定条件卖出标的证券。

(六)国务院依法认定的其他证券

《证券法》在明确列举以上证券种类的基础上,还规定了一个"兜底"条款——国务院依法认定的其他证券。这为将来的金融创新预留了空间。

三、证券法的概念与立法概况

证券法是调整证券发行、证券交易以及证券监管等社会关系的法律规范的总称。随着市场经济的快速发展，证券法已经成为我国金融市场和资本市场中最重要的法律部门之一。

1998 年 12 月 29 日第九届全国人民代表大会常务委员会第六次会议审议通过了《证券法》，该法共 12 章 214 条，对证券法的基本原则、证券监管体制、证券的发行与交易、上市公司收购、证券公司、证券交易服务机构、中国证券业协会和法律责任等方面作出了比较系统和明确的规定。在其后的施行过程中，证券市场中出现了许多新情况、新问题，该法已经不能完全适应形势发展的客观要求，因此法律的修改势在必行。经过数次审议，第十届全国人民代表大会常务委员会第十八次会议于 2005 年 10 月 27 日修订通过并公布了新《证券法》，该法自 2006 年 1 月 1 日起施行。2014 年 8 月 31 日，全国第十二届全国人民代表大会常务委员会第十次会议通过《关于修改〈中华人民共和国保险法〉等五部法律的决定》，对证券法中六处条款进行了修改，内容主要涉及"上市公司的收购"的法律规则。

近年来，为了适应证券市场上加强金融创新、促进市场发展与强化金融监管等多方面的需要，我国陆续出台了一系列的行政法规和部门规章，包括：《首次公开发行股票并上市管理办法》《首次公开发行股票并在创业板上市管理暂行办法》《证券发行与承销管理办法》《保荐人尽职调查工作准则》《证券发行上市保荐业务管理办法》《上市公司章程指引》《上市公司治理准则》《证券公司融资融券业务试点管理办法》《融资融券交易试点实施细则》《期货交易管理条例》等，初步构建了一个完整的证券法律体系。

第二节 证券法的基本原则

法律的原则是指法律的基本真理或准则，是一种构成其他规则的基础或根源的总括性原理或准则。证券法的基本原则是指贯穿于证券法始终的最一般的行为规范和价值判断准则，是证券法基本精神的高度概括和抽象，也是证券法基本特征的集中体现。我国证券法的基本原则包括：公开、公平、公正原则；平等、自愿、有偿、诚实信用原则；守法原则；证券业与银行业等金融行业之间的分业经营、分业管理原则。这些原则中，最能反映证券市场自身的发展需求和行业特点的原则是公开、公平与公正原则。

一、公开原则

公开原则是证券法最基本的原则。证券法的一个基本任务就是反欺诈，而证券市场上的信息不对称是引发欺诈最主要的原因。因此，证券法必须积极有效地应对信息不对称问题，公开原则承担的就是这一任务。正如一位学者所指出的，"公开原则可以矫正社会及企业中的弊病,它犹如太阳,是最好的防腐剂;它犹如明灯,是最能干的警察"。公开原则集中体现在信息公开披露制度上。信息公开披露制度是指上市公司等法定的责任主体应将有关信息完全、准确及时地公开,以供证券投资者作出投资判断的法律制度。它包括初次公开(又称发行公开)、持续公开(年度报告、中期报告、季度报告)和临时公开。

我国法律对信息公开披露制度主要规定以下方面的内容。

(一)披露标准

1. 真实性和准确性

这一标准是要求当事人使用的语言文字应该客观反映事实的真相。这是信息披露法律制度中最基本也最核心的要求,但是在证券市场上贯彻执行这一标准却并不容易。原因是语言本身的不精确性和非决定性,词语与它所要表达的事物之间没有必然的联系。话语无法传递本质,表现总伴随着扭曲,叙述不可能尽显真理,任何知识都参与了想象,区分真相与谎言一直是证券法实践工作的重点与难点。

2. 充分性和完整性

不完全的信息披露同样可以达到说谎的目的,这就是西方谚语中所谓的"真话的一半是谎言"。为了防范这种骗术,各国证券法均要求当事人应当将所有足以影响一般投资者判断证券投资价值的信息都进行公开。

3. 及时性

任何信息均具有时效性,越早知道信息的人越容易获得好处。因此,我国法律要求当事人及时公布信息,即在事件发生后较短的法定工作日内公开信息,以防止利用信息披露的时间差进行欺诈的行为。其中,及时是指自起算日起或者触及披露时点的两个交易日内。

4. 易解性

如果上市公司向社会公众进行信息披露时大量使用专业术语,必然使得信息文件深奥晦涩,这就会降低公众的阅读兴趣,使普通投资者无法对上市公司进行有效监督。因此,各国证券法均规定了信息披露中的易读易解性标准。我国法律的要求是信息披露必须使用普通投资者看得懂的语言。

5. 公平性

这是近几年来我国证券监管部门提出的一个新标准。它要求信息披露义务人应当同时向所有投资者公开披露信息,上市公司通过业绩说明会、分析师会议、路演、接受投资者调研等形式就公司的经营情况、财务状况及其他事件与任何机构和个人进行沟通的,不得提供内幕信息。

(二)披露义务主体

上市公司是信息披露制度中最重要的义务主体。在 2007 年 1 月 30 日发布并实行的《上市公司信息披露管理办法》中，确定其规范的对象包括四个层面：一是上市公司、发行人及其董事、监事、高级管理人员；二是股东、实际控制人和收购人等其他信息披露义务人；三是为信息披露事宜出具专项文件的证券服务机构、保荐人及其从业人员；四是与上市公司信息披露相关的市场各方，包括利用或可能利用上市公司内幕信息进行交易的机构和个人，散布传播虚假信息的机构和个人及相关媒体。

该办法还规定，上市公司的股东、实际控制人发生以下事件时，应当主动告知上市公司董事会，并配合上市公司履行信息披露义务。

(1) 持有公司 5% 以上股份的股东或者实际控制人，其持有股份或者控制公司的情况发生较大变化。

(2) 法院裁决禁止控股股东转让其所持股份，任一股东所持公司 5% 以上股份被质押、冻结、司法拍卖、托管、设定信托或者被依法限制表决权。

(3) 拟对上市公司进行重大资产或者业务重组。

(4) 中国证监会规定的其他情形。

(三)法律责任

信息公开披露制度被认为是证券法的核心与基础，其功能发挥的关键还在于事后的司法救济与责任追究机制是否健全。《上市公司信息披露管理办法》在《证券法》的基础上就上市公司董事、监事、高级管理人员对公司信息披露承担的法律责任作出详细规定，内容如下：上市公司董事、监事、高级管理人员应当对公司信息披露的真实性、准确性、完整性、及时性、公平性负责，但有充分证据表明其已经履行勤勉尽责义务的除外；上市公司董事长、经理、董事会秘书，应当对公司临时报告信息披露的真实性、准确性、完整性、及时性、公平性承担主要责任；上市公司董事长、经理、财务负责人应对公司财务报告的真实性、准确性、完整性、及时性、公平性承担主要责任。

二、公平原则

法律所指的公平一般是指机会均等、相对公平，即要求取消特权、消除歧视，平等地对待每一个人，反对垄断和不正当竞争。法律强调用机会均等来实现相对公平，这一观念的确立已经是人类社会的一大进步了。但是，用机会均等来实现相对公平的前提是制度中的个体的差别不大，而现实生活的情况是，在机会均等之前，个体之间已经存在巨大差别，在这种背景下，所谓的机会均等不是在缩小差别，而是在扩大差别，因而是虚假的公平，会制造真正的不平等。现代证券立法就是在认识到以上问题后，提出了一种更高水平的公平观,它致力于实现"差异原则"下的"逆向歧视",并由此衍生出优先保护中小投资者的基本监管理念和相关制度。

"差异原则"指导下的公平观来自美国学者约翰·罗尔斯(John Rawls)的理论。罗尔斯用正义观来解释公平,其正义的一般概念是,所有的社会的基本的善——自由权和机会、收入和财富以及自尊的基础都应当予以平等地分配,除非任何此类善的不平等的分配符合受惠最少者的利益。他强调,社会分配的不平等不能以牺牲社会中最差成员的利益为代价,罗尔斯关注社会境况最差的成员,他主张最优的社会分配是最差的人得到最大时的分配。罗尔斯的学说极大地影响了美国 20 世纪中期以后的政治与法律实践,并对证券法及其他社会经济领域的立法产生了深远的影响。

三、公正原则

证券法中的公正原则强调的是对立法机关、司法机关和行政管理机关各项权力的监督和约束。证券市场是各项公权力高度介入的一个领域,其中又以政府行政权力的介入最深、最广。证券市场中一直存在着各种纷繁复杂的矛盾冲突,主要表现在:尊重市场的意思自治与强调国家的宏观管理之间的矛盾、促进更高的市场效率与保护投资者(尤其是中小投资者)合法权益之间的矛盾以及鼓励金融创新与加强金融监管之间的矛盾。这些矛盾的现实存在对各国的证券立法、司法和行政执法都提出了巨大的挑战。各项公权力的行使直接关系到证券市场中正义与公平的实现,也直接影响着证券市场能否充分、持续地发挥其应有的经济功能。

自 测 题

1. 普通股和优先股存在哪些方面的不同?
2. 为什么说公开原则是证券法中最重要的基本原则?
3. 信息公开披露制度包含哪些方面的重要内容?

第八章　证券发行法律制度

知识要点：

证券发行是证券市场中最重要的制度之一。根据发行方式的不同，我国证券法将证券发行划分为公开发行与私募发行两种方式，并设计了不同的法律制度。根据所涉及的证券种类的不同，证券发行又可分为股票发行和公司债券发行。为了进一步规范证券市场的秩序，我国在现有的证券承销制度的基础上，增设了证券发行的保荐制度。

引导案例：

1998年8月，吉林通海高科技股份有限公司正式成立，公司的发起人主要包括吉林电子集团和广东江门高路华公司等。公司于1999年向中国证监会报送股票发行申请及公开募集文件等申报材料。中国证监会于2000年6月20日下发《关于核准吉林通海高科技股份有限公司公开发行股票的通知》，核准了通海高科股票公开发行的申请。

2000年6月30日，该公司刊登了招股说明书，7月3日，通海高科以16.88元的价格公开发行，发行1亿股股票融得资金16.88亿元人民币。但是，股票发行后几天，通海高科的公开募集文件被举报含有重大虚假内容，原计划于2000年7月10日挂牌上市的股票，却于7月8日被中国证监会紧急叫停，并展开立案调查。调查证实：①并入通海高科的江门电视机厂和江门销售公司，于1998年、1999年两年合计虚构电视机生产销售146万余台，合计虚构主营业务收入近35亿元，合计虚构主营业务利润5亿多元。②调查发现与上述虚构的财务会计数据相关的、虚开的增值税发票达1000多张，合计金额近16亿元，以及伪造、变造的银行承兑汇票、银行进账单、银行对账单等金融票证。③通海高科在其股票发行申请和公开募集文件中使用了江门电视机厂和江门销售公司上述虚构的财务会计数据，将其1998年、1999年两年的主营业务收入公布为25亿元和15亿元，主营业务利润公布为4.3亿元和2.5亿元。通海高科的财务会计文件由此存在重大虚假记载。

2001年6月24日，中国证监会依法向吉林省高级人民法院提出冻结通海高科募股资金的申请，冻结了通海高科控制下的募股资金。2002年9月7日，中国证监会依法撤销了通海高科股票的公开发行核准，并鉴于撤销核准决定后，通海高科股票不再上市流通，故相关投资者可以按照发行价并加算银行同期存款利息要求返还募股资金。吉林省人民政府成立了清退领导小组，负责将募股资金的款额退至清退专用账户，并通知通海高科股票发行的主承销商、会计师事务所、律师事务所，将其在股票发行上市项目上收取的、出自通海高科募股资金的承销费、审计费和律师费退至清退专用账户。通海高科的主要责任人员因涉嫌犯罪被依法移送司法机构追究刑事责任。

（资料来源：高西庆、陈大刚.《证券法学案例教程》，知识产权出版社，2004年版第41页。）

通过发行证券来筹集资金是证券市场最核心、最基础的功能之一。近年来，我国证券发行的方式及证券的种类都在日趋多元化，证券发行规模也在逐步扩大，证券发行制度已经成为中国证券市场中最重要的一个环节。本章阐述了证券发行的基本法律制度。通过本章的学习，要求学生全面掌握公开发行与私募发行的概念、区别及相关法律制度，熟悉股票发行的种类，熟悉公司债券发行的规则，全面了解证券承销制度和保荐制度。

第一节　证券发行法律制度概述

一、证券发行的概念

证券发行是指符合法定条件的各类组织以筹集资金为直接目的，依照法律规定的程序向投资人出售代表一定权利的资本证券的行为。

证券发行是证券市场的基础环节，是证券进入市场流通的首要步骤。证券的发行，尤其是股票的发行，极大地改变了人类经济生活的发展方式。证券发行行为将形形色色的投资者与各类企业直接联系在一起。投资这种原来只是少数人偶尔为之的行为开始逐步趋于大众化和普遍化，各类企业可以较为便利地利用发行证券从资本市场中筹集到所需的资金。融资功能是证券市场的基本功能之一，证券发行就是这一功能最集中的体现。

二、证券发行的种类

根据不同的标准，可以对证券发行进行如下分类。

(一)股票发行、债券发行和证券投资基金的发行

根据发行证券种类的不同，证券发行分为股票发行、债券发行和证券投资基金的发行。一般而言，股票发行所涉及的法律问题较为复杂，对社会的影响也更广泛，是各国证券法关注的重点。证券投资基金是近年来我国证券市场中的一个热点，证券投资基金是一种利益共享、风险共担的集合证券投资方式，即通过发行基金单位，集中投资者的资金，由基金托管人托管，由基金管理人管理和运用资金，从事股票、债券等金融工具投资。《证券法》并不调整证券投资基金的发行，2003 年我国通过的《证券投资基金法》对证券投资基金的发行与募集有专门的规定。

(二)公开发行与私募发行

根据证券发行对象的不同，证券发行可以分为公开发行与私募发行。2005 年修订《证券法》和《公司法》的一个重要成果就是区分了公开发行与私募发行的界限，并在此基础

上分别规定了不同的法律规则以及证券主管部门介入发行监管时的职权范围。

1. 公开发行

公开发行是指发行人向不特定的社会公众出售证券的行为。《证券法》第 10 条规定，有下列情形之一的，为公开发行。

(1) 向不特定对象发行证券的。

(2) 向特定对象发行证券累计超过 200 人的。

(3) 法律、行政法规规定的其他发行行为。

我国《证券法》对证券的公开发行行为规定了两个重要制度。

第一，证券公开发行实行核准制。法律规定，公开发行证券，必须符合法律、行政法规规定的条件，并依法报经国务院证券监督管理机构或者国务院授权的部门核准；未经依法核准，任何单位和个人不得公开发行证券。未经法定机关核准，擅自公开或者变相公开发行证券的，责令停止发行，退还所募资金并加算银行同期存款利息，处以非法所募集资金金额 1%以上 5%以下的罚款；对擅自公开或者变相公开发行证券设立的公司，由依法履行监督管理职责的机构或者部门会同县级以上地方人民政府予以取缔。对直接负责的主管人员和其他直接责任人员给予警告，并处以 3 万元以上 30 万元以下的罚款。

第二，信息公开披露制度。信息公开披露制度是证券法的核心。根据证券法的公开原则，发行人应当按照法律规定的程序、内容和格式，编制信息披露文件，进行相关的信息披露。发行人应当依法将必须披露的信息在监管部门指定的媒体颁布，同时将其置于公司住所、证券交易所，供社会公众查阅。发行人应当遵守的法律法规包括：《公司法》《证券法》《首次公开发行并上市管理办法》《证券发行与承销管理办法》。这些法律法规共同构筑了我国证券发行信息公开披露制度的基础。

值得注意的是，《证券法》第 21 条针对首次公开发行股票的发行人规定了预先披露的义务。该条规定，发行人申请首次公开发行股票的，在提交申请文件后，应当按照国务院证券监督管理机构的规定预先披露有关申请文件。要求首次公开发行的申请人预先披露申请发行上市的有关信息，其目的是为了拓宽社会监督渠道，防范发行人采取虚假手段骗取发行上市资格；同时，预先披露规则也有利于提高上市公司的质量。

2. 私募发行

私募发行是指针对特定对象，采取特定方式，接受特定规范的证券发行方式。从金融实践经验来看，私募发行的对象主要有两类，一类是个人投资者，通常是公司的老股东或发行人自己的员工；另一类是机构投资者，如大的金融机构或与发行人有密切往来关系的企业等。私募发行有确定的投资人，发行手续简单，可以节省发行人的成本支出。

证券法具有一定的商法色彩，商法的目标之一就是效率，而效率也是商业实践最基本的价值追求。私募发行程序简单，对发行人而言可以节省发行费用，缩短发行时间。私募发行在效率上的优势满足了商业发展和商法的内在需求。对于发行人而言，私募发行的不足之处包括：首先，特定投资者会利用自己的资金优势、信息优势讨价还价，这会影响发行人的发行收入。其次，私募发行可能导致股票高度集中，公司被收购的风险会因此增大。第三，一些国家的法律会对私募发行后购买人所持有的股票的交易行为加以时间上的限制，这会使私募发行的股票的流通性较差，投资者的投资热情以及发行人的发行计划也会受到影响。第四，公司往往是在经营困难以及资金筹措出现问题时向公司员工或公司的上下游厂商进行私募发行，因此，私募发行有可能影响社会对公司信用状况的评价，不利于提高发行人的社会信誉。

我国私募发行与公开发行规则的区别主要体现在以下三个方面。首先，私募发行一般无须经过核准。根据《公司法》的规定，公司在设立发行阶段可以进行私募发行，发行人有足够的行为自由，其发行股票的行为无须向政府主管机关申报核准。但是，并非所有的私募发行都无须核准，根据《证券法》第13条的规定，上市公司非公开发行新股，应当符合经国务院批准的国务院证券监督管理机构规定的条件，并报国务院证券监督管理机构核准。其次，在我国现行法律中，也未对私募发行规定强制性的信息披露义务。这体现了公司法、证券法"放松管制"的基本趋势，有利于提高公司经营的自由和效率，这些规则也为中国今后私募发行市场的发展奠定了良好的基础。第三，法律规定，非公开发行证券，不得采用广告、公开劝诱和变相公开的方式。

现行的证券发行体制体现了一种新的监管思路，那就是把有较高风险承受能力的人与风险承受能力较低的人区分开来，把涉及少数人的金融活动与涉及社会公众的金融活动区分开来，是界定监管边界的重要原则。给有风险承受能力的人金融活动的自主权，有利于增强社会资金的供给能力，增强社会的创新能力。把金融监管的力量集中于涉及面广的、可能产生社会动荡和系统风险的金融活动方面，可以降低社会成本，促进金融业的稳定发展。

(三)直接发行与间接发行

根据发行人是否委托证券公司承销，证券发行可分为直接发行与间接发行。直接发行是指证券的发行人自己办理发行事宜，自行承担发行风险的发行方式。这一发行方式存在一定缺陷，如由于证券发行的专业性和技术性均较强，因此直接发行失败的可能性较大，而一旦发行失败，发行人就必须承担全部未售出部分的认购责任；直接发行行为缺乏专业的证券承销机构的外部监督，因此发行人一旦存在违法行为，也难以被及时发现和制止。

间接发行也被称为证券承销，是指发行人委托专业的证券承销机构负责办理发行事宜的发行方式，包括包销和代销。这一发行方式的优点是：由于专业机构具备较好的发行实力和经验，因此发行成功的把握较大；另外，专业的证券发行机构能够从职业的角度对所出售的证券质量进行一定的监督，这有利于保护投资者的合法权益。间接发行的缺点主要是：对发行人而言，发行成本比较高。

2005 年证券法修订新增了"发行失败"规则。《证券法》第 35 条规定:"股票发行采用代销方式,代销期限届满,向投资者出售的股票数量未达到拟公开发行股票数量百分之七十的,为发行失败。发行人应当按照发行价并加算银行同期存款利息返还股票认购人。"这一修订的目的是为了促进发行的市场化,合理配置股票代销发行失败所带来的市场风险。

三、证券发行体制

根据政府权力对证券发行行为影响的不同,世界各国的证券发行体制可以分为证券发行注册制与证券发行核准制。

(一)证券发行注册制

注册制是以美国联邦证券立法为代表的一种体制。在注册制中,证券管理机构的审查只是形式审查,而不涉及实质条件。证券发行人能否通过注册程序的唯一标准是信息完全公开,只要文件符合形式要件,公开方式适当,管理机构就无权对发行行为及证券本身作出价值判断。这意味着,只要发行人依法履行了信息披露义务,即使所发行的证券风险很大,证券管理机构也不得禁止证券的发行。在整个过程中,行政权力几乎不能对证券发行产生实质影响。简言之,注册制的特点是以投资人自己的责任为理论前提,以信息披露制度为基础,政府责任只在监督发行人是否将企业之相关信息作准确、完整、及时的公开,司法系统则通过各种手段对违反信息披露义务的行为进行矫正和救济。注册制在一定程度上可以说是自由主义思想的忠实实践。

(二)证券发行核准制

核准制是指监管机关对发行人的各种状况提出具体要求,并考核发行人的营业性质、管理人员资格、资本结构,以及是否有成功的机会,由此作出是否符合发行实质条件的价值判断,并最终决定是否赋予申请人发行证券的权利。核准制是我国及大部分欧洲国家的证券发行体制中的核心制度。在我国的证券发行核准制中,中国证券监督管理委员会(以下简称中国证监会)作为证券市场的监管者,有权审查各个公开发行证券的申请。

2003 年,深圳证券交易所在一份题为《我国股票发行上市审核制度:问题与完善》的研究报告中提出了以下意见,"完善我国股票发行上市审核制度的基本思路包括两个方面。首先是建立适应多层次资本市场体系的发行上市审核体制,分离发行、上市审核权并实现上市市场化;其次是发行审核逐步由核准制过渡到注册制,实现发行注册化。其中,发行注册化是核心。"报告认为,在我国特殊的市场环境下,以实质审核为主的核准制导致了比较严重的问题,一是发行审核制度本身的问题,主要体现为发行审核效率低下;二是发行审核制度的实施后果,主要体现为核准制对市场机制的破坏,包括市场定价机制失灵、中介机构作用丧失、市场产生逆向淘汰机制以及妨碍了多层次市场体系的发展等。2015 年中国证监会的一份报告中也指出，"注册审核不应限制企业股权融资的天然经济权利。处于不同发展阶段和水平的企业，都可以依法进行股权融资。只要不违背国家利益和公共利益，企业能不能发行、何时发行、以什么方式和价格发行，都应由企业和市场自主决定"。

2015年12月27日，全国人大常委会表决通过《关于授权国务院在实施股票发行注册制改革中调整适用〈中华人民共和国证券法〉有关规定的决定》，决定自2016年3月1日起两年时间内，授权国务院对拟在上海证券交易所、深圳证券交易所上市交易的股票的公开发行，调整适用《中华人民共和国证券法》关于股票公开发行核准制度的有关规定，实行注册制度，具体实施方案由国务院作出规定，报全国人民代表大会常务委员会备案。

四、证券承销

(一)证券承销的分类

我国法律规定，证券承销业务采取代销或者包销的方式。代销又称为尽力之承销，是指证券公司代发行人出售证券，在承销期结束时，将未售出的证券全部返还给发行人的承销方式。包销是指证券公司将发行人的证券按照协议全部购入或者在承销期结束时将未售出的证券全部自行买入的承销方式，前者为全额包销，后者为余额包销，余额包销在美国称为等待之承销，在英国称为严格或老式之承销。我国金融实践中多采取包销形式，尤其是余额包销。

证券公司承销证券，应当同发行人签订代销或者包销协议，载明下列事项。

(1) 当事人的名称、住所及法定代表人姓名。

(2) 代销、包销证券的种类、数量、金额及发行价格。

(3) 代销、包销的期限及起止日期。

(4) 代销、包销的付款方式及日期。

(5) 代销、包销的费用和结算办法。

(6) 违约责任。

(7) 国务院证券监督管理机构规定的其他事项。

(二)包销和代销的区别

包销与代销存在一定的区别，当事人可以根据法律的规定以及自己的实际情况来决定采取何种形式发行证券。包销和代销的区别包括以下几方面。

(1) 法律关系不同。代销为典型的代理关系，基于代理行为产生的风险由本人(发行人)承担；包销则为买卖合同关系，其中全额包销为一般的买卖合同，而余额包销为附加条件的买卖合同关系。

(2) 对于证券公司而言，代销的风险小，而包销的风险大；对发行人而言，则刚好相反。

(3)　对证券公司而言，所收取的报酬也因所承担的风险大小而高低不同，包销商收取的包销佣金为包销证券总金额的 1.5%～3%，代销佣金为实际售出证券总金额的 0.5%～1.5%。这也体现了市场经济中风险与利益相一致原则。

(三)承销团制度

我国法律规定，向不特定对象发行的证券票面总值超过人民币 5000 万元的，应当由承销团承销。承销团应当由主承销和参与承销的证券公司组成。其中，主承销商是指具有主承销商资格的证券经营机构，主承销商是证券发行上市的总协调人，也是证券发行承销团的牵头机构。

组织承销团的承销商应当签订承销团协议，承销团协议应载明下列事项。

(1)　当事人的名称、住所及法定代表人的姓名。

(2)　承销股票的种类、数量、金额及发行价格。

(3)　包销的具体方式、包销过程中剩余股票的认购方法，或代销过程中剩余股票的退还方法。

(4)　承销份额。

(5)　承销组织工作的分工。

(6)　承销期及起止日期。

(7)　承销付款的日期及方式。

(8)　承销缴款的程序和日期。

(9)　承销费用的计算、支付方式和日期。

(10)　违约责任。

(11)　证监会要求的其他事项。

(四)承销商的法律责任

承销商的法律责任具体如下。

(1)　证券公司在代销、包销期内，对所代销、包销的证券应当保证先行出售给认购人，证券公司不得为本公司预留所代销的证券和预先购入并留存所包销的证券。证券公司不得为取得股票而以下列行为故意使股票在承销期结束时有剩余：故意囤积或截留；缩短承销期；减少销售网点；限制认购申请表发放数量；证监会认定的其他行为。

(2)　证券公司承销证券，应当对公开发行募集文件的真实性、准确性、完整性进行核查；发现有虚假记载、误导性陈述或者重大遗漏的，不得进行销售活动；已经销售的，必须立即停止销售活动，并采取纠正措施。

(3)　证券经营机构不得进行虚假承销。所谓虚假承销是指证券经营机构名义上是承销团成员,而实际上并没有从事承销股票的活动和承担承销股票应尽的责任。

(4) 证券经营机构在承销过程中,不得以提供透支、回扣或证监会认定的其他不正当手段诱使他人认购股票。

(5) 证券经营机构不得以下列不正当竞争手段招揽承销业务:不当许诺;诋毁同行;借助行政干预;证监会认定的其他不正当竞争手段。

(6) 证券经营机构在承销过程中和在承销结束后股票上市前,不得以任何身份参与所承销股票及其认购证的私下交易,并不得为这些交易提供任何便利。

(7) 证券经营机构从事股票承销业务不得透露未依法披露的招股说明书,公告前的发行方案以及承销过程中有关认购数量、预计中签率等非公开信息。

(8) 证券经营机构买入因包销期结束而未卖出的股票的,除按国家关于金融机构投资的有关规定可以持有的外,自该股票上市之日起,应当将该股票逐步卖出,并不得买入,直到符合国家关于公司对外投资比例及证券经营机构证券自营业务管理规定的要求。

(9) 证券经营机构不得同时承销四只或四只以上的股票。所谓同时,是指与不同企业签订的承销协议规定的承销时间相互重合或交叉。

(10) 必须遵守有关承销期的规定。为了保证证券市场的效率,《证券法》规定,证券的代销、包销期限最长不得超过90日。

五、保荐制度

(一)保荐的概念

所谓保荐是指符合法定资格的证券经营机构推荐符合条件的公司公开发行和上市,并对所推荐的证券及发行人所披露的质量和承诺提供规定的持续督促、指导和担保。保荐制度要求保荐机构及其保荐代表人负责对发行人的上市推荐和辅导,并有责任核实公司的发行文件与上市文件中的信息披露是否真实、正确、完整。2003年12月中国证监会发布了《证券发行上市保荐制度暂行办法》,于2004年2月1日起正式施行。这标志着保荐制度在我国的正式推行。2009年5月,为了适应新时期证券业发展的需求,中国证监会修订和颁布了新的《证券发行上市保荐业务管理办法》。

保荐人,包括保荐机构及保荐代表人,是公司发行和上市过程中的桥梁,是股份公司与投资者、证券监管机关、证券交易所以及整个证券市场沟通的主要渠道。作为证券市场上最重要的中介机构,同时也是证券法规定的信息披露的义务主体,承担保荐责任的证券公司有义务履行专业职责,以保护投资者的利益为首要宗旨,降低证券市场的整体风险。2005年《证券法》第11条明确规定了保荐制度的法律地位。该条规定,发行人申请公开发行股票、可转换为股票的公司债券,依法采取承销方式的,或者公开发行法律、行政法规规定实行保荐制度的其他证券的,应当聘请具有保荐资格的机构担任保荐人。保荐人应当遵守业务规则和行业规范,诚实守信,勤勉尽责,对发行人的申请文件和信息披露资料进行审慎核查，督导发行人规范运作。保荐人的资格及其管理办法由国务院证券监督管理机构规定。

保荐制度的法制化，既可以发挥中介机构对证券发行上市的约束和担保作用，发挥市场对发行人质量的约束作用；又可以强化监管，进而从源头上为提高上市公司质量提供制度保证。

(二)保荐制度与承销制度之间的关系

根据证券公司对于证券发行项目的服务期限和责任范围的不同，国际上的发行制度可以分成主承销商制度和保荐人制度两种基本类型。美国实行的是主承销商制度，而英国伦敦证券交易所二板市场和中国香港创业板市场、加拿大多伦多证券交易所实行的则是保荐人制度。

在项目服务期限方面，主承销商制度的特点是，主承销商只在发行和上市环节为发行公司提供中介服务，公司上市后主承销商的工作随即结束。与主承销商制度不同的是，保荐人对于项目的服务期限不仅包括发行上市过程，还将延续到上市后的一段时期。

在职责方面，无论是主承销商制度，还是保荐人制度，证券公司都需要在发行人和中介体系中担当起"第一看门人"的总把关作用。主承销商和保荐人都需要对发行人履行尽职调查义务，并对招股说明书中的信息披露的真实、准确和完整性承担过错性连带责任。保荐人制度和主承销商制度的不同之处在于，保荐人的责任范围要比主承销商大，除了尽职调查外，保荐人制度还强调保荐人对于发行人董事、经理层在规范运作和规范信息披露方面的督导责任，该督导责任将延续到上市后的一段时期。简单地说，实施保荐制后，券商将承担更多更具体的连带法律责任，其服务时限延长、职责内容加重、违规后被处罚的力度增大。

我国现行的保荐制度是在总结了实行核准制以来的经验与教训的基础上，对发行上市的责任体系进行明确界定，建立了责任落实和责任追究机制，为资本市场的持续稳定健康发展提出了一个更加市场化的制度框架。今后企业要发行上市必须要"双保"，即机构保荐和个人保荐。机构保荐就是符合条件的证券公司登记注册为保荐机构以后，推荐企业发行上市；个人保荐就是证券公司的具体从业人员，符合条件登记注册为保荐代表人，对企业的发行上市进行个人的保荐。

(三)保荐人的资格

证券经营机构申请注册登记为保荐机构的，应当是综合类证券公司，并向中国证监会提交自愿履行保荐职责的声明、承诺。证券经营机构有下列情形之一的，不得注册登记为保荐机构：一是保荐代表人数量少于两名；二是不能提供符合主承销商资格要求的证明文件；三是公司治理结构存在重大缺陷；四是最近二十四个月内因违法违规被证监会从名单中去除等。

个人申请注册登记为保荐代表人的,应当具有证券从业资格,取得执业证书且符合下列要求:具备中国证监会规定的投资银行业务经历;参加中国证监会认可的保荐代表人胜任能力考试且成绩合格;所任职保荐机构出具由董事长或者总经理签名的推荐函;未负有数额较大到期未清偿的债务;最近 36 个月内未因违法违规被中国证监会从名单中去除或者受到中国证监会行政处罚;中国证监会规定的其他要求。

(四)保荐期限与保荐责任

保荐期间分为尽职推荐阶段和持续督导阶段两个阶段。在发行人完成发行上市前为尽职推荐阶段;证券发行上市后为持续督导阶段,持续督导阶段根据证券发行的不同情况而有所区别,首次公开发行股票并在主板上市的,持续督导的期间为证券上市当年剩余时间及其后 2 个完整会计年度;主板上市公司发行新股、可转换公司债券的,持续督导的期间为证券上市当年剩余时间及其后 1 个完整会计年度;首次公开发行股票并在创业板上市的,持续督导的期间为证券上市当年剩余时间及其后 3 个完整会计年度;创业板上市公司发行新股、可转换公司债券的,持续督导的期间为证券上市当年剩余时间及其后 2 个完整会计年度。

保荐人在尽职推荐期间的保荐责任包括以下几方面。

(1) 应当遵循诚实守信、勤勉尽责的原则,按照中国证监会对保荐机构尽职调查工作的要求,对发行人进行全面调查,充分了解发行人的经营状况及其面临的风险和问题。

(2) 应当对发行人进行辅导,对发行人的董事、监事和高级管理人员、持有 5%以上股份的股东和实际控制人(或者其法定代表人)进行系统的法规知识、证券市场知识培训,使其全面掌握发行上市、规范运作等方面的有关法律法规和规则,知悉信息披露和履行承诺等方面的责任和义务,树立进入证券市场的诚信意识、自律意识和法律意识。保荐机构辅导工作完成后,应由发行人所在地的中国证监会派出机构进行辅导和验收。

(3) 对发行人申请文件、证券发行募集文件中有证券服务机构及其签字人员出具专业意见的内容,保荐机构应当结合尽职调查过程中获得的信息对其进行审慎核查,对发行人提供的资料和披露的内容进行独立判断。保荐机构所作的判断与证券服务机构的专业意见存在重大差异的,应当对有关事项进行调查、复核,并可聘请其他证券服务机构提供专业服务。

(4) 对发行人的申请文件、证券发行募集文件中无证券服务机构及其签字人员专业意见支持的内容,保荐机构应当获得充分的尽职调查证据,在对各种证据进行综合分析的基础上对发行人提供的资料和披露的内容进行独立判断,并有充分理由确信所作的判断与发行人申请文件、证券发行募集文件的内容不存在实质性差异。

(5) 依法制作发行保荐书和上市保荐书。

保荐人在持续督导阶段的保荐责任主要是督导发行人履行有关上市公司规范运作、信守承诺和信息披露等义务,审阅信息披露文件及向中国证监会、证券交易所提交的其他文件，并承担下列工作。

(1) 督导发行人有效执行并完善防止控股股东、实际控制人、其他关联方违规占用发行人资源的制度。

(2) 督导发行人有效执行并完善防止其董事、监事、高级管理人员利用职务之便损害发行人利益的内控制度。

(3) 督导发行人有效执行并完善保障关联交易公允性和合规性的制度，并对关联交易发表意见。

(4) 持续关注发行人募集资金的专户存储、投资项目的实施等承诺事项。

(5) 持续关注发行人为他人提供担保等事项，并发表意见。

(6) 中国证监会、证券交易所规定及保荐协议约定的其他工作。

持续督导期届满，如有尚未完结的保荐工作，保荐机构应当继续完成。保荐机构在履行保荐职责期间未勤勉尽责的，其责任不因持续督导期届满而免除或者终止。

第二节 股票发行法律制度

一、股票发行概述

股票发行是指股份有限公司依照法定的条件和程序向投资者出售股票的行为。长期以来，我国股票发行的体系并不清晰，相应的立法较为滞后，监管工作也屡屡出现空白。修订后的《公司法》和《证券法》对我国股票发行工作进行了整理和必要的分类，并在此基础上针对不同类型的股票发行建立了符合各自特点的法律规则。其中最具实践意义的分类是，依据发行目的的不同，将股票发行分为设立发行和新股发行两类。

二、设立发行的法律规则

设立发行是指为了设立公司而进行的股票发行，在此情形下，股票的发行是公司设立过程中的一个重要组成部分和必要条件，如果股票发行失败，公司也无法成功设立以及取得法人资格。

根据我国《公司法》的规定，公司的设立分为发起设立和募集设立两类。在这两种情形下，公司的发起人均可以办理股票发行事宜。

(一)发起设立下的股票发行

发起设立是指由发起人认购公司应发行的全部股份而设立公司的方式。我国法律规定，股份有限公司发起人的人数应该是 2 人以上 200 人以下，这一人数标准符合私募发行的认定标准；同时，发起设立应为特定的发起人之间的行为，其股票的发行也不应向社会公开募集资金。因此，发起设立中的股票发行一般属于私募发行，该股票发行行为无须报经国务院证券监督管理机构核准，发起人按照公司法有关规定行事即可。

(二)募集设立下的股票发行

募集设立是指由发起人认购公司应先发行股份的一部分，其余股份向社会公开募集或者向特定对象募集而设立公司。由于募集设立中的股票发行包括公开发行和私募发行两种情形，因此有必要分别规定不同的发行条件和发行程序。采用募集设立方式设立股份公司构成公开发行股票行为的，依法必须报经国务院证券监督管理机构核准方可进行，未经核准的公开发行，不能在公司登记机关办理设立手续。

三、新股发行的法律规则

新股发行又称为增资发行，是指已经成立的股份有限公司因筹措资金以及调整公司资本结构等需要而发行新股的行为。我国目前的新股发行主要分为四类：非上市的股份有限公司的私募发行、非上市的股份有限公司的首次公开发行以及上市公司的私募发行和上市公司的公开发行。其中，由于非上市公司的首次公开发行的法律后果可以使公司成为上市公司，因此这一发行是我国目前证券市场中最大的热点，也是证券监管部门工作的重心。

根据认购者是否需要实际缴纳股款，新股发行可以分为有偿新股发行和无偿新股发行两类。

(一)有偿新股发行

有偿新股发行主要包括三种情形：股东配股、定向增发、公开发行新股。

1. 股东配股

在公司与公司法的发展过程中，存在着一个惯例，即公司在发行新股时，应该向原有股东按其持股比例和一定的优惠条件发售该股票，除非股东大会另有决定。随着历史的发展，这一做法由惯例演变为部分国家的立法，即由公司法规定，发行公司发行新股时，原股东有优先认购权(Preemptive Right)。这种"优先"并不是价格上的优先，而是认购顺序上的优先。法律赋予股东以优先认购权主要是因为：首先，新股票的出现使得公司的总股本增加，这可能会影响原有股东的投票权和股息请求权。其次，在实践中，为了保证新股的成功发行，新股发行价格一般比该股票的现价低，故其发行会影响正在流通的股票的价格，从而损害股东的利益。因此，法律有必要赋予原有股东优先认购权以保护其应有的比例权益(Proportional Interests)。同时，赋予股东以优先认购权，也能够保证增资扩股的决议在股东大会上顺利通过。

长期以来，我国法律并未明确股东对于公司所发行的新股是否享有法定的优先认购权。现行《公司法》第133条规定："公司发行新股，股东大会应当对下列事项作出决议。(1)新股种类及数额；(2)新股发行价格；(3)新股发行的起止日期；(4)向原有股东发行新股的种类及数额。"由此规定可以看出，我国公司立法实际上授权股份有限公司的股东大会来决定在发行新股时是否赋予老股东优先认购权。

2. 定向增发

定向增发是指对公司员工、往来银行、上下游厂商等特定人赋予新股认购权的发行方式。这一发行方式的优点在于：首先，由于利害关系的考虑，特定当事人往往会认购公司的股票，因此这一方法经常被发行人在企业发展困难时加以运用。其次，如果是向公司的客户增发，可以加强公司同客户的联系，并通过选择友好的投资者，形成稳定股东，由此可以带来公司的稳定；如果是向公司职工增发，则可以激发企业员工的积极性和归属感。第三，这种发行一般无须委托券商承销，这可以降低发行成本。

这一发行方式的不足主要体现在以下几方面。

(1) 特定当事人有足够的讨价还价能力，因此配股价格往往不高。

(2) 定向增发可能导致股票过度集中，公司被收购的风险会增大。

(3) 原有股东对将来增资的期望有可能趋淡。

3. 公开发行新股

公开发行新股是指已经存在的股份有限公司面向不特定的公众投资者或者累积人数超过200人的特定投资者发行股票的行为。我国目前主要包括未上市的股份有限公司的首次公开发行和上市公司的公开发行两类。

(1) 首次公开发行。首次公开发行是指一家股份有限公司依照法定的条件和程序向社会公众公开发售股份，招股过程完毕后，公司股票一般会在证券交易所上市，而发行人也会成为上市公司的整个过程。一直以来，首次公开发行是我国证券市场中最重要的证券发行行为。为了保证上市公司的质量，中国证监会于2006年颁布的《首次公开发行股票并上市管理办法》对进行首次公开发行的公司设定了严格的发行标准，主要包括：①最近3个会计年度净利润均为正数且累计超过人民币3000万元，净利润以扣除非经常性损益前后较低者为计算依据。②最近3个会计年度经营活动产生的现金流量净额累计超过人民币5000万元；或者最近3个会计年度营业收入累计超过人民币3亿元。③发行前股本总额不少于人民币3000万元。④最近一期期末无形资产(扣除土地使用权、水面养殖权和采矿权等后)占净资产的比例不高于20%。⑤最近一期期末不存在未弥补亏损。

(2) 上市公司公开发行新股。近年来，相当数量的上市公司进行过新股的公开发行。中国证监会于2006年颁布《上市公司证券发行管理办法》，对发行条件、发行程序、审核事项、信息披露和法律责任作出了明确的规定。

(二)无偿新股发行

在以下情形下，投资者无须向公司缴纳股款即可获得一定的股票。

1. 公积金转增股本

公积金是指公司为了增强自身的财产能力、扩大生产经营和预防意外亏损，依照法律规定或公司股东会决议提取的资金。它主要包括以下三种：资本公积金、法定公积金和任意公积金。我国《公司法》第167条、第168条对这三种公积金有相应的规定。其中资本公积金由公司资本性活动而产生，如股票溢价发行收入、法定资产重估增值、接受捐赠等；法定公积金是指按照法律规定强制提取的公积金。我国法律规定，公司分配当年税后利润时，应当提取税后利润的10%为法定公积金；任意公积金是指法律不强制规定，而由公司视情况自由提取的公积金。用公积金转增股本来实现企业规模的扩张，是近年来我国上市公司经常采取的发展战略。

因公积金转增股本而导致的股票发行只是引起公司账目上的数字发生变化，而不发生从公司外部向公司注入新的资金或资产的问题。公司采取这一方式发行股票的目的通常也不在于筹集资金，而是调整公司的股权结构及资产结构。

2. 股票股利

公司在进行税后利润分配时，可以选择分配现金股利，也可以选择用公司的税后利润向股东发放股票股利。股票股利的发放，对于公司而言，公司的资产净值并未发生改变，只不过是股东权益内各科目的转移和发行在外的股份总数的增加。这样做既可以把资金留于公司内部，避免资金的外流，又可以使股东在免交个人所得税的前提下获得红利，并通过证券市场上的填权效应取得参与分配盈利的实际效果。这一做法的缺点主要是，股票股利的分配会增加公司的股票总数，会加重公司盈利分配上的负担，如果公司的盈利增长速度跟不上其股本扩张速度的话，公司的形象会受到不利影响。

3. 拆股

拆股是指公司对原来的股票进行细分，从而增加公司股份总数的行为。公司股票的价格过高，可能造成股票交易清淡，影响股票的流动性；同时，由于股价高，一般投资者也往往不愿买入，股票容易集中于资本雄厚者手中，公司被收购的可能性会增加。因此，一家公司在自己股价过高时，往往会选择拆股的方式来防范可能发生的风险，这一做法有助于使股票落入较普及的交易范围内，有利于保持公司经营秩序的稳定。

第三节 公司债券发行法律制度

一、公司债券的概念与发展概况

公司债券是指由公司发行并按约定的条件还本付息的有价证券。公司债券是公司重要的融资手段，也是金融市场上常见的金融工具。在美国，公司债券在各类证券融资中首屈一指，2000 年通过公司债券融资的总额高达 5066 亿美元，为同期股票融资总额的 16 倍。2000 年，我国国债发行规模为 4657 亿元，A 股融资额为 1499 亿元，而公司债券发行额仅 83 亿元，远远小于国债规模和股票规模。应该说，我国公司债券的发展并未发挥其应有的作用。造成这一现象的重要原因是我国当时的公司债券立法中有关发行主体规则、发行监管、发行条件的规定过于严格，这也成为 2005 年《公司法》《证券法》修订时的一个重要内容。

二、公司债券的发行主体

1993 年《公司法》第 159 条规定："股份有限公司、国有独资公司和两个以上的国有企业或者其他两个以上的国有投资主体设立的有限责任公司，为筹集生产经营资金，可以依照本法发行公司债券。"这一规定实际上是只有具备国有性质的有限责任公司，方能发行公司债券，而民营性质的有限责任公司，无论其资产多少、资质好坏都不能发行公司债券。这种差别待遇的理由并不充分，有所有制歧视之嫌。

2005 年修订的《公司法》第 154 条及《证券法》第 16 条删除了对发行公司类型的限制，允许符合条件的各类公司平等地利用债券市场筹集资金。这一新举措拓宽了公司债券市场的发行主体的资格范围，这对于今后我国债券市场的发展有良好的促进作用。

三、公司债券的发行程序

依据《证券法》的规定，我国公司债券的发行实行核准制。在核准制下，公司债券申请发行的程序主要包括两个阶段。

第一，申请阶段。申请公开发行公司债券，应当向国务院授权的部门或者国务院证券监督管理机构报送下列文件：①公司营业执照；②公司章程；③公司债券募集办法。公司债券募集办法中应当载明下列主要事项，公司名称、债券募集资金的用途、债券总额和债券的票面金额、债券利率的确定方式、还本付息的期限和方式、债券担保情况、债券的发行价格、发行的起止日期、公司净资产额、已发行的尚未到期的公司债券总额及公司债券的承销机构等内容；④资产评估报告和验资报告；⑤国务院授权的部门或者国务院证券监督管理机构规定的其他文件。依照法律规定聘请保荐人的，还应当报送保荐人出具的发行保荐书。

第二，核准阶段。国务院证券监督管理机构或者国务院授权的部门应当自受理证券发行申请文件之日起三个月内，依照法定条件和法定程序作出予以核准或者不予核准的决定，发行人根据要求补充、修改发行申请文件的时间不计算在内；不予核准的，应当说明理由。

四、公司债券的发行条件

公司债券的发行条件包括积极条件和消极条件两方面。

(一)积极条件

《证券法》第16条规定，公开发行公司债券应当符合下列条件。

(1) 股份有限公司的净资产不低于人民币3000万元，有限责任公司的净资产不低于人民币6000万元。立法对有限责任公司的净资产标准远高于对股份有限公司的要求，之所以这样规定，主要是考虑到股份有限公司具有较强的公开性，而有限责任公司的经营状况、财务制度则比较封闭，对于公众投资者来说，持有有限责任公司债券的风险大于持有股份有限公司的债券。因此，有必要提高有限责任公司的净资产来保护投资者的权益。

(2) 累计债券余额不超过公司净资产的百分之四十。

(3) 最近三年平均可分配利润足以支付公司债券一年的利息。

(4) 筹集的资金投向符合国家产业政策。

(5) 债券的利率不超过国务院限定的利率水平。我国公司债券的利率长期以来适用企业债券的有关管理规定，根据《企业债券管理条例》第18条的规定，"企业债券的利率不得高于银行相同期限居民储蓄定期存款利率的40%"。这一规定的立法目的是为了防止发行人为了筹集资金而盲目抬高发行利率，一旦利率过高，既可能会对金融领域中的存款业务、国债发行业务形成冲击，也会导致发行人承担沉重的债务包袱，形成金融风险。但这一规定也使得公司债券在投资回报上缺乏吸引力，客观上造成了公司债券的发行困难。

(6) 国务院规定的其他条件。

对于公司债券的资金用途，法律规定：公开发行公司债券筹集的资金，必须用于核准的用途，不得用于弥补亏损和非生产性支出。

(二)消极条件

有下列情形之一的，发行人不得再次公开发行公司债券。

(1) 前一次公开发行的公司债券尚未募足。

(2) 对已公开发行的公司债券或者其他债务有违约或者延迟支付本息的事实，仍处于继续状态。

(3) 违反证券法规定，改变公开发行公司债券所募资金的用途。

自 测 题

1. 什么是证券的公开发行与私募发行？两者在制度设计上存在哪些差异？
2. 什么是证券的包销与代销？它们之间存在哪些区别？
3. 什么是证券发行中的保荐制度？

第九章　证券交易法律制度

知识要点：

证券交易是证券发行行为的延伸，也是证券市场中最活跃、公众参与程度最高的领域。根据交易场所的不同，证券交易可分为上市交易和场外交易两种形式。证券的上市交易历来是我国证券法制工作的重点，而发展与规范场外交易则是近年来我国证券市场建设中的热点和难点。

引导案例：

2002 年，甲公司与乙证券公司签订《委托理财协议》。合同约定：①甲公司向乙公司提供 1 亿元资金。②乙公司须本着应有的谨慎和勤勉，运用专业知识和技能进行服务；如乙公司未尽义务导致委托方的委托资产受损失，应对该损失予以赔偿，赔偿范围以足以弥补委托资产总额为限。③乙公司在委托期限内定期向委托人提供资产管理报告。④如果乙公司未能在约定的委托期限到期后将期末余额支付给委托人，每延迟一天按应支付款项的万分之四计算给付滞纳金；如果任何一方违反协议项下的义务造成损失时，违约方应向对方支付 500 万元的违约金，并给予对方完全、有效的赔偿。

合同期满时，甲公司账户内的股票市值和资金余额总计为人民币 8070 万元，形成委托资金交易损失人民币 1930 万元。双方就损失的承担问题协商无果，甲公司遂向上海市高级人民法院提起诉讼，请求判令乙公司返还本金 1 亿元和逾期付款的滞纳金 360 万元；支付违约金 500 万元并承担本案的诉讼费用。在诉讼过程中，乙公司主动向甲公司归还人民币 5000 万元。

法院认为：第一，乙公司在委托期间没有完全履行合同义务，没有按期向甲公司提供资产管理报告，违反了合同的告知义务；合同约定的期限到期后，没有按约定将指定的证券账户内的证券予以变现返还给甲公司，应承担逾期付款的违约责任。第二，协议中约定了关于损失的赔偿条款，约定乙公司在未尽勤勉、谨慎义务的情形下，应给予甲公司资金本金损失的赔偿。但该条款适用的前提是甲公司必须证明乙公司有违反谨慎、勤勉的管理人的义务，故在没有证据证明乙公司有违反管理人义务的情况下，甲公司依该条款要求乙公司补偿资金本金损失没有事实依据。本案中，乙公司除了部分违约外，甲公司并没有证据证明乙公司在证券交易过程中有违反法律规定的行为存在，其经营股票的交易损失也属在股市行情处于低迷的环境下的正常市场风险损失，在此方面，乙公司没有明显过错，其不应对此交易带来的损失承担责任。

法院判决：乙公司向甲公司支付合同剩余款项 3070 万元及违约金 500 万元；对甲公司

的其余诉讼请求不予支持。甲公司不服判决，提起上诉至最高人民法院。

最高人民法院维持原判。法院认为，在股市证券买卖操作过程中，乙公司基于商业判断而作出的正常投资行为，即使出现投资判断失误，但其只要尽到了合同约定的谨慎、勤勉的管理人义务，不存在明显过错，就不能以受托人当时的商业判断与市场后来的事实发展相悖为由，要求其承担赔偿责任，且本案经营股票交易的损失也属于股市行情处于低迷情况下的正常风险损失，应由甲方自行承担此风险。

这是一起因证券公司为客户提供资产管理服务而引发的案件，读者可重点关注法院判决由甲公司自行承担投资风险的理由以及法院对合同中"保底条款"的态度。

(资料来源：最高人民法院办公厅.《中华人民共和国最高人民法院公报(2004年卷)》，

人民法院出版社，2005年版第247页。)

随着证券市场的快速发展，我国证券交易的类型正在逐步增加，交易规模正在快速增长，由此而产生的法律问题也呈现出复杂化和多样化的发展趋势。本章阐述了证券交易的基本法律制度。通过本章的学习，要求学生掌握证券上市交易的法律制度，全面了解场外交易的发展概况，熟悉不同类型证券交易的基本规则，全面了解上市公司收购的概念、分类、立法原则及具体规则。

第一节　证券交易概述

一、证券交易的概念

证券交易是指已经成功发行的证券在各类市场中依据法律规定的程序、条件和规则进行买卖的行为。随着证券市场在国民经济生活中地位的逐步提高，证券交易已经成为证券市场中社会化程度高、涉及范围广、与中小投资者利害关系密切、市场风险也较大的领域。

二、证券交易的分类

根据交易场所的不同，证券的交易可以分为场内交易和场外交易两种类型。

(一)场内交易

场内交易即证券上市交易。证券上市是指发行人发行的有价证券，依照法定的条件和程序，在证券交易所公开挂牌交易的法律行为。证券发行是证券上市的前提，证券上市是证券发行后证券行为的延伸。证券上市意味着证券在证券交易所这一特定场所中进行交易，因此这种交易又被称为"场内交易"，以区别于在证券交易所以外进行的"场外交易"(Over The Counter Market，即OTC市场)，而证券交易所市场也被称为主板市场。与场外交易相比，证券上市交易的规范化程度更高、流动性更好、对投资者的保护更加充分、市场影响也更大。

我国目前的证券上市主要包括股票上市和公司债券上市两种情形，其中又以股票的上市最为市场和监管层所关注。

(二)场外交易

1. 场外交易的概念

场外交易又称"柜台交易"，是指在证券交易所以外进行的证券交易。证券交易所市场通常被称为主板市场，各个证券交易所一般都会对所交易的证券提出品质上的一定要求，以维护自身的形象并保护投资者的利益。这样，证券交易所中所流通的证券只可能是有限的，它并不能满足所有的证券的流通需求。场外交易的历史早于场内交易。在国外，随着证券交易所市场核心地位的确立，场外交易市场不仅没有消亡，反而也走向了繁荣。场外交易为各种品质的证券提供了一个流通的平台，有效弥补了主板市场价值取向的单一性，并保证了交易的多样性和连续性。

2. 场外交易的特点

与证券交易所的证券交易相比，场外交易有自己的特点。

(1) 没有固定的交易场所。证券交易所一般会为证券交易提供一个集中、固定的有形或无形的交易场所，而场外交易的交易场所则具有分散性和多样性，它可以是证券公司的柜台、拍卖公司主持的拍卖市场，也可能是自动报价等电子交易系统。随着现代通信技术和计算机技术的发展，场外交易已进入办公室甚至家庭之中。交易场所的多样性固然给投资者带来极大的方便，但也为场外交易的监管工作带来风险。

(2) 场外交易市场中的证券种类复杂，品质良莠不齐。我国场外交易市场中曾经和现在仍在交易的股票有很多种，包括非上市公司的股票、定向募集公司的职工股和法人股股票、上市公司的国有股和法人股以及从证券交易所退市的股票等。场外交易的这一特点适应了市场发展的基本需要。股份有限公司的制度设计就是以股票的流动为前提的，对于任何一个股份有限公司的股东而言，当然存在着期待股票能够被自由买入或卖出的本质要求。因此，场外交易市场实际上满足了股票本身应具有的流动性的需求，但这也使场外交易市场的系统性风险比主板市场要大。

(3) 交易方式的多样性。场外交易中，证券的买卖除了通过集中竞价方式完成外，还有其他多种方式，如一对一的讨价还价、公开拍卖、数个当事人直接议价等。其中的集中竞价方式能够最好地实现证券交易的流动性，而其他方式在证券交易中则存在效率不高或成本较大的缺陷。从目前的发展情况来看，越来越多的场外交易市场也在努力推广集中竞价交易方式，并将其他交易方式作为有效补充。

3. 场外交易的有用性

场外交易是我国资本市场发展中一个不可或缺的组成部分，一个规范的场外交易市场主要包括下述功能。

首先，场外交易的存在和发展可以完善我国证券市场的结构层次，为不同的投资主体提供不同的市场选择。西方发达国家多年来一直努力建立一个"多层次的证券交易市场体系"，由各个市场相互之间进行充分的竞争，让信用在市场竞争中积聚起来，让投资者、证券商比较鉴别，选择可靠性高、交易成本低的市场。目前，建设一个多层次的资本市场体系也已经成为我国市场经济体制建设中的重点任务。

其次，场外交易市场为广大中小企业以及高新技术企业提供了重要的直接融资渠道。中小企业的生存与发展直接关系到一个国家的投资、就业、经济增长乃至社会稳定等重要问题，但中小企业融资又是一个世界性的难题，在我国尤其如此。证券交易所的发行和上市门槛是非常高的，一般的中小企业难以达到这些标准。发达国家的经验证明，由于场外交易市场的市场准入门槛通常比较低，因此它的存在能够有效地缓解中小企业所面临的融资难题。

第三，场外交易市场可以设计用来进行各种形式和品质的证券交易，这可以有效地弥补主板市场的功能缺陷。它既可以为新的金融创新品种，如风险投资、资本证券化等提供发行和流通的场所；又可以为一些中国证券发展中的历史遗留问题，如企业债券、内部职工股等提供重新交易的机会。这符合资本市场应有的优化资源配置、鼓励创新等基本功能。

场外交易市场有其自身存在的客观基础，但这个市场本身又蕴含着一系列的问题，如信息披露制度不健全；相当数量的发行证券的公司的经营状况令人担忧，市场上所流通的证券蕴涵较大的风险；市场规模比较小，因此被操纵的可能性远远大于主板市场，市场的投机气氛也更为浓厚。

场外交易的不稳定性是引发 2007 年后全球金融危机的一个重要原因。研究报告显示，在危机发生前，大量的金融衍生产品主要通过各个场外交易市场进行交易，OTC 衍生品合约市场价值比在交易所上市的衍生品要高出 8 倍。与场内交易相比，场外交易的监管的组织性和规范化程度要弱很多，违约风险更大，市场组织者对风险的预判能力也较为薄弱。而美、英等国金融监管的精力主要都集中在场内交易上，对场外交易则存在明显的监管不足。因此，在这次危机的治理过程中，一直有强烈的呼声要求加强对场外交易的监管。如何设计更有效、更安全的场外交易体系已经成为包括我国在内的世界各国未来金融立法的重点。

4. 我国现阶段的场外交易制度

股票的基本特征之一就是具有流动性，即以合理的价格迅速变现的能力，因此，所有的股份有限公司的股票都应当能够通过某种方式进行转让。然而，在股份有限公司中，上市公司毕竟只是少数。那么，那些未上市的股份有限公司发行的股票又应该去哪里交易呢？

对于这一问题，我国长期以来并没有作出相应的制度安排，这也导致各种类型的"黑市"交易大量存在，其中也产生了不少的违法风险。近年来，我国通过不断完善"代办股份转让系统"来解决证券的场外交易问题。

起源于 20 世纪 90 年代的代办股份转让服务业务最初是指证券公司以其自有或租用的业务设施，为非上市公司提供的股份转让服务业务。交易范围限于原 STAQ、NET 系统挂牌公司和沪、深证券交易所的退市公司。2006 年 4 月开始，全国非上市公众公司与代办股份转让系统对接，由其提供报价转让。2013 年 1 月，全国中小企业股份转让系统（新三板）正式挂牌，它主要为非上市公司的股份公开转让、融资等提供服务。这是继上海证券交易所、深圳证券交易所之后第三家全国性证券交易场所。在场所性质和法律定位上，全国股份转让系统与证券交易所是基本相同的，都是多层次资本市场体系的重要组成部分。

全国股份转让系统与证券交易所的主要区别在于：一是服务对象不同。《国务院关于全国中小企业股份转让系统有关问题的决定》明确了全国股份转让系统的定位主要是为创新型、创业型、成长型中小微企业发展服务。这类企业普遍规模较小，尚未形成稳定的盈利模式。在准入条件上，不设财务门槛，申请挂牌的公司可以尚未盈利，只要股权结构清晰、经营合法规范、公司治理健全、业务明确并履行信息披露义务的股份公司均可以经主办券商推荐申请在全国股份转让系统挂牌；二是投资者群体不同。我国证券交易所的投资者结构以中小投资者为主，而全国股份转让系统实行了较为严格的投资者适当性制度，未来的发展方向将是一个以机构投资者为主的市场，这类投资者普遍具有较强的风险识别与承受能力。三是全国股份转让系统是中小微企业与产业资本的服务媒介，主要是为企业发展、资本投入与退出服务，不是以交易为主要目的。

另外，各地依法成立的产权交易所也实际执行着提供场外交易服务的功能。

第二节　证券交易所

一、证券交易所的概念与分类

证券交易所是指根据国家有关法律，经政府批准设立的，为证券的集中和有组织交易提供服务的场所。证券交易所是证券市场中最重要的组织机构之一，它不仅为证券的集中交易承担着提供各项服务的职能，同时也是一个重要的监管机构。

根据组织形式的不同，证券交易所主要分为会员制证券交易所和公司制证券交易所两种类型。

(一)会员制证券交易所

这是指由会员组成的、不以盈利为目的的证券交易所。早期的证券交易所均采用此种形式，我国的上海和深圳证券交易所采取的就是会员制。所谓会员，是指经国家有权部门批准设立、具有法人资格，依法可以从事证券交易及相关业务并取得上海、深圳证券交易所会籍的境内证券经营机构。会员在证券市场上的主要职能是连接证券供求双方，参与证券流通的中场业务，发挥中介职能。只有具备会员资格的证券经营机构才能在证券交易所进行场内交易，投资者也只有通过会员才能进行证券买卖。

(二)公司制证券交易所

这是指交易所的组织形式采取股份有限公司的形式，由股东出资组成并通常以盈利为目的的企业法人。

20 世纪 90 年代以来，各国的证券交易所开始了一场治理结构方面的变革。从 1993 年瑞典斯德哥尔摩证券交易所开始，越来越多的证券交易所从传统的会员制改革为公司制的交易所。通过放开交易所所有者的范围限制、允许交易所股份自由转让等措施，很多国家的证券交易所从治理结构上真正转变为公司制。

证券交易所进行公司制改革能够有效地改善交易所的经营效绩，增强交易所的市场竞争力。其中的原因主要包括以下三个方面。

(1) 公司制改革改变了交易所决策的机制，提高了交易所对市场和客户需求变化的反应速度。

(2) 公司制交易所在技术投资、产品创新、市场营销等方面的力度得到加强。

(3) 通过公司制改革，可以将对交易所未来发展具有十分重要作用的市场参与者和战略投资者纳入股东的队伍，从而使之与交易所的利益一致化。

二、我国的证券交易所及其职能

1986 年 9 月 26 日，新中国第一家代理和转让股票的证券公司——中国工商银行上海信托投资公司静安证券业务部宣告营业，从此恢复了我国中断了 30 多年的证券交易业务。1990 年 12 月 19 日，上海证券交易所开业；1991 年 7 月 3 日，深圳证券交易所正式开业。

证券交易所存在的基本价值是创造公开、公平、公正的市场环境，保证证券市场的正常运行。从证券交易所产生之初开始，证券交易所就承担着两个相互交融的职能——服务职能和自治职能。证券交易所之所以产生，其初衷就是证券从业者希望建立一个自我管理、自我服务、自我教育、自我保护的稳定组织。对于资本市场而言，最能体现市场自我管理和协调机制的组织就是证券交易所。

我国的证券交易所承担以下职能。

(一)提供证券交易的场所和设施

证券交易所设置交易场所，交易场所由交易主机、交易大厅、交易席位、报盘系统及相关的通信系统等组成。交易主机通过报盘系统接受申报指令，撮合成交，并将交易结果发送给交易所会员。申报指令由会员以有形席位报盘或无形席位报盘方式进入交易主机。有形席位报盘申报指令由会员通过设在交易大厅内的交易席位输入交易主机；无形席位报盘申报指令由会员经其柜台系统处理后，通过无形席位报盘系统自动输送至交易主机。设置交易大厅的，会员通过其派驻在交易大厅内的交易员进行有形席位报盘。

(二)形成价格与公告价格

1. 价格形成机制

根据《上海、深圳证券交易所交易规则》的规定，交易所只接受会员的限价申报。会员应当按照接受客户委托的先后顺序向交易主机申报。申报指令应当包括证券账号、证券代码、买卖方向、数量、价格等内容，并按交易所规定的格式传送。买入股票或基金，申报数量应当为 100 股(份)或其整数倍。买卖有价格涨跌幅限制的证券，在价格涨跌幅限制以内的申报为有效申报，超过涨跌幅限制的申报为无效申报。我国目前证券交易所的价格形成机制以集中竞价交易为主，并出现了新的价格形成机制。

1) 集中竞价交易方式

我国证券交易所的证券交易主要采用公开的集中竞价交易方式，并按价格优先、时间优先的原则竞价撮合成交。成交时价格优先的原则为：较高价格买进申报优先于较低价格买进申报，较低价格卖出申报优先于较高价格卖出申报。成交时时间优先的原则为：买卖方向、价格相同的，先申报者优先于后申报者。先后顺序按交易主机接受申报的时间确定。买卖申报经交易主机撮合成交后，交易即告成立。符合各项规定达成的交易于成立时生效，买卖双方必须承认交易结果，履行清算交收义务。因不可抗力、非法侵入交易系统等原因造成严重后果的交易，交易所可以认定为无效。违反有关规则，严重破坏证券市场正常运行的交易，交易所有权宣布取消交易，由此造成的损失由违规交易者承担。

2) 大宗交易制度

2002 年 2 月 25 日深交所推出大宗交易制度，标志着大宗交易制度在我国证券市场的诞生；2003 年 1 月 10 日上交所推出大宗交易制度；不久之后，上交所推出大宗电子交易系统，沪深两市大宗交易最新细则开始启用，这些都标志着我国证券市场大宗交易技术及交易制度发展进入了一个新的阶段。

20 世纪以来，证券市场迅速发展，机构投资者的比重上升、实力增强，对大宗交易的需求不断增强。但是，大宗交易由于单笔交易数额过大，在一般性的正常规模交易的交易制度下，会引发市场流动性降低、市场价格稳定性变差、大宗交易成本高等一系列问题，从而降低交易市场对机构投资者的吸引力。近年来各证券交易市场之间对机构投资者的竞争不断增强，因此海外各交易市场都非常重视机构投资者的需求。在维护市场公平有效、不损害其他投资者利益的前提下，为机构投资者提供更便利的交易方式和更优质的服务，成为海外大宗交易制度设计的基本原则。引入大宗交易制度是我国证券市场在交易制度方面的一项重大创新，有助于提高市场的稳定性和流动性，降低机构投资者的交易成本，并有利于满足投资者大宗股票转让的需求，增强交易制度的适应性，同时，这一制度还有利于二级市场上兼并重组的实施，有利于提高证券市场的资源配置效率。

大宗交易，简单地说就是单笔交易规模远大于市场平均单笔交易规模的交易。针对大宗交易建立的不同于正常规模交易的交易制度被称为大宗交易制度，即以正常规模交易的交易制度为基础，对大宗交易的撮合方式、价格确定和信息披露等方面采取特殊的处理方式。这种特殊性体现在以下两个方面。

首先，根据《上海、深圳证券交易所交易规则》的规定，大宗交易的成交价格，由买卖双方在当日已成交的最高和最低成交价格之间确定。该证券当日无成交的，以前一交易日收盘价为成交价。有了大宗交易制度后，只要买卖双方达成协议，就可以直接交易成功，这就是"场外协商、场内撮合"的交易方式。大宗交易中的投资者不用将自己的买卖报价分割成小额报价分步执行，而可以通过一个大的报价一次完成交易，这节省了机构投资者的交易成本。

其次，我国大宗交易的交易信息披露规则也有特殊规定，即大宗交易不纳入指数计算，成交量则在收盘后计入该证券成交总量。该证券每笔大宗交易的成交量、成交价及买卖双方于收盘后单独公布。这样使得大宗交易在正常的交易时间中对股价不会有任何影响，减小了市场波动。这一制度设计使大宗交易可以在不引起公众投资者充分注意的情况下完成交易，降低信息披露的透明度的目的是为了促进证券市场的交易效率。

大宗交易制度是一个以提高市场效率为出发点，针对机构投资者而专门设计的交易制度，从它产生开始，就一直存在对这一制度的公平性的质疑。西方国家的经验主要是以审慎性为原则，用有效地限制和监管来弥补可能存在的制度缺陷。

2. 证券交易所交易行情的信息披露规则

《证券交易所管理办法》规定，证券交易所应当公布即时行情，并按日制作证券行情表，以适当的方式公布。证券行情表记载的内容包括如下部分。

(1) 上市证券名称。

(2) 开市、最高、最低及收市价格。

(3) 与前一交易日收市价比较后的涨跌情况。

(4) 成交量、值的分计与合计情况。

(5) 股价指数及其涨跌情况。

(6) 证监会要求公开的其他事项。

证券交易所应当就其市场内的成交情况编制日报表、周报表、月报表和年报表，并及时向社会公布。

从境外成熟证券市场的实践来看，绝大多数国家法律都承认证券交易所对交易信息享有管理权和收益权。我国深沪证券交易所在《交易规则》中规定交易所对证券交易信息享有所有权，即交易所市场产生的证券交易信息归交易所所有，未经许可，任何机构和个人不得擅自使用和传播。《证券法》第 113 条规定，"未经证券交易所许可，任何单位和个人不得发布证券交易即时行情"，这从法律上确立了证券交易所对证券交易即时行情的信息专有权。

(三)制定有关的业务规则

我国证券交易所可以制定以下方面的规则。

第一，制定交易所的交易规则。其内容包括：交易证券的种类和期限；证券交易方式和操作程序；证券交易中的禁止行为；清算交割事项；交易纠纷的解决；上市证券的暂停、恢复与取消交易；证券交易所的开市、收市、休市及异常情况的处理；交易手续费及其他有关费用的收取方式和标准；对违反交易规则行为的处理规定；证券交易所证券交易信息的提供和管理；股价指数的编制方法和公布方式；其他需要在交易规则中规定的事项。

第二，制定具体的会员管理规则。其内容包括：取得会员资格的条件和程序；席位管理办法；与证券交易和清算业务有关的会员内部监督、风险控制、电脑系统的标准及维护等方面的要求；会员的业务报告制度；会员所派出市代表在交易场所内的行为规范；会员及其出市代表违法、违规行为的处罚；其他需要在会员管理规则中规定的事项。具有中国证券监督管理委员会认可的证券经营资格的机构，经交易所审核批准后可成为会员。会员在交易所办理席位开通手续后，才能进行证券交易。证券交易所接纳的会员应当是有权部门批准设立并具有法人地位的境内证券经营机构。境外证券经营机构设立的驻华代表处，经申请可以成为证券交易所的特别会员。

第三，根据有关法律、行政法规的规定制定具体的上市规则。其内容包括：证券上市的条件、申请和批准程序以及上市协议的内容及格式；上市公告书的内容及格式；上市推荐人的资格、责任、义务；上市费用及其他有关费用的收取方式和标准；对违反上市规则行为的处理规定；其他需要在上市规则中规定的事项。

(四)负责审批证券的上市申请以及证券公司的市场准入申请，并有权终止证券的上市

1. 证券的上市审核

海外主要市场股票发行上市审核制度的基本经验是：发行审核大多由政府主管机关执行，而上市审核则是交易所的当然权力。我国《证券法》借鉴了境外成熟市场的经验，将证券的发行核准与上市审核分离，并将股票和公司债券上市审核权授予证券交易所，这对于充分发挥证券交易所的自律管理职能，推进多层次资本市场体系的建设都具有十分重要

的意义。

2. 上市公司暂停上市与退市的决定权

我国《证券法》赋予证券交易所对上市公司股票暂停上市和终止上市的决定权。证券交易所是证券市场的组织者，其依据法定上市条件和交易所上市规则对证券上市申请进行审核，属于自律管理。经审核同意上市的，证券交易所应当与上市申请人签订上市协议，通过上市协议规范双方的权利义务，形成的是一种民事法律关系，无须证券主管部门的批准即可发生变更。

随着我国资本市场的发展和深化，市场条件越来越趋于复杂化，需要从各个角度、各个层面加强监管，以利于资本市场的健康运行。从监管体系来看，证券法明确了证券交易所的法律地位，增加了证券交易所的监管职能，将原来属于中国证监会的核准上市交易、暂停上市交易、终止上市交易的权责交给证券交易所，从而确定了证券交易所一线监管者的地位，这一举措符合市场发展的实际需要。

3. 对证券公司实施市场准入监管

证券公司也称为券商，是指依照《公司法》和《证券法》的规定设立的经营证券业务的有限责任公司或者股份有限公司。根据我国现行的有关规定，具有中国证券监督管理委员会认可的证券经营资格的机构，经交易所审核批准后方可成为证券交易所的会员。会员在交易所办理席位开通手续后，才能进行证券交易。交易所也只接受会员的买卖报价申请。这些规定表明，我国的证券交易所对证券公司的市场准入发挥着关键的作用。这也是大多数国家证券法的通例。

(五)组织监管证券交易活动，并有一定的制裁功能

第一，监督管理证券交易活动。证券交易所负有监管证券市场正常运行的重要职责，主要表现在以下方面：有权按照有关规定暂停、恢复上市证券的交易；因发生突发性事件或不可抗力时决定技术性停牌和临时停市；应当建立证券市场的准入制度，并根据证券法规的规定或者证监会的要求，限制或禁止特定证券投资者的证券买卖行为。证券交易所负有发现、制止、上报证券交易违法、违规行为的责任，并有权在职责范围内予以查处；应当建立符合证券市场监督管理和实时监控要求的计算机系统，并设立负责证券市场监管的专门工作机构。证券交易所应当设立风险基金，化解市场风险，保障证券交易系统的安全运转。证券交易所之间应当建立以市场监管为目的的信息交换制度和联合监管制度，共同监管跨市场的不正当交易行为，控制市场风险。证券交易所应当保证其业务规则得到切实执行，对违反业务规则的行为要及时处理。

第二，监管会员的业务。证券交易所应当根据国家关于证券经营机构证券自营业务管理的规定和证券交易所业务规则，对会员的证券自营业务实施下列监管：要求会员的自营

买卖业务必须使用专门的股票账户和资金账户，并采取技术手段严格管理；检查开设自营账户的会员是否具备规定的自营资格；要求会员按月编制库存证券报表，并于次月 5 日前报送证券交易所；对自营业务规定具体的风险控制措施，并报证监会备案；每年 6 月 30 日和 12 月 31 日过后的 30 日内向证监会报送各家会员截至该日的证券自营业务情况；其他监管事项。另外，证券交易所应当在业务规则中对会员代理客户买卖证券业务做出详细规定，并实施下列监管：制定会员与客户所应签订的代理协议的格式并检查其内容的合法性；规定接受客户委托的程序和责任，并定期抽查执行客户委托的情况；要求会员每月过后 5 日内就其交易业务和客户投诉等情况提交报告，报告格式和内容由证券交易所报证监会批准后颁布。证券交易所可以根据证券交易所章程和业务规则对会员的违规行为进行制裁。

第三，对上市公司进行一定的监管。为了保证证券交易的安全，有效维护投资者的合法权益，证券交易所可以从以下几个方面约束上市公司的行为。

(1) 证券交易所应当建立上市保荐制度，保证上市公司符合上市要求，并在上市后由保荐人指导上市公司履行相关的义务。证券交易所应当监督上市保荐人切实履行业务规则中规定的相关职责。上市保荐人不按规定履行职责的，证券交易所有权根据业务规则的规定对上市保荐人予以处分。

(2) 证券交易所应当采取必要的措施，依法监控和约束上市公司董事、监事、经理卖出本公司股票的行为。

(3) 出现以下情况之一的，证券交易所应当暂停上市公司的股票交易，并要求上市公司立即公布有关信息。该公司股票交易发生异常波动；有投资者发出收购该公司股票的公开要约；上市公司依据上市协议提出停牌申请；证监会依法作出暂停股票交易的决定时；证券交易所认为必要时。

证券交易所的制裁功能主要体现在会员违反相关规则的，交易所责令其改正，并视情节轻重单处或并处：罚款；会员范围内通报批评；在证监会指定报刊上公开批评；警告；限制交易；暂停自营业务或经纪业务；取消会籍。这些规定说明，证券交易所的制裁主要是对责任者市场声誉的制约。

2005 年《证券法》扩大了证券交易所行使监管职能的范围，一是将证券交易所监管证券交易的范围从会员扩大到投资者。《证券法》第 115 条第 2 款规定，证券交易所根据需要，可以对出现重大异常交易情况的证券账户限制交易，并报国务院证券监督管理机构备案。二是将信息披露监管的范围从上市公司扩大到各类信息披露义务人。《证券法》第 115 条第 3 款规定，证券交易所应当对上市公司及相关信息披露义务人披露信息进行监督，督促其依法及时、准确地披露信息，从而还将上市公司控股股东、实际控制人等"相关信息披露义务人"也纳入了交易所信息披露监管的范围，这更有利于保障投资者公平获得信息的权利。

(六)提供和管理证券市场信息

从证券交易所产生初期开始，交易所就认识到，为了保持投资者的信心，必须对证券交易和信息披露进行自律监管。证券交易所应当保证投资者有平等的机会获取证券市场的交易行情和其他公开披露的信息，并有平等的交易机会。因此，证券交易所承担着重要的信息披露义务。相关内容包括以下部分。

1. 依法公布证券交易行情

证券交易所应当就其市场内的成交情况编制日报表、周报表、月报表和年报表，并及时向社会公布。

2. 对会员信息披露的监管

证券交易所及其会员应当妥善保存证券交易中产生的委托资料、交易记录、清算文件等，并制定相应的查询和保密管理措施。证券交易所应当根据需要制定上述文件的保存期，并报证监会批准。重要文件的保存期应当不少于 20 年。证券交易所可以根据证券交易所章程和业务规则对会员的违规行为进行制裁。

3. 对上市公司的信息披露的监管

这方面的职责主要包括以下几项。

(1) 证券交易所应当根据证监会统一制定的格式和证券交易所的有关业务规则，复核上市公司的配股说明书、上市公告书等与募集资金及证券上市直接相关的公开说明文件，并监督上市公司按时公布。证券交易所可以要求上市公司或者上市推荐人就上述文件做出补充说明并予以公布。

(2) 证券交易所应当督促上市公司按照规定的报告期限和证监会统一制定的格式，编制并公布年度报告、中期报告，并在其公布后进行检查，发现问题应当根据有关规定及时处理。证券交易所应当在报告期结束后 20 个工作日内，将检查情况报告证监会。

(3) 证券交易所应当审核上市公司编制的临时报告。临时报告的内容涉及《公司法》、国家证券法规以及公司章程中规定需要履行审批的事项，或者涉及应当报证监会批准的事项，证券交易所应当在确认其已履行规定的审批手续后，方可准予其公布。

(4) 证券交易所应当设立上市公司股东持股情况的档案资料，并根据国家有关法律、法规、规章、政策对股东持股数量及其买卖行为的限制规定，对上市公司股东在交易过程中的持股变动情况进行即时统计和监督。上市公司股东因持股数量变动而产生信息披露义务的，证券交易所应当在其履行信息披露之前，限制其继续交易该股票，督促其及时履行信息披露义务，并立即向证监会报告。

(5) 上市公司应当建立上市公司信息统计系统，并按照交易所的要求及时报送、公布有关统计资料。

证券交易所对上市公司未按规定履行信息披露义务的行为，可以按照上市协议的规定予以处理，并可以就其违反证券法规的行为提出处罚意见，报证监会予以处罚。

4. 自身的信息披露义务

遇有以下事项,证券交易所应当随时向证监会报告,同时抄报交易所所在地的人民政府,并采取适当方式告知交易所会员和证券投资者:发生影响证券交易所安全运转的情况;证券交易所因不可抗力导致停市,或者为维护证券交易正常秩序采取技术性停市措施。

为了保证证券交易所切实履行以上职能,《证券交易所管理办法》明确规定了证券交易所禁止从事的业务,即证券交易所不得直接或间接从事下列业务:以营利为目的的业务;新闻出版业;发布对证券价格进行预测的文字和资料;为他人提供担保;未经证券监督管理机构批准的其他业务等。

第三节　证券上市法律制度

一、证券上市的标准

我国法律规定,证券的上市由证券交易所负责进行审核。证券交易所执行以下的审核标准。

(一)股票上市的标准

《证券法》规定,股份有限公司申请股票上市,应当符合下列条件:①股票经国务院证券监督管理机构核准已公开发行;②公司股本总额不少于人民币3000万元;③公开发行的股份达到公司股份总数的25%以上;公司股本总额超过人民币4亿元的,公开发行股份的比例为10%以上;④公司最近三年无重大违法行为,财务会计报告无虚假记载。

我国法律规定,证券交易所可以制定高于法律规定的上市条件,并报国务院证券监督管理机构批准。在实践中,上海证券交易所规定的上市标准较法定标准更为严格,以上海证券交易所规定的"股本及公众持股"标准而言,其要求是:发行前不少于3000万股;上市股份公司股本总额不低于人民币5000万元;公众持股至少为25%;如果发行时股份总数超过4亿股,发行比例可以降低,但不得低于10%;发行人的股权清晰,控股股东和受控股股东、实际控制人支配的股东持有的发行人股份不存在重大权属纠纷。

(二)公司债券上市的标准

《证券法》规定,公司申请公司债券上市,应当符合下列条件:①公司债券的期限为一年以上;②公司债券实际发行额不少于人民币5000万元;③公司申请债券上市时仍符合法定的公司债券发行条件。

二、中小企业板与创业板法律制度

我国证券市场建设的基本战略目标之一是建立多层次资本市场。经过多年的努力，上海证券交易所和深圳证券交易所已经成为我国证券市场中的主板市场。为了推进资本市场进一步改革开放和稳定发展的需要，2004 年 5 月，经国务院批准，中国证监会批复同意深圳证券交易所在主板市场内设立中小企业板块，为国内的中小企业提供直接融资的平台，并为创业板的推出创造条件、奠定基础。2009 年 10 月，深圳证券交易所的创业板市场正式开始运行。

(一)中小企业板与证券交易所市场

中小企业板与证券交易所市场之间的关系可以总结为"两个不变"和"四个独立"，分述如下。

1. 两个不变

中小企业板与证券交易所市场相比，两者所适用的基本制度规范完全相同，适用的发行上市标准也完全相同。两个市场上的公司都必须满足信息披露、发行上市辅导、财务指标、盈利能力、股本规模、公众持股比例等各方面的要求。

由于我国的中小板市场直接设立在深圳证券交易所内部，其所适用和依据的法律规范体系与证券交易所的规则基本相同。因此，中小板市场与证券交易所市场一起构成了我国证券交易体系中一个完整的"主板市场"。

2. 四个独立

中小企业板市场在以下四个方面具有独立性，分别是运行独立、监察独立、代码独立和指数独立。运行独立是指中小企业板块的交易由独立于主板市场交易系统的第二交易系统承担；监察独立是指深圳证券交易所建立独立的监察系统实施对中小企业板块的实时监控，该系统针对中小企业板块的交易特点和风险特征设置独立的监控指标和报警阈值；代码独立是指中小企业板块股票作为一个整体，使用与主板市场不同的股票编码；指数独立是指中小企业板块发布该板块独立的指数。

(二)创业板市场与主板市场(包括中小板)

创业板是指在主板之外为中小型高成长企业、高科技企业和新兴公司的发展提供便利的融资途径，并为风险资本提供有效的退出渠道的一个新的市场。由于主板市场的进入门槛比较高、上市审查也很严格，对于中小企业来说，期望通过在证券交易所完成上市往往是难以实现的。因此，世界各国通常会在证券交易所以外，再建设一个证券交易平台，来满足中小企业、高科技企业等的融资需求。创业板就是在这样的大背景下产生和发展起来的。世界上最早的创业板市场起源于美国,是于1971年正式运行的全国证券商协会自动报价体系(英文简写为NASDAQ,又称为"纳斯达克市场")。在之后几十年的发展中,这一市场培育了微软、本田汽车、英特尔、苹果等著名公司,其成功产生了强烈的示范效应,世界各国也纷纷仿效美国建立了自己的创业板市场,而这一制度建设在20世纪90年代中期的网络股热潮中更是达到了顶峰。

2009年3月31日,经过多年的筹备,中国证监会发布《首次公开发行股票并在创业板上市管理暂行办法》(以下简称《办法》),《办法》自同年5月1日起实施。我国的创业板进入了实践阶段。我国发展创业板市场具有多方面的积极意义:第一,创业板市场可以在一定程度上解决中小企业融资难的问题。据相关统计数据表明,中小企业占全国企业总数的99.8%,提供了中国75%的城市就业,创造了中国60%的国内生产总值和出口,贡献了50%的税收,拥有65%的专利,投资创造的就业是大型企业的8~10倍。与这些辉煌的数据不相适应的是,中小企业只使用了中国经济中20%的金融资源。中小企业贷款难、融资难的问题已经持续了很多年,在这次全球金融危机爆发后,其危害更加明显,相当多数量的中小企业因为资金周转困难不得不倒闭、破产。因此,推出创业板,为那些优秀的中小企业提供一条直接融资途径,既是应对金融危机的紧急对策,也可以为中国经济的长期可持续发展奠定良好的基础。当然,能够通过创业板来解决融资问题的中小企业毕竟是极少数,要真正解决中小企业融资难,必须依靠更市场化、更开放的金融改革。第二,创业板有助于中国风险投资事业的发展。风险投资是指投资人向新创建的或成长中的企业提供股权资本,并为其提供管理和经营服务,期望在企业发展到成熟之后,再通过上市、兼并或其他股权转让方式撤出投资,取得高额投资回报的一种投资方式。风险投资作为一种商业模式于20世纪中期产生于美国,而近十余年来在全世界范围内取得了飞速的发展。如今我国的风险投资事业方兴未艾,中国已经成为国际风险投资最活跃的国家。创业板市场实际上是为风险投资提供一个退出的平台,通过完善这一退出机制,能够大大带动创业投资、私募股权投资等民间风险投资的活跃和发展,并可吸引更多的海外投资基金,从而为中国的中小企业培育更好的融资环境。

与主板市场相比,创业板在以下方面具有自己的特点。

(1) 发行制度上,创业板发行审核制度仍为核准制,由中国证监会负责,但设立独立的发行审核委员会。相对于主板市场,创业板的发行及上市条件较为宽松。《办法》规定,到创业板上市的企业应当是依法设立且持续经营三年以上的股份有限公司,最近两年连续盈利,最近两年净利润累计不少于1000万元,且持续增长;或者最近一年盈利,且净利润不少于500万元,最近一年营业收入不少于5000万元,最近两年营业收入增长率均不低于30%;企业发行后的股本总额不少于3000万元。这些标准明显低于主板市场,有利于资金规模较小的公司的上市融资。

(2) 创业板交易制度与主板市场基本保持一致,但交易风险控制制度上更为严格。这表现在以下几方面。

① 合理设置控股股东、实际控制人等所持股份的锁定期。股份限售制度是创业板市场关注的重要问题之一。一方面，股份限售时间不能过短，以免上市初期发起人股东过早、过快退出而影响公司股权结构和经营的相对稳定；另一方面，股份限售时间不能过长，以满足股东适当的退出需求，以及引导风险投资等加大对早期创业企业的投入。出于保持公司股权和经营稳定与满足股东适当的退出需求之间的平衡，我国法律规定，控股股东、实际控制人所持股份，须承诺自上市之日起满 3 年后方可转让；其他股东所持股份，如属首次公开发行申请前 6 个月内增资扩股的，自上市之日起 12 个月内不能转让，并承诺上市之日起 12 个月到 24 个月内，可出售不超过 50%的所持股份，24 个月后方可出售其余股份；前述两类股东以外的其他股东所持股份，须自上市之日起满一年后方可转让。这比《公司法》对上市公司的规定严格得多。

② 为强化风险控制，保护投资者的合法权益，借鉴境外成熟市场针对不同投资者提供差异化的市场、产品和服务的通行做法，《办法》要求，创业板市场应当建立与投资者风险承受能力相适应的投资者准入制度，向投资者充分提示投资风险。

③ 为了防止上市首日的股价的异常波动，有关规定要求发行人刊登招股说明书后，应持续关注公共传媒(包括报纸、网站、股票论坛等)对公司的传闻，及时向有关方面了解真实情况，发现存在虚假记载、误导性陈述或应披露而未披露重大事项等可能会对公司股票价格产生较大影响的，应在上市首日刊登风险提示公告，对相关问题进行澄清并提示公司存在的主要风险。同时，在上市首日公共传媒传播的消息可能或者已经对公司股票价格产生较大影响的情况下，将对公司股票实行临时停牌，并要求公司实时发布澄清公告。

④ 本着从严要求创业板发行人公司治理的原则，《办法》分别在第 26 条、第 41 条增加对发行人控股股东、实际控制人的监管要求。第 26 条规定，发行人及其控股股东、实际控制人最近三年内不存在损害投资者合法权益和社会公共利益的重大违法行为。发行人及其控股股东、实际控制人最近三年内不存在未经法定机关核准，擅自公开或者变相公开发行证券，或者有关违法行为虽然发生在三年前，但目前仍处于持续状态的情形。第 41 条规定，发行人的控股股东、实际控制人应当对招股说明书出具确认意见，并签名、盖章。

⑤ 进一步严格规范股东、实际控制人出售股份的行为。为了避免因股东、实际控制人大量集中出售股份对二级市场交易造成巨大冲击，借鉴海外市场及中小板的经验，我国实施增、减持 1%的事后披露制度，即要求持股 5%以上的股东、实际控制人通过证券交易系统买卖上市公司股份，每增加或减少比例达到上市公司股份总数的 1%时，相关股东、实际控制人及信息披露义务人应当在该事实发生之日起两个交易日内就该事项作出公告。

(3) 相对主板而言，创业板的退市制度更为严格，也更加市场化。

在证券法现有规定的基础上，创业板新增了以下退市情形：一是上市公司财务会计报告被会计师事务所出具否定意见或无法表示意见的审计报告时，投资者由于无法获得真实有效的财务信息，难以进行投资决策；二是上市公司会计报表显示净资产为负时，往往意味着公司资不抵债,财务状况极差,随时面临停业、倒闭或被清算的风险;三是创业板公司平均股本规模较小,可流通股份数量较少,部分公司股票可能会出现流动性问题,为了防范因股票流动性不足而产生的市场效率不高、流动性风险加大等问题,借鉴海外市场做法,当公司股票连续 120 个交易日累计成交量低于 100 万股,将进行退市风险警示。如果在规定期限内仍不能改善的,将启动退市程序。

同时,为了提高市场运作效率,避免无意义的长时间停牌,创业板针对三种退市情形启动了快速退市程序,加快退市进程,缩短退市时间,并作了相应的具体规定。

三、股票上市交易的特别处理、暂停交易和终止交易

(一)公司股票上市交易的特别处理(Special Treatment,ST)

上市公司出现财务状况异常或者其他异常情况,导致其股票存在被终止上市的风险,或者投资者难以判断公司前景,投资者权益可能受到损害的,由证券交易所对该公司股票交易实行特别处理。

特别处理分为警示存在终止上市风险的特别处理(简称"退市风险警示")和其他特别处理两种情形。

1. 退市风险警示

上市公司出现以下情形之一的,证券交易所对其股票交易实行退市风险警示。

(1) 最近两年连续亏损(以最近两年年度报告披露的当年经审计净利润为依据)。

(2) 因财务会计报告存在重大会计差错或者虚假记载,公司主动改正或者被中国证监会责令改正后,对以前年度财务会计报告进行追溯调整,导致最近两年连续亏损。

(3) 因财务会计报告存在重大会计差错或者虚假记载,被中国证监会责令改正但未在规定期限内改正,且公司股票已停牌两个月。

(4) 未在法定期限内披露年度报告或者半年度报告,公司股票已停牌两个月。

(5) 处于股票恢复上市交易日至恢复上市后第一个年度报告披露日期间。

(6) 在收购人披露上市公司要约收购情况报告至维持被收购公司上市地位的具体方案实施完毕之前,因要约收购导致被收购公司的股权分布不符合《公司法》规定的上市条件,且收购人持股比例未超过被收购公司总股本的 90%。

(7) 法院受理关于公司破产的案件,公司可能被依法宣告破产。

(8) 证券交易所认定的存在退市风险的其他情形。

退市风险警示的处理措施包括:在公司股票简称前冠以"*ST"字样,以区别于其他股票;股票报价的日涨跌幅限制为 5%(公司股票在恢复上市的首日不设涨跌幅报价限制)。上述情形消除后,上市公司可以向证券交易所申请撤销对其股票交易实行的退市风险警示,证券交易所根据公司的实际情况,决定是否撤销对其股票交易实行的退市风险警示。

公司在其股票交易被实行退市风险警示期间，如作出向法院申请破产的决定，或者债权人向法院申请宣告公司破产，或者法院受理关于公司破产的申请时，公司应当及时予以披露并充分揭示其股票可能被终止上市的风险；进入破产程序后，公司和其他有信息披露义务的投资人应当及时向证券交易所报告并披露债权申报情况、债权人会议情况、破产和解与整顿等重大情况；法院依法作出裁定驳回破产申请、中止(恢复)破产程序或宣告破产时，公司应当及时披露裁定的主要内容。公司除按照上述有关规定履行信息披露的义务外，每月还应当至少披露一次公司破产程序的进展情况，提示破产风险。

2. 其他特别处理

上市公司出现以下情形之一的，证券交易所对其股票交易实行其他特别处理。

(1) 最近一个会计年度的审计结果表明其股东权益为负值。

(2) 最近一个会计年度的财务会计报告被会计师事务所出具无法表示意见或者否定意见的审计报告。

(3) 向证券交易所提出申请并获准撤销对其股票交易实行的退市风险警示后，最近一个会计年度的审计结果表明公司主营业务未正常运营，或者扣除非经常性损益后的净利润为负值。

(4) 由于自然灾害、重大事故等导致公司主要经营设施被损毁，公司生产经营活动受到严重影响且预计在三个月以内不能恢复正常。

(5) 主要银行账号被冻结。

(6) 董事会会议无法正常召开并形成董事会决议。

(7) 证监会根据有关规定，要求证券交易所对公司的股票交易实行特别提示。

(8) 证监会和证券交易所认定的其他情形。

其他特别处理的处理措施包括：在公司股票简称前冠以"ST"字样，以区别于其他股票；股票报价的日涨跌幅限制为5%。上述情形消除后，上市公司可以向证券交易所申请撤销对其股票交易实行的其他特别处理。证券交易所根据公司实际情况，决定是否撤销对其股票交易实行的其他特别处理。

(二)公司股票上市交易的暂停(Particular Transfer，PT)

公司股票上市交易后，公司有下列情形之一的，由证券交易所决定暂停其公司股票上市交易。

(1) 公司股本总额、股权分布等发生变化不再具备上市条件。

(2) 公司不按照规定公开其财务状况，或者对财务会计报告作虚假记载，可能误导投资者。

(3) 公司有重大违法行为。

(4) 公司最近三年连续亏损。

(5) 证券交易所上市规则规定的其他情形。

沪深证券交易所从 1999 年 7 月 9 日起，对这类暂停上市的股票实施"特别转让服务"。但是，自 2002 年 1 月 1 日起，根据《亏损上市公司暂停上市和终止上市实施办法(修订)》的规定，暂停上市的公司在暂停上市期间，证券交易所不为其股票提供特别转让服务。

上述情形消除后，公司可向证券交易所提出恢复上市申请；经证券交易所核准后，可恢复该股票上市。

(三)公司股票上市交易的终止

上市公司有下列情形之一的，由证券交易所决定终止其股票上市交易。

(1) 公司股本总额、股权分布等发生变化不再具备上市条件，在证券交易所规定的期限内仍不能达到上市条件。

(2) 公司不按照规定公开其财务状况，或者对财务会计报告作虚假记载，且拒绝纠正。

(3) 公司最近三年连续亏损，在其后一个年度内未能恢复盈利。

(4) 公司解散或者被宣告破产。

(5) 证券交易所上市规则规定的其他情形。

第四节　证券交易规则

一、证券交易的类型及相关规则

在证券市场的发展过程中，证券交易的类型始终在不断地进行创新。从最初的现货交易开始，各国证券市场中逐步涌现出信用交易、期货交易、股票指数期货交易等多种类型。近年来，我国在证券交易类型的发展与创新方面进行了积极的探索。

(一)现货交易

现货交易是指证券交易双方进行买卖行为时，双方当事人以证券经纪商作为中介，相互交换标的物(证券与等值货币)，并依法办理清算交割手续的交易方式。现货交易的主要特点表现为现金与实物的等价交换，可以真实反映市场供求状况和规范交易行为，有利于证券主管机关的监督管理和制定宏观调控政策。现货交易在证券交易中是最古老、最常用的一种交易方式，相对于其他交易方式，由于现货交易的成交日期和交割日期较短，因而其投机性和风险性也较小。

根据我国现行的交易规则，客户不能直接进行股票的买卖，而必须到证券公司开户并委托证券公司代为进行，证券公司为客户提供证券经纪服务。证券经纪业务是指证券公司接受客户委托，代理其买卖证券，并通过收取佣金作为报酬的证券中介业务。我国法律对证券公司的证券经纪业务主要作出以下规定。

1. 禁止全权委托

《证券法》第 143 条规定，证券公司办理经纪业务，不得接受客户的全权委托而决定证券买卖、选择证券种类、决定买卖数量或者买卖价格。禁止证券公司接受客户全权委托的理由主要是证券投资中的全权委托存在着本质缺陷。如果允许券商全权处理客户资产，那么券商开展业务时就有了很大的自主权和上下其手的空间，投资者很难对其工作能力和是否勤勉进行评判，而证券公司则可能借此机会进行大量的与客户利益相冲突的交易，如券商可能会过度交易以收取尽可能多的手续费。这显然不利于保护投资者的合法权益。

2. 禁止保底

《证券法》第 144 条规定，禁止证券公司以任何方式对客户证券买卖的收益或者赔偿证券买卖的损失作出承诺。实践中，一些证券公司往往会以承诺保证客户一定的投资收益或赔偿客户可能遭受的损失来吸引客户。这种类似于保险的条款，从表面上看有助于保护投资者的利益，但却存在以下风险。第一，证券公司进行损失补偿之对象，通常为交易金额较大之客户，因此这种针对特定顾客的损失补偿行为，会极大地损害投资者对于证券市场公正运营的信赖与期待，特别使投资者产生了仅仅是对特定的大户给予优惠待遇这样的不公平感，也会使普通投资者对证券公司的信赖感降低。第二，大公司仅仅凭借自己雄厚的资金实力来提出保底承诺，中小型证券公司则往往无法提出类似的优惠条件，这意味着大的券商可以"以本伤人"，造成证券业内的不正当竞争。第三，获得保险后，投资者的行为会更趋于冒险和投机，这违背了"投资人自负投资决定责任"之原则，市场正常价格机制将受到扭曲。有鉴于此，大多数国家的证券法一般都会禁止证券公司作出保底的承诺。

(二)信用交易

证券市场上的信用交易主要包括两种方式：融资和融券。1998 年证券法明文禁止融资和融券，而新证券法取消了该禁止性规定。

1. 融资和融券的概念

融资是指客户基于对股票价格上涨的预期，在缴纳一定保证金的基础上，向证券公司或专业的证券金融公司等融资方借入资金买入股票的信用交易方式。融券交易又称卖空，是指投资者基于对股票价格下跌的预期，支付一定比例的保证金，并向证券公司或专业的证券金融公司等融券方借入股票而卖出的信用交易方式。信用交易的历史非常悠久，早在1609 年，荷兰东印度公司曾经向阿姆斯特丹交易所抗议有人卖空它的股票，而在 1610 年，荷兰就立法禁止这种交易行为。

2. 我国证券信用交易的发展概况

融资和融券是证券市场中传统的交易方式。从目前世界上的立法情况来看，大部分国家的证券法都在一定程度上允许融资和融券业务，并且证券融资融券交易已经发展成为海外证券市场普遍实施的一项成熟交易制度，是证券市场基本职能发挥作用的重要基础。

各国证券市场接纳信用交易理由主要包括：第一，信用交易是资本市场很普遍的一种制度安排，融资融券有助于形成完整的证券市场运行机制。融资融券交易可以增加市场供求，活跃证券交易，提高证券市场的流动性；卖空机制可以缓和市场急跌时的跌幅，起到价格平抑的作用。第二，在有效的金融监管之下，融资融券的风险将大大降低。由于客户的融资融券行为都存在一定的担保，且具备平仓机制保障，因此，信用交易对证券公司而言不会形成太大的风险。第三，对投资者而言，融资交易使投资者在股市兴旺时能够多买股票，获利倍增；卖空机制的存在不仅化解了股票市场的下跌风险，使市场的涨跌都存在机会，而且使股票市场和期货市场一样，投资者可以运用卖空机制对资金进行套期保值，从而化解投资风险，增加资金的安全性，可以缓和长期以来我国证券市场上由于不允许做空而形成的"单边市"的尴尬。

2005年《证券法》第142条规定，证券公司为客户买卖证券提供融资融券服务，应当按照国务院的规定并经国务院证券监督管理机构批准。这一条款标志着我国证券法正式接纳和承认了信用交易。2006年6月30日，中国证监会发布《证券公司融资融券业务试点管理办法》；2006年8月21日，中国证监会发布《融资融券交易试点实施细则》；2008年10月5日，中国证监会宣布启动融资融券试点；2010年3月30日，上海、深圳证券交易所正式向6家试点券商发出通知，将于2010年3月31日起接受券商的融资融券交易申报。自此，证券信用交易正式进入运行阶段。

3. 交易规则

根据我国现行法律的规定，在融资融券业务中主要有如下规划。

(1) 交易的程序规则。投资者参与融资融券业务首先要经过融资融券交易申请、授信评估、签订协议等信用交易申请开户过程，其次是信用交易和债务清偿等融资融券交易过程。具体过程为：①业务申请与资格审批。投资者要进行融资融券交易，首先应当向有资格的证券公司提出申请，按照该证券公司的制度规定提交相关申请材料。证券公司根据规定对申请业务的投资者进行资格初审。②客户征信与授信评估。通过资格初审的投资者，证券公司将对其履行必要的客户征信工作。客户征信的主要内容是了解客户的身份、财产与收入状况、证券投资经验和风险偏好，通过征信对申请融资融券业务的客户进行全面了解，评估信用状况，以此确定授信额度及各项息费。③签订协议与开户。在进行融资融券交易之前，投资者要与证券公司签订载入中国证券业协会规定的必备条款的融资融券合同，并在融资融券交易风险揭示书上进行签字确认，同时委托该券商开立实名信用证券账户和信用资金账户。另外，投资者应当在与证券公司签订融资融券合同时，向证券公司申报其本人及关联人持有的全部证券账户。④信用交易。融资融券协议签订以后，投资者按照协议的约定及时进行担保物的划转，根据保证金比例获得融资或融券并开始进行融资融券交易。在交易过程中，投资者应当根据维持保证金比例规则自觉对信用账户进行特别关注，证券公司也会按照监管要求实施交易监控的职责，对信用账户设置严重关注线、警戒线二级预警线，根据不同预警情况采取相应措施。在发生追加担保物的情况时，投资者应当及时足额追加，避免自己的账户被强制平仓，影响自己的信用记录。融资融券期间证券持有人的权益按照"客户融资买入证券的权益归客户所有、客户融券卖出证券的权益归证券公司所有"的原则进行处理，即投资者融资买入的证券发生分红、派息、配股等权益时，相关权益归投资者所有；投资者融券卖出的证券发生分红、派息、配股等权益时，相关权益归证券公司所有。权益的具体处理按照投资者与证券公司之间的约定办理。为了控制信用风险，证券公司与投资者约定的融资融券期限最长不得超过 6 个月。⑤债务清偿。投资者应在协议约定的融资融券期限届满时偿还所负债务，或与证券公司协商，提前偿还所负债务；如协议到期但未能全额归还所负债务，证券公司有权进行强制平仓并收取逾期利息或费用和违约金。

(2) 保证金与保证金比例规则。投资者参与融资融券业务必须向证券公司缴纳一定比例的保证金，保证金可以证券充抵，充抵保证金的证券与客户融资买入的全部证券和融券卖出所得的全部价款，分别存放在客户信用交易担保证券账户和客户信用交易担保资金账户，作为对该客户融资融券所生债权的担保物。

在融资融券交易中，投资者应当按照规定的保证金比例规则进行交易。保证金比例是指投资者交付的保证金与融资、融券交易金额的比例，具体分为融资保证金比例和融券保证金比例。融资保证金比例是指投资者融资买入证券时交付的保证金与融资交易金额的比例。其计算公式为：融资保证金比例＝保证金/(融资买入证券数量×买入价格)×100%。融券保证金比例是指投资者融券卖出时交付的保证金与融券交易金额的比例。其计算公式为：融券保证金比例＝保证金/(融券卖出证券数量×卖出价格)×100%。根据《融资融券交易试点实施细则》，投资者融资买入证券时，融资保证金比例不得低于 50%，投资者融券卖出时，融券保证金比例不得低于 50%。

(3) 维持担保比例规则。维持担保比例是指客户担保物价值与其融资融券债务之间的比例，是券商用以控制融资融券风险的重要指标。其计算公式为：维持担保比例=(现金+信用证券账户内的证券市值)/(融资买入金额+融券卖出证券数量×市价＋利息及费用)。根据《融资融券交易试点实施细则》，投资者信用账户维持担保比例不得低于 130%。券商在融资融券业务中，会将其向客户收取的保证金以及客户融资买入的全部证券和融券卖出所得全部资金，整体作为客户对券商融资融券债务的担保物，担保物中的资金和证券的数额分别记录在客户的信用资金账户和信用证券账户中，券商会根据维持担保比例对相关账户进行整体监控。

(4) 强制平仓规则。投资者进行融资融券前，先要向证券公司缴纳一定的保证金，保证金可以是现金、标的证券以及交易所认可的其他证券，如果投资发生亏损的程度达到一定比例，将要危及证券公司借出的资本，而投资者又未能按期补足抵押物或者偿还债务，证券公司会对投资者账户里的部分或全部证券强行平仓。如果投资者的账户被证券公司强制平仓，强制平仓的过程将不受投资者的控制，投资者必须无条件地接受平仓结果，如果平仓后投资者仍然无法全额归还融入的资金或证券，还将被继续追索。

(三)股票指数期货交易

股票指数期货交易(以下简称为"股指期货")是以股价指数为依据的期货交易，是买卖双方根据事先的约定，同意在未来某一个特定的时间按照双方事先约定的股价进行股票指数交易的一种标准化协议合约。1981 年 2 月，美国堪萨斯市期货交易所推出了世界上第一份股指期货合约——价值线综合平均指数(The Value Line Index)合约，随后，美国各地的交易所纷纷推出了自己的股指期货，并获得了市场的积极反应。

目前，股指期货已经成为世界很多国家证券市场中重要的组成部分，并发挥着两方面的积极功能。第一，风险规避功能。股指期货的风险规避是通过套期保值来实现的，投资者可以通过在股票市场和股指期货市场反向操作达到规避风险的目的。也就是说，投资者可以在股指期货市场建立与股票现货市场相反的持仓，在市场价格发生变化时，他必然会在一个市场上获利而在另一个市场上亏损。通过计算适当的套期保值比率可以达到亏损与获利的大致平衡，从而实现保值的目的。第二，价格发现功能。股指期货具有发现价格的功能，通过在公开、高效的期货市场中众多投资者的竞价，有利于形成更能反映股票真实价值的股票价格。期货市场之所以具有发现价格的功能，一方面在于股指期货交易的参与者众多，价格形成当中包含了来自各方的对价格预期的信息；另一方面在于股指期货具有交易成本低、杠杆倍数高、指令执行速度快等优点，投资者更倾向于在收到市场新信息后，优先在期市调整持仓，也使得股指期货价格对信息的反应更快。

2010 年 2 月底，中国证监会正式批复中国金融期货交易所(以下简称为"中金所")的沪深 300 股指期货合约和业务规则。2010 年 2 月 22 日，中金所正式接受投资者开户申请，沪深 300 股指期货合约自 2010 年 4 月 16 日起正式上市交易。沪深 300 指数于 2005 年 4 月 8 日正式发布，由沪深两市 A 股中规模大、流动性好、最具代表性的 300 只股票组成，可以综合反映沪深 A 股市场的整体表现。

我国对股指期货市场采取三级监管制度，即国务院期货监督管理机构、期货交易所的监督管理和期货业协会的自律管理。首先，国务院期货监督管理机构(即中国证监会)对期货市场实行集中统一的监督管理；其次，中国金融期货交易所应当按照《期货交易管理条例》和国务院期货监督管理机构的规定，建立、健全各项规章制度，加强对交易活动的风险控制和对会员以及交易所工作人员的监督管理；此外，中国期货业协会作为期货行业的自律性组织，对期货行业进行自律管理。

我国现行的股指期货交易主要由以下方面的制度构成。

(1) 保证金制度。股指期货采用保证金交易制度，投资者不需要支付合约价值的全额资金，只需要支付一定比例的保证金就可以交易。

(2) 每日无负债结算制度。每日无负债结算制度也称为"逐日盯市"制度，就是期货交易所要根据每日市场的价格波动对投资者所持有的合约计算盈亏并划转保证金账户中相应的资金。

(3) 涨跌停板制度。涨跌停板制度主要用来限制期货合约每日价格波动的最大幅度。根据涨跌停板的规定，某个期货合约在一个交易日中的交易价格波动不得高于或者低于交易所事先规定的涨跌幅度，超过这一幅度的报价将被视为无效，不能成交。《沪深 300 股指期货合约》中规定，沪深 300 股指期货合约的涨跌停幅度为前一交易日结算价的±10%。通过制定涨跌停板制度，能够锁定会员和投资者每一交易日所持有合约的最大盈亏，能够有效地减缓、抑制一些突发性事件和过度投机行为对期货价格的冲击。

(4) 持仓限额制度。持仓限额是指交易所规定会员或客户可以持有的，按单边计算的某一合约持仓的最大数额。如果同一客户在不同会员处开仓交易，则要将该客户在各账户下的持仓合并计算。对于确实需要利用股指期货进行套期保值的会员或客户，可以向中金所申请豁免持仓限制，提供有关证明材料，中金所可以根据市场情况决定是否批准其要求。

(5) 强行平仓制度。强行平仓制度是与持仓限额制度和涨跌停板制度等相互配合的风险管理制度。当交易所会员或客户的交易保证金不足并未在规定的时间内补足，或当会员或客户的持仓量超出规定的限额，或当会员或客户违规时，交易所为了防止风险进一步扩大，将对其持有的未平仓合约进行强制性平仓处理，这就是强行平仓制度。

(6) 分级结算制度。借鉴国际期货市场的惯例，中金所在制度设计中引入了分级结算制度，以强化中金所的整体抗风险能力。分级结算会员制度，是指不是所有的交易所会员都可以自动取得结算资格，只有那些资金实力雄厚、风险管理能力强的机构，才能成为交易所的结算会员，非结算会员必须通过结算会员才能进行股指期货的结算。结算会员不仅要达到比较高的财务要求，还要根据其业务量向交易所结算部门缴纳一定数量的结算担保金，作为防范结算会员出现结算违约时的风险保障。

分级结算有助于市场逐级控制和吸收风险，有利于形成多元化、多层次的风险控制体系，使很多局部风险在结算会员层面得到化解，确保金融期货市场的平稳运行。

二、证券交易中的违法行为

证券市场上的违法行为种类繁多、形态各异，都在一定程度上侵害着证券市场的正常交易秩序及各方当事人的合法权益。证券法应当对这些行为予以严格禁止或限制，以维护一个公开、公平、公正的证券市场。

1. 禁止内幕交易

内幕交易是指证券交易内幕信息的知情人员或者非法获得内幕信息的人员，在涉及证券的发行、交易或者其他对证券的价格有重大影响的信息尚未公开前，买入或者卖出该证券或者泄露该信息或者建议他人买卖该证券的行为。证券交易活动中，涉及公司的经营、财务或者对该公司证券的市场价格有重大影响的尚未公开的信息，为内幕信息。

2. 禁止操纵市场

操纵市场是指在证券交易中，单位或者个人以获取利益或者减少损失为目的，利用其资金、信息等优势或者滥用职权操纵市场，影响证券市场价格、制造证券市场假象，诱导或者致使投资者在不了解事实真相的情况下作出证券投资的决定，扰乱证券市场秩序的行为。

3. 禁止虚假陈述

虚假陈述是指单位或个人对证券发行、交易及其相关活动的事实、性质、前景、法律等事项作出不实、严重误导或者含有重大遗漏的任何形式的虚假陈述或者诱导，致使投资人在不了解事实真相的情况下，作出证券投资决策的欺诈行为。

4. 禁止欺诈客户

欺诈客户是指证券公司及其从业人员在证券交易及相关活动中，为了谋取不法利益，而违背客户的真实意思进行代理的行为，以及诱导客户进行不必要的证券交易的行为。

5. 对其他违法行为的禁止

(1) 禁止证券从业人员持有、买卖股票。出于防范欺诈客户及内幕交易等目的，《证券法》第43条规定，证券交易所、证券公司和证券登记结算机构的从业人员、证券监督管理机构的工作人员以及法律、行政法规禁止参与股票交易的其他人员，在任期或者法定限期内，不得直接或者以化名、借他人名义持有、买卖股票，也不得收受他人赠送的股票。任何人在成为以上所列人员时，其原已持有的股票，必须依法转让。

(2) 短线交易的归入权制度。出于防范内幕交易及操纵市场等目的，《证券法》第47条规定，上市公司董事、监事、高级管理人员、持有上市公司股份5%以上的股东，将其持有的该公司的股票在买入后6个月内卖出，或者在卖出后6个月内又买入，由此所得收益归该公司所有，公司董事会应当收回其所得收益。公司董事会不执行的，股东有权要求董事会在30日内执行。公司董事会未在上述期限内执行的，股东有权为了公司的利益以自己的名义直接向人民法院提起诉讼。公司董事会不按照以上的规定执行的，负有责任的董事依法承担连带责任。

(3) 限售股规则。为了保证市场交易的公平，法律对特定情况下股票的出售进行了严格的规定，主要内容包括：①发起人持有的本公司股份，自公司成立之日起一年内不得转让。②公司公开发行股份前已发行的股份，自公司股票在证券交易所上市交易之日起一年内不得转让。③公司董事、监事、高级管理人员任职期间每年转让的股份不得超过其所持有本公司股份总数的 25%；所持本公司股份自公司股票上市交易之日起一年内不得转让。上述人员离职后半年内，不得转让其所持有的本公司股份。公司章程可以对公司董事、监事、高级管理人员转让其所持有的本公司股份作出其他限制性规定。

(4) 审计人员等买卖股票的限制。出于防范虚假陈述及内幕交易等目的，《证券法》第 45 条规定，为股票发行出具审计报告、资产评估报告或者法律意见书等文件的证券服务机构和人员，在该股票承销期内和期满后 6 个月内，不得买卖该种股票。除前款规定外，为上市公司出具审计报告、资产评估报告或者法律意见书等文件的证券服务机构和人员，自接受上市公司委托之日起至上述文件公开后 5 日内，不得买卖该种股票。

第五节 上市公司收购

一、上市公司收购概述

(一)上市公司收购的概念

上市公司收购，是指收购人通过证券交易所的股份转让活动，持有一个上市公司的股份达到一定比例，或者通过在证券交易所股份转让活动以外的其他合法途径控制一个上市公司的股份达到一定程度，从而获得或者可能获得对该公司的实际控制权的行为。目前，上市公司收购有要约收购和协议收购两种。

(二)上市公司收购的特点

就一般意义而言，上市公司收购是收购人针对上市公司的股票而进行的一种证券交易行为，但这一交易行为又有其不同于一般证券交易行为的特点，包括如下几个方面。

(1) 在上市公司收购期间，该公司的股票在短期内交易量会急剧放大，由于收购方大量买入股票的行为，目标公司的股价一般会上涨。正是因为股票会在短时间内大幅波动，因此，在上市公司收购过程中出现内幕交易、操纵市场等违法行为的可能性也比较大。

(2) 购买者的主要目的不是一般投资，而是要获得目标公司的控制权，并通过这种方式来实现自己的资本战略与产业计划。因此，上市公司被收购后，公司的经营管理层通常都会在短期内进行改组，这就是为什么目标公司的经理层对收购行为一般都持敌意态度的主要原因。

(3) 收购中买入股票的一方(收购方)往往是有备而来、实力强大，而收购方的交易对手一般都是处于分散状态的中小股东，实力强弱分明；同时，双方对于收购行为的信息也处于严重不对称的状态。这些都决定了中小股东在上市公司收购中的弱势地位。

(三)利弊分析

证券市场的基本经济功能之一就是通过信息充分披露基础上的价格机制对上市公司进行评价,在评价功能的基础上,证券市场还提供了一个市场化的约束机制,这就是通过收购兼并活动促进股市的结构性调整,以达到优胜劣汰、合理配置资源的功能。在一个市场化的环境中,上市公司的收购兼并活动能够对上市公司经营层形成强烈的外部约束,促使其不断改进经营管理以免被收购;同时,收购兼并活动也会引导资源流转动到经营效率更高的经营者手中。因此,各国证券立法一般都对上市公司收购采取鼓励的基本态度。

但是,上市公司收购也可能引发一系列的问题。公司是一个多方利益和矛盾的集合体,上市公司中的社会关系更加复杂。上市公司收购会使股东、公司员工、消费者、同行业的其他公司、公司所在社区的利益乃至全社会的公共利益都出现重大变化,原有的利益格局和社会关系会发生重大波动。这就要求证券立法必须充分考虑与均衡各方当事人的合法权益,防止因上市公司收购使某方当事人的权益明显受到损害。

二、立法原则

上市公司收购一般会引发证券市场的动荡,并对与上市公司有利害关系的各方当事人的权益产生重大影响。因此,上市公司收购一直是各国证券立法及执法中的难点和热点。基于对上市公司收购的全面认识,我国《证券法》及《上市公司收购管理办法》中确立了以下立法原则。第一,降低收购难度、赋予收购人更大的行为空间,以达到鼓励收购、发挥资本市场的资源配置功能的作用。第二,平衡保护中小股东及其他利害关系人的合法权益。由此确立的信息披露制度、冷却规则、强制收购规则以及对反收购手段的认可等规则,均可视为我国证券立法努力在维护公司股东与公司利害关系人之间的权益平衡。

三、要约收购

(一)要约收购的概念

要约收购又称公开要约收购,这是我国证券法规定的最重要的一种上市公司收购方式。它是指收购者在公开市场上通过向上市公司的不特定股东发出收购要约,并承诺以某一特定价格购买一定股份的方式所进行的收购。

(二)要约收购的程序

1. 预先警示制度

我国法律规定,通过证券交易所的证券交易,投资者持有或者通过协议、其他安排与他人共同持有一个上市公司已发行的股份达到5%时,应当在该事实发生之日起三日内,向国务院证券监督管理机构、证券交易所作出书面报告，通知该上市公司，并予公告；在上述期限内，不得再买卖该上市公司的股票。投资者持有或者通过协议、其他安排与他人共同持有一个上市公司已发行的股份达到5%后，其所持该上市公司已发行的股份比例每增加或者减少5%，应当依照规定进行报告和公告。在报告期限内和作出报告、公告后二日内，不得再买卖该上市公司的股票。

这一制度就是所谓的"持股披露规则"，又称"预先警示制度"，是指投资者持有一上市公司已发行股份达到一定比例以及达此比例后每增加或减少一定比例，依法必须披露。设立持股披露规则一方面是使投资者注意到公司股权结构的变化情况，以便作出正确决策，从而保护证券市场投资者和公司股东的利益；另一方面是防止投资者暗中吸纳上市公司的大量股份达到公司控制权的临界点，然后采取收购行动对市场造成巨大的冲击和对股东的不公平待遇。另外，立法对持股预警披露后的交易限制，主要是为了让市场有充分时间传播和吸收信息，从而让投资者有充分的时间作出投资判断，同时也让目标公司有充分的时间进行有关安排。

2. 要约收购程序的启动

《证券法》第88条第1款规定，通过证券交易所的证券交易，收购人持有一个上市公司的股份达到该公司已发行股份的30%时，继续增持股份的，应当采取要约方式进行，发出全面要约或者部分要约。这一规定包含两个方面的重要内容。

第一，我国规定的是一种"半强制收购制度"。根据第88条的规定，投资者"强制收购义务"的产生，除了"持有一个上市公司已发行股份的30%"这一条件外，还必须有"继续进行收购"的意愿，也就是说，一旦投资者持股达到30%仍继续增加持股的，那么继续进行的要约收购是强制性的；但如果投资者不愿意继续收购，即使其持股比例已达30%，也不必受到要约收购的约束。这一规定在一定程度上豁免了收购方强制收购的义务，赋予了收购方自主选择、意思自治的空间。

收购方承担强制收购义务对目标公司的股东比较有利，是证券立法保护股东权益的一个重要手段。强制收购制度成熟于1968年美国国会就公司收购通过的《威廉法案》，其基本立法原则是：股东们有权有条不紊地在获得足够信息后作出重大投资决定；他们不应因害怕失去机会而匆忙出手或被迫在无知的情况下作出决定；而强制收购规定的立法目的在于确保所有股东的平等待遇，以免股东迫于压力而提前出手股票。自愿收购是相对于强制收购而作出的分类，是一种对收购方较为有利的立法。因此，证券立法有必要充分斟酌上市公司收购制度的价值与基本原则，综合考虑收购人和目标公司股东双方的利益，并根据本国证券市场的实际情况，合理确定自愿收购和强制收购的适用范围、适用条件，充分发挥两种收购制度的优势，平衡双方利益。我国现行立法要求，投资者持有某一上市公司已发行的股票达30%以上的，如果不计划继续收购的，须依法向证券监管部门提出豁免要约收购的申请，在得到监管部门批准后，投资者可以免于继续收购的义务。

第二，允许收购人提出部分收购。《证券法》第 88 条第 2 款规定，收购上市公司部分股份的收购要约应当约定，被收购公司的股东承诺出售的股份数额超过预定收购的股份数额的，收购人按比例进行收购。此处的比例是指收购人预定收购的股份数和被收购的上市公司的股东承诺出售的股份数的比例。

部分要约收购为收购人提供了一个更为灵活和成本相对较低的选择，收购人可以根据其需要和市场情况，在收购数量上自行设定收购目标，而不必强制接受被收购公司的所有股份，一定程度上避免了全面要约收购可能导致公司终止上市的情形。部分要约收购制度也有利于推进上市公司收购的市场化，减少全面要约豁免方面的行政介入，有利于收购业务的开展。另外，允许进行部分收购，也能有效地减轻收购人对收购资金的负担，能够起到鼓励收购的作用。

3. 要约收购的期限及法律效力

证券法规定，采取要约收购方式的，收购人在收购期限内，不得卖出被收购公司的股票，也不得采取要约规定以外的形式和超出要约的条件买入被收购公司的股票。收购要约约定的收购期限不得少于 30 日，并不得超过 60 日。在收购要约确定的承诺期限内，收购人不得撤销其收购要约。收购人需要变更收购要约的，必须及时公告，载明具体变更事项。

另外，我国《证券法》还规定，在上市公司收购中，收购人持有的被收购的上市公司的股票，在收购行为完成后的 12 个月内不得转让。这条规定主要是为了防止收购人欺诈目标公司的中小股东，如果收购人收购的股票转让不受时间限制，那么收购人可以轻易地利用持股优势、信息优势操纵市场、炒作股票获取不当利益。禁止收购人在收购行为结束后12 个月内转让，能够更有效地防止投资者利用上市公司收购而操纵证券市场和更好地保护中小股东的利益。

4. 要约收购的法律后果

要约收购在实践中可能出现以下不同的法律后果。

(1) 收购成功。收购结束后，收购人所持有的目标公司股份比例达 50%时，为收购成功，收购人取得目标公司的控制权。

(2) 收购失败。当要约收购期满，收购人持有的普通股未达到该公司发行在外的股份总数的 50%，为要约收购失败。收购要约人除发出新的要约收购外，其以后每年购买的该公司发行在外的普通股，不得超过该公司发行在外的普通股总数的 5%。

(3) 终止上市交易。《证券法》规定，收购期限届满，被收购公司股权分布不符合上市条件的，该上市公司的股票应当由证券交易所依法终止上市交易；其余仍持有被收购公司股票的股东，有权向收购人以收购要约的同等条件出售其股票，收购人应当收购。其立法目的是防止收购者凭借其控股权压迫中小股东，从而损害他们的利益。强制收购要约保证了中小股东都有以相同于大股东的高价出售股份的机会。批评者认为强制收购要约制度的存在对市场自发的资本重组活动产生了遏制和阻碍的效果。因为它极大地提高了收购的成本，加大了收购的难度，使收购人的资金压力过大，因无法筹措而放弃收购。这一制度被认为削弱了资本市场资源配置过程中市场本性的那一面，弱化了资本的活力。

(4) 变更企业形式。收购行为完成后，被收购公司不再具有股份有限公司条件的，应当依法变更其企业形式，有可能变为有限责任公司或者独资企业。

(5) 公司合并。《证券法》规定，收购行为完成后，收购人与被收购公司合并，并将该公司解散的，被解散公司的原有股票由收购人依法更换。收购人通过要约收购或协议收购取得被收购公司具有控制权的股份，通过股东大会的决议，收购人与被收购上市公司合并，并将被收购的上市公司解散，被解散公司的原有股票由收购人依法更换。同时，收购人应当依照《公司法》的规定，概括承受被收购公司原有的债权债务，并办理公司合并手续。

(三)付款方式

我国法律规定，收购人可以采用现金、证券、现金与证券相结合等合法方式支付收购上市公司的价款。收购人聘请的财务顾问应当说明收购人具备要约收购的能力。用现金进行收购的，对收购方的资金压力很大，因此，实践中很多收购往往是用证券或现金加证券的组合方式进行收购。

四、协议收购

(一)协议收购的概念

协议收购是指收购者在证券交易所之外与目标公司的股东在价格、数量等方面私下协商，购买目标公司的股份，以控制或兼并目标公司的一种收购方式。一般而言，协议收购都属于友好或善意收购。

(二)协议收购的程序

1. 收购的开始

收购人与被收购的上市公司股东签订转让股份的协议，协议收购即告成立。收购协议只能采取书面形式不能采取口头等其他形式。根据《证券法》第 94 条第 1 款的规定，采取协议收购方式的，收购人可以依照法律、行政法规的规定同被收购公司的股东以协议方式进行股份转让。同时，第 95 条规定采取协议收购方式的，协议双方可以临时委托证券登记结算机构保管协议转让的股票，并将资金存放于指定的银行。本条的规定实际就是对收购协议履行的保全性措施，以确保协议收购的正常履行。

2. 收购人的报告和公告义务

收购协议成立后，为了让国务院证券监督管理机构和证券交易所及时了解被收购的上市公司的股权变化，收购人应当向国务院证券监督管理机构和证券交易所报告收购协议的情况。同时，被收购的上市公司的股权变化会影响广大投资者的投资决策，为了保护他们的利益，应当将收购协议进行公告。收购协议的内容可参照要约及收购报告的内容。《证券法》第94条规定，以协议方式收购上市公司时，达成协议后，收购人必须在三日内将该收购协议向国务院证券监督管理机构及证券交易所作出书面报告，并予公告，在公告前不得履行收购协议。

3. 被收购公司董事会发表意见

根据《上市公司收购管理办法》第15条的规定，被收购公司受到收购人的通知后，其董事会应当及时就收购可能对公司产生的影响发表意见，而独立董事在参与形成董事会意见的同时还应当单独发表意见。被收购公司董事会认为有必要的，可以为公司聘请独立财务顾问等专业机构提供咨询意见。被收购公司董事会意见、独立董事意见和专业机构意见需要一并予以公告。管理层、员工进行上市公司收购的，被收购公司的独立董事应当就收购可能对公司产生的影响发表意见。独立董事应当要求公司聘请独立财务顾问等专业机构提供咨询意见，咨询意见与独立董事意见一并予以公告。财务顾问费用由被收购公司承担。

4. 协议的批准与生效

收购协议须经股东大会批准后生效。协议签订45日后，如未获股东大会的批准，则自动失效。自协议签订之日起至完全履行之日止，被收购公司不得发行任何证券以及签订任何有关公司正常业务范围之外的合约。

5. 履行协议

协议双方经过报告、公告及公布公开说明书后，正式履行协议。

自 测 题

1. 简述我国现行的中小企业板市场与创业板市场的基本制度。
2. 简要评述我国证券市场中的信用交易制度。
3. 股票指数期货交易包含哪些基本制度？
4. 什么是上市公司收购？它包含哪些种类？

第十章　证券监管法律制度

知识要点：

与大多数市场不同，证券市场必须接受强度高、范围广的监督与管制。各国证券业的历史经验证明，一个强有力的监管体制是保障证券市场健康持续发展的最重要的条件。我国证券监管体制中既包含政府部门的外部监管，也包含证券业的自律和自治。

引导案例：

在全球金融危机中，一种被称为"裸卖空"的行为引起了市场和监管层的高度重视。所谓"裸卖空"(Naked Short Selling)，是指投资者没有借入股票而直接在市场上卖出根本不存在的股票，在股价进一步下跌时再买回股票获得利润的操作手法。进行"裸卖空"的交易者只要在交割日期前买入股票，交易即可成功。根据美国 2004 年制定的有关法案，"裸卖空"的主要目的应该是为了创造市场中的流动性，而以打压股价为目的的"裸卖空"则是违法的。由于"裸卖空"卖出的是不存在的股票，交易量可能非常大，因此会对股价造成剧烈冲击。雷曼兄弟公司的总裁就坚持认为正是"裸卖空"最终摧毁了公司，雷曼兄弟公司就是在"裸卖空"的影响下，被快速完成了致命一击。对冲基金仅仅用了不到两个月的时间，就将雷曼股价从 20 美元一路拉到了 2 美分。这种对投资者信心的极大打击也导致更多的股票持有者抛售持有的证券。2008 年 8 月，在市场信心极度脆弱之际，美国证券交易委员会(SEC)正式通过了限制"裸卖空"的新规则，新法规迫使交易商和债券承销商关闭"裸卖空"交易。美国证券交易委员会主席考克斯在发表的声明中称，SEC 将对裸卖空者实行"零容忍政策"。2010 年 5 月，德国政府为了遏制金融市场上的恶意投机行为，宣布禁止国内证券市场中的"裸卖空"交易。

然而，德国禁止"裸卖空"的决策也引发了激烈的批评。一位国内学者认为，"通过强制设限来促使市场机制在过程自由中实现公平和维稳计划是典型的认知障碍，直接破坏市场价格发现和资源配置的过程自由，导致市场价格无法出清，风险敞口无法有效覆盖。设禁裸卖空是政府致命的理性自负。"欧洲内部的批评意见认为，"(德国单方面、未事先通知的)禁令违反了 WTO 和欧盟成立的宗旨，即拒绝会限制贸易、使经济危机恶化并扩散至邻国的具有隐藏性或拙劣的国内规章。"

请结合证券交易的基本规则和证券监管的基本原理，谈谈你对这一事件的看法。

（资料来源：刘晓忠，《德国致命的自负，高值市场失控的程度》，

原载《21 世纪经济报道》，2010 年 5 月 21 日版。）

中国证券监督管理委员会承担着对我国证券市场及期货市场的监管职责。证券法在授予中国证监会各项监管权力的同时，也从程序规则、法律责任等角度对其权力进行制约和控制。证券交易所作为证券市场中最主要的组织者和服务提供者，也执行着重要的监管职能。证券业协会作为行业自律组织，也发挥着一定的监督与管理功能。本章阐述了证券监管的基本法律制度。通过本章的学习，要求学生掌握证券监管的概念与基本模式，全面认识中国证监会的职能与监管权限，掌握证券交易所的概念、分类及监管职责，熟悉中国证券业协会的性质与自律监管职能。

第一节　证券监管法律概述

一、证券监管概述

证券监管的概念有狭义和广义之分。狭义的证券监管是指法定的监管机构运用法律所赋予的公权力对证券市场进行限制和约束的一系列行为的总称。广义的证券监管则在特定机构监管的基础上，还包括证券业行业协会和证券交易所等机构的监管。

在证券市场产生与发展的初期，并不存在一个专门的外在监管机构，证券市场的秩序主要依靠市场相关当事人的自律以及一定的司法救济来维持。这与当时的市场发展状况是相匹配的。随着历史的发展，这种传统证券格局暴露出种种不足。大量的新参与者进入证券市场，人与人之间逐渐陌生，这意味着欺诈行为出现的概率会大大提高，传统社会中的调整方法的威力因此随之下降；证券市场充满利益诱惑，众多当事人时刻需要面对各种矛盾冲突，这使得自律机制难以持续稳定地发挥作用；同时，司法程序通常只能在一定程度上起到事后救济的作用，而难以事先发现和防范风险，对于投资者的利益维护是无法令人满意的。

随着市场经济的深化，以政府为代表的外部监管开始逐渐介入证券市场，尤其在多次金融危机发生后，这种趋势更加明显。资本市场在很长一段时间内，都处在一个自我演进、自我探索、自我修复的过程之中，不可避免地有很多股市甚至金融体系的崩溃，而股市或金融体系的每一次崩溃，无疑会给经济带来沉重的打击，使得全社会为之付出高昂的成本。在一次又一次的"看不见的手"失灵之后，人们希望找到一种方法来治理市场失灵，政府这只"看得见的手"被认为是唯一的替代。大萧条彻底改变了美国证券市场上政府权力的存在方式。1934年，美国成立了一个高度专门化的联邦机构——证券交易委员会(Securities and Exchange Commission，SEC)。这个委员会一直被认为是美国效率较高的联邦机构之一。也正是从20世纪上半叶开始,世界各国纷纷组建专门的监管机关负责对证券市场进行监管，保证证券市场的合法、高效运行。

国际证监会组织(International Organization of Securities Commissions，IOSCO)是国际各

证券暨期货管理机构所组成的国际合作组织。该组织的宗旨是：通过交流信息，促进全球证券市场的健康发展；各成员组织协同制定共同的准则，建立国际证券业的有效监管机制，以保证证券市场的公正有效；共同遏止跨国不法交易，促进交易安全。中国证监会在国际证监会组织 1995 年的巴黎年会上加入该组织，成为其正式会员。IOSCO 始终将保护投资者的利益放在首位。1998 年 9 月在 IOSCO 的内罗毕会议上通过一份重要文献《证券监管的目标与原则》，将"保护投资者，确保公正、有效和透明的市场，减少系统风险"作为证券监管的目标。IOSCO 解释，这三项目标是紧密相连的，许多确保市场公平、有效和透明的措施也会促进对投资者的保护，并帮助减少系统风险；同样，许多减少了系统风险的方法也会为投资者提供保护。

二、各国证券监管体制的主要模式

从历史和现实来看，世界各国证券市场的监管体系大致分为三种情况：自律监管为主的监管体系；政府监管为主的监管体系和自律监管与政府监管相结合的监管体系。大多数国家的证券监管都包含着自律力量和他律力量等各种主体的共同参与，他们从自己的专业角度来治理证券市场中的各种风险。但是由于社会经济、文化背景以及历史传统的不同，各国监管体制的重心还是有所区别的。

(一)自律监管为主的监管体系——以英国为例

英国的证券市场在很长一段时间内都是以自律监管为主。在 20 世纪 30 年代，美国就设立了证券交易委员会这一机构，而英国却没有这样做，事实上英国直到 20 世纪 80 年代末才有了类似于美国证券交易委员会的证券监管机构。

自律型管理体制是建立在证券业(乃至整个社会)有自律传统、自身业务有严格的交易规则、证券从业人员有较高的专业水平和职业道德的基础上的。英国这一局面的形成主要包括以下几个原因：首先，亚当·斯密等自由经济学家的理论在英国深入人心。英国也曾经盛行过以政府控制经济为特征的"重商主义"，但这并不能使英国走向富强。英国的市场经济正是在自由放任中取得了巨大成功。因此他们当然地相信市场的力量，而对政府权力深具戒心。其次，英国人有比较坚定的法律信仰，他们自我约束意识强，往往能够自觉地遵守社会道德与文化传统，这就使他们对于成文法以及政府强制性监管的需求会大大下降。第三，英国证券业中的自律组织在实践中的表现一直令人称道，其自律管理体制赢得了社会的高度信任。

1985 年 1 月英国公布了"联合王国全能服务"白皮书，英国议会确认自律型管理模式具有如下优点：第一，它为充分的投资保护与竞争、创新的市场相结合提供了最大的可能性；第二，它不仅让证券交易商参与制定与执行证券市场管理条例，而且鼓励模范地遵守这些条例，这样的市场管理将更有效；第三，能够自己制定和执行管理条例的私营机构，与靠议会变更管理条例的机构相比，在经营上具有更大的灵活性，立法机关制定的法律强调稳定性，即使要修改，其修改程序比较复杂，时间也会拖很长，而自律机关不必受这一问题的困扰；第四，证券交易商对现场发生的违法行为有充分的准备，并且能够对此作出迅速而有效的反应。

自律管理体制也存在着诸多缺陷：第一，自律型管理通常把重点放在市场的有效运转和保护证券交易所会员的经济利益上，对投资者往往不能提供充分的保障；第二，管理者的非超脱性难以保证管理的公正性；第三，没有立法作后盾，其管理手段较软弱；第四，由于没有专门的中央管理机构，难以实现全国证券市场的协调发展，容易造成混乱状态。

英国自律监管体制在近年来也发生了一些变化。2000年英国通过了《金融服务和市场法》，该法明确了新成立的金融监管机构对被监管者的权力、义务与责任，统一了监管标准，规范了金融市场的运作。根据该法，英国成立了一家统一的监管机构——金融服务监管局(Financial Services Authority，FSA)。英国金融服务监管局拥有监管金融业的全部法律权限，成为整个英国金融业唯一的监管局。这一局面的形成也意味着英国金融业中的行业自律色彩有所减弱。

(二)政府监管为主的监管体系——以美国为例

美国在"大萧条"的惨痛经历后认识到了对证券市场进行实质监管的重要性，美国人开始重新审视对证券市场的监督与管理问题。1934年，美国国会通过了《证券交易法》，由于该法所涉及的范围非常广泛，因此国会决定新设一个专门的机构负责证券市场的监管，证券交易委员会应运而生，它成为直到目前最具影响、声望最高的联邦机构之一。证券交易委员会的宗旨是对全国的证券发行、证券交易、证券商、投资公司、投资顾问等依法进行管理，监督证券法、证券交易法以及其他与证券有关的联邦法律的执行和实施，以增进市场的稳定，为投资者提供最大的保护以及最小的证券市场干预，促进证券市场发展。美国国会批准设立独立的监管机构的初衷，是大多数美国人相信只有设立独立的监管机构，授予它特殊权力并让它高度专业化运作，才能解决当代社会发展所带来的复杂多变的各类问题。

美国的证券交易委员会具有较强的独立性和权威性，该委员会独立于其他国家机关，甚至总统一般也不能干预其行使职权。SEC直接对国会负责，每年须就全国证券市场的情况和对证券法律的执行情况，向国会提交书面报告。SEC行使职权不受其他政府部门的干涉，只需在其预算、立法等事项上应同有关部门协调。证券交易委员会为独立机构，不隶属总统、国会、最高法院或任何一个行政部门。证券交易委员会在法律规定的范围内行使其职权，不受上述机构的指挥。但是，证券交易委员会要受到总统、国会及法院的牵制。在行政方面，总统掌握着委员及任命主任委员的权力；在财政预算上，证券交易委员会的财政预算要交于联邦预算局审核同意编制，然后由总统交国会审议；在司法控制方面，证券交易委员会向联邦最高法院提起上诉时，应取得检察长的同意；对证券交易委员会的行政处罚，被处罚的人可以向法院提起诉讼，请求司法裁决。

美国证券交易委员会着力于寻求最大的投资者保护和最小的证券市场干预，限制证券活动中的欺诈、操纵、过度投机和内幕交易等活动，维护证券投资者、发行者、交易者等各类市场参与者的正当权益，通过一个公开而公平的投资信息系统，促成正确的投资选择和最佳的资源配置。作为一个广义上的政府机构，它有权对证券市场进行一系列的行政管理，同时该委员会还拥有一定的立法权和司法权。

它的立法权体现在两大类规则制定权上：即授权立法和解释。SEC 的立法或制定规则的权力来源于证券法的某些规定，这些规定特别授权 SEC 颁布具有法律效力的规则，这些规则不能超过创设行政权力根本法的许可范围，超出该法律范围的规则是无效的。SEC 还有权发布许多解释性规则，以帮助公司计划人和律师遵守法律的要求，这些规则并不具有法律强制力，它们仅仅表示委员会根据法律授权对法律的理解。然而这些解释得到了法官和证券市场从业者的极大尊重。

SEC 的准司法权体现在：根据法律的授权，美国证券交易委员会有责任对证券交易中的投诉和其他可能违法的迹象展开调查。调查以及任何后续的执法工作，都主要由美国证券交易委员会的执法部和各个外地办公室主持。美国证券交易委员会的大多数调查都是以非公开方式进行的。当案件涉及交易所或美国证券交易商协会的成员、注册经纪人或交易商时，美国证券交易委员会通常都会采取行政诉讼行动。在这些行政诉讼中，美国证券交易委员会发出命令，就某种违法行为举行听证会，借以搜集证据。在听证会上，执法部或某个外地办公室的律师，负责列举违法证据；被告也有充分的机会列举辩护证据。如果美国证券交易委员会最终裁决被告违法，就会采取相关的行政纠正措施。但被告也有权向美国上诉法院提出司法重审的要求。当事实显示，确实有欺诈或其他违法行为发生时，法律授权美国证券交易委员会可以采取民事诉讼、行政纠正等几种后续行为。

(三)自律监管与政府监管相结合的监管体系

根据境外成熟市场发展的经验，市场各参与主体的自我发展和监管部门的监管力量是市场发展的两股主要推动力量，两者不可或缺，也无法相互替代。目前世界各国证券监管的发展趋势是政府的集中管制与行业的自律管理彼此尊重、相互协调并且高度融合。人们发现自律管理和政府监管各有其优缺点，如果能够把它们有机地结合起来以实现功能的互补，这对于实现证券监管的最终目标是大有好处的。

我国证券监管体制中既包含政府部门的监管，也包含证券业中各种组织的自律和自治。我国目前发挥自律作用的组织主要包括：证券交易所、证券登记结算机构、证券服务机构和中国证券业协会。这些机构在各个层面上都履行着对证券市场的一定监管职责。

第二节　中国证券监督管理委员会

一、中国证券监督管理体制的发展概况

改革开放以来，随着中国证券市场的发展，建立集中统一的市场监管体制势在必行。1992 年 10 月，国务院证券委员会(以下简称为"国务院证券委")和中国证券监督管理委员会(以下简称为"中国证监会")宣告成立，标志着中国证券市场统一监管体制开始形成。1998 年 4 月，根据国务院机构改革方案，决定将国务院证券委与中国证监会合并组成国务院直属正部级事业单位。经过这些改革，中国证监会职能明显加强，集中统一的全国证券监管体制基本形成。1998 年 9 月，国务院批准了《中国证券监督管理委员会职能配置、内设机构和人员编制规定》，进一步明确了中国证监会为国务院直属事业单位，是全国证券期货市场的主管部门，进一步强化和明确了中国证监会的职能。

二、中国证监会的职责

根据我国法律的规定，国务院证券监督管理机构在对证券市场实施监督管理中履行下列职责。

(1) 依法制定有关证券市场监督管理的规章、规则，并依法行使审批或者核准权。

(2) 依法对证券的发行、上市、交易、登记、存管、结算，进行监督管理。

(3) 依法对证券发行人、上市公司、证券公司、证券投资基金管理公司、证券服务机构、证券交易所、证券登记结算机构的证券业务活动，进行监督管理。

(4) 依法制定从事证券业务人员的资格标准和行为准则，并监督实施。

(5) 依法监督检查证券发行、上市和交易的信息公开情况。

(6) 依法对证券业协会的活动进行指导和监督。

(7) 依法对违反证券市场监督管理法律、行政法规的行为进行查处。

(8) 法律、行政法规规定的其他职责。

同时，根据 1999 年中华人民共和国国务院令第 267 号颁布的《期货交易管理暂行条例》以及 2002 年 5 月中国证券监督管理委员会令第 7 号发布的《期货经纪公司管理办法》的规定，中国证券监督管理委员会依法对期货市场实行集中统一的监督管理，并对期货经纪公司进行监督管理。

期货监管部是中国证监会对期货市场进行监督管理的职能部门。其主要职责如下。

(1) 草拟监管期货市场的规则、实施细则。

(2) 审核期货交易所的设立、章程、业务规则、上市期货合约并监管其业务活动。

（3）审核期货经营机构、期货清算机构、期货投资咨询机构的设立及从事期货业务的资格并监管其业务活动。

（4）审核期货经营机构、期货清算机构、期货投资咨询机构高级管理人员的任职资格并监管其业务活动。

（5）分析境内期货交易行情，研究境内外期货市场。

（6）审核境内机构从事境外期货业务的资格并监督其境外期货业务活动。

（7）当期货市场出现异常情况时，中国证监会可以采取必要的风险处置措施。

（8）中国证监会可以随时检查期货交易所、期货经纪公司的业务、财务状况，有权要求期货交易所、期货经纪公司提供有关资料，有权要求期货交易所提供会员、期货经纪公司提供客户的有关情况和资料，必要时，可以检查会员和客户与期货交易有关的业务、财务状况，中国证监会在检查中，发现有违法嫌疑的，可以调取、封存有关文件、资料，并应当在规定的期限内及时作出处理决定。

（9）中国证监会对有期货违法嫌疑的单位和个人有权进行询问、调查；对期货交易所、期货经纪公司、会员和客户在商业银行或者其他金融机构开立的单位存款账户可以进行查询；对有证据证明有转移或者隐匿违法资金迹象的，可以申请司法机关予以冻结，有关单位和个人应当给予支持、配合。

三、监管措施与监管权限

1. 监管措施

根据我国法律的规定，国务院证券监督管理机构依法履行职责时，有权采取下列措施。

（1）对证券发行人、上市公司、证券公司、证券投资基金管理公司、证券服务机构、证券交易所、证券登记结算机构进行现场检查。

（2）进入涉嫌违法行为的发生场所调查取证。

（3）询问当事人和与被调查事件有关的单位和个人，要求其对与被调查事件有关的事项作出说明。

（4）查阅、复制与被调查事件有关的财产权登记、通信记录等资料。

（5）查阅、复制当事人和与被调查事件有关的单位和个人的证券交易记录、登记过户记录、财务会计资料及其他相关文件和资料；对可能被转移、隐匿或者毁损的文件和资料，可以予以封存。

（6）查询当事人和与被调查事件有关的单位和个人的资金账户、证券账户和银行账户；对有证据证明已经或者可能转移或者隐匿违法资金、证券等涉案财产或者隐匿、伪造、毁损重要证据的，经国务院证券监督管理机构主要负责人批准，可以冻结或者查封。

（7）在调查操纵证券市场、内幕交易等重大证券违法行为时，经国务院证券监督管理机构主要负责人批准，可以限制被调查事件当事人的证券买卖，但限制的期限不得超过15

个交易日;案情复杂的,可以延长15个交易日。

2. 监管权限

中国证监会作为法定的监管机构,对证券市场不仅可以行使法定的行政管理权力和一定的制定部门规章的权力,还可以行使一定的司法权。在2005年证券法的修订前后,关于如何规定中国证监会的准司法权一直是争论的焦点,最终达成以下共识。

首先,法律应当赋予中国证监会准司法权。所谓司法是指有权的国家机关,按照法定的职权和程序把法律运用于对民事、行政和刑事案件的处理,以及对这种过程进行法律监督的活动。中国证监会可依法行使一种似于司法权的准司法权。中国证监会有权查询当事人和有关的单位、个人的资金账户、证券账户和银行账户;查阅和复制与被调查事件有关财产权登记、通信记录等资料;对有转移或者隐匿涉案财产或者隐匿、伪造、毁损重要证据迹象的,可以冻结或者查封问题账户;限制被调查事件当事人的证券买卖等。增加监管机构的监管权力,特别是对违法行为实施检查和调查的强制权力,对于加强证券市场监管是必要的。

2006年1月1日,修订后的《证券法》正式实施,《中国证券监督管理委员会冻结、查封实施办法》(以下简称《办法》)同时配套实施。《证券法》第180条第6款明确规定,中国证监会可以冻结或者查封涉案财产的重要证据,《办法》的出台是对《证券法》规定的落实。该《办法》规定,中国证监会及其派出机构依法履行职责,有权冻结、查封涉案当事人的违法资金、证券等涉案财产或者重要证据,其具体实施程序为证监会案件调查部门、案件审理部门及派出机构先提交申请,经法律部门审查并报证监会负责人批准后,制作决定书、通知书,由执法人员实施。

法律之所以赋予中国证监会一定的司法权主要基于以下理由。第一,证券违法行为具有资金转移快、调查取证难、社会危害大等特点,如果证监会缺乏必要的强制查处手段,这对有效打击证券违法行为不利。赋予中国证监会一定的司法权,中国证监会就可以依据法律的授权来直接处理案件而无须等待漫长的司法程序。这符合我国目前证券市场的发展状况。第二,用传统的司法机关打击和预防证券违法行为会遇到种种困难。如证券违法行为一般带有专业性和技术性,而司法机关的工作人员未必具有此方面的专业知识和技能;同时司法机关工作任务繁重,在证券违法案件发生后,司法机关对此类案件所投入的人力、物力也只能是有限的,专业的证券监管机关可以缓和这些矛盾。正如美国的兰迪斯教授所说,"要符合专门化的要求,就必须通过创立更多的行政机构来扩大政府在经济发展各个阶段的影响力,创立更多而不是更少的机构最有助于提高政府管制过程的效率"。第三,赋予中国证监会一定的司法权还有利于提高中国证监会的权威及其日常功能的发挥。

其次,在赋予证监会以准司法权的同时,我国证券法对监管机构行使准司法权作了相关的程序设置,主要包括三方面的内容。第一,规范监管机构行使调查、检查的权力,特别是在行使冻结、查封"问题账户"时,须经国务院证券监督管理机构负责人批准。第二,规范执法过程，在监管机构行使检查、调查权时，应向接受检查、调查的当事人出示有关调查、检查证明等证件，并保证有两个以上工作人员同时进行调查。第三，限制当事人的强制措施在满足一定条件后应当予以及时解除。

四、证券法对国务院证券监督管理机构的制约

证券法的公正原则要求对证券市场中掌握和行使权力的主体进行严格的监督和制约。我国证券法对此作出如下规定。

(1) 国务院证券监督管理机构工作人员必须忠于职守，依法办事，公正廉洁，不得利用职务便利牟取不正当利益，不得泄露所知悉的有关单位和个人的商业秘密。

(2) 国务院证券监督管理机构依法履行职责，进行监督检查或者调查时，其监督检查、调查的人员不得少于二人，并应当出示合法证件和监督检查、调查通知书。监督检查、调查的人员少于二人或者未出示合法证件和监督检查、调查通知书的，被检查、调查的单位有权拒绝。

(3) 国务院证券监督管理机构依法制定的规章、规则和监督管理工作制度应当公开；国务院证券监督管理机构依据调查结果，对证券违法行为作出的处罚决定，应当公开。

(4) 国务院证券监督管理机构的人员不得在被监管的机构中任职。

第三节　中国证券业协会

一、中国证券业协会的发展概况

中国证券业协会是依据《证券法》和《社会团体登记管理条例》的有关规定设立的证券业自律性组织，是社会团体法人，接受中国证监会、国家民政部的业务指导、监督和管理。

中国证券业协会成立于 1991 年 8 月 28 日。在中国证券市场的起步阶段，协会在普及证券知识、开展国际交流以及提供行业发展信息等方面做了大量服务工作。1999 年，按照《证券法》的要求，协会进行了改组，在行业自律方面开始了有益的探索，为充分发挥协会自律、传导、服务等多项职能，促进证券业进一步规范发展，协会修订并完善了章程等一系列自律规则，初步建立起行业自律的框架。

中国证券业协会的宗旨是：在国家对证券业实行集中统一监督管理的前提下，进行证券业自律管理；发挥政府与证券行业间的桥梁作用；为会员服务，维护会员的合法权益；维持证券业的正当竞争秩序，促进证券市场的公开、公平、公正，推动证券市场的健康稳定发展。

二、证券业协会的职责

证券业协会履行下列职责。

(1) 教育和组织会员遵守证券法律、行政法规。

(2) 依法维护会员的合法权益，向证券监督管理机构反映会员的建议和要求。

(3) 收集整理证券信息，为会员提供服务。

(4) 制定会员应遵守的规则，组织会员单位的从业人员的业务培训，开展会员间的业务交流。

(5) 对会员之间、会员与客户之间发生的证券业务纠纷进行调解。

(6) 组织会员就证券业的发展、运作及有关内容进行研究。

(7) 监督、检查会员行为，对违反法律、行政法规或者协会章程的，按照规定给予纪律处分。

(8) 证券业协会章程规定的其他职责。

三、协会的会员

(一)会员的资格

根据《中国证券业协会章程》的规定，协会会员应当符合下列条件。

(1) 拥护本章程。

(2) 在中国境内登记注册。

(3) 符合法律、法规规定并经中国证监会批准或许可在中国境内从事证券业务。

(4) 协会要求的其他条件。

经中国证监会批准设立的证券公司应当加入协会，基金管理公司、证券投资咨询机构等其他符合前条所规定条件的机构可以申请加入协会。会员入会实行注册制。会员申请加入协会时，应当按照协会的要求进行登记注册。协会对会员按经营范围的区别进行分类管理。协会理事会根据对会员分类管理的需要设定会员类别。

(二)会员的权利与义务

会员享有下列权利。

(1) 选举权、被选举权和表决权。

(2) 要求协会维护其合法权益不受损害的权利。

(3) 通过协会向有关部门反映意见和建议的权利。

(4) 对协会给予的纪律处分有听证、陈述和申诉的权利。

(5) 优先参加协会举办的活动和获得协会服务的权利。

(6) 对协会工作的批评、建议和监督权。

(7) 会员大会决议规定的其他权利。

会员履行下列义务。

(1) 遵守协会的章程和各项规章制度。

(2) 执行协会的决议。

(3) 维护协会的声誉。

(4) 积极参加协会组织的活动，完成协会交办的工作。

(5) 向协会反映情况，按规定提供有关资料。

(6) 按规定缴纳会费。

(7) 服从协会的监督与管理，接受协会的检查与协调。

(8) 会员大会决议规定的其他义务。

(三)特别会员

协会设特别会员。证券交易所、证券登记结算机构、证券营业机构的地方性社团组织等有关机构可以申请加入协会，成为协会的特别会员。特别会员享有协会章程所规定的会员权利条款中的第 1 项所指的表决权以及第 2 至 7 项规定的权利。特别会员履行协会章程所规定的会员义务条款中的第 1、2、3、4、5、8 项义务。

四、证券业协会的组织机构

根据《中国证券业协会章程》的规定，协会设立以下机构。

(一)会员大会

协会的最高权力机构是会员大会，会员大会由全体会员组成。会员大会的职权是：制定和修改章程；审议理事会工作报告和协会财务报告；审议监事会工作报告；选举和罢免会员理事、监事；决定协会的合并、分立、终止；决定其他应由会员大会审议的事项。

(二)理事会与常务理事会

理事会是会员大会的执行机构，在会员大会闭会期间领导协会开展日常工作，对会员大会负责。理事会行使下列职权。

(1) 筹备会员大会。

(2) 执行会员大会的决议。

(3) 向会员大会报告工作。

(4) 审议协会年度工作报告和财务报告。

(5) 选举和罢免协会会长、副会长。

(6) 决定会员资格的解除。

(7) 制定和颁布协会的自律规则、行业标准及业务规范。

(8) 表彰、奖励、处分会员。

(9) 决定其他应由理事会审议的事项。

协会设常务理事会，对理事会负责。常务理事会行使以下职权：①召集和主持理事会会议；②组织实施会员大会、理事会决议；③制订协会年度工作计划；④批准协会预决算；⑤根据会长提名聘任秘书长；⑥决定设立、合并、撤销专业委员会；⑦决定协会日常办事机构的设置；⑧理事会闭会期间，行使理事会第 1、2、6、7、8 项及本章程其他条款规定的理事会的其他职权；⑨执行中国证监会授权或委托的各项工作。

(三)监事会

协会设监事会，监事会是协会工作的监督机构。监事会的职权有以下几项。

(1) 监督协会章程、会员大会各项决议的实施情况并向会员大会报告。

(2) 列席理事会会议，监督理事会的工作。

(3) 选举和罢免监事长。

(4) 审查协会财务报告并向会员大会报告审查结果。

(四)会长

协会设专职会长一名，副会长若干名，经理事会选举产生。协会实行会长负责制，会长为协会法定代表人。协会会长行使下列职权。

(1) 召集和主持常务理事会会议、会长办公会。

(2) 主持协会日常办事机构工作。

(3) 组织实施协会的年度工作计划、预决算。

(4) 提名秘书长。

(5) 聘请业内外专家担任协会顾问。

(6) 聘任副秘书长、各专业委员会主要负责人。

(7) 聘任协会日常办事机构各部门主要负责人，聘用协会专职工作人员。

(8) 常务理事会授予的其他职权。

自 测 题

1. 简述各国证券监管体制的基本模式。

2. 简述证券市场中自律监管的优点与不足。

3. 为什么需要赋予证券监督管理机构一定的司法权？

4. 简述证券交易所的监管职能。

第四编 票 据 法

第十一章 票据和票据法

知识要点：

狭义的票据是指受票据法规范、无条件支付确定的金额给持票人的一种有价证券。在我国票据分为汇票、本票和支票三种类型。票据法是调整票据和票据关系的法线规范的总称。

引导案例：

2005 年 9 月 26 日，万进芳在中国农业银行富源县支行(富源农行)存入人民币 10 万元，2005 年 11 月 26 日，万进芳之夫陈德义伙同他人伪造万进芳的身份证，对万进芳的 10 万元存款办理了挂失手续。同年 12 月 3 日，陈德义伙同他人持万进芳的假身份证取走了这 10 万元。案发后，陈德义获罪。万进芳将富源农行诉至富源县法院，要求赔偿存款 10 万元的损失。一审法院认为，富源农行未识别其使用的假身份证，将万进芳的存款 10 万元办理挂失手续并支取给他人，《最高人民法院审理票据纠纷案件若干问题的规定》第六十九条第一款，富源农行依法应承担赔偿责任。

一审判决宣判后，富源农行不服，提起上诉。

二审判决确认一审判决认定的事实，但认为适用《中华人民共和国票据法》属适用法律错误，实体处理不当，应予以纠正。终审法院认为，根据《中华人民共和国票据法》第二条的规定储蓄存单不属于票据，是储蓄合同成立的依据。因此，本案属储蓄合同纠纷，不属于票据纠纷，不属于票据法的调整范围，终审维持二审判决。本案是否适用《票据法》及其相关司法解释，有必要了解我国《票据法》所调整的范围。

我国于 1995 年制定并通过了新中国第一部《票据法》，于 2004 年对该法进行了修订。随着市场经济的纵深发展，《票据法》已经成为我国市场经济法制建设中最重要的法律之一。本章概述了票据法最为基本的问题。通过本章的学习，要求学生准确理解票据及票据法的概念与特征，熟悉票据的概念、特征与功能，正确认识票据的分类和票据法的特征。

第一节 票据的法律界定

一、票据的概念和特征

(一)票据的概念

在现实社会生活中，票据一词被人们广泛运用，其含义也十分宽泛，归纳起来，可以作广义和狭义两种解释。

广义的票据是指一种反映债权债务关系，以有价证券的形式流通的书面凭证。例如，债券、股票、仓单、车船票等。

狭义的票据是指受票据法规范的票据，仅包括汇票、本票和支票。本章所称票据就是狭义上的票据。由于各国立法体例的不一致，各国的票据概念也就不同。根据我国票据法，票据是指出票人依法签发的，承诺自己或委托他人在见票时或在票据到期日，无条件支付确定的金额给持票人的一种有价证券。

(二)票据的特征

狭义上的票据(以下称票据)与其他有价证券显著不同，主要体现在票据有以下几个特征。

1. 票据为设权证券

有价证券是一种权利凭证，能够证明当事人权利的存在，按权利产生与证券作成先后，可分为证权证券和设权证券。证权证券在作成之前，证券所反映的权利已经存在，即证券所反映的权利不以作成证券为前提，例如股票，投资者出资即取得股份和股东权，股票只是用以表彰股份和股东权，因为股东投资在先，股票取得在后，股票只是证明股份和股东权之存在及其大小。设权证券的证券权利必须基于证券而发生，这种有价证券的作成，有创设证券上所表彰权利的效力。票据权利基于票据而产生而非基于其他关系所产生，发行票据有创设票据权利的作用，在未发行票据之前，票据权利尚未发生，更不可能存在。

2. 票据为完全有价证券

按证券与其所表彰的权利是否可以分离，有价证券可以分为不完全有价证券和完全有价证券。不完全有价证券在一定的情况下，证券与权利可以分开。例如，提单丢失后，买方可以用其他的方式证明自己对于所购货物的权利，其物权并不当然丧失。完全有价证券的权利凭证合为一体。票据债务人履行票据义务后，持票人应将票据缴还给已经履行票据义务的债务人。可见，票据与票据权利是紧密结合，不可分开的。所以，通常情况下，持有票据，即被推定为拥有票据权利。

3. 票据为要式证券

按照有价证券的作成是否必须依照法定格式，有价证券可以分为非要式证券和要式证券。非要式证券的作成方式，法律没有明确统一的规定，而要式证券的制作必须严格依照法律的要求进行。法律对票据制作格式、记载事项、如何记载等都做了严格要求。不依法定方式制作，票据效力会受到影响。各国票据法都规定了绝对必要记载事项，欠缺绝对必要记载事项的，更改不可更改事项的，该票据无效。我国票据法还强调了部分绝对必要记载事项的记载方式：票据金额大小写必须一致，否则票据无效，签名必须遵循本名全名规则等。可见票据是严格的要式证券。这是由于商事交易的发展，迅捷和安全日益成为商法追求的目标，票据定型化一方面使得交易速度大为提高，另一方面又使得票据权利明确统一，避免票据文义的混乱或欠缺，从而保证交易的安全。

4. 票据为文义证券

按有价证券的权利内容是否依证券上所载文字意义而确定，有价证券可以分为非文义证券和文义证券。非文义证券上的权利不完全依证券上所载文义而定，文义证券则恰恰相反。票据权利是完全依票载文字意义所确定的，即使记载有误，一般也不能用票据本身以外的证据予以证明、修改或补充。如一方给另一方出具的票据金额应为 10 000 元，但误写成 1000 元，持票人就不得以其他方式来证明承兑人应支付 10 000 元，承兑人只以票载金额为据履行自己的付款义务，即支付 1000 元。票据的文义性旨在保护善意第三人的利益，以保障流通信用和交易安全。所以，其适用受到限制：①必须是在非直接当事人之间；②持票人必须以相当对价善意取得。例如，出票人签发票据交付给收款人，若票载权利义务与实质权利义务有出入，出票人可以基于实质权利义务关系对抗收款人，但票据若流入第三人手中，出票人就应严格地按票载文义负责，并且不得以其他证明文件变更、补充票载内容。

5. 票据为无因证券

按有价证券的法律关系与其原因关系是否分离，有价证券可以分为有因证券和无因证券。证券的作成是有原因的，有的原因是合法有效的，有的原因因违法而法律不承认其效力。证券作成的原因无效，证券因此当然无效的，为有因证券，如提单、仓单。证券作成原因无效，证券本身仍可有效的为无因证券。票据就是典型的无因证券，出票人依法作成票据并交付，那么票据上的权利义务关系就确定有效。在流通过程中，票据关系不因原因关系无效或有瑕疵而归于消灭或受影响，持票人主张票据权利时，不必证明取得票据的原因，债务人履行义务时也无须追问票据受让的原因及其是否有效。当然，我国《票据法》并未充分地体现票据的无因性，甚至有的条款有悖票据的无因性。例如《票据法》第 10 条，"票据的签发、取得和转让，应当……具有真实的交易关系和债权债务关系"。这一规定完全否定了票据是无因证券这一特性，而票据为无因证券恰恰是现代各国票据法的共同原则。

6. 票据为流通证券

按照有价证券能否在社会上以公共性规则进行公开的流通为标准，有价证券可分为非流通证券和流通证券。非流通证券的转让必须受民法上债权、债务转让规则的限制，且其转让没有在交易中形成共同的规则，受债权人、债务人等个人意志的影响较大。而票据则可以按照票据法规定的方式自由流通，其流通的法定方式简便快捷，并且转让次数越多，票据信用越高。票据流通的法定规则是：除票据上记载有"不可转让"字样的票据外，记名式票据背书后交付即可，无记名票据直接交付。出让人只需按法定规则转让票据权利，无须征得债务人的同意或通知债务人。

二、票据的主要功能

票据是商品经济的产物，票据制度一经建立，就发挥巨大的经济促进作用，曾经与公司制度一起成为资本主义制度的支柱。通过几个世纪的发展，票据不断增加新的功能，在现代社会的经济生活中，票据有以下主要功能。

(一)汇兑功能

票据的汇兑功能是指票据具有异地兑换转移货币资金的作用，它是各国早期票据制度通常所追求的基本功能。现代交易许多是在异地进行，甚至在异国之间的交易也日益频繁。如果交易达成协议，以现金为履行债务的方式，必然有大量的现金运送，这样会产生不必要的成本和安全风险。若是异国之间，还会产生相关国家货币管制冲突，而用票据取代现金，这一切问题都迎刃而解。如武汉的吴某向南京的赵某清偿货款10万元，吴某可以将10万元交给武汉的银行，取得该银行发给的一张可在南京分行取款的汇票，吴某将此汇票寄给赵某即可。本票、支票亦然。当然现代电子商务的发展，电汇、信用卡的发展，已经淡化了票据的汇兑功能，但在国际贸易中，票据的汇兑功能方兴未艾。

(二)支付功能

有信誉的票据，在相当的意义上即意味着票据上所记载的金钱数额。而票据的支付功能就是指票据具有代表定额货币，代替现金支付的基本功能。这是票据最原始、最简单的作用，在现代交易中，金钱的支付极为频繁，但现金支付需要接受双方点数，程序烦琐，加上假币的存在、大量货币的携带不方便，使现金交易极不安全。由于票据可以代表一定数额的货币，同时又便于支付、简化支付并使支付安全化，所以票据成为现代商业交易中重要的支付工具。

(三)信用功能

在现代商业交易中，信用交易大量存在，例如，卖主先行交货，而买主在一个月后付款之类的情形比比皆是，在这种情况下，交易的完成有赖于双方的信用关系，买主可以签发一个月后到期的汇票或本票，这时的票据不仅具备支付功能，更重要的是信用功能。汇票和本票是典型的信用工具，虽票据的信用功能迟于汇兑功能的形成，但在现代经济生活中，它已发展成票据的主要功能，对于经济的发展和贸易的繁荣具有不可估量的意义。

(四)结算功能

在商业交易中，票据作为给付的手段，人们可以用它来冲抵相互收款、付款的债权、债务，这就是通常所说的结算。简单的例子是两人之间互负债务若干元，即可各自向对方签发一张本票，到期即可进行抵销，余款另行给付即可。复杂的结算是通过票据交换制度进行的，即在贸易或金融中心设立票据交换站，通过票据交换来抵销债权、债务，进行结算。票据的结算功能在国际贸易中尤其显示出优越性，因此，各国都普遍设置票据交换中心，实行票据交换制度，以便于票据结算。1988年，我国正式恢复票据制度，其初衷即推行票据的结算功能。

(五)融资功能

在五大功能中，票据的融资功能是最新的。票据的融资功能主要通过票据的贴现制度来实现。票据贴现就是未到期票据的买卖，即未到期票据的持有人卖出票据以取得现款。现代票据贴现业务多由各国专业银行经营，各国中央银行经营再贴现。银行经营贴现业务实际上是向持票人提供资金。现代国际票据市场活跃，不仅在于它经营到期票据的交换和买卖，更重要的是它经营未到期票据的交换和买卖。正是如此，票据实现了融资功能。

三、票据的分类

依据不同的标准，可以对票据作不同的分类。

(一)法律上的分类

票据法通常依票据关系的内容，将票据分为汇票、本票和支票三种基本类型。汇票是由出票人签发的，委托付款人在见票时或在指定日期无条件支付确定金额给收款人或持票人的票据。本票则是指出票人签发的，承诺自己在指定日期或见票时无条件支付确定金额给收款人或持票人的票据。支票即由出票人签发的，委托办理支票业务的银行或其他金融机构在见票时无条件支付确定金额给收款人或持票人的票据。在多数国家票据法中，汇票为基本的票据类型，包括即期汇票和远期汇票，即期汇票是见票即付的汇票，其他的为远期汇票。在我国票据体系中，以银行信用为基础的票据类型居主导地位，主要包括银行汇票、银行承兑汇票、本票和支票，商业承兑汇票居于次要地位。另外，我国的本票仅为银行本票，并且仅为即期票据，支票也仅为即期票据。这显然抑制了本票和支票的经济功能。

(二)学理上的分类

学理上的分类主要有以下几种。

1. 自付票据和委付票据

以票据关系中付款人是否为出票人为标准，票据可以分为自付票据和委付票据。汇票和支票一般都是出票人委托他人支付款项，因而归之为委付票据。英国票据法正是基于此而将支票归为汇票之一种。从本票的概念可知，本票的款项是由出票人自己作为付款人进行支付的，故属自付票据。

2. 即期票据和远期票据

依票载到期日的不同，可将票据分为即期票据和远期票据两大类。即期票据是以出票日为付款到期日，由付款人见票即付款的票据，其作用是为交易提供支付工具。我国票据法规定的银行汇票、支票和本票均为即期票据。远期票据又称为"期票"，是指以出票后的某个日期为付款到期日，付款人在到期后方可付款的票据。它的主要价值体现在其信用功能，即能够为出票日至付款日之间提供信用。依我国的票据法，仅商业汇票为远期票据且均须承兑。远期汇票又可进一步分为：①板期汇票，又称定期票据，如汇票上明确记载具体的付款日为"2008年9月1日"。②注期汇票，指在承兑见票后的一定日期付款的汇票，如汇票明确记载"见票后两个月付款"。③计期汇票，指在出票日后一定日期付款的汇票，如汇票上载明"出票后三个月付款"。当然，随着支票的广泛使用，在票据的信用功能中提到的变通使用支票的方法，使得支票也具有信用功能，也可以成为"板期支票"。

3. 记名票据、无记名票据和指示票据

以票据出票时对收款人的记载方式为标准，票据可以分为记名票据、无记名票据和指示票据。比如出票时明确记载收款人为"张三"的，则为记名式票据。出票时没有记载收款人名称，或仅记载"请付来人"、"请付持票人"等字样的，为无记名票据。指示票据是指不仅记明收款人名称，而且进一步载明可以以收款人的"指定人"为权利人的票据，如票据载明"请付款张三及其指定人"文句的即为指示票据。

4. 完全票据、不完全票据和空白票据

以票据出票时绝对必要记载事项是否完整记载为标准，票据可分为完全票据、不完全票据和空白票据。出票时已将绝对必要记载事项记载完全的，为完全票据。出票时没有将绝对必要记载事项记载完全，也没有授权持票人填充空白的，为不完全票据，是无效票据。出票时有意不将绝对必要记载事项记载完全，而授权收款人及其后手补充空白的，为空白票据，又称未完成票据，这种票据在大多数国家均为有效票据。我国票据法不允许汇票、本票发行空白票据，仅允许支票以有限空白方式发行，即只能空白金额和收款人名称两项内容，其他绝对必要记载事项不得空白。

第二节 票据法概述

一、票据法的概念和特征

(一)票据法的概念

从理论上看，票据法也有广义和狭义两种解释。广义的票据法泛指各部门法律中有关票据的法律规范的总称，包括公票据法和私票据法。如刑法中有关伪造、变造有价证券罪的规定；民事诉讼法中关于票据诉讼和公示催告程序的规定等属公票据法。私票据法除了包括狭义的票据法外，还包括民法中适用于票据和票据法律关系的规定，如民法中关于票据能力、票据原因关系、票据资金关系、票据设质、票据代理等的规范。狭义的票据法是指专门调整票据和票据关系的法律规范。它又可以分为形式意义上的票据法和实质意义上的票据法。形式意义上的票据法是指以"票据法"命名的票据法。当然，由于立法体例不同，形式意义上的票据法是在各国有不同的命名形式。实质意义上的票据法包括形式意义上的票据法，还包括有关票据交换、票据贴现、票据结算、票据存款等法规。本章所称票据法，指狭义的票据法。

(二)票据法的特征

票据法与其他法律相比，具有自己显著的特征。

1. 强烈的公法色彩

票据法调整的是平等主体之间的票据活动和票据关系，属私法范畴。但大多数国家为保障票据交易安全，在票据法中规定了大量的公法性规范。例如，各国票据法中关于伪造、变造票据的刑事责任的规定，关于金融机构及其工作人员在票据活动中违法行为的行政责任的规定等，都体现了票据法的公法色彩。

2. 大量的强行性规定

票据法虽属私法，但私法中的任意性规范在票据法中采用较少，而强行性规范则俯仰皆是。票据法对票据类型、票据行为的大部分内容均采法定主义，当事人不得依自己的意思另行创设票据种类或票据行为，而且现代票据法均奉行严格的要式主义和文义主义，对票据上的权利、义务依文义确定，禁止当事人以任何特约加以改变。

3. 鲜明的技术性

从法理上看，某些法规明确地追求特定社会道德伦理价值，反映法律与社会主流伦理观的一致性，比如婚姻法、亲属法等；而另一些规范并不直接体现道德伦理观的要求，而是具较强的技术性。票据法正是一个恰当的例子。票据是商人们适应商事交易的需要而发明创造的一种商事交易工具，进而演变成一种货币金融工具。票据法在总结商事、金融经验的基础上，专门设计出一套独特的票据规则，以保障票据经济功能的实现，这些规则并未体现社会伦理道德的要求，而仅仅追求票据上权利义务的确定性以及票据权利流转的便利与快捷。虽然票据法中也有"善意"、"正当"等伦理方面的规定，但从根本上看，票据法体现为票据活动的技术规范，与交通法规相类似，具有明显的技术性。

4. 国际统一性

虽然各国的票据法为各国自己的立法机关制定，实施于各国本土，属于国内法。但是，从立法内容和发展方向看，它具有国际统一性的特征。由于国际贸易的发展，票据的国际流通经常发生，所以多数国家的票据法在基本制度上具有统一性或相似性，并且为了方便本国与他国的贸易、促进本国更广泛地参与世界经济，各国票据的国际趋同性日益强劲。

二、我国的票据立法

据史料记载，我国很早就使用了票据，如唐代的"飞钱"。明代成为我国古代票据的发达时期，当时山西有专门从事银钱经营的商人们自设"票号"，广布分号，广泛发行类似于现代票据的票券。清代之后，"票号"演变为"钱庄"，票券业有了新的发展，到19世纪中叶已空前昌盛。即便如此，我国古代仍没有形成完整的票据制度和规则，也未正式产生票据法。这是因为历史上我们的商品经济时起时落，加之统治者的"抑商"政策，使得我们的本土票据制度未能真正发达并延续下来，后来终于为西方票据制度所代替。清末变法后，西方银行进入我国，击败了传统的钱庄，欧洲的票据制度顺理成章地取代了我国传统的票券规则。

1929年，国民政府在融合西方两大法系的票据制度的基础上，确立了包括汇票、本票、支票三种有价证券的票据概念，制定并颁行票据法，这是我国的第一个《票据法》，全文139条。从此，我国古代所产生发展的各种传统票券消失，而汇票、本票、支票这三种现代票据进入了我国经济和生活中。

新中国成立后，由于实行高度集中的计划经济体制，信用集中到银行，限制和取消商业信用。银行结算通过托收、委托付款等方式进行，票据制度无用武之地，汇票的使用仅限于国际贸易。从1952年起，个人不得使用支票，企业与其他单位也是有限制地使用支票。在这种情况下，自然就没有完整的票据立法。对票据的管理完全使用行政方法，由中国人民银行、商业部等发布规章作出规定。党的十一届三中全会以后，票据制度逐渐恢复，1984年12月4日，中国人民银行颁布《商业汇票承兑贴现暂行办法》，开始推行商业汇票。1988年，《银行结算办法》颁行，该办法全面推广使用银行汇票、商业汇票、银行本票、支票，同时规定废止托收、委托付款等结算方式，这个办法在当时起到了全国性的票据法规的作用。

1995年，《中华人民共和国票据法》的颁布，在我国票据法制史上是十分值得重视的，它是新中国的第一部票据法，标志着我国票据制度的全面恢复。

我国票据法也有其独特之处。

(1) 立法上采取包括主义，将汇票、本票和支票纳入一部法律之中。

(2) 注重票据基础关系，例如，法学界经常提到的《票据法》第10条第1款，还有第20条第1款，第83条第2款等。

(3) 引入对价制度并且强调记名制度，这是由当时的信用状况和市场经济发展程度所决定的。

1997年，为了配合《票据法》的实施，中国人民银行发布了《票据管理实施办法》和《支付结算办法》。《票据管理实施办法》是《票据法》的实施性法规，而《支付结算办法》则对汇票、本票和支票作了更加进步和详细的规定。但是这三位一体的票据法基本上处于初级水平，某些规则与大多数国家所采用的"新票据主义"相去甚远，而且法规之间相互冲突的问题突出。2000年，最高人民法院的司法解释出台，即《最高人民法院关于审理票据纠纷案件若干问题的规定》(以下简称《规定》)，该《规定》对《票据法》中的一些问题做了修正，应该说是一个不小的进步。2004年，《票据法》得到修订，原第75条被删除。但是，无论从票据法国际统一化发展的方向看，还是国内票据实践的需要看，我国票据法律制度的建设仍然需要更多的努力，《票据法》的修改也成为迫切需要。

自 测 题

1. 票据和一般的有价证券的区别有哪些？
2. 举例说明票据的融资功能。
3. 什么是票据法，票据法的特征有哪些？

第十二章 票据权利

知识要点：

票据权利是持票人为了取得票据金额而向票据债务人行使的权利。票据权利是具有无因性、以金钱给付为内容的请求权，不能替代给付；具有付款请求权和追索权的双重权能，时效非常短。票据权利的取得，以合法持有票据为必要条件，分为原始取得和继受取得。票据权利的行使是指票据权利人向票据债务人提示票据，请求履行票据债务的行为，主要包括提示承兑、提示付款、依法追索等。票据权利的保全是指票据权利人为防止票据权利丧失而进行的行为。

引导案例：

某日，山东华成公司向山东省淄博市周村区人民法院起诉请求：判令淄博鲁恒公司返还不当得利款 30000.00 元，并承担本案诉讼费用。山东华成公司称承兑汇票票号301005121056183，出票人为淄博水环真空泵厂有限公司，出票日 2011 年 11 月 18 日，到期日 2012 年 4 月 18 日，票面金额叁万元整。该汇票的最后背书人为淄博鲁恒公司，最后背书人的上手背书人为山东华成公司。该汇票已于 2012 年 4 月 13 日由淄博鲁恒公司在交通银行淄博分行兑付。该汇票是其职工翟晓天于 2011 年通过特快专递方式邮寄至案外人山西德士孚机电设备制造有限公司，不排除在邮寄中丢失，淄博鲁恒公司系该汇票的最后背书人，且已兑付该汇票，但双方无业务往来，淄博鲁恒公司兑付该汇票无法律依据，应予返还该汇票兑付金额。

淄博鲁恒公司称取得涉案汇票非因欺诈、偷盗、胁迫等不法手段，而是由郭某交于淄博鲁恒公司用以兑付现金，淄博鲁恒公司已将所兑付款项交于郭某。

证人郭某称其与江苏宜兴市新力炭素制品有限公司存在石墨买卖业务，江苏宜兴市新力炭素制品有限公司以该汇票支付其货款，其取得该汇票后为兑付现金而让淄博鲁恒公司予以兑付，淄博鲁恒公司兑付现金后于 2012 年 4 月 23 日通过其法定代表人郭恒俊账号为21××43 的账户将兑付金额 30000.00 元转账至其账号为 62××33 的账户中，并提供了银行凭证一份予以证实。

山东省淄博市周村区人民法院认为，没有合法依据，取得不当利益，造成他人损失的，应当将取得的不当利益返还受损失的人。票据具有无因性，持票人享有票据权利，汇票的取得除背书转让以外，亦可以通过其他合法方式取得。本案中，山东华成公司以其与淄博鲁恒公司不存在业务关系为由主张淄博鲁恒公司取得涉案汇票无合法根据而要求淄博鲁恒公司予以返还，但其未提供该票据系淄博鲁恒公司以欺诈、偷盗或者胁迫等手段取得的证据；根据证人郭某所述，该汇票系江苏宜兴市新力炭素制品有限公司用以支付其货款，证人郭某将该汇票交于淄博鲁恒公司，淄博鲁恒公司将兑付款项交于证人郭某，淄博鲁恒公司取得该票据具有合理性，并非不当得利。故对山东华成公司要求淄博鲁恒公司返还不当得利款 30000.00 元的诉讼请求，不予支持。据此，依照《中华人民共和国票据法》第十条、第十二条及《中华人民共和国民事诉讼法》第六十四条　第一款　之规定，判决:驳回山东华成中德传动设备有限公司的诉讼请求。案件受理费 275.00 元，由山东华成中德传动设备有限公司负担。

原告淄博鲁恒公司不服,上诉到淄博市中级人民法院。

本案的争议焦点为：票据及票据权利的取得有无合法依据。

本案涉及票据权利及票据权利的取得问题，我国《票据法》第 4 条第 4 款是关于票据权利的立法规定。本章阐述了票据权利的基本法律制度。通过本章的学习，要求学生准确理解票据权利的概念与特征，重点掌握票据权利的特征与取得方式、理解票据权利的行使和保全的关系。

第一节　票据权利概述

一、票据权利的概念

票据权利是持票人为了取得票据金额而向票据债务人行使的权利，包括付款请求权和追索权。在票据关系中，票据权利人为合法的持票人，义务人为在票据上签章的票据行为人，标的为一定数额的金钱，该数额根据付款请求权和追索权的不同而有别。

二、票据权利的特征

票据权利不同于一般的民商事权利，具有以下特征。

1. 票据权利是以金钱给付为内容的请求权

票据权利在本质上也是一种债权，与普通债权不同的是，票据权利只能以金钱给付得到满足，不能有任何变通；而普通债权则可以是金钱以外的有形财产或无形财产，还可以发生标的转换现象。

2. 票据权利是证券性权利[1]

所谓证券性权利，是指依赖证券而存在的权利，即权利内容必须表现在证券上。证券性权利的特点在于它是由两种权利组合而成，也就是说，在证券上存在两种权利。一种是

---

[1]　赵威：《票据权利研究》，法律出版社，1998 年版第 53 页。

持有证券的人对构成证券的物质(即一张纸)的所有权,这是证券所有权。另一种是构成证券的内容的权利,即证券所表示的权利,也就是证券持有人凭证券上的记载而享有或行使的权利,这是证券权利。[①]证券权利必须通过证券的物质载体而存在,所以证券权利的存在要以证券所有权的存在为前提,证券所有权与证券权利合二为一,密不可分。

而民法上的一般金钱债权不以证券的存在为必要,即使表明相互之间债权、债务的证券不存在了,只要有其他证据可以证明当事人之间存在债权、债务关系,那么,债权人仍有权要求债务人清偿,如借贷之债。票据权利作为证券权利,除法律另有规定外,票据权利的发生、转移和行使都以票据的存在为必要,即票据权利的发生以作成票据为必要、票据权利的转移以交付票据为必要、票据权利的行使以持有票据为必要。离开票据,权利人不能主张自己的权利,票据权利与票据作为物质的所有权合二为一、密不可分,即所谓"权利与证券相结合,权利证券化"。

3. 票据权利有付款请求权和追索权的双重权能

普通金钱债权是一次性的请求权,而票据权利有付款请求权和追索权的双重权能。各国票据法为了确保持票人获得票据付款,均赋予了票据权利人双重的票据权利,即付款请求权和追索权。其中付款请求权为第一次请求权,即持票人向票据的主债务人请求支付票载金额的权利,这种权利应当在票据流通结束或付款到期日行使。当第一次请求权不能实现,票据债权人即可行使第二次请求权,即追索权。追索权的行使,原则上必须是行使付款请求权而被拒绝后才能行使,但也有例外,譬如期前追索和因不可抗力不能行使付款请求权时所发生的追索。

4. 票据权利具有无因性

票据的转让实质上是票据权利的转让,整个一部票据法的核心就在于通过各项具体制度的设计来确保票据权利的转让,亦即票据流通的顺畅进行,以便充分发挥票据在实际交易中的功用。要达此目的,首先必须坚持票据权利的无因性,以消除票据流通的第一道障碍。所谓票据权利的无因性是指持票人无须向票据债务人明示其取得票据是出于何种原因以及原因是否合法,即可对票据债务人主张票据权利,而票据债务人也无权利审查持票人取得票据权利的原因是否真实是否合法。通常而言,票据权利一旦合法取得,其取得的原因是否继续存在、是否仍然合法而有效,不再对持票人所取得的票据权利的效力有任何的影响。而一般民事债权能否为当事人合法取得,原则上取决于其取得的原因是否合法,原因的效力往往决定了该民事债权的效力。

5. 票据权利具有短时效性

为加强票据的流通,促进资金的周转,有必要促使票据权利人尽快行使权利,终结票

---

① 谢怀栻:《票据法概论》, 法律出版社,1990 年版第 5 页。

据关系。票据权利的短时效制度不仅追求效率价值，同时也彰显法律的另一重要价值——公平。如前所述，票据法对票据权利人的保护可谓步步为营，票据关系的另一方——票据义务人的利益则通过票据权利短时效制度得以维护，如果时效期间经过义务人即可脱卸票据义务这一沉重的负担，以平衡票据关系双方的权利义务关系，这是票据权利短时效制度的要旨之一。从这一点看，可以说票据权利短时效性是公平与效率均衡理论的极好诠释。[①]所以，现代各国票据法的一个普遍做法就是为票据权利规定较短的时效期限，以加快债权、债务的清偿速度。持票人如不能尽快地行使其票据权利，就要面临票据权利丧失的危险。

第二节　票据权利的取得、行使和保全

一、票据权利的取得

票据是完全证券，权利和证券紧密结合在一起，所以，票据权利的取得，以合法持有票据为必要条件。依照持票人取得票据的方式，票据权利可以分为原始取得和继受取得，这两种不同的取得票据的途径使得持票人所享有的票据权利也不尽相同。

1. 票据权利的原始取得

票据权利的原始取得又可以分为出票取得和善意取得。

(1) 出票取得是指持票人基于出票人的出票行为而原始地取得了票据权利。

(2) 票据权利的善意取得是指依票据法规定的转让方法，持票人在支付相当对价的前提下，善意地从无处分权人处受让票据，从而取得票据权利。

票据权利的善意取得是借鉴民法上的动产善意取得，变通设立的一种制度，旨在保护票据的流通和交易的安全。因此票据善意取得也必须具备一定的条件：第一，票据受让对象必须是无处分权人，否则就构成继受取得；第二，持票人受让时的心理态度必须是善意的，即受让人虽尽了法定主义义务仍不能知道出让人无处分权；第三，持票人受让票据时支付了相当的对价，即不能是未支付对价或未支付相当对价，否则，根据后手继承前手瑕疵的原理，让与人没有票据权利，受让人即持票人也不得享有票据权利。满足以上三项条件即构成票据权利的善意取得，票据权利的善意取得的法律效力是后手取得的票据权利优于或大于其前手所享有的票据权利，持票人可以独立地、完整地享有票据权利。

2. 票据权利的继受取得

票据权利的继受取得是指持票人基于其前手的票据权利，依照合法的转让方式取得票据，从而享有票据权利。这主要包括：第一，依票据法规定的方式，通过背书或单纯交付

[①]　覃有土、吴京辉：《略论票据时效》，中南财经政法大学学报，2005(2)。

而取得；第二，依民法上普通债权转让的方式取得，如继承、公司合并分立、破产财产的分配、赠与等。

二、票据权利的行使和保全

某些行为既是票据权利的行使行为，又是票据权利的保全行为，如提示付款，所以票据权利的行使和保全常常相提并论。

1. 票据权利的行使

票据权利的行使是指票据权利人向票据债务人提示票据，请求履行票据债务的行为。这主要包括向付款人提示票据请求承兑，向付款人或承兑人提示票据请求付款、向前手债务人依法追索等。

2. 票据权利的保全

票据权利的保全是指票据权利人为防止票据权利丧失而进行的行为，主要包括为防止追索权的丧失而遵期提示票据的行为；为防止追索权的丧失而作成拒绝证明书、出示拒绝证明书或其他合法证明的行为，票据权利丧失而中断时效的行为等。

票据权利的行使和保全，二者相互联系并且有部分重合，因为票据权利行使和保全的方法主要有遵期提示票据、依期作成拒绝证明、中断票据时效。遵期提示票据要求票据权利人在票据法规定的期间内向债务人出示票据，并请求其履行义务。票据是完全证券，权利人行使票据权利必须提示票据以证明自己为票据权利人，而无论是提示承兑还是提示付款若未按期进行，则丧失对前手的追索权，所以遵期提示票据可谓一石击二鸟，既行使了票据权利，又可能达到了权利保全的目的。遵期提示若遭拒绝，权利人可以进一步行使追索权，追索权的行使可能是因为行使票据权利遭到拒绝，也可能是因为无法行使票据权利。无论哪种原因，持票人行使追索权时，必须依期作成拒绝证明，一般为退票理由书或有关法定机关出具的证明文件等形式，否则持票人丧失对其前手的追索权。最高人民法院在其《规定》中将《票据法》第17条解释为时效期间而非除斥期间，因而可以发生中断。我国票据法和相关的司法解释都没有关于中断时效的具体方式，因此，只能依民法中断时效的方式进行，主要有提起诉讼，债权人一方提出要求履行债务、债务人一方同意履行债务等。

3. 行使与保全票据权利的场所

各国票据法都规定，票据债权的行使或票据债务的履行，应由票据权利人到票据债务人的所在地进行，从而形成了与民法上债的履行相反的情形和原理。这是由于票据是流通证券，其生命力在于频繁的流通，尤其在委付票据的情况下，付款人难以得知其债权人在何方，无法到债权人所在地履行票据债务。我国《票据法》第16条规定的行使与保全票据权利的场所是营业场所或住所。

4. 行使与保全票据权利的期间与时间

（1）期间。行使与保全票据权利的期间应以《票据法》规定的提示期间或时效期限为准。

（2）时间。持票人行使与保全票据权利，必须于特定的时间进行，不得随意为之。根据《票据法》的规定，特定的时间应当是指票据债务人的正常营业日内的正常营业时间。

第三节　票据权利的保护

票据权利的保护是指为了保护票据权利人的利益，票据法特别设定的一些保护方法，包括票据抗辩的限制制度以及票据丧失的救济制度。

一、票据抗辩的限制

票据权利在本质上是一种债权，不同于普通债权的是它可以在各主体之间自由流转，因此，若票据抗辩也如同一般的民法债务人的抗辩一样，持票人必然惶惶不安，担心前手权利瑕疵会波及自己的票据权利，从而妨碍票据的流通。为了保障票据权利的安全并使票据畅通无阻，票据法对票据抗辩设立了限制，当然票据抗辩本身的设置是从保护票据债务人利益的角度促进交易安全。因此，并不是对所有的票据抗辩限制，而只针对某一些类型的抗辩进行限制。票据抗辩依抗辩对象和效力的不同，可分为以下两大类。

1. 对物抗辩

对物抗辩是指基于票据本身的原因而产生的抗辩，这种抗辩又称为绝对抗辩。例如，欠缺绝对必要记载事项，更改了不可以更改事项、背书不连续、到期日尚未截止，票据上有伪造、变造行为等情况下，债务人可以对抗任何持票人，对这类票据抗辩没有限制。

2. 对人抗辩

对人抗辩是指基于特定的当事人之间的关系而产生的抗辩。譬如基于原因关系、资金关系或当事人之间的特别约定，债务人可以对抗特定的持票人，因此又称相对抗辩。对人抗辩又分为直接抗辩和间接抗辩，直接抗辩是在直接当事人之间进行的抗辩，如 A 出票与 B 购买货物，B 不履行交货义务，A 以此对抗 B 的票据权利。间接抗辩是在非直接当事人之间进行的抗辩，一如上例，B 将票据合法转让与 C；A 以 B 未履行交货义务而对抗 C 的票据权利，此即为间接抗辩。正是这类对人抗辩受到限制，也称对人抗辩的切断，即抗辩原因和抗辩效力不能延续适用于非直接当事人之间。本例中，A 不得以自己与 B 之间的原因关系瑕疵或不成立对抗持票人 C。我国《票据法》第 13 条规定，票据债务人不得以自己与出票人或者与持票人的前手之间的抗辩事由对抗持票人。最高人民法院的《规定》的第

14 条规定，对已经背书转让票据的持票人进行抗辩的，人民法院不予支持。这样规定，将票据个别风险限定在直接当事人之间，而不至扩大、危及整个票据关系。

票据抗辩的限制切断了对人抗辩的效力，为了防止持票人利用票据抗辩的限制而损害正当权利人的权利，票据法也规定在一定的情形下对人抗辩不切断，可以延续地对抗特定的非直接当事人。依照我国《票据法》第 12 条和第 13 条的规定，对明知前手是恶意取得票据或明知票据权利有瑕疵而接受票据转让的持票人，票据债务人可以自己与前手的抗辩延续对抗持票人。而从《票据法》第 11 条的规定来看，对无对价取得票据的持票人，票据债务人也可以对其前手的抗辩对抗持票人。

二、票据丧失及其救济

现实生活中，持票人会因遗失、被盗、焚烧、洗毁而丧失票据，这种情况下票据权利并不因为票据的丧失而消灭，但票据是完全有价证券，权利人行使权利必须提示票据，一旦票据落入他人之手，则票据权利有旁落他人的危险。因此，各国票据法都设定补救措施予以救济，依我国《票据法》，票据丧失的救济主要有三种途径：挂失止付、公示催告和票据诉讼。

1. 挂失止付

挂失止付是我国固有的失票救济方法，指票据权利人(称失票人)将丧失票据的情形书面通知付款人并让其停止付款的行为。挂失止付必须是在付款人未付款的情况下才产生付款人不得付款的效力，其时间为 12 天，但并不能使失票人恢复票据权利，况且，未记载付款人或无法确定付款人及其代理付款人的票据丧失后，无法进行挂失止付。因而，它只是一种应急的辅助措施。

2. 公示催告

根据我国《票据法》第 15 条的规定，失票人应当在挂失止付后 3 日内，依法向人民法院申请公示催告，也可以在票据丧失后直接向人民法院申请公示催告。人民法院受理公示催告的同时向付款人及代理付款人发出止付通知，在 3 日内以公告的方式催促不确定的利害关系人申报权利，逾期无人申报，人民法院可以作出除权判决，宣告所丧失的票据无效，失票人可以凭除权判决书要求付款人或代理付款人付款，也可以要求出票人重新签发票据。《最高人民法院关于审理票据纠纷案件若干问题的规定》将空白支票、没有记载代理付款人的汇票及超过付款提示期限的票据都纳入人民法院的受案范围，完善了我国的失票救济制度。

3. 票据诉讼

票据诉讼是英美法系的失票救济方法，我国《票据法》在立法上借鉴过来而长期无法实际操作,《最高人民法院关于审理票据纠纷案件若干问题的规定》第 35～39 条被学界誉为票据诉讼的"驱动程序"。[①] 票据诉讼不同于公示催告,是一种诉讼程序,其原告固定为失票人,被告则为承兑人或出票人,或非法持有票据人,失票人应向被告所在地或票据支付地人民法院提起诉讼,要求人民法院判决票据债务人履行票据义务或非法持票人归还票据。票据诉讼不同于普通诉讼的是,正中公司除提供证明自己为权利人并丧失票据的证据外,还得向法院提供相当票载金额的担保。

第四节 票据权利的消灭和利益返还请求权

正确付款、时效经过、保全手续欠缺等都可能产生票据权利消灭的法律后果,而因时效经过或保全手续欠缺,持票人丧失票据权利则成为利益返还请求的前提条件,故将二者联系讨论。

一、票据权利的消灭

票据权利的消灭可以分为绝对消灭和相对消灭。因一定的事实而使付款请求权和追索权一并不复存在,为票据权利的绝对消灭;因一定的事实而使部分债务人不再承担票据债务,票据权利相对于这部分人不存在,而对其他人仍存在的,为票据权利的相对消灭。

1. 导致票据权利绝对消灭的事实

(1) 正确付款。我国《票据法》不承认部分付款的效力,所以正确付款即付款人无条件足额支付票款,全体票据债务人均因正确付款而解除票据责任,即票据权利绝对消灭。

(2) 票据时效届满。根据我国《票据法》第 17 条第 1、2 项以及《最高人民法院关于审理票据纠纷案件若干问题的规定》第 13 条,票据权利绝对消灭的时效期间为:持票人对票据出票人和付款人、承兑人的权利,自票据到期日起 2 年,见票即付的汇票、本票,自出票日起 2 年,对支票出票人的权利,自出票日起 6 个月。上述时效届满,持票人的票据权利绝对消灭。

(3) 出票人清偿。持票人被拒绝承兑或被拒绝付款而向出票人行使追索权时,出票人清偿票面金额、法定利息和行使追索权的必要费用后,所有债务人的票据责任均解除,票据权利绝对消灭。

[①] 曹守晔、王小能等:《关于审理票据纠纷案件若干问题的规定》理解与使用.//祝铭山. 票据纠纷. 北京:中国法制出版社,2003 年版第 329 页。

2. 导致票据权利相对消灭的事实

(1) 除出票人和承兑人外的被追索人清偿债务后，票据权利相对消灭，被追索人清偿债务后，被追索人及其后手的票据责任得以解除，但票据权利相对于其前手仍存在，其前手有再遭追索的可能。

(2) 依据《票据法》第17条第3、4项和《最高人民法院关于审理票据纠纷案件若干问题的规定》第18条的规定，持票人对出票人以外的前手的追索权为被拒绝之日起6个月，再追索权为自清偿日或被诉日起3个月，时效经过则丧失对出票人以外的前手的追索权和再追索权，也是票据权利相对消灭的情形。

(3) 保全手续不完备。《票据法》第40、53、65条规定了保全票据权利的手续，结合《最高人民法院关于审理票据纠纷案件若干问题的规定》第19条，若不依期保全票据权利，持票人丧失对出票人以外的其他前手的追索权。可见保全手续欠缺也导致票据权利相对消灭。

二、利益返还请求权

票据法为适应商业交易快捷性和安全性需要，规定了较短的消灭时效和较严格的权利保全手续，持票人较容易因时效届满或保全手续欠缺而丧失票据权利，而出票人或承兑人则因此应支出而未支出或不应得到而得到了相当于票据权利的利益，为了纠正这种不公平，票据法设立了利益返还请求权制度。

1. 利益返还请求权关系中的当事人

利益返还请求权是指当持票人的票据权利因时效经过或欠缺一定的手续而消灭时，持票人享有向出票人或承兑人请求返还其所受利益的权利。在利益返还请求权关系中，权利主体为持票人，不限于最后背书人，包括被追索清偿后代为取得票据权利的背书人，保证人等；义务主体为各种票据的出票人或汇票的承兑人，而不包括背书人。因为背书人转让票据虽取得后手的对价，但在取得票据时已支付对价，他的收获与支付呈平衡状态，并未收取额外的利益。

2. 利益返还请求权行使的条件及范围

除主体适合外，行使利益返还请求权还应具备以下前提条件：第一，票据权利是因时效届满或保全手续欠缺而消灭。前文已涉及票据权利消灭的种种原因，因其他原因而导致票据权利消灭的，不得行使利益返还请求权。第二，出票人或承兑人受益与持票人票据权利消灭有直接的因果关系。利益返还请求权设置的目的就是为了平衡票据权利人和义务人之间的利益，若出票人或承兑人根本没有受益就无利益可返还。义务主体受益的情形如：汇票的出票人出票时已取得对价，在未向付款人提供资金的情况下，由于票据权利消灭而不再担保付款；本票的出票人出票时取得对价，票据权利消灭而不承担付款义务；支票的出票人出票时取得对价而因票据权利消灭，应支付的支票金额未支付；汇票的承兑人已收到出票人的资金，因票据权利消灭而不用付款等。上述两项条件满足，持票人便可以行使利益返还请求权，依据我国《票据法》第18条的规定，其利益返还范围是与未支付的票据金额相当的利益。学界多数主张利益返还范围应以出票人或承兑人的受益范围为限，我国台湾地区的票据法正是这一立法。

自　测　题

1. 如何理解票据权利的二重性？
2. 简述票据法上的"善意"以及票据权利善意取得的构成要件。
3. 票据抗辩的有几种类型？其分类依据是什么？
4. 论述票据权利消灭的原因及其各自的效力。
5. 票据丧失后的救济方法有哪些？

第十三章　票　据　行　为

知识要点：

票据行为是依照票据法的规定实施的，能够引起票据权利、义务关系产生、变更、消灭的行为。票据行为有以下几个特征：要式性、无因性、文义性、独立性。票据行为可分为基本票据行为和附属票据行为。票据行为可以由他人代理进行，一般称为票据代理。票据的伪造、变造、涂销和更改都是在票据上进行的行为，会引起票据权利义务的变化，产生一定的法律后果。

引导案例：

2005 年 1 月 28 日，上海航添木器厂(以下简称航添厂)向上海正中工贸有限公司(以下简称正中公司)出具中国建设银行上海市分行支票 1 份，支票号码 CR230004，金额 9528 元，是为支付油漆购买款。正中公司将该支票解入银行后，2005 年 1 月 31 日，中国建设银行上海市分行奉城支行(以下简称奉城支行)出具退票通知，退票理由是"票据涂改"。正中公司遂将航添厂诉至法院。

法院认为：《中华人民共和国票据法》第九条规定，票据上的记载事项必须符合票据法的规定，票据金额、日期、收款人名称不得更改，更改的票据无效。根据奉城支行出具的退票通知，涉案票据出票日期被涂改，该票据已丧失效力，正中公司无权依照票据法主张票据追索权。

票据行为不同于一般的民事法律行为，一般行为奉行意思自治，行为的方式自由，而法律对票据行为进行了严格的规范，行为人必须遵守这些规范才能实现法律效果。本章重点介绍票据行为的概念和特征，全面讲解票据的代理、伪造、变造、涂销和更改行为及其法律后果。要求学生重点理解票据行为的特性、票据行为的构成要件，着重了解票据伪造、变造的责任，了解票据涂销、更改的法律后果。

第一节　票据行为概述

一、票据行为的概念及特征

(一)票据行为的概念

中外票据法均无票据行为这一概念，虽然票据是经验主义的产物，票据行为的概念则是纯粹的理性主义的产物，[①]依照我国票据法的规定，票据行为有出票、背书、承兑、保证，而通观其他票据法，则参加承兑也应属其中。

票据行为是合法行为而以发生票据债务为其效果，这已经成为学者共识，但是，票据行为究竟为何种合法律行为，学界对其解释主要有多种学说。本书认为票据行为是依照票据法的规定实施的，能够引起票据权利、义务关系产生、变更的行为。

票据行为有广义和狭义之分，广义的票据行为是指能引起票据关系的发生、变更、消灭的法律行为和准法律行为，包括出票、背书、见票、承兑、参加承兑、保证、划线、付款、参加付款、更改、变造、涂销等。狭义的票据行为是指出票、背书、承兑、参加承兑、保证。由于我国没有参加承兑，在我国，票据行为的范围是出票、背书、承兑、保证。

狭义的票据行为可分为基本票据行为和附属票据行为。基本票据行为是指创设票据权利和承担票据债务的行为，也是创设票据的行为。出票属基本票据行为，其他则属附属票据行为，是在出票行为完成的基础上，即在已成立的票据上所作的票据行为。

基本票据行为与附属票据行为的关系不同于民事法律行为的主行为和从行为的关系。基本票据行为形式上有效就能创设票据，而票据有效成立是附属票据行为的前提。但基本票据行为无效并不绝对导致附属票据行为无效。基本票据行为是创设票据的行为，只有依法定形式记载法定绝对必要记载事项，才能创设有效票据。若因形式欠缺而基本票据行为无效，则不能创设有效票据。这种因形式要件欠缺而无效的票据是自始无效的，即使当事人事后追认也不发生效力，而且在这种票据上所为的附属票据行为均属无效。因欠缺实质要件而无效的基本票据行为则不影响其他附属票据行为的效力，例如无民事行为能力人的出票行为、限制民事行为能力人的出票行为、伪造签章的出票行为。这三类行为只要形式上符合票据法的法定形式就创设了有效票据，在这种票据上签章的附属票据行为仍为有效票据行为，不受基本票据行为效力的影响。

综上所述，基本票据行为对附属票据行为的影响在于是否创设了有效票据，依照我国票据法的规定，有效票据必须具备以下四个要件：出票时绝对必要记载事项是完备的；不可更改事项未更改；票据金额的记载符合法定形式；出票人签章符合法定形式。这四个要件具备，则出票行为创设了合法有效的票据，不影响附属票据行为的效力，否则不仅出票行为无效，而且波及所有附属票据行为，使其无效。

(二)票据行为的特征

和其他的民商事法律行为相比，票据行为有以下几个特征。

1. 票据行为的要式性

票据的生命在于流通，为了便于当事人授受票据，加快票据流通，票据必须款式统一

[①] 吴京辉：《票据行为论》，中国财政经济出版社，2006年版第20页。

明确，这要求票据行为具有法定的形式，而不允许当事人任意选择决定或变更，此为票据行为的要式性。

票据行为的要式性表现在以下几个方面。

(1) 每一票据行为必须由行为人签章，只有签章后票据行为才生效。

(2) 每种票据行为的意思表示必须以书面形式记载，不承认口头等其他方式的法律效力，并且记载的具体位置一般也固定。例如出票在正面，背书在背面或粘单上记载。

(3) 每种票据行为必须记载具体的内容，书写格式都依法进行，凡违反票据法关于票据行为的要式规定的，除票据法另有规定外，其行为均为无效。

2. 票据行为的无因性

票据行为大多以买卖、借贷或其他基础关系为前提，然而票据行为只要形式要件具备即生效力，而不问其基础关系如何，此即为票据行为的无因性。票据行为的无因性具体体现为：票据行为效力仅依其本身的要件是否完备合法而定，不因基础关系的存在与否，有效与否，是否有瑕疵而受影响。票据行为的无因性决定了票据为无因证券，促进了票据的安全流通。

我国票据制度是否坚持票据行为的无因性？理论界认为我国票据法规定了原因关系。[①]《中华人民共和国票据法》第 10 条规定："票据的签发、取得和转让，应当遵循诚实信用的原则，具有真实的交易关系和债权债务关系。"《商业汇票承兑、贴现与再贴现管理暂行办法》(银发〔1997〕第 216 号)第 3 条规定："承兑、贴现、转贴现、再贴现的商业汇票，应以真实、合法的商品交易为基础。"所以，我国商业银行在办理开票业务时，要求开票申请人必须提供真实的商品购销合同；在办理票据贴现业务时，要求贴现申请人必须提供与贴现票据相关的增值税专用发票，以保证票据业务具有真实的贸易背景。

近几年来，票据业务的"真实贸易背景"规则渐渐地被一些商业银行和企业因各自的利益而淡化，特别是商业银行将票据业务纳入信贷总额控制和管理后，商业银行在开具银行承兑汇票时，对"真实贸易背景"标准的把握日趋宽松，很多票据业务演变为银行信贷投放的一种工具，同时对票据贴现的贸易背景把关也日趋松弛。例如，2005 年审计署在对某商业银行某支行审计时发现，该支行办理的 11895 万元银行承兑汇票中，有 6500 万元没有真实贸易背景，属银行违规开具的所占比例为 54.64%。[②]我国票据法对于原因关系的规定，从理论上看是有违票据制度的内在逻辑，从现实的票据运作看有碍票据的流通。

3. 票据行为的文义性

民事法律行为强调意思表示要真实，票据行为则不然，票据行为的内容完全依票据上

---

① 汪世虎：《论票据行为的无因性》，《海南大学学报(人文社科版)》，2003 年。

② 吴承虎：《票据：从支付工具到融资工具——兼论票据立法的禁锢和解放》，原载《审计与经济研究》，2006 年。

记载的文字而定，即使文字记载与真实的意思不一致，当事人也不得提出其他证据证明真实的意思来否定文字记载的效力，其行为内容仍以票面文字记载为准，即为票据行为的文义性。例如 A 购货需支付货款 5000 元与 B，结果签发票据时，A 签发汇票 50000 元，C 承兑后，A 不得依购销合同主张其出票行为中意思表示不真实，C 仍需支付金额 50000 元与 B。一方面票据债权人不能向债务人主张票据文字记载以外的事项，另一方面票据债务人也不得以票据上文字记载以外的事由对抗债权人，也不得以文字记载以外的事实或证明方法任意解释、补充票据文义。

4. 票据行为的独立性

在一张有效创设的票据上，也许会有多个票据行为，这些票据行为各自独立产生效力，互不影响，此为票据行为的独立性。由于票据为流通证券，因此，若票据行为互不独立，互相影响，则其一行为无效必然影响到其他票据行为的效力，危及票据交易的安全，从而影响票据的流通。而各票据行为独立生效，则将某一行为无效的风险限制于一个环节，将风险尽量缩小到最少的当事人，从而保障交易的安全和票据的流通。票据行为的独立性表现在：在一张有效票据上各个票据行为依自身形式是否符合法定形式而生效或无效，而不因其他票据行为的有效而有效，也不因其他行为的无效而无效，其自身有效也不导致其他票据行为有效，除形式欠缺的出票行为外，任何票据行为的无效不导致其他票据行为无效。

上述票据行为的四个特征都根源于票据流通和保障交易安全的需要，因而票据法予以特别规定，将上述的票据行为的四个特征联系起来。可以说，票据行为是"左右切割，上下切割"①，并且是"以貌取人"的要式法律行为。所谓"左右切割"，即票据行为各自独立生效，互不影响；所谓"上下切割"，即票据行为背后虽有原因，但票据行为与原因关系割断联系，处分离状态；所谓"以貌取人"是指票据行为内容以文字记载为准，而不问文字记载以外的实质原因或真实意思。票据行为的四个特征体现了票据行为与其他民事法律行为的显著区别，反映了票据法促进票据流通、保障票据交易安全，维护票据市场秩序的立法目的和票据交易活动的实践需要。

二、票据行为的构成要件

与民事法律行为不同，票据行为具有自身特殊性。一方面，它坚持形式主义，丰富和发展了民事法律行为原理；另一方面，它又固守意思是法律行为的本质要素、是法律行为的基础。正如拉丁法谚所说，"私约不损公法"，票据行为的自由也有明确的边界。票据行为彰显的不仅仅是主体的自由，而且还体现国家公权力的介入，所以票据法规定了票据行

---

① 曾世雄等著：《票据法论》，中国人民大学出版社，2002 年版第 37 页。

为的形式要件和实质要件，借此协调个人自由与社会经济秩序的关系。[1]

票据行为是票据法上的要式行为，所以除应具备民法上规定的一般法律行为的要件外，还应具备票据法规定的要件。民法上的一般法律行为要件具体到票据行为上，有两点：一为票据能力问题，一为票据意思问题，此两点构成票据行为的实质要件。票据法规定的要件也有两点：一为票据书面之作成与记载，一为票据之交付，此两点谓票据行为的形式要件。[2]

(一)票据行为的实质要件

票据行为的实质要件包括票据能力和意思表示。

1. 票据能力

票据能力包括票据权利能力和票据行为能力两种情形。

(1) 票据权利能力。票据权利能力是指可以享受票据权利的能力，也就是可以享受票据权利或负担票据义务的资格。[3]

民法关于自然人的权利能力始于出生、终于死亡的原理，同样适用于自然人的票据权利能力，即自然人的票据权利能力始于出生，终于死亡，终生享有票据权利能力。

从起讫时间看，法人的票据权利能力与法人的民事权利能力一样，始于法人成立、终于法人消灭，同样依民法理论，法人的权利能力始于登记、终于解散清算后。

但从范围看，法人的票据权利能力与民事权利能力范围不尽相同。法人的民事权利能力受法律、法规、法人章程及工商登记的营业范围限制，各个法人的经营范围和业务活动范围不同，因此享有不同的民事权利能力。法人的票据权利能力则不受法人章程或其工商登记的营业范围的限制，所有法人的票据权利能力没有区别。因票据行为相对人在交易过程中不可能尽察对方的章程及营业范围，并且票据是无因证券，法人基于其营业范围外的原因而为票据行为，该票据行为仍有效。从另一方面看，票据行为是金钱往来的最佳媒介手段，于公司经营上不可或缺，不论法人目的事业如何，票据行为恒为遂行其目的事业所必须，所以就票据行为是否在法人目的范围内为之，宜从宽解释。[4]但合伙并非法人，因此，不具备票据权利能力。设立中的公司在未完成设立登记前，是"无权利能力社团"，因其未具备社团法人的权利主体资格，故不具备票据权利能力。

(2) 票据行为能力。票据行为能力是指票据当事人能以自己的行为独立完整地享受票据权利、设定并承担票据义务的能力。

---

[1] 吴京辉：《票据行为论》，中国财政经济出版社，2006 年版第 62 页。

[2] 参见谢怀栻：《票据法概论》，法律出版社，1990 年版第 47 页。

[3] 梁宇贤：《票据法新论(修订版)》，中国政法大学出版社，2004 年版第 35 页。

[4] 郑洋一：《票据法之理论与实务》，台北三民书局，1983 年版第 55 页。

依照民法,自然人的行为能力分为三种:完全民事行为能力、限制民事行为能力和无民事行为能力。完全民事行为能力人可以独立进行民事活动,无民事行为能力人只能由其法定代理人代理民事活动,而限制民事行为能力人只能进行与其年龄、智力状况相适应的民事活动,其他民事活动由其法定代理人代理,或者征得他的法定代理人的同意而进行。在票据关系中,限制民事行为能力人与无民事行为能力人一样,所为的票据行为无效,即票据法把限制民事行为能力人和无民事行为能力人都定为无票据权利能力人,只赋予完全民事行为能力人票据行为能力。

法人的票据行为能力与法人的民事行为能力是一致的,即始于法人设立登记、终于法人消灭。法人的票据行为能力是由法人机关的法定代表人来实现。法定代表人在其职权范围内代表法人所为的票据行为即法人的票据行为,法人应负票据上的责任。法定代表人为自己的私利而以法人的名义为票据行为时,由于票据行为的文义性,该行为属法人票据行为,由法人承担票据责任。

2. 意思表示

民法奉行意志自由,追求意思表示真实,把意思表示真实作为民事法律行为有效成立的要件之一。票据法也提倡意思表示真实,但是由于票据常常辗转于不特定人之手,在直接当事人之间,意思表示是否真实易于查知,非直接当事人则无从了解。为了促进票据流通,保护善意第三人的利益,票据法不苛求行为人的意思表示的真实性,只要求意思表示在外观上符合票据法所规定的形式要件,保护善意或无过失的持票人。行为人不得以意思表示不真实来对抗善意持票人。

票据法虽有许多强制性规范,但是票据法属私法,仍尊重当事人的意思自治,因此票据行为如果在以下情况下所为,即一方以暴力、胁迫的手段使对方在违背真意的情况下;一方以欺诈的方式诱使对方违背真意的情况下;一方乘人之危,迫使对方违反真意的情况下,那么票据行为的行为人可以对直接当事人行使抗辩权,并且直接当事人还应负其他法律责任。对于间接恶意持票人也可以主张抗辩,所谓间接恶意持票人即明知前手票据的取得存在上述情形而接受票据转让的持票人。

(二)票据行为的形式要件

票据是流通证券,相对而言,票据行为的形式要件重于其实质要件,立法上对票据行为的形式要件都给予了强制性规定,要求行为人必须依据《中华人民共和国票据法》规定的方式进行,即将意思表示以书面方式和法定格式记载于票据上,由行为人签章并交付相对人。票据行为形式要件由三个部分组成:书面记载、签章、交付。

1. 书面记载

票据为文义证券,所以票据行为人必须以文字记载自己的意思,行为人记载自己的意思得遵循法定规则,因为票据的生命力在于流通,商业交易要求票据上的权利、义务能一目了然。为了促进票据的使用与流通,各国票据法都对票据记载格式和记载事项作出了规定。这样既可以固定票据形式,使票据关系清晰地反映在票据上,又能制约票据行为人,使其不得任意记载不利于票据流通的文义。

票据记载的格式是指票据记载事项在票据上的位置分配。一般而言,票据格式是有关机构制定的统一票据样本,在我国,由中国人民银行统一印制。行为人使用统一票据用纸进行记载即可。在票据上所记载的事项依据法律所赋予的效力层次,可以分为绝对必要记载事项和相对必要记载事项,又分为可以记载事项和不得记载事项。

(1) 绝对必要记载事项。绝对必要记载事项是指票据法规定非记载不可的事项,如果没有记载这类事项,则票据或票据行为归于无效。各国票据制度不同,故各国票据法规定的绝对必要记载事项也不完全相同,而同一国内的票据种类不同,其绝对必要记载事项也不完全一致。我国票据法第22条、第76条、第85条分别规定了汇票、本票和支票出票行为的绝对必要记载事项,第46条第1项规定了保全行为的绝对必要记载事项。

(2) 相对必要记载事项。相对必要记载事项是指票据上应该记载,若未予记载,票据或票据行为仍然有效,该事项的内容适用法律推定来确定。如《票据法》第23条规定汇票上付款日期应当记载事项,未记载的,推定为见票即付。

(3) 可以记载事项。可以记载事项是票据法允许票据行为人依自己意思在票据上记载的事项,这类事项一经记载即生票据法上的效力,不记载也不影响票据行为的效力。对这类记载事项,各国票据法通常不作统一的规定,只散见于具体票据行为的相关条文。例如,我国票据法中关于禁止背书转让的记载。

(4) 不得记载事项。不得记载事项是指依票据法的规定,行为人不应记载于票据上的事项,倘若记载,要么导致票据或票据行为无效,这些记载称为有害记载事项;要么对票据效力虽无负面影响,但此记载事项并不生效力,这类记载事项称为无益记载事项。例如,汇票上记载附条件支付的委托,则汇票无效,承兑记载附条件则承兑行为无效,均属有害记载事项。背书附条件,则所附条件不生票据上效力,则属无益记载事项。

2. 签章

票据上关于权利义务的文字记载最终要落实到签章这一环节,因为票据是流通证券,无签章,则无法确定票据上的债务人,而且签章为各种票据和票据行为的绝对必要记载事项,欠缺签章,则票据或票据行为无效。签章之所以成为绝对必要记载事项,是因为票据是文义证券,票据义务的内容及承担主体依票面记载而定,欠缺签章,使得票据权利行使对象不明确。可见签章的重大意义。鉴于此,各国票据法都将签章作为票据行为最重要的形式要件。

我国票据法也对签章作了详细的规定:①自然人签章可以是签名,可以是盖章,还可以是签名加盖章。自然人签名必须符合本名规则,即符合有效身份证上的姓名。②法人和其他使用票据的单位作为票据行为主体进行签章时必须同时具备法人或单位的全称公章或财务专用章和法定代表人、单位负责人或授权代理人的签名或盖章。这两项同时具备则符合法人签章要求。

行为人签章前必然了解票据的文义记载事项，并同意票据所记载的法律关系，所以一经签章，就承担签章时票据文义所记载的责任，而依我国票据法第 32 条，签章人还应承担直接前手签章真实性的担保责任。

3. 交付

票据交付是指票据行为人将业已记载完毕的票据交给受票人的行为。交付是否为票据行为的形式要件，各学者意见不一。纵观各国票据立法，大多将交付作为票据行为成立的不可缺少的形式要件并在各具体的票据行为中加以贯彻。在我国票据法中，交付也是票据行为成立的不可缺少的形式要件。

第二节　票据行为的代理

和其他的民事法律行为一样，票据行为也可以由他人代理进行，一般称为票据代理。票据代理是代理人基于本人的授权，在票据上显示被代理人的名义并表明代理的意思而在票据上签章的行为。民事法律行为代理的一般规则适用于票据代理，但是，由于票据的流通，非直接当事人无法查明代理人与被代理人之间是否存在真实的委托关系，为了使票据关系人明确票据行为由何人所为，保障票据流通安全，票据法对票据代理采取严格的显名主义，对票据代理的形式要件也作了严格的规定，可以说这是票据行为要式性的延伸。

一、票据代理的形式要件

按照我国票据法第 5 条、第 7 条的规定，票据代理应具备三项形式要件：①被代理人本人的姓名或名称；②代理人的签章；③代理意旨。此三项最通常也是最简便的记载便是：张三的代理人李四并签章或李四代理张三另加李四签章。缺欠票据代理形式要件之一则不能产生票据代理的效力。譬如无第一项要件——被代理人本人的姓名或名称的记载时，只有代理人签章和代理文句，被代理人未被记载于票据上，不构成票据代理，其票据责任依签章者负票据责任的原理应由代理人承担；缺欠第二项要件——代理人的签章时，则票据上无人签章，依"不签章，不负票据责任"的原理，代理人和被代理人均不负票据责任，票据代理也不生效力；欠缺第三项——代理意旨，则无代理意旨，代理关系不显示在票据上，外观上表现为共同签章，由于本人并未签章，票据责任不由他承担，而代理人在票据上签章，自应承担票据责任。

代理人直接以本人的名义在票据上签章，没有代理人的签章。如果代理人经本人授权，则构成票据代行;如果未经本人授权,则构成票据伪造。

在票据代行的情形下,代行人不以自己的名义,而直接以被代行人的名义即票据行为人的名义,为相应的票据行为。因此,对于票据行为的相对方及第三人而言,票据代行人所为的票据行为,当然即为票据行为人本人的行为,其票据责任自应由本人承担。[①]

二、票据代理的实质要件

民法上代理人的代理行为能否对本人直接发生效力,必须以代理人代理权的存在为前提。票据行为的代理,也应以代理权的存在为前提。因此,所谓票据代理的实质要件,是指票据代理人依法或依本人授权而取得的代理权。票据代理的实质要件,票据法未作明确规定,应该适用民法上有关代理权的有关规定。票据代理人只有在代理权范围内,以本人即被代理人的名义所为的票据行为,其效力才由本人承担。票据代理人的代理权发生的原因有两个,一为委托代理,一为法定代理。不论是委托代理还是法定代理,都必须在代理权的范围内行使代理权方能有效,否则构成无权代理和越权代理。

三、票据无权代理和越权代理的效力

民法中关于无权代理和越权代理的原理不适用于票据无权代理和越权代理。依民法,发生无权代理或越权代理时,代理行为的效力处于不确定状态,被代理人事后追认的,则产生代理的效力,代理的法律后果归属被代理人。票据无权代理和越权代理若援用民法的规定,代理行为的效力就处于未定状态,人们必然不敢贸然受让票据,票据的流通就受到阻碍。基于票据流通和交易安全的需要,票据法赋予票据无权代理和越权代理确定的法律后果。

1. 票据无权代理

票据无权代理是指行为人在未被他人授予票据代理权的情况下,以他人为被代理人,以自己为代理人,表明代理意思,记载票据法规定的事项,并自己签章于票据上的行为。

票据无权代理在形式上表现为票据代理,即票据代理的形式要件符合票据法的规定,但代理人没有经过被代理人的授权,其代理缺乏实质要件,因此,不能有效成立票据代理。依照我国《票据法》以及日内瓦法系国家票据法的规定,票据无权代理发生时,由无权代理人承担票据上的责任。

显然,票据法规定的票据无权代理的这一法律后果,与民法上无权代理的法律后果有较大差别。民法规定的无权代理的法律后果,实际上使法律行为的效力取决于被代理人的意思,而且,在被代理人追认之前,代理行为处于效力未定的状态。如果将民法上无权代

---

① 赵新华:《票据法论》,吉林大学出版社,1998年版第81页。

理法律后果的这种规定，适用到票据法中极不利于票据流通的安全。所以，票据法没有赋予被代理人的事后追认权，而是直接规定了票据无权代理的后果由无权代理人自己承担。

2. 票据越权代理

票据越权代理是指票据代理人虽有代理权，但其超越代理权的范围而进行了票据代理。

越权代理，在大多数国家的票据法中均规定未越权部分由被代理人承担票据责任，超越权限部分则由代理人负责。

我国票据法的上述规定，只是越权代理责任效力的原则性规定。实务中越权代理的表现形式有多种。例如，票据上记载金额的越权(增加或减少记载金额)、提早到期日的记载、未按被代理人的意思记载付款等等。在这些具体的越权代理中，如何适用票据法规定的越权代理责任效力的原则，票据法未做出明确规定，在适用时仍存在一些问题。[①]

第三节　票据的伪造、变造

票据的伪造、变造都是在票据上所为的行为，都能引起票据权利义务的变化，产生一定的法律后果。票据的伪造、变造扰乱了正常的票据秩序，是违法犯罪的行为，因此，有必要对这些行为的构成要件及其法律后果在本章中进行分析。

一、票据伪造

票据伪造是指假冒他人名义在票据上签章而实施票据行为的一种违法行为。由于票据行为分为基本票据行为和附属票据行为，票据伪造相应地也可分为基本票据行为的伪造和附属票据行为的伪造，其中基本票据行为的伪造，即伪造出票行为通常称之为伪造票据，而其他附属票据行为的伪造则称为签章的伪造。

1. 票据伪造的构成要件

票据伪造必须具备以下三个要件。

(1) 票据伪造行为符合票据行为的形式要件。票据伪造行为本身显然不是票据行为，但从行为外观看，具备票据行为的形式要件。

(2) 行为人是假冒他人名义在票据上签章的，即行为人在票据上的签章不是他自己的真实的姓名或名称，是在没有得到他人授权的情况下冒用他人的姓名或名称。

(3) 票据伪造者以享有票据权利为目的。票据伪造者的假为票据行为的真实意思是在不承担票据债务的前提下享有票据权利，也就是说，伪造人伪造票据的目的是为了享有票

---

① 董安生：《票据法》，中国人民大学出版社，2000年版第69页。

据权利,否则,伪造人伪造票据就毫无意义。因此,对于那些既不想承担票据义务,亦不想享有票据权利而"假冒他人名义"进行的票据行为,不构成票据的伪造。例如,教师为教学需要而假造票据样本等。

2. 票据伪造的法律后果

票据伪造对不同的主体产生不同的法律后果。

(1) 对于伪造人自己。伪造人不是以自己的名义所为的签章,自己的真实姓名并没有记载于票据之上,依照票据行为的文义性,他不承担票据责任,但依据我国票据法第107条和第103条的规定,伪造人应承担侵权民事责任和伪造有价证券罪的刑事责任,不构成犯罪的应承担相关的行政责任。

(2) 对于被伪造人。由于被伪造人并没有在票据上签章也没有授权他人代理签章,依照我国票据法第4条的规定,被伪造人不承担票据责任。被伪造人可以以此对抗任何持票人,即使善意持票人也不例外。

(3) 对于票据上其他真实签章人。一张票据上同时存在伪造的签章(包括出票的签章)和真实签章时,根据票据行为的独立性,各真实签章仍然有效,真实签章人仍应负票据责任。

(4) 对于持票人。票据上若没有其他真实签章人,持票人只能依民法向伪造人主张损害赔偿;若有其他真实签章人,持票人可以向真实签章人主张票据权利。

(5) 对于付款人。由于付款人对基本票据行为即出票和其他票据行为的审查义务不同,故伪造票据和签章的伪造对付款人产生不同的影响。大陆法系各国票据法均要求付款人对出票人的签章负实质审查义务,我国票据法也有类似的规定。付款人付款时若对出票签章的真实性审查有恶意或重大过失时,我国票据法规定付款人"应当自行承担责任",恶意付款的付款人还应承担刑事责任。依照《最高人民法院关于审理票据纠纷案件若干问题的规定》,因重大过失而付款时,付款人有权向伪造者追偿。对于附属票据行为的伪造,《中华人民共和国票据法》和《中华人民共和国支付结算办法》,只要求付款人作形式审查。付款人若依法履行了通常审查义务而未能辨认签章真伪,因此而付款的,属正确付款。

二、票据变造

票据变造是指没有变更权的人,以行使票据权利为目的,在已经有效成立的票据上,变更签名以外的其他记载事项,从而使票据权利义务的内容发生改变的行为。票据变造涉及的是签名以外的事项,票据本身及票据债务人的存在都是真实的。就变造的对象来看,对票据上除签章之外的有关记载事项予以变更,不仅包括票据上的绝对必要记载事项的变更,也包括票据上的相对必要记载事项的变更,而对于无益记载事项的变更,一般不认为是票据的变造,因为其记载与否与票据的效力无关,其变更后并不改变票据上原有的权利义务结构。①

1. 票据变造的构成要件

并非任何人在票据上作任何变更都是票据变造。票据变造必须符合下列条件。

(1) 票据变造必须是无变更权人所为的更改票据记载事项的行为。依我国《票据法》的规定，金额、日期、收款人姓名或名称不得更改，一旦更改，票据无效。对票据上的其他记载事项，原记载人有权变更，但应在变更处签章证明。若是有变更权人所为的更改行为则构成票据的更改。因此票据上的变更究竟是票据变造还是票据更改，唯一的判断标准就是行为人对所变更事项(金额、日期、收款人姓名或名称除外)是否有更改权。

(2) 票据变造必须是变更签章以外的足以引起票据权利、义务内容发生变化的记载事项。变更票据上的无益记载事项，例如，背书所附的条件，对票据关系不产生任何影响，不属票据变造。

(3) 票据变造的目的是为了获取变造所带来的利益，变造前票据是有效的，变造后，票据仍是有效的，变造者的目的是为了行使票据权利，否则也不构成票据变造。这一要求与票据伪造的构成要件相同。

2. 票据变造的法律后果

票据变造后仍属有效票据，对不同的票据当事人产生不同的法律后果。

(1) 对变造人自己。票据变造属于严重的违法行为，变造人必须为此承担刑事责任和民事赔偿责任。如果变造人本身就是票据上的票据债务人，那么他所负的刑事责任和民事赔偿责任不影响其应负的票据责任。若变造人仅仅改写了票据上的记载事项而不是票据债务人，那么他仅负刑事责任和民事赔偿责任。

对参与或同意变造票据的人，不论其签章是在票据变造前还是在变造后，都按票据变造后的文义承担票据责任。此观点在我国台湾地区"票据法"中有明确的体现。该法第16 条第 2 款规定："前项票据变造，其参与或同意变造者，不论签名在变造前后，均依变造文义负责。"

(2) 对于其他签章人。日内瓦统一票据法对于票据变造及其效力设有专章规定，形成了一个概括性规则：票据文义经变造时，签名在变造后者，依变造文义负责，签名在变造前者，依原有文义负责。德、法、日等大陆法系国家对此也有类似规范。

英美法系票据法对变造票据的法律后果的规定，与大陆法系国家票据法有较大差别，英美票据法以票据变造是否明显，来决定签章人的责任。例如，英国票据法第 64 条规定："汇票或承兑汇票未经全体当事人同意而作了重大变造，除对于作出、授权或同意该项变造之当事人及其后手诸背书人外，该票即告无效。但下述情况除外：凡汇票已被作了重大

---

① 叶才勇：《票据伪造及票据变造的规约比较》，原载《华南师范大学学报(社会科学版)》，2000 年第 4 期。

变造，但变造不明显，且该票又在正当持票人之手，则该正当持票人可将其作为未经变造过的汇票来运用，并可按该票原来的文义凭以强制付款。"

对于不能辨别是在签章前或后签章的，《联合国票据公约草案》规定：只要没有相反证明，票据上的签章视为在变造以后所作，签章人按变造后的文义负责。而我国票据法则将不能在变造之前或之后签章的视为在变造前签章，按变造前的文义负责。

(3) 对于持票人。持票人所持的票据因变造而存在瑕疵，必然影响其权利的实现。依照我国票据法的规定，若向变造前的签章人主张票据权利，只能依原记载获得满足，而不论其取得票据时支付的对价的多少。若向变造后的人主张权利，则有可能实现全部票载权利。若变造后无人签章，持票人只能行使变造前的票据权利，其余部分票据权利则无人承担，只能转向变造人，依民法行使损害赔偿请求权。

第四节　票据的涂销和更改

票据的伪造和变造属违法行为，票据涂销和更改则属合法行为，但是也会引起一定的权利义务的变化。

一、票据涂销

票据涂销是指有涂销权的人涂抹消除票据上的签名或其他记载事项的一种合法行为。其中有涂销权的人主要是指票据权利人或持票人。涂销行为也不限于以涂抹的方式进行销除，也包括以纸物粘贴、以化学方法消除等方式。

1. 票据涂销的构成要件

票据涂销有以下三个要件。

(1) 票据的涂销应是有涂销权的人有意所为的行为。若涂销权人并无涂销的意思而致使票据上的记载被涂销或者无涂销权人进行涂销的，则不产生涂销的法律后果。

(2) 涂销仅限于对票据上所记载内容的涂抹等消除行为，即减少票据记载的内容，简化票据上的法律关系。

(3) 涂销的目的是消除被涂销部分的票据权利，是一种合法行为。

2. 票据涂销的法律后果

不同国家的法律对票据涂销的法律后果采取不同的规范方式。英美法系概括地规定，票据权利人故意涂销票据上记载的事项，那么该权利人便丧失其在该涂销部分的票据上的权利。大陆法系各国票据法及日内瓦统一票据法则根据涂销的内容不同而规定了不同的法律后果，由于我国票据法未作规定，故本书不予详究。

二、票据更改

票据更改是指有更改权的人严格依照《中华人民共和国票据法》的规定对可更改事项进行的更改。

1. 票据更改的构成要件

票据更改的要件如下。

(1) 票据更改应是有更改权的人进行的更改。所谓有更改权人，应是原记载人，这一点明显不同于涂销权。原记载人记载后，可能客观情况的变化导致票据上的已作记载不尽合理，如原记载得付款地是武汉，后来由于业务的需要，在上海付款更合适。所以，票据法赋予原记载人更改权以进行某些事项的更改并在更改处签章。

(2) 有更改权的人应在记载完毕之后，交付之前进行更改，否则即应得全体票据当事人同意才能更改。

(3) 只能更改票据法规定的不可更改事项以外的事项，否则导致票据无效。

2. 票据更改的法律后果

票据更改后，原记载事项因更改而无效，票据上的权利义务以更改后的记载内容确定。

自 测 题

1. 票据行为有哪些特征，各自的含义是什么？
2. 票据行为的形式要件有哪些？
3. 票据代理的概念和形式要件如何？
4. 票据伪造和变造的概念及二者的区别？
5. 票据涂销和票据更改的区别？

第十四章　汇　票

知识要点：

汇票是功能最齐备的典型的票据，汇票制度也是各国票据法中最重要的制度，票据法中多数制度和理论都源于汇票。我国票据法对汇票规定的行为规则较为完备，包括出票、背书、承兑、保证、付款、追索等。

引导案例：

2005年9月23日，上海中发电气(集团)有限公司(以下简称"中发电气"，即付款人暨承兑人)向案外人上海金升实业发展有限公司(以下简称"金升公司"，即收款人)签发中国建设银行上海市分行商业承兑汇票一张，金额人民币1700万元，汇票到期日2006年3月22日。

2005年9月26日，金升公司与交通银行股份有限公司上海浦东分行(以下简称"浦东交行")订立《汇票质押合同》一份，约定金升公司以上述汇票设定质押，担保开证申请主债权本金为人民币3420万元，合同到期日为2006年3月22日；质押汇票清单载明票据是系争汇票。2005年9月27日，中发电气向浦东交行出具《证明》一份，证实系争汇票是中发电气对金升公司的应付账款，开票行为是真实的和有交易关系的。浦东交行接受了由金升公司背书的汇票质押后，在该汇票"第一被背书人"栏处记载"交通银行上海浦东分行质押"字样，届时该汇票的背面已加盖"不得转让"印鉴。

2006年3月31日，浦东交行将该到期汇票解讫中发电气开户银行"中国建设银行上海市普陀支行"提示付款，其以中发电气"存款不足、无款支付"为由予以退票。

2005年9月27日，浦东交行依据金升公司与浦东交行的授信合同关系，为金升公司开立金额为400万美元之不可撤销信用证。2006年3月28日，因金升公司未足额支付开证保证金，浦东交行依据信用证国际结算规则，为金升公司对外付款3999746.08美元。

一审法院依照《中华人民共和国票据法》及其司法解释、《中华人民共和国担保法》等规定，判决中发电气偿付浦东交行汇票金额计人民币1700万元及该款自2006年3月22日起至实际清偿日止、按企业同期流动资金贷款利率计利息。此外，案件受理费，财产保全费，均由中发电气负担。

中发电气不服一审判决，向上海市高级人民法院上诉。

本案的主要争议焦点之一：汇票背面"不得转让"事项为出票人所记载是否具有记载效力？本章全面介绍汇票法律制度，包括汇票的出票、背书、保证、承兑、付款、追索权内容。在学习本章后，学生应结合上述案例，重点理解汇票的记载内容的不同法律效力。

第一节　汇票概述

一、汇票的概念和特征

(一)汇票的概念

汇票是指由出票人签发的，委托付款人在见票时或在指定日期无条件支付确定金额给收款人或持票人的票据。

(二)汇票的特征

与支票和本票相比而言，汇票具有以下特征。

1. 汇票是委付证券

按照许多国家的法律观念，汇票在本质上是一种不附条件的书面支付命令，由出票人签发，要求付款人无条件支付确定金额给持票人。这涉及三方当事人，即出票人、付款人和持票人，也称为汇票基本当事人，其中付款人并不是票据关系当事人，只是基于出票人的委托而付款，而且作为汇票关系基础的资金关系可以是出票人与付款人之间的合同关系、信用关系、债权债务关系，也可以是无因管理关系，这些均不同于支票和本票。

2. 汇票的付款期限灵活

汇票的付款日可由出票人依法选择，所以汇票不仅有即期汇票，还有远期汇票。在远期汇票上都有一定的到期日，使得汇票具有信用功能和融资功能，所以汇票往往被称为信用证券。

而依我国票据法，本票和支票均仅限于即期票据，而没有远期票据。

二、汇票的分类

依不同的标准，可以对汇票进行不同的分类。

1. 银行汇票和商业汇票

依出票人的性质不同，汇票可分为银行汇票和商业汇票。这是依我国现行票据法的规定所做的分类。据中国人民银行的《支付结算办法》第 53 条的规定，"银行汇票是出票银行签发的，由其在见票时按实际结算金额无条件支付给收款人或持票人的票据"。实务中，由使用银行汇票的主体向中国人民银行或参加"全国联行往来"的商业银行提出申请，银行根据申请人的申请签发汇票给收款人，银行汇票的付款人原则上为出票银行本系统的异地银行机构或与出票银行签约代理支付的异地跨系统代理银行。可见使用银行汇票的申请人并不是银行汇票关系当事人。银行汇票仅限于见票即付，其提示付款期限较短，仅为出票日起 1 个月。图 14-1 为银行汇票的票样。

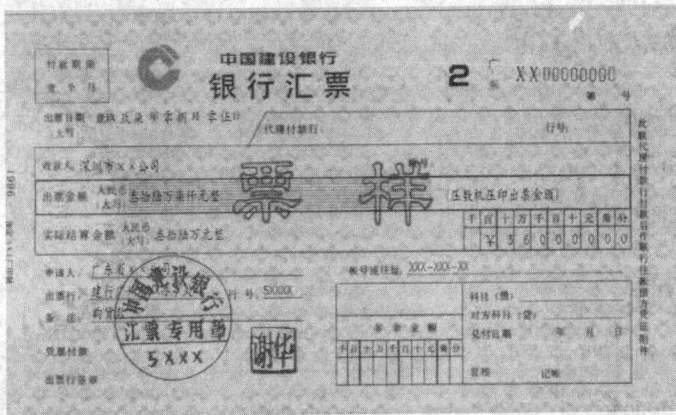

图 14-1　银行汇票票样

商业汇票是银行以外的其他主体签发的，委托付款人在指定日期无条件支付确定的金额给收款人或持票人的票据。在我国目前的票据制度下，商业汇票的出票人，只限于在银行开立存款账户的法人及其他组织，自然人被排除在外。与银行汇票不同的是，商业汇票必须经过承兑，根据承兑主体的不同，可以分为商业承兑汇票和银行承兑汇票。商业承兑汇票是指由非银行主体进行承兑的汇票。这种汇票一般由原因关系中的付款方"承兑"，银行承兑汇票则是由银行承兑的商业汇票，是我国票据实践中最接近传统承兑汇票的票据。图 14-2 为银行承兑汇票票样。

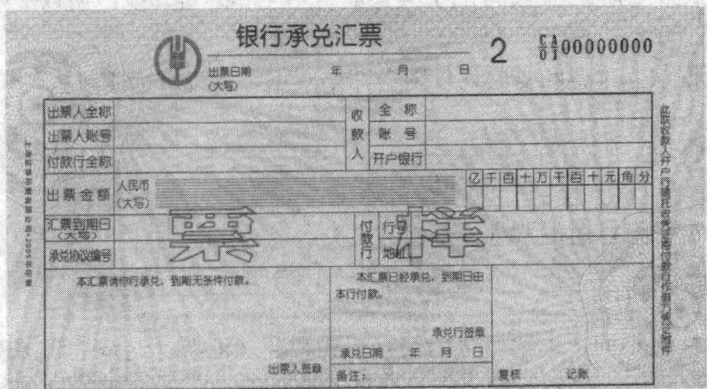

图 14-2　银行承兑汇票票样

2. 即期汇票和远期汇票

这种分类依据完全同于前面已述的远期票据和即期票据的分类，故此处不再赘述。

3. 一般汇票和变式汇票

依汇票上三个基本当事人是否由同一主体兼任，汇票可分为一般汇票和变式汇票。

汇票基本当事人有三个：出票人、付款人、收款人。三个当事人分别为不同的主体的汇票为一般汇票。变式汇票是指某一主体同时兼任两个以上汇票基本当事人的汇票。出票人以自己为收款人的汇票为指己汇票；出票人以自己为付款人的汇票为对己汇票；出票人以自己为付款人，同时也为收款人的汇票为己付己受汇票；而付款人与收款人为同一人的则为付受汇票。变式汇票主要是因为社会经济生活中复杂的信用要求而产生，许多国家的票据法允许变式汇票的使用。在我国，银行汇票实为对己汇票，《中华人民共和国支付结算办法》第 79 条明确肯定了商业承兑汇票可以采用对己汇票和指己汇票的形式。变式汇票活跃了票据市场，促进了票据的使用。

4. 记名汇票、指示汇票和无记名汇票

这种分类依据完全同于前已述及的记名票据、指示票据和无记名票据。值得注意的是，我国禁止签发无记名汇票。

第二节　出　　票

一、出票的概念

出票是指出票人以创设票据关系为目的，严格依照《中华人民共和国票据法》的规定进行一定事项的记载并将票据交付给收款人的基本票据行为。

出票的这一概念也是学理上的概念，《日内瓦汇票和本票统一法公约》《联合国国际汇票和国际本票公约草案》，都没有从立法的角度给出票行为下定义，而且多数大陆法系国家也没有在法律文件中给出票下定义。而我国票据法第 20 条规定："出票是指出票人签发票据并将其交付给收款人的票据行为。" 按照英国 1882 年票据法第 2 条的规定，"签发"是指把形式上完整之汇票或本票第一次交付与持票人；《美国统一商法典》的"签发"含义类似于英国的。[①]从字面理解，签发即包含交付的意义。所以有学者认为我国票据法上的出票定义使用"签发"不妥。[②]

[①] 余振龙、姚念慈主编：《外国票据法》，上海社会科学出版社，1991 年版第 74、35 页。

[②] 刘心稳：《票据法》，中国政法大学出版社，2002 年版第 147 页。

二、出票的特征

票据行为是要式行为，而出票又是基本票据行为，其有效成立是附属票据行为得以进行的前提条件，因此各国票据法十分重视其行为要件，采取严格的要式主义。我国票据法认为出票是单方法律行为，但以交付为票据行为成立的必要条件。从形式上看，出票分为制作票据和交付票据两个部分。从理论上讲，制作票据只要具备票据生效要件即可，早期使用票据的要求止于此。近代随着银行机构和银行业务的发展，要求出票人使用开户银行所提供的、由一定的机构统一印制的汇票，否则无法通过银行进行结算。我国汇票、本票、支票都是由中国人民银行按统一格式印制，出票人按《中华人民共和国票据法》的规定进行填写即可。

和其他票据行为比较，出票的特征如下。

(一)出票是创设票据的行为

在出票前，票据关系没有建立，票据的物理形态表现为统一格式的票据用纸，法律意义上的票据并没有有效创立，其他票据行为也无法展开。只有创设了出票，法律意义上的票据才产生，票据关系得以建立，其他的票据行为才可以实施。

(二)出票由作成票据和交付票据两部分构成

出票由作成票据和交付票据两部分构成。作成票据，即按《中华人民共和国票据法》的规定进行一定事项的记载，是使法律形态的票据产生的行为。

所谓交付票据，是指出票人基于自己的意愿将已经做成的票据交给他人占有，以实现创设票据权利义务目的的行为。

在票据法学界，对于出票行为是否以交付为构成部分，由契约行为说和单方行为说两种不同的主张。一般说来，采纳契约行为说的理论主张：非经交付票据，票据行为不能成立。采单方行为说的理论内部对此问题，意见也不一致，其中创造说认为出票人一经在票据上完成一定的记载，出票行为即告成立；而发行说则认为票据行为固然属单方法律行为，但此行为须由作成票据和交付票据共同构成。目前世界上主要国家和地区的票据法在票据行为的成立要件上，都承认"交付"为票据行为的成立要件之一。所以，出票行为不能脱离制作票据和交付票据为要件的基本特征。"倘无交付行为，纵令汇票制作完成，尚不能称之为出票。故不生汇票之效力"。[①]

---

① 梁宇贤：《票据法新论(修订版)》，中国人民大学出版社，2004 年版第 119 页。

(三)出票以委托付款或承诺自己付款为内容

由于付款人的不同，出票的内容要么是委托他人付款，如委付汇票、支票，要么承诺自己付款，如本票。总之，出票的中心内容是关于付款的。

三、汇票出票的记载规则

由于出票记载的事项是附属票据行为的基础，故记载必须严格遵照票据法的规定进行，出票行为才有效，票据才能得以有效创立。我国票据法规定的出票记载事项有如下部分。

(一)汇票出票的绝对必要记载事项

汇票出票时的绝对必要记载事项必须严格依法记载，否则出票行为无效，票据本身也无效，不论其他附属票据行为。我国票据法第22条规定，汇票出票的绝对必要记载事项有七项：表明"汇票"的字样；无条件支付的委托；确定的金额；付款人名称；收款人名称；出票日期；出票人签章。其中第一项已经统一印制，不必出票人填写，票据金额的记载必须由出票人以中文大写和数字小写同时进行记载，而且大写与小写必须一致，二者缺一记载或记载不一致，出票行为无效，同时票据无效。票据金额一经记载不得更改，否则票据无效。收款人名称、出票日期也属不可更改事项，出票人签章遵循前文所及的本名全名规则。

(二)汇票出票的相对必要记载事项

根据我国票据法第23条的规定，汇票上的相对必要记载事项有三项：付款日期；付款地；出票地。这些事项应当记载以便于持票人行使票据权利。没有记载付款日期的，依法推定为见票即付；未记载付款地的，推定付款人的营业场所、住所或经常居住地为付款地。同理推定出票地为出票人的营业场所、住所或经常居住地。

(三)汇票出票的可以记载事项

汇票上允许当事人依法并根据自己的意志记载某些事项，不记载也不影响票据效力，一旦记载则产生票据法上的效力。部分国家和地区有参加付款制度，允许分期付款等，其预备付款人及分期付款文句等记载都属于可以记载事项。根据我国票据法的规定，禁止背书文句、支付币种、代理付款人属可以记载事项。出票人记载不得转让的，持票人就不能转让该票据，否则不产生票据法上的转让效力。出票人若在汇票上记载支付币种，那么付款人应当按汇票上所记载币种进行支付，如果没有记载支付币种，则支付我国法定货币——人民币。出票人在汇票出票时，可以记载代理付款人，汇票上记载了代理付款人时，持票人应当向代理付款人提示付款。在我国，根据中国人民银行的《票据管理实施办法》和《支付结算办法》的规定，代理付款人是指根据付款人委托代办支付票据金额的银行、城市信用合作社和农村信用合作社，银行汇票的代理付款人则是代理本系统出票银行或跨系统签约银行审核并支付汇票款项的银行。出票人记载代理付款人，只能在这些主体中选择适当的对象进行记载。

(四)汇票出票的不得记载事项

出票的不得记载事项分为两类：一类事项的记载本身不产生票据法上的效力，例如，原因关系中的合同号码、银行汇票申请人名称、账号、约定发生纠纷时的管辖法院等，都不产生票据法上的效力；另一类事项的记载则导致出票行为无效，汇票也因此无效，如附条件的支付委托。

四、汇票出票的效力

出票人依汇票的记载规则进行记载并交付收款人，出票行为有效成立，票据得以创立，票据关系也随之产生，对汇票的三个基本当事人也产生不同的法律效力。

(1) 对出票人。我国票据法第21条规定，汇票的出票人必须与付款人具有真实的委托付款关系，并且具有支付汇票金额的可靠资金来源。第26条规定，出票人签发汇票后，即承担保证该汇票承兑和付款义务。可见出票后，出票人有担保承兑和担保付款的义务，有真实的委托付款关系即可担保承兑和付款，如果被拒绝承兑或拒绝付款，出票人可以其可靠的资金来源进行清偿，这样汇票的信用就得到加强。

(2) 对付款人。出票行为成立对付款人并不发生票据法上的效力，因为他还不是票据义务人，出票仅仅使付款人取得承兑或付款的资格，付款人可依自己的意志决定是否承兑或付款。若不需承兑而直接付款，他仅仅只是履行了其同出票人资金关系上的义务，不是票据义务；若承兑，则成为票据义务人需承担到期付款的义务，若不承兑、不付款，则依民法向出票人承担违约责任。

(3) 对收款人。出票成立，则收款人成为持票人而有付款请求权和追索权。若无禁止转让记载，收款人还可以转让票据取得对价。

第三节 背 书

一、背书的概念

背书是指持票人为了将票据权利转让他人，或将一定的权利授予他人行使，在票据的背面或粘单上记载一定事项并签章交付的行为。

在中世纪，票据的转让仅仅是指可以出售，这一转让的结果与民法债权让与没有区别，前手对后手没有担保义务，这十分不利于商业的发展。聪敏的意大利人发明了汇票，当然不会让汇票的功能仅限于此，史料记载最早的背书行为是在 1430 年，当时的意大利商人于票据下端记载提示票据者的姓名，并且记明该提示人有受领票据金额的权限，[①]可以附带转让备注，这只是背书行为的雏形。

到 16 世纪，背书行为在意大利已经普遍实行，[②]背书的基本效力——转让和交付的一般概念被广泛使用，而背书行为的出现，使得票据具有纸币的全部特征，从此，票据各种功能齐全，实现了从转让票据到流通票据的飞跃。

背书是附属票据行为，因此，背书建立在形式合法有效的出票行为的基础上，并且该票据应该是可以转让的。一般债权转让需要通知债务人，否则不生债权转让的法律效力，而票据权利的转让不同于一般债权转让即在于背书制度，而票据流通的主要方式也是背书，可见背书在汇票制度中占有重要地位。在票据背书中进行背书记载的人称为背书人，接受背书的人称为被背书人，被背书人也因背书而成为新的持票人。

二、背书的特征

背书除具备票据行为的一般特点外，和其他票据行为比较，背书具有以下特点。

1. 不可分性

背书的不可分性是指背书人只能将全部票据权利转让给一个人，不得就部分票据金额为背书或就全部票据金额对两个或两个以上的人分别为背书。凡有违反这一特性的背书均属无效。例如，《日内瓦统一汇票和本票法》第 12 条第 2 款规定："部分背书无效。"我国台湾地区的票据法第 36 条规定："就汇票金额之一部分所为之背书，或将汇票金额分别转让于数人之背书，不生效力。"我国票据法第 33 条第 2 款规定："将汇票金额的一部分转让的背书或者将汇票金额分别转让给二人以上的背书无效。"

各国(地区)票据法之所以确认部分背书的无效，其原因在于票据权利在以背书转让时，必须将票据交付给被背书人，而票据是无法分割的，权利载体不能分割，票据又是一种完全有价证券，载体上的权利自然也不允许其分割，而票据权利的享有及行使必须以持有票据为前提。故此，各国(地区)票据法均不承认部分背书的效力。

2. 单纯性

背书的单纯性是指持票人为背书时，不得附加任何条件，凡附条件的背书，所附条件

---

① [意]卡洛·M. 奇彼拉：《欧洲经济史(第一卷：中世纪时期)》，(北京)商务印书馆，1988 年版第 261 页。
② [德]汉斯·豪斯赫尔：《近代经济史：从十四世纪末至十九世纪下半叶》，(北京)商务印书馆，1987 年版第 39～40 页。

无效。我国票据法第33条、英国票据法第33条、《日内瓦统一汇票和本票法》第12条第1款、我国台湾地区"票据法"第36条都体现了背书的单纯性。这是因为，持票人为背书时，无论附加的是停止条件，还是解除条件，都会使得背书的效力无法确定，从而不利于票据的流通。

3. 禁止性

背书的可禁止性是指出票人和持票人可以在出票或者背书时记载禁止转让文句，以限制收款人或被背书人转让票据权利。《日内瓦统一汇票和本票法》第15条第2款规定："背书人可以禁止任何再背书；在此情况下，该背书人对禁止后再经背书而取得汇票的人，不承担保证责任。"德国票据法、日本票据法、法国票据法也都有类似的规定。我国票据法第27条规定："出票人在汇票上记载'不得转让'字样的，汇票不得转让。"第34条又规定："背书人在汇票上记载'不得转让'字样，其后手再背书转让的，原背书人对后手所谓被背书人不承担保证责任。"

各国票据法允许出票人和背书人在出票时和背书时记载禁止转让文句，其目的在于将出票人或背书人的票据责任范围限定而不致扩大。

三、背书的分类

根据上述背书的概念，可以知道，背书是有不同类型的。

1. 转让背书和非转让背书

这种分类的依据是背书的目的。转让背书是背书人以转让票据权利为目的而进行的背书。非转让背书是不以转让票据权利为目的，而将一定的票据权利授予他人行使为目的的背书。背书在大多数情况下是为了转让票据权利，非转让背书实为转让背书的特例。

2. 一般背书和特殊背书

依转让的时间和顺序有无特别之处，将转让背书分为一般背书和特别背书。特别背书又分为回头背书和期后背书。回头背书是以票据原债务人为被背书人的转让背书，期后背书即在付款提示期届满或被拒绝承兑、拒绝付款、作成拒绝证明书之后转让票据权利的背书。除回头背书和期后背书外，其他转让背书没有时间和顺序的特别之处，背书人转让票据权利是依据票据法的基本规则进行，称为一般背书。

一般背书又可分为完全背书和空白背书。完全背书是指完整地记载背书类型、被背书人名称，并签名盖章的背书形式。空白背书是指仅以签章而完成的背书，又称略式背书。多数国家承认空白背书的效力，长期以来，我国票据法将背书形式确定为完全背书，空白背书属无效背书，但最高人民法院《关于审理票据纠纷案件若干问题的规定》第49条肯定了"空白背书"的法律效力。

3. 委托背书和设质背书

以背书的目的不同，将非转让背书进一步分为委任背书和设质背书。委任背书是以委托他人代为取款为目的的非转让背书；设质背书是为了担保债务的履行而在票据上设定质权的非转让背书。

四、转让背书

(一)一般转让背书的概念

一般转让背书是指无论从被背书人方面还是从背书时间方面，以及票据权利的转让是否有限制方面来看，都没有特殊情形的背书。

在一般转让背书中，既不欠缺背书所必须记载的事项，也不附加其他所谓任何其他事项。背书人仅仅按照法律要求的绝对必要记载事项进行记载，这是转让背书中最常见的。

(二)一般转让背书的记载规则

大多数国家承认空白背书，故对背书的绝对必要记载事项的规定极少。结合我国票据法和最高人民法院的司法解释，背书的必要记载事项包括绝对必要记载事项、相对必要记载事项、任意记载事项、不得记载事项。

1. 一般转让背书的绝对必要记载事项

背书的绝对必要记载的事项，是指背书人在票据上必须记载，否则背书行为无效的事项。根据我国票据法的规定，绝对应当记载的事项有背书人和被背书人两项。背书人是为背书行为的人，也是背书时的票据权利人。背书的记载由背书人完成。我国票据法规定，背书人的记载形式为背书人的签章，如果欠缺背书人的签章，则背书行为无效。被背书人是由背书人依背书方式指定的票据权利的受让人。关于背书是否必须记载被背书人，有的国家和地区的票据法与我国的态度不一样。例如《日内瓦统一汇票和本票法》、我国台湾地区的"票据法"和《美国统一商法典》都规定可以不记载，此时背书成为空白背书。但我国票据法第30条却规定："汇票以背书转让或者以背书将一定的汇票权利授予他人行使时，必须记载被背书人名称。"

背书行为中的绝对必要记载事项欠缺与出票行为的绝对必要记载事项欠缺效力不同：出票行为如果欠缺绝对必要记载事项，导致票据无效；背书行为如果欠缺绝对必要记载事项，导致背书行为自身无效，不影响票据的效力。

2. 一般转让背书的相对必要记载事项

一般转让背书的相对必要记载事项只有一项，即背书日期。背书人应当记载背书日期，未记载的视为汇票到期日前背书。

3. 一般转让背书的任意记载事项

一般转让背书的任意记载事项只有禁止背书文句一项。一旦背书人记载"不得转让"字样，持票人再行转让，背书人对持票人的后手不承担票据责任。例如，A 背书转让时记载"不得转让"，将汇票转让与 B，B 再行转让与 C，那么 A 对 C 不承担票据责任。

4. 一般转让背书的不得记载事项

一般转让背书的不得记载事项有附条件背书记载和部分转让票据金额的记载。为了保障票据流通，必须赋予背书确定的法律效力，因此，各国票据法禁止附条件背书，我国票据法规定有附条件背书，所附条件不产生票据效力；部分转让票据金额的背书违背了票据为完全有价证券这一根本属性，所以我国票据法规定作部分转让记载的，导致票据行为无效，即这种背书为无效背书。

(三)一般转让背书的效力

一般背书即是以票据权利的移转为目的，因此，只要符合背书规则，即产生权利转移、权利担保、权利证明的效力。

1. 权利移转的效力

背书成立，票据上的一切权利都由背书人移转给被背书人，被背书人因此而成为票据权利人(持票人)，享有付款请求权和追索权，并且可以依《中华人民共和国票据法》的规定再行转让票据。

2. 权利担保的效力

背书成立，背书人并不像民法债权转让人那样退出债权债务关系，而是成为票据债务人，对被背书人负有担保债务。根据《中华人民共和国票据法》第 37 条的规定，背书人以背书转让汇票后，即承担保证其后手所持汇票能获得承兑和付款的责任。背书人在汇票得不到承兑或者付款时，应当按照《中华人民共和国票据法》第 70 条、第 71 条的规定，向被背书人及其后手清偿票据金额、相应的利息和费用。

3. 权利证明的效力

我国票据法第 31 条规定："以背书转让的汇票，背书应当连续。持票人以背书的连续，证明其汇票权利。"这即表明，持票人行使票据权利时，应当以背书的连续证明自己为真正的权利人。也就是说，凡背书连续的，即可作为权利人的资格证明，而无论该"权利人"是否真正享有票据权利，如付款人对其付款的，由此可以免除自己的票据责任，除非有相反的证明。反之，如果背书不连续，而付款人已经付款的，由此所产生的风险，要由付款人自己负担。由此可见背书连续的重要性。所谓背书连续是指在票据转让中，转让票据的背书人的签章与受让票据的被背书人再背书时的签章相衔接，中间没有断开。如"A-B-C-D-E"，从A到C为连续背书，而票据从A到E背书不连续，表现为C与D之间背书断开。在形式上，背书连续的票据足以证明持票人取得票据的正当性与合法性，持票人行使权利无须其他证明；反之，不连续背书的持票人若不能提出其他合法证明，则不能行使票据权利。

(四)特殊转让背书

特殊转让背书是指在某方面具有特殊情形的背书，又分为回头背书与期后背书。

1. 回头背书

回头背书是指以票据上的原债务人为被背书人的背书。在回头背书中，由于被背书人既是票据上的债务人，又是票据权利人，因此在行使票据权利方面会受到一定的限制。

回头背书的目的也具有权利转让、权利证明的效果。不同于一般背书的是，回头背书的被背书人是以原票据债务人为被背书人。原票据债务人可以是出票人、原背书的背书人、承兑人和保证人，所以，回头背书对于背书人和付款人产生的效力同于一般背书。对于被背书人则由于其原来的身份不同，其享有的票据权利受到不同的限制。这种限制主要表现在追索权上，如被背书人为出票人时，仅对承兑人享有付款请求权，对其他前手均不享有追索权。被背书人为原背书的背书人的，则对该背书人为背书时的后手不享有追索权。例如，"A→B→C→D→E"为原背书过程，后E将票据背书转让与B，则B对C、D、E均不得追索。被背书人为承兑人时，不享有对任何人的追索权。被背书人为保证人的，其票据权利与被保证人为被背书人时享有的权利一致，即出票人的保证人为被背书人时，他可以向出票人和承兑人行使票据权利，先前背书的保证人可以向该背书人及其前手行使追索权。

2. 期后背书

对期后背书的界定标准,不同的立法,标准不一。国际主流的标准主要有二。①以票据到期日经过为标准。以英美法系国家为代表，如英国票据法第36条第(二)项："逾期汇票流通转让时，仅得根据到期日影响汇票之所有权瑕疵予以流通转让，并且其后之持有人不得主张给予较其前手更为完善之所有权。"美国《统一商法典》第3-304条、《联合国国际汇票与本票公约》第24条均有类似规定。②以作成拒绝付款证书后或作成拒绝付款证书期限经过后为标准。在这种标准下，期后之"期"指一定期限之后。例如《日内瓦统一汇票本票公约》(以下简称《日内瓦公约》)第20条规定，到期后之背书与到期前之背书有同一效力，但付款拒绝证书作成后或拒绝证书作成期限经过后，所为之背书只有普通债权移转之效力。"

但是，我国票据法所指的期后背书是指在票据被拒绝承兑、被拒绝付款或超过付款提示期限后所为的背书。期后背书在效力上不同于一般背书。期后背书的目的仍在于票据权利的转让，只是背书的时间在汇票被拒绝承兑、拒绝付款后或已过提示付款期限。在我国期后背书原则上是被禁止的，根据《中华人民共和国票据法》第36条的规定，背书行为并非绝对无效，背书人仍应对持票人负担保责任，但期后背书不能产生一般背书的法律效力，因此，这种背书也称受阻背书。结合票据法司法解释可知，[①]我国票据法第36条这一规定的意思是说，期后背书的被背书人只享有对期后背书的背书人的票据权利，只能向背书人追索，而不享有对其他票据债务人的票据权利，不能向背书人以外的其他票据债务人行使追索权。

五、非转让背书

非转让背书可以分为委任背书和设质背书。由于非转让背书不以转移票据权利为目的，故不产生票据权利转让的效力。因此，背书人仍为票据权利人，被背书人不享有票据权利。

1. 委任背书

委任背书也称为委托收款背书，是指持票人以委托他人代为取款为目的，而依法所为的背书。

委任背书的背书人在进行背书时，应在背书中载明委托收款的文句，如"委托收款"、"委托取款"、"为取款"等字样。我国票据法第35条规定的委任文句为"委托收款"；《日内瓦统一汇票和本票法》第18条规定的委任文句有："因收款"、"因领取"或其他同义文句。

委任背书一旦成立，即具有以下几方面的效力。

（1）代理权授予的效力。委任取款背书不以转让票据权利为目的，不发生权利移转的效力，票据权利仍归背书人享有，被背书人依委任取款背书仅取得代理权。

（2）权利证明的效力。票据上的背书连续以及委任取款背书的合法有效，即可证明被背书人享有代理权，而无须在票据以外另行举证，票据债务人也无权要求被背书人提供此类证明。票据债务人对被背书人为付款或者清偿的，由此解除票据责任，

（3）人的抗辩不切断的效力。委任背书成立，票据债务人仍可以对抗背书人的理由，对抗被背书人，这一点与一般转让背书不同。

2. 设质背书

设质背书是以担保主债的履行为目的而以背书方式设定质权，背书人即为出质人，被

---

① 《最高人民法院关于审理票据纠纷案件若干问题的规定》第三条："依照票据法第三十六条的规定，票据被拒绝承兑、被拒绝付款或者汇票、支票超过提示付款期限后，票据持有人背书转让的，被背书人以背书人为被告行使追索权而提起诉讼的，人民法院应当依法受理。"

背书人为质权人。

设质背书成立时产生以下效力。

(1) 质权设定的效力。设质背书一旦成立，即意味着质押权设定，被背书人即取得质权。无论所担保的其他债权是否到期，只要票据权利到期，被背书人为实现其债权，即可行使付款请求权和追索权。所获金额如超过主债权的数额，超过部分应退还给设质人(背书人)，不足部分应由设质人(背书人)依民法规定继续清偿。

(2) 权利证明的效力。只要背书连续，即可证明被背书人享有质押权，不需要以票据以外的证据证明。

(3) 权利担保的效力。设质背书成立，设质背书对背书人仍产生权利担保的义务。因为设质的目的即是担保债的履行，故背书人要担保主债务的履行，首先得担保承兑和担保付款。这也是设质背书与委任背书的区别所在。

第四节　保　　证

一、保证的概念

票据保证是指票据债务人以外的第三人为了担保特定票据债务人履行票据债务，而在已签发的票据上进行记载并签章交付的附属票据行为。

在日内瓦法系或英美法系中，票据保证通常仅适用于信用期间较长的远期票据和承兑票据——本票、支票和汇票，其支票的提示付款期或有效期较长，大都规定有支票保证制度。我国票据法第2章第4节规定了汇票保证，并在第81条明确规定本票保证准用汇票保证的有关规定。由于支票的付款人是银行或其他金融机构，只要出票人存款足够，见票即付绝对可靠，故无须票据保证。根据《中华人民共和国票据法》的规定，票据保证就是指汇票保证和本票保证，概括称之为票据保证。

保证，如同背书一样是附属票据行为，区别于一般附属票据行为，保证有主体上的要求和从属性。所谓主体上的要求是指保证人必须是票据债务人以外的第三人，此第三人的资格还必须符合最高人民法院的《关于审理票据纠纷案件若干问题的规定》第60条的规定，即除有特别规定外，国家机关、以公益为目的的事业单位、社会团体、企业法人的分支机构和职能部门不得为票据保证人。所谓从属性，是指所担保的票据债务人的票据债务因形式欠缺而无效时，保证人不负保证责任，当然被保证的债务因实质关系不成立而无效时，保证人仍要负票据责任，这是由票据行为的独立性所决定。

二、票据保证的特征

票据保证具有以下特征。

1. 票据保证是一种附属票据行为

票据保证是为被保证的票据债务的履行而保证，没有被保证的债务，当然也就不会有票据保证之说，也就不需要票据保证的存在。因此，票据保证与民法上的保证在这一点上是一致的。票据保证，必须以出票行为和有被保证债务为前提。

2. 票据保证是票据债务人以外的第三人所作的票据行为

日内瓦法系国家一般都不对保证人加以资格限制，《日内瓦统一汇票和本票法》第 30 条规定："此项保证得由第三人或甚至由汇票上签名的当事人作出。"日本、德国、法国等国家的票据法都依照此条进行了类似的规定。但是，票据保证的作用在于增强票据的信用，票据债务人本身负有依票据文义承担票据责任的义务，所以票据债务人本人的票据保证将不可能起到增强票据信用的作用。

票据保证人与票据上的原债务人应相互独立，以避免票据保证债务与票据原债务之间相混淆而导致票据保证债务落空，所以我国票据法规定，票据的保证人只能是由票据债务人以外的他人担当。

3. 票据保证是以担保票据债务履行为目的的票据行为

票据保证担保的是票据债务的履行，被担保的票据债务人，称为被保证人。被保证人可以是汇票上的任何债务人，包括出票人、承兑人、背书人等，保证人可以选择任何一个特定的对象进行保证。

4. 票据保证必须在票据上以书面方式进行

票据作为文义证券，其所有的相关行为都应当在票据上加以体现，票据保证也不例外。未在票据上做出保证，但在票据以外的其他文件上规定了对票据提供担保的，不属于票据保证的范畴，只能属于普通的民事保证，适用民法有关担保的规定。

三、保证的分类

按照不同的标准，保证有不同分类。

1. 全部保证与部分保证

这种分类的标准是保证所担保金额是否为票据全部金额。顾名思义，全部保证是就票据上全部金额作保证，即保证人就票据全部金额承担票据责任；部分保证是就部分票据金额作保证，这种保证得到世界上多数国家和地区票据法的承认，但不为我国票据法认可。

2. 单独保证与共同保证

这种分类标准在于保证人的数量，单独保证是一人所为保证，二人以上共同担保的为共同保证。与民事保证不同，票据共同保证人须承担连带责任，而不存在按份之说。

3. 正式保证与略式保证

这一分类的标准在于记载文句的不同。正式保证是指完整地进行票据保证记载的票据保证，略式保证是只有保证人签章而没有保证意旨记载的票据保证。日内瓦统一票据法承认略式保证，但必须在票据正面进行记载，从我国票据法第 46 条来看，我国不承认略式保证的效力。

4. 单纯保证与不单纯保证

这种分类标准在于保证是否附条件。不附条件的为单纯保证，附有条件的为不单纯保证。日内瓦统一票据法认为附条件保证有碍保证目的的实现，因而否定不单纯保证的效力，即不单纯保证不产生保证效力。我国票据法第 48 条规定，保证附条件的，所附条件无效，但不影响保证的效力。

四、保证的记载规则

票据保证为要式行为，其记载规则如下。

(一)票据保证的记载事项

1. 票据保证绝对必要记载的事项

依据我国票据法第 46 条的规定，保证的绝对应当记载的事项有：表明"保证"的字样、保证人的名称和住所、保证人的签章。

(1) 表明"保证"的字样。这又称为保证文句，是保证人在汇票上以文字表明保证的意思，以区别于其他票据行为。保证文句不以"保证"为限，其他表明保证意旨的文句，如"担保"等也产生同样效力。多数国家和地区的票据法规定，缺乏保证文句的，不产生票据保证的效力。最高人民法院的《关于审理票据纠纷案件若干问题的规定》第 62 条规定，保证人未在票据或粘单上记载"保证"字样而另行签订保证合同或保证条款的，不属票据保证，但产生一般民法上的保证效力。日本票据法和我国台湾地区的票据法也规定保证文句是绝对必要记载事项，但《日内瓦统一汇票和本票法》承认略式保证的效力，因此在该法上的保证文句不是绝对应当记载的事项。

(2) 保证人的名称和住所。在汇票上记载保证人的名称和住所，是为了汇票权利人了解保证人的情况，便于其行使票据权利。我国票据法规定保证人为保证行为时必须记载保证人的名称和住所，这样有利于票据权利人行使票据权利。因为在票据自由转让，频繁变换权利人的情况下，保证人的名称和住所作为绝对必要记载事项是十分必要的。

(3) 保证人的签章。保证人签章表明保证人愿意为票据债务人承担票据责任，保证人签章是对票据保证责任的最后落实，没有保证人的签章，任何国家的票据法均界定保证无效。

2. 票据保证的相对必要记载事项

票据保证的相对必要记载事项有被保证人的名称和保证日期。被保证人名称的载明可以确定保证责任范围，没有记载的，依法推定保证。我国票据法第47条规定，被保证人名称未记载的，已承兑的票据，推定承兑人为被保证人，没有承兑的票据，推定出票人为被保证人。这样规定加重了票据保证人的责任，一方面可以使最大多数人获得票据保证的利益，充分发挥票据保证加强信用的功效；另一方面起到简化票据债权债务关系的作用，因为承兑人或出票人履行票据义务后，其他票据债务人均可免除责任。同样，保证日期也是应当记载的，但没有记载时，也不影响保证的效力，推定出票日为保证日。

3. 票据保证的不得记载事项

我国票据法规定的不得记载事项只有一项：保证不得附有条件；附有条件的，不影响对汇票的保证责任。依此规定，凡保证记载中附有条件的，该附条件内容属于无效记载。

(二)票据保证的记载位置

不像背书那样必须在背面进行，票据的正面、反面、粘单上均可进行票据保证记载。如我国票据法第46条规定，保证事项的记载位置为汇票或其粘单。这是因为保证记载的位置依据被保证人为票据行为的位置而定，因此，根据被保证人地位的不同，保证有可能记载在汇票正面、背面或其粘单上。保证人为出票人、付款人、承兑人保证的，应当在票据的正面记载保证事项；保证人为背书人保证的，应当在票据的背面或者其粘单上记载保证事项。

五、保证的效力

保证一经成立，就对票据上的当事人发生效力，其法律效力集中体现为保证人的权利和责任。

(一)保证人的责任

根据我国票据法，保证有效成立后，保证人对合法取得票据的持票人承担保证责任，同时票据到期后得不到付款时，保证人与被保证人承担连带责任，持票人有权直接向保证人请求付款，保证人应当足额付款。保证责任的内容和范围与被保证人责任具有同一性、连带性，保证责任还具有独立性。

1. 同一性

保证责任的同一性是指保证人责任与被保证人责任完全一致，主要体现在责任性质和责任范围上，保证人与被保证人承担同一责任，保证人没有先诉抗辩权，即保证人与被保证人的责任没有主次顺序之分。在为承兑人保证的情况下，持票人可在到期日直接向保证人行使付款请求权，在为背书人或出票人保证时，持票人行使追索权时，可直接向保证人行使追索权。[①]我国票据法第 50 条规定："被保证的汇票，保证人应当与被保证人对持票人承担连带责任，汇票到期后得不到付款的，持票人有权向保证人请求付款，保证人应当足额付款。"

2. 连带性

票据保证不同于一般保证，民法中的保证具补充性，保证人享有先诉抗辩权，票据保证是一种法定的连带保证责任，所以票据保证人不享有先诉抗辩权。票据保证有效成立时，持票人可以依自己的意志选择向保证人或被保人请求履行债务，而无须先向被保证人请求履行债务。在票据保证中，保证人与被保证人的地位具有同位性，其责任是连带的，几个人共同为保证时，相互不得约定不承担连带责任，其连带责任是法定的，保证人不得以约定排除法律规定。

3. 独立性

从票据行为看，保证行为的独立性直接决定了保证责任的独立性。保证责任的独立性体现在票据保证不因被保证的票据债务实质无效而无效，即只要被保证的债务形式合法，票据保证即产生效力而不问实质有效与否。例如，某一背书人为限制民事行为能力人，对于此背书人本人而言，不应承担票据债务；但为此而进行的票据保证仍然有效，被背书人及其后手仍可以向保证人主张票据权利，保证人不得以背书人票据债务不成立而主张票据保证无效，保证人仍得为自己的保证行为承担票据保证责任。同理，被保证人无行为能力或受欺诈、胁迫以及被保证人的签名属伪造的，保证人仍然要负票据责任。

(二)保证人的权利

保证人的权利因其地位的特殊性而显示其独特性，保证人所承担的债务为"或有"债务，一旦被追索，则"或有"债务变成真正债务，为清偿前保证人享有抗辩权；为清偿债务后，保证人代位取得对被保证人及其前手的追索权。

[①] 参见谢怀栻：《票据法概论》，法律出版社，1990 年版；王小能：《票据法教程(第 2 版)》，北京大学出版社，2001 年版。

1. 抗辩权

保证人的抗辩可以分为对物抗辩和对人抗辩。票据保证因被保证的票据债务在记载事项上的欠缺而无效，保证人可以据此进行物的抗辩。此外，票据记载不完备，其他债务人可以主张的对物抗辩，保证人均可主张。另外，保证人与票据权利人之间就人的关系所存在的抗辩事由，保证人也可行使对人的抗辩权，例如，保证人与票据权利人之间有债权债务关系或有特别约定，显然这些债权债务或特别约定不生票据效力，但保证人可以主张对人的抗辩。

2. 追索权

保证人被追索而清偿票据债务及其他法定费用后，保证债务消灭，保证人代位取得追索权利。其追索对象为被保证人及其前手。保证人追索权是基于票据保证行为和清偿行为而取得，与背书人向其后手清偿后，再向其前手行使追索权的情形一样，所以，被保证人及其前手对原持票人的抗辩切断，不得对抗保证人的追索权。

第五节　承　　兑

一、承兑的概念

承兑是指票据所载付款人，在票据上进行承兑文句的记载并签章交付，表明到期支付票据金额的一种票据行为。承兑是汇票特有的票据行为和制度，汇票是委付证券，出票人所记载的付款人不是票据债务人，无支付汇票金额的义务，付款人是否同意付款，出票时尚未可知，因而需要一种由付款人表示同意付款或不同意付款的制度，以确定当事人之间的票据关系，正是承兑这一行为使得付款人变为票据债务人——承兑人。承兑也与背书、保证一样，也是以出票为基础的附属票据行为，也具有一般票据行为的无因性、要式性、文义性、独立性特征。承兑是汇票独有的，只能由汇票上所载的付款人在汇票正面进行，而本票是出票人本人承诺付款的票据，支票是出票人指示自己开户银行代理付款的票据，因而本票和支票均无须承兑制度。

二、承兑的分类

承兑的分类主要有两种。

1. 正式承兑和略式承兑

依承兑的方式，承兑可以分为正式承兑和略式承兑。正式承兑又称完全承兑，即在汇票正面记载承兑文句并签章的承兑。略式承兑是没有记载承兑文句而仅有付款人签章的承兑。从我国票据法第 42 条的规定看，我国只承认正式承兑的效力，当然也没有直接否定略式承兑。《日内瓦统一汇票和本票法》以及《美国统一商法典》均承认略式承兑的效力，只要付款人在汇票正面签名，无论是否为承兑的意思，一般都视为有效承兑。

2. 单纯承兑和不单纯承兑

依承兑是否附条件，承兑可以分为单独承兑和不单独承兑。单纯承兑是仅记载相应的承兑文句，不对承兑附加其他条件，也不对票据上的已有记载事项进行变更的承兑。承兑时附加条件或变更票据记载的，则为不单纯承兑。日内瓦统一票据法规定，不单纯承兑的承兑人必须依自己的不单纯承兑记载承担相应的责任。从我国票据法第 43 条的规定看，我国只承认单纯承兑，不单纯承兑视为拒绝，持票人可以因此而行使追索权。

三、我国承兑制度的原则

根据我国票据法的规定，承兑应遵循三大原则：自由承兑原则、完全承兑原则和单纯承兑原则。

1. 自由承兑原则

自由承兑原则体现票据法的私法性，理论与实践都确认了汇票承兑自由原则，按照该原则，一方面，汇票持票人提示承兑自由，持票人是否将汇票提示承兑，主张付款请权，也由持票人自行决定。当然，持票人不按票据法规定的期限提示承兑，将会丧失对其前手的追索权。另一方面，汇票付款人承兑自由，汇票上的付款人经出票人在汇票上记载后，便取得在汇票上进行承兑的资格。付款人是否对汇票进承兑，是否承担付款责任，完全由付款人自己决定；没有承兑的付款人不负任何票据的责任。

2. 完全承兑原则

完全承兑原则是指付款人在对汇票作出承兑时，应该对全部汇票金额进行承兑，而不能只对部分汇票金额进行承兑。我国票据法在"承兑"一节中，虽然没有明确否定部分承兑的效力，但是在"付款"一节中规定："持票人按照前款规定提示付款的，付款人必须在当日足额付款。"这一规定体现了完全承兑的原则。

3. 单纯承兑原则

单纯承兑原则是指付款人完全依照票据上记载的文义进行承兑，而不应附加任何条件或变更票据上的记载事项而进行承兑。我国票据法第 43 条规定："付款人承兑汇票，不得附有条件；承兑附有条件的，视为拒绝承兑。"所以，在我国，付款人只能进行单纯承兑或拒绝承兑。

四、承兑的程序

承兑是持票人保全和行使票据权利的重要程序，也是付款人承担票据责任的必经程序。该程序由持票人和付款人的行为、按一定顺序共同构成，可以分解为持票人提示承兑、付款人承兑或拒绝承兑、汇票交还三个阶段。

1. 提示承兑

提示承兑是指持票人向汇票所载付款人出示汇票，请求其承诺付款的行为。须注意并不是所有的汇票都须承兑，所以提示承兑对不同的汇票具有不同的意义。注期汇票是见票后定期付款的，不提示承兑则无法确定见票日，也就无法确定到期日，故注期汇票必须遵期提示承兑，否则丧失对其前手的追索权。我国票据法规定，注期汇票的提示承兑期限为出票日起一个月内。其立法目的在于促使持票人尽快行使票据权利，防止票据义务人承担责任的期限无限延长。对于定期汇票和计期汇票，持票人可自由决定是否提示承兑，一般情况下，持票人大多提示承兑，以便早知道自己能否得到预期的支付、是否需要进行期前追索；未提示承兑的，不影响付款请求权的行使，但若不能获得付款时，则可能丧失对前手的追索权。我国票据法规定："定期汇票和计期汇票的提示期限为出票日后、到期日前，即在此期间的任何一天均可提示承兑。对于即期汇票，持票人无须提示承兑，即可直接请求付款。"

2. 付款人承兑或拒绝承兑

依照我国票据法的规定，付款人收到提示承兑的汇票后，应向持票人签发回单，以证明付款人已收到此汇票及收到汇票的日期。由于承兑自由原则，我国票据法给予付款人三天期限以决定是否承兑。付款人同意承兑，则按我国票据法规定进行一定事项的记载。依我国票据法，承兑记载事项分为绝对必要记载事项、相对必要记载事项、不得记载事项。

(1) 承兑的绝对必要记载事项。承兑的绝对必要记载事项包括承兑文句和承兑人签章两项，缺一则不生承兑效力。承兑文句可以是"承兑"、"照付"、"兑付"。我国票据已经统一印制，承兑人在相应的位置签章即可。

(2) 承兑的相对必要记载事项为承兑日期。付款人应当记载承兑日期，汇票上未记载承兑日期时，以付款人收到提示承兑汇票之日起的第三日为承兑日期。这样上述回单上载明之日就尤其重要。

(3) 承兑的不得记载事项为附条件记载事项。在我国票据法上，附条件承兑包括附一般条件承兑、部分承兑、变更票据记载事项承兑。无论何种附条件承兑，均视为拒绝承兑，持票人可依此进行期前追索。

拒绝承兑的，应作出拒绝证明书。三天考虑期限经过后，付款人无任何意思表示的，视为拒绝承兑。无论是付款人明确拒绝承兑，还是承兑期限经过，付款人没有任何表示而视为拒绝承兑，提示承兑人都有权要求付款人出具拒绝证明或退票理由书，持票人凭此以行使追索权。

3. 汇票交还

承兑行为以交付为要件，即付款人按照法定方式记载一定事项后，要将票据交还给提示承兑人，承兑行为才完成。事实上，无论付款人是否承兑，均应当交还票据。

五、承兑的效力

汇票一经承兑，便对汇票上的不同主体发生不同效力。

付款人一经承兑，成为汇票的债务人，承担到期付款的责任。这种责任是绝对付款责任、最终被追索的责任。其表现为付款人一旦做出承兑，就成为汇票的债务人，承担到期无条件付款的责任，即使不存在资金关系或资金关系不足，承兑人也应承担到期付款的责任。承兑人也是最终义务人，即对于承担了追索义务的背书人请求承兑人偿还时，承兑人必须偿还包括票据金额，延期支付的利息及追索费用，即使追索人为出票人，也不妨碍其向承兑人请求偿还。在追索终结前，承兑人的票据责任一直存在；一旦做出承兑，持票人未按时提示付款时，即使超过提示付款期限而导致追索权消灭，承兑人仍承担付款的义务。

从持票人看，承兑的效力表现在：持票人的付款请求权由期待权变为现实的权利。对出票人和背书人而言，汇票承兑后，出票人和背书人可以免除因汇票被拒绝承兑而引起的期前追索。

第六节 付 款

一、付款的概念

付款是指付款人或承兑人在票据到期时，对持票人所进行的票据金额的支付。而出票人、背书人、保证人等向票据债权人进行的付款在理论上称作票据清偿。付款能绝对地消灭票据关系，清偿则只能相对地消灭票据关系——即仅消灭追索关系的一部分或全部，票据关系并不能绝对消灭。本节讨论的是狭义的付款。传统理论认为，付款不是票据行为，但付款是三大票据共有的行为。

二、付款的分类

根据不同的标准，付款也有不同的分类。

1. 全部付款和部分付款

这种分类的标准在于付款人或代理付款人是否支付全部汇票金额。支付票据所记载全部金额的为全部付款，仅就票载金额的一部分所为的付款为部分付款。我国票据法第54条规定，付款人必须足额付款，因为足额付款在外观上有利于票据权利人的保护，但实质不一定更利于票据权利的实现。例如，若持票人因付款人部分付款而视为拒绝付款，从而进行追索时，在被追索人无力履行被追索义务的情况下，持票人的权利更难实现。鉴于此，部分付款并非一定对持票人不利，因而部分国家和地区票据法承认了部分付款的效力。

2. 一般付款和特别付款

这种分类的标准在于付款的具体时间不同。一般付款是指付款人在票据到期日到来之后，付款提示期限内所作的付款。一般付款若符合法定条件并按法定程序进行，则为有效付款，可以绝对地消灭票据关系。特别付款也称期外付款，即指在票据到期日前或付款提示期限经过后进行的付款。期外付款分为期前付款和期后付款。

三、付款的行为规则

付款行为虽然不是票据行为，但是，付款行为关系到票据权利和票据功能的实现，因而意义十分重大。所以我国票据法十分明确地规定了付款的行为规则：由持票人提示付款、付款人审查付款、持票人签收票款并交还票据构成。

1. 提示付款

提示付款是指持票人为了得到票据金额的支付，向票据上所载付款人或承兑人出示票据，请求付款。提示付款是付款人进行付款的前提条件，没有持票人的提示付款，付款人则无从进行付款。这一方面是因为票据是流通证券，票据债权人处于流变之中，另一方面是因为票据是提示证券，不提示票据就无从证明权利人的票据权利；另外，提示付款也是保全票据权利的一种必要措施，依《中华人民共和国票据法》的规定，是否依期提示付款是确定能否行使追索权的要件。由于汇票到期日不同，所以即期汇票和远期汇票的提示付款期间也不同。依据我国票据法，即期汇票的提示付款期限为出票日起1个月内，远期汇票的提示付款期限均为到期日起10日内；本票提示付款应在出票日起2个月内；支票的提示付款应在出票日起10日内进行。

2. 付款审查

付款人收到提示付款的票据后，为了保证其付款的正确性，《中华人民共和国票据法》明确规定了付款人所应承担的审查义务以及可以获得免责的条件。根据付款的不同情况，付款人可能承担两种不同性质的审查义务，即形式审查义务和实质审查义务。

(1) 形式审查义务。形式审查义务即指付款人就票据的本身从外观上进行审查的义务。

这种审查仅限于票据上的记载而不涉及票据以外的其他事实或情况。形式审查是保障票据安全，促进票据流通最基本、最必要的审查。所以，对任何提示付款的票据，付款人均负有形式审查的义务。形式审查主要从两个方面进行：①审查票据是否为形式上合法有效的票据，即审查绝对必要记载事项是否完备、金额的记载是否符合记载规则、法定不可更改事项是否更改、出票人签章是否符合规定。这四项均符合法律规定，则该票据为形式上合法有效的票据。②审查背书是否连续，若前后背书首尾一贯，环环相扣，没有中断，则最后的被背书人即为合法权利人，根据中国人民银行《支付结算办法》第17条，我国付款银行只对签章进行形式上的审查，银行以善意且符合常规的程序审查而未发现异常并付款的，付款银行解除付款责任。但这一形式审查的规定已与最高人民法院的《关于审理票据纠纷案件若干问题的规定》第69条相冲突。在票据法实务中，《支付结算办法》为部门规章，仅起参照作用。

(2) 实质审查义务。实质审查义务是指付款人对持票人是否为真实权利人，是否依真实有效的背书而受让票据权利等实质性问题进行审查的义务。这种审查通常涉及票据以外的法律关系，且须通过某些票据以外的事实才能得到确认。最高人民法院《关于审理票据纠纷案件若干问题的规定》第69条规定，付款人或代理付款人未能识别出伪造、变造的票据或者身份证件而付款，属于……"重大过失"，给持票人造成损失的，应当依法承担民事责任。这一规定对付款银行增加了实质审查的要求，理论界和实务界对这一规定不以为然。因为对票据上所有签章进行真实性鉴定、对身份证件进行真实性鉴定都要求有相当专业的技术水平，况且背书人和保证人并未在付款人处预留印鉴，签章的真伪无从核对。付款人只要未能识别出真伪即为重大过失，一方面对付款人不公平，另一方面容易导致付款银行滥用抗辩权，从而有损善意持票人的利益。

3. 签收票款并交还票据

付款人审查无误的，应于持票人提示付款的当日足额付款。持票人获得付款时，应当在票据上签收，并将票据交给付款人。持票人委托银行收款的，受委托的银行将代收的票据金额转账收入持票人账户，视同签收。

四、付款的效力

1. 一般付款的效力

依我国票据法的规定，付款人履行了审查义务后，认为应当付款的，应于当日足额付款。持票人或其代理人在票据上记载"收讫"字样并签章，然后缴还给付款人，票据权利绝对消灭，汇票付款人、承兑人、本票出票人或支票付款人的付款责任解除。此外，票据上的其他债务人，如背书人、保证人等也解除了票据责任。

付款人审查票据后，认为应当付款的，不一定属事实上的应当付款，这就涉及善意付款的效力问题。善意付款是指付款人在进行付款时，依法进行形式审查后，在无恶意和重大过失的情况下，对非真实票据权利人进行的付款。善意付款应为有效付款，向真实权利人付款的责任因此而免除，但最高人民法院《关于审理票据纠纷案件若干问题的规定》对"重大过失"作了扩大解释，否定了善意付款制度，对善意付款人的保护十分不利。

2. 特别付款的效力

根据我国票据法的规定，付款人原则上应当在到期日到来后对依法提示付款的持票人付款，但也有特别情形下进行付款的，其法律效力不一概而论。

(1) 期前付款的效力。汇票到期之前，付款人并无付款义务，期前付款实为付款人自愿放弃期限利益或贴现利益而提前支付票款。对此，《中华人民共和国票据法》以及《日内瓦统一汇票和本票法》均规定，付款风险由付款人自行承担，也即付款人于到期日前付款的，若持票人非真实权利人，即使付款人尽了审查注意义务，对真正票据权利人仍应负付款之责任。

(2) 期后付款的效力。所谓期后，并非指到期以后，而是指法定提示付款期限经过后或拒绝证书作成以后。期后付款的效力，因付款人是否为承兑而不同。付款人为承兑后，成为承兑人，负有绝对的付款责任，除票据时效届满的原因外，承兑人的付款责任不可免除，所以，持票人未按期提示付款的，承兑人仍应对持票人负付款责任，但持票人应作出说明，承兑人期后付款与一般付款的效力等同。未经承兑的期后付款效力较复杂：①持票人在法定提示付款期限经过后，仍请求承兑和付款，付款人承兑并付款的，其效力等同于一般付款。②持票人未遵期提示付款，付款人也一直不予承兑，这种情况下，持票人的追索权已丧失，其双重的票据权利(付款请求权和追索权)均无，若付款人仍付款的，不为票据法上的付款，而为民法上的无合法原因的给付，持票人取得的票款属不当得利。

第七节　追　索　权

一、追索权概述

1. 追索权的概念

所谓追索权，是指持票人在提示承兑或提示付款而被拒绝时，依法向其所有票据债务人请求偿还票据金额、利息及其他费用的权利。在通常情况下，持票人能依正常的流通过程从付款人处受领票款，票据权利就已经实现而无须追索，否则，票据权利的实现就出现障碍。为了保护票据权利的实现，票据法规定了追索权这一特别的措施，使权利人可依追索权的行使而实现票据权利。

2. 追索权的特征

追索权主要具有如下特征。

(1) 追索权是一种票据上的权利。除了见票即付的票据外，一般只能在票据的到期日才能付款，且付款人是否愿意承兑或者是否愿意付款都是不确定的因素，持票人的付款请求权因而可能难以实现。为了给持票人提供充分的法律保护，票据法规定追索权这一特别的票据权利制度。相对于付款请求权而言，追索权是票据上的第二次权利，是为补充付款请求权而设定的。

(2) 追索权是只有在票据法规定的特定事由发生时才能行使的权利。票据追索权虽然是一种票据权利，但其行使必须以一定事由的发生为前提，一般包括：不获付款、不获承兑、付款人死亡或者破产等。

(3) 追索权是持票人在履行完一定的保全手续后方能行使的权利。如果持票人在不获付款或者不获承兑的情况下，怠于履行法定的权利保全手续，则其享有的追索权就自动丧失。

(4) 追索权是持票人向所有票据债务人请求偿还票据载金额、利息以及其他相关费用的权利。持票人付款请求权的范围仅限于票据上记载的金额，而追索权的范围要大一些，还包括利息及费用等。追索的对象则不以持票人的直接前手为限，而是包括了出票人、背书人、承兑人、保证人的一切票据债务人。

(5) 追索权具有选择性、变更性和代位性。①选择性，是指持票人可以自由选择行使追索权的对象，而不必依照票据债务人在票据上承担债务的前后顺序逐次向前追索。持票人既可以向票据债务人中的一人或者数人进行追索，也可以同时向全体票据债务人进行追索。②变更性，是指持票人不受已开始的追索权行使的限制，在未实现其追索权之前，可以再进行新的追索。③代位性，持票人行使追索权在获得相应清偿后，追索权并未消灭，而是移转给被追索人。被追索人在清偿债务后，即与持票人享有同一权利，可以继续进行追索。

3. 追索权的分类

依追索权发生的不同情形，可将追索分为期前追索、期后追索和再追索三类。

(1) 期前追索。期前追索是指因票据到期，付款的可能性显著减少而在到期日前进行的追索。通常情况下，票据到期前，持票人不能要求行使票据权利，只能等待到期后才能要求行使权利票据。但是，若到期前发生某些情况，使得持票人到期获得付款的可能性显著减少甚至成为不可能，那么，仍让持票人等待期后才能采取权利救济措施是不公平的。因此，为了保护持票人的权利，票据法赋予持票人期前追索权，以减少损失。

(2) 期后追索。期后追索是指票据到期后，持票人因不获付款而进行的追索。这是最普遍的一种追索，可能发生在任何一种票据上。

(3) 再追索。再追索是指在第一次追索过程中的被追索人清偿被追索金额后，向其前票据债务人进行的追索。

二、追索权行使的规则

票据追索权制度实质上是票据上第二债务人的担保责任制度,其设置的目的在于保障票据权利的实现,增强票据的信用。在付款请求权的实现遇到障碍时,并不能确定地发生追索权,依我国票据法,进行追索必须具备相应的前提条件,而且得按一定的程序进行。

(一)追索权行使的要件

追索权的行使必须在一定的事由出现,满足一定的条件才能行使。追索权行使的条件包括实质要件和形式要件,只有在实质要件和形式要件同时具备的情形下,持票人才能依法行使追索权。

1. 追索权行使的实质要件

汇票追索权行使的实质要件除持票人须为合法的持票人外,须有法律规定的可引起持票人追索权发生的特别要件,到期追索和期前追索的实质要件要求不一。

(1) 到期追索的实质要件。在通常情况下,票据上发生的追索权,大多为到期追索。应当说,对于任何一种票据,无论是无须承兑的见票即付汇票、本票和支票,还是已经承兑的到期日确定的汇票,都有可能发生到期追索。依据我国票据法第 61 条、第 81 条、第 94 条等的规定,只要持票人经依法提示付款而未能获得付款的,即可以行使相应的追索权。持票人经依法提示付款而未能获得付款为到期追索的实质要件。

(2) 期前追索的实质要件。期前追索一般发生在远期汇票上,对于本票、支票和见票即付的汇票而言,由于其并无事先确定的具体的到期日,而其提示付款之日,即为该票据的到期日,因而不发生期前追索权的问题。我国票据法在第 61 条对持票人得行使期前追索的实质要件进行了列举规定,具体如下:汇票被拒绝承兑;承兑人或者付款人死亡、逃匿;承兑人或者付款人被依法宣告破产或者因违法被责令终止业务活动。我国票据法允许持票人在具备以上三种情形之一时,可以行使期前追索。此外,中外票据法理论一般都认为,除了上述三种原因以外,如果发生的其他特定原因致使持票人在事实上无法按期提示承兑或者付款,持票人也可以行使期前追索权。尽管我国票据法中对此并没有明确规定,但是从《中华人民共和国票据法》第 61 条规定的立法精神来看,这一点也是应当允许的。例如,汇票上的承兑人或者付款人丧失行为能力、因意外事故而下落不明等,此时本着保护持票人合法权益,应解释为持票人具备期前追索的法定要件。

2. 追索权行使的形式要件

除满足行使追索权的实质要件,持票人还必须具备形式要件才能行使追索权。追索权行使的形式要件主要包括以下几个。

(1) 提示票据。提示票据就是持票人现实地出示票据，包括提示承兑和提示付款。应该请求承兑的汇票包括定日付款、出票后定期付款以及见票后定期付款的汇票，我国票据法分别在第 39 条、第 40 条中对上述汇票的提示承兑期限作了规定，持票人应当遵期提示。当然，如果在提示承兑前发生了付款人死亡、逃匿或者被宣告破产等原因时，自然就无须提示承兑。

原则上，一切票据均应当为相应地提示付款行为。我国票据法第 53 条、第 92 条分别规定各票据的提示付款期间，持票人应当遵期提示付款。汇票的提示，本为持票人行使其权利的行为，但是如果付款人拒绝承兑或者承兑人拒绝付款的，持票人的提示行为即成为保全追索权的行为。也就是说，持票人的提示成为其行使追索权的前提，正因为持票人进行了必要的提示，尽管其付款请求权遭到拒绝，但追索权却得以保全。

(2) 取得拒绝证明或者退票理由书以及其他合法证明。持票人取得拒绝证明或者退票理由书以及其他合法证明是我国票据法上保全追索权的重要要件之一。这是因为，追索权的行使固然只是基于持票人不获承兑或不获付款的客观事实，但是，追索权是持票人向其前手行使的，而其前手若要确定自己相应义务的存在，就需要持票人提供一定证明，以证明持票人已经提示承兑或者提示付款及提示未果，或者无法进行提示承兑或者无法提示付款的客观事实。从世界各国的票据立法的通例来看，一般都将取得有关证明作为持票人行使追索权的形式要件。

拒绝证明是指法律规定的，对持票人依法提示承兑或者提示付款而被拒绝的事实具有证明效力的文书。应当说，承兑人或者付款人出具的拒绝证明，是对拒绝承兑或者拒绝付款事实的直接证明，也是最便利、最客观的一种证明方式。在我国票据法上，拒绝证明一般由承兑人或者付款人依法律规定进行记载，以证明持票人曾经依法行使票据权利而被拒绝的事实。

退票理由书一般是指在持票人向承兑人或者付款人委托的代理银行提示承兑或者提示付款遭拒绝后，由付款人委托的代理银行出具的，记载银行不承兑或不付款理由的书面证明文件。退票理由书实际上是广义上的拒绝证明的一种，也能证明持票人已经主张票据权利而未果的事实，即具有与一般拒绝证明同一的效力。

在通常情况下，持票人一般能够从承兑人或者付款人直接获得有关的合法证明，而无须另外取得其他证明，但在某些特别情况下，持票人无法直接从承兑人或者付款人那里取得有关的证明时，则需要从有关机关取得相应的证明。依据《中华人民共和国票据法》、《中华人民共和国票据管理实施办法》以及最高人民法院的《关于审理票据纠纷案件若干问题的规定》，这些合法证明主要包括以下种类：医院或者有关单位出具的承兑人、付款人的死亡证明；司法机关出具的承兑人、付款人逃匿的证明；公证机关出具的具有拒绝证明效力的文书；人民法院的有关司法文书；有关行政主管部门的处罚决定。上述五种情形中，持票人取得的有关合法证明都具有形式要件的效力，持票人在向其前手行使追索权时，即可依据这些合法证明而进行。

需要注意的一点是，依据我国票据法第65条的规定，持票人不能出示拒绝证明、退票理由书或者未按照规定期限提供其他合法证明的，丧失对其前手的追索权。

(二)追索权行使的程序

依我国票据法，持票人具备上述形式要件和实质要件后，可以依下述程序进行追索。

(1) 持票人在收到拒绝证明之日起 3 日内书面通知其前手被拒事实及理由。前手包括直接前手和所有其他前手，即持票人可向其直接前手，也可向所有前手发出通知，通知内容包括票据的主要记载事项及行使付款请求权的具体障碍。其前手则应在收到通知之日起 3 日内书面通知其再前手。我国票据法规定，延期通知而给票据债务人造成损失的，由未按期通知的当事人承担该损失的赔偿责任，但以票据金额为限。在英美票据法，延期通知丧失追索权。

(2) 确定具体的被追索对象进行追索请求。票据上存在多个债务人的情况下，各债务人均可以作为被追索人，对持票人负连带责任，但持票人进行追索时仍应确定具体的追索对象，请求其偿还追索金额。追索对象的确定受到以下限制：①持票人为出票人时，为了避免循环追索，其追索对象仅为承兑人，不得对其他前手进行追索。②持票人为背书人时，对其后手不得追索，即只能向其背书时的前手行使追索权。除上述限制外，持票人既可以不依票据债务人的签章先后顺序而选择一个债务人为被追索人，也可以选择一个以上的债务人为被追索人，还可以在进行追索后变更被追索人或追加被追索人。

(3) 受领追索金额并交付汇票。依照我国票据法第70条、第81条、第94条等条款的规定，追索金额应包括以下三项：票据金额、票据金额自到期日或提示付款日起至清偿日止的法定利息、取得拒绝证明和发出通知的费用。持票人受领上述追索金额后，应向清偿人交付票据和拒绝证明文件，同时开具收款凭证，清偿人可依此再追索。

三、追索权行使的效力

追索权行使的效力主要表现在对追索权人和被追索人产生的权利义务的变化。

1. 对于追索权人

对于追索权人而言，追索金额得到清偿，使得其票据权利得以实现，追索权人的票据权利因此而消灭。

2. 对于被追索人

被追索人因清偿追索金额，其票据责任解除，并代位取得了票据上的追索权，可以向其前手进行再追索。其他前手仍负有清偿责任，仍有被追索的可能，直至最终被追索人履行清偿责任，整个票据关系消灭。

自　测　题

1. 我国票据法规定汇票出票的绝对必要记载事项有哪些？
2. 什么是背书？背书行为具有哪些主要特征？
3. 追索权主要有哪几种分类？它们的含义分别是什么？

第十五章 本票和支票

知识要点：

本票是最古老的票据，具有票据的所有特征，但是与汇票、支票比较，本票有自己的特定性。在我国，本票只能由银行发行。

引导案例：

2008 年 9 月 10 日，陈玉明从北京宝石健身俱乐部有限责任公司领取支票号为 EE/02 13620992，票面金额 10 万元，出票日期为 2008 年 9 月 10 日，收款人一栏为空白的中国建设银行转账支票一张，存根上记载用途为工程款。陈玉明将该转账支票交予郑扣平。郑扣平因与北京韦帅建筑设备租赁有限公司(以下简称韦帅公司)的借款纠纷，将该支票交付给韦帅公司。韦帅公司认为在收款人一栏予以补记。韦帅公司将上述支票向出票银行提示付款，银行于 2008 年 9 月 19 日以存款不足为由向韦帅公司出具退票理由书。韦帅公司宝石俱乐部应当按照票据记载的金额承担票据责任。宝石俱乐部的确开出过这张转账支票，但宝石俱乐部认为支票抬头并非韦帅公司，也没有与韦帅公司有过任何合作。10 万元支票是由陈玉明领出交给郑扣平的，郑扣平将支票交给韦帅公司入账是一种变相违反财务制度的行为，故不同意韦帅公司的请求。

韦帅公司遂诉至法院，要求判令宝石俱乐部给付票据款 10 万元及此款自 2008 年 9 月 20 日至实际付款日期间的银行利息。

一审法院依照《票据法》第 70 条、第 86 条、第 87 条、第 89 条第 1 款、第 93 条第 1 款之规定，判令宝石健身俱乐部给付北京韦帅公司 10 万元及相应利息。

宝石俱乐部不服一审判决，提起上诉。

本案涉及《票据法》关于支票有限空白的规定，支票上收款人名称补记的效力等问题。本章介绍本票和支票的相关知识，对于汇票、本票、支票共用的规则，本章不再赘述，重点介绍本票和支票的特有制度，这也是本章需要学生重点掌握的内容。

第一节 本　　票

一、本票的概念

本票是出票人签发的，承诺自己在见票时无条件支付确定金额给收款人或持票人的票据。在 13 世纪，本票使用于涉及海上货物运输的贸易合同。现代本票的形式仍然遵循相同的基本格式，设定出票人对收款人及其受让人的义务。[①]虽然本票是最古老的票据制度，但是我国《票据法》仅承认银行本票，即只能由银行作为出票人签发本票，这与其他国家的本票制度相差甚远。

二、本票的特征

作为票据的一种，本票也具有票据的一般特性，与汇票、支票相比，我国本票具有以下特征。

1. 本票为自付证券

本票与汇票、支票的显著区别在于本票的出票人即为付款人，为主债务人，负绝对付款责任，而支票、汇票均为委付证券。

2. 本票不适用承兑制度

本票的出票人为主债务人、第一债务人，其付款义务是由出票行为本身而非由承兑行为决定，而汇票付款人的付款义务是由承兑行为决定的，如果没有承兑，则汇票的付款人不承担当然的付款义务。

3. 见票制度为本票独有

所谓"见票"，是指本票的出票人因持票人按规定的期限提示本票，请求确定付款日期，在本票上签名并记载"见票"文句和时间的行为，它是本票的特有制度。汇票虽然也有见票后定期付款的种类，但它通过提示承兑程序确定票据付款日期。本票无承兑程序，以见票来确定付款日期。支票是见票即付的票据，自无须见票后另定付款日期，不存在见票程序。《日内瓦统一汇票和本票法》第78条第2款规定，见票后定日付款的本票，须在第23条规定的期限内向出票人提示"签见"。统一法系各国也都依此为准，作了相同规定。我国《票据法》第80条规定，本票的持票人未按照规定的期限提示见票的，丧失对出票人以外的前手的追索权。可见，本票以"见票"为追索权保全方法。

4. 我国本票仅为银行本票

我国本票仅为银行本票，其他国家并未限定本票的出票人资格，2004年前，我国本票的出票人仅限于经过中国人民银行资格审定的银行，其他主体不得签发本票。2004年8月，十届全国人大常委会第十一次会议表决通过《中华人民共和国票据法》(修正案)，删除了第75条："本票出票人的资格由中国人民银行审定，具体管理办法由中国人民银行规定。"目前，一般银行都可以签发本票而无须通过中国人民银行审定。由于《票据法》不认可商业

---

① 胡德胜、李文良：《中国票据制度研究》，北京大学出版社，2005年版第11页。

本票，银行之外的法人、自然人均不得签发本票。图 15-1 为银行本票的票样。

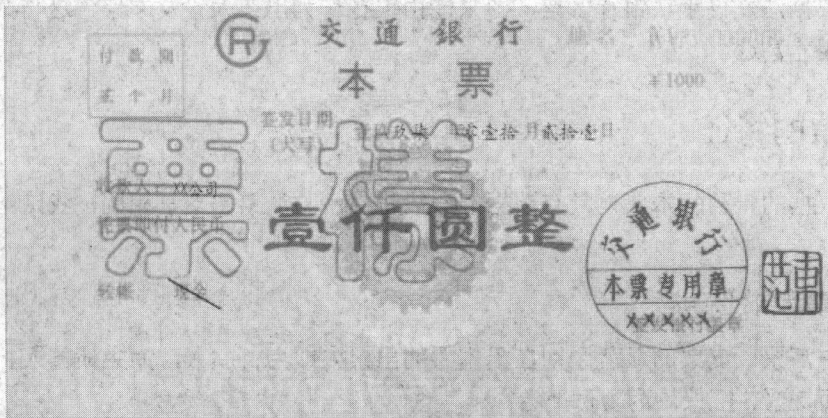

图 15-1　银行本票票样

三、本票适用汇票的规则及例外

本票与汇票有许多相同或相近之处，在票据行为规则上也表现出较多的共性，因此各国票据立法均详细规定汇票的各项制度，对本票只设定特别规则，其他规则准用汇票的有关规则。

(一)本票适用汇票的规则

我国《票据法》对本票准用汇票的有关规则作了概括式的规定：本票的背书、保证、付款和追索权的行使，除本章规定外，适用本法第二章有关汇票的规定。本票的出票行为，除本章规定外，适用《票据法》第 24 条关于汇票的规定。

由于我国本票的特性，在具体适用上应作如下具体分析。

1. 本票出票适用汇票规则

《票据法》第 24 条是关于汇票上可以记载但不具有票据法效力的出票事项，由此可见，本票上也可以记载此类事项，即合同名称、本票号码等，但该记载不具有本票上的效力。

2. 本票背书、保证、付款和追索权的行使适用汇票规则

我国《票据法》对本票背书、保证、付款和追索权均未作特别规定，本票背书的记载事项、背书连续性、保证的记载事项、保证责任的性质和效力、付款及追索权的行使均适用汇票的有关规定。但本票未记载被保证人的只能推定出票人为被保证人，因为本票无承兑人。

(二)本票适用汇票规则的例外情形

本票的特征决定了本票不能完全适用汇票规则，本票出票和付款均有其独特之处。

1. 本票的出票

本票出票与汇票出票一样，目的在于创设票据关系，但本票为自付证券，出票的绝对必要记载事项及出票的效力不同于汇票。本票绝对必要记载事项不同于汇票的有：表明"本票"的字样，无条件支付的承诺，付款人名称在汇票为绝对必要记载事项，本票则无须记载。本票出票后，出票人即负付款义务和担保付款的责任，而汇票出票人则只承担担保承兑和担保付款的责任。本票持票人也享有付款请求权和追索权，但这种权利为即期权利，由于我国本票为银行本票，追索权的行使极少发生。

2. 本票的付款

本票的付款也有独特之处。首先在于无须提示承兑，其次在于提示付款的期限，为出票日起2个月。2个月的提示付款期限经过而持票人未提示的，则丧失对出票人以外的其他前手的追索权。

第二节　支　　票

一、支票的概念

支票是由出票人签发的，委托银行等金融机构在见票时无条件支付确定金额给持票人的票据。在我国支票属于应用较广泛的票据，个人也可以发行支票。[①]随着全国支票影像交换系统的正式起用，个人支票通存通兑的范围也从本地扩展到了全国范围，成为现金和银行卡之外的第三大支付工具。图15-2为支票的票样。

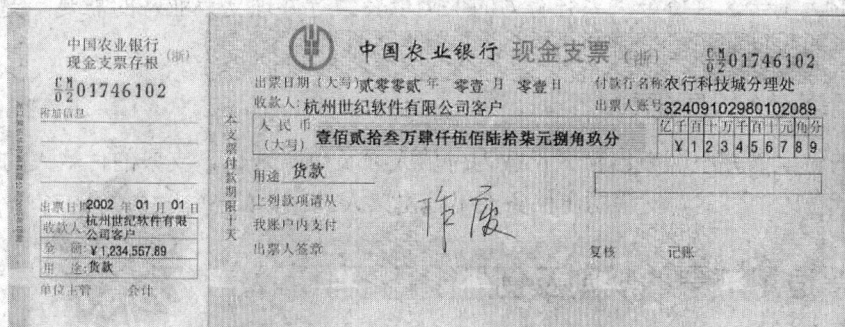

图 15-2　支票票样

---

① 从2001年起，个人支票陆续在上海、武汉、广州试行。2007年7月1日起，个人支票能在全国通存通兑。

二、支票的特征

作为票据之一种，支票具有票据的共性，但比较而言，我国支票具有以下特征。

1. 支票的出票人和付款人特定

支票为委付证券，但支票的付款人只能是办理支票存款业务的银行、信用合作社或其他金融机构，并且出票人必须是在该机构办理了支票存款开户。

2. 支票为即期票据

有的国家承认不须承兑的远期支票，我国《票据法》规定支票仅为见票即付票据。支票出票后，持票人可以直接向付款人请求付款。

3. 支票是我国《票据法》承认的唯一可以有限空白的票据

支票的有限空白是指支票的收款人名称和金额可以由出票人授权补记，没有记载收款人名称的支票为无记名支票，其转让不适用背书的有关规则限制，仅交付即可，这样极大地推动了支票的流通和使用。

4. 支票的提示付款期间较短

依我国《票据法》，持票人应自出票日起 10 日内向付款人提示付款。如此短的时效期间，体现了我国《票据法》仅注重支票的支付功能而忽略了持票人的权利保护。

5. 支票不存在承兑和保证制度

在支票关系中，出票人与付款人之间必须事先存在充足的资金关系，若出票人签发支票金额超过了付款时在付款人处的实存金额，则构成空头支票，而我国票据法是禁止签发空头支票的。基于这种资金关系强有力的保障以及银行办理支票业务的需要，支票的付款人不经承兑即应付款，也无须保证制度。

6. 支票的债务人是出票人

支票的付款人并不因被出票人记载为付款人而负付款责任，支票的付款人的付款在本质上只是代理人的付款，支票的主债务人仍是出票人。

三、支票适用汇票的规则及例外

(一)支票适用汇票的规则

虽然支票仅为单纯的支付证券，不具有信用功能，虽汇票也具有支付功能，但更重于信用功能，但是由于二者同属委付票据，所以支票与汇票有些票据行为规则是相通的。

1. 出票适用汇票的规则

根据我国《票据法》第 24 条、第 26 条，支票出票的记载事项与汇票一样，可以记载票据法规定以外的其他事项，但该记载不具有支票上的效力。例如，出票人账号、支票用途等，出票人签发支票后，担保该支票的付款，持票人得不到付款时，持票人应向出票人请求清偿票据法规定的金额和费用。

2. 背书适用汇票的规则

我国票据法对于支票的背书转让规则并未作任何特别的规定，完全适用有关汇票背书转让的规则。

3. 付款适用汇票的规则

支票与汇票均属于委付证券，因而支票的付款与汇票的付款大致相同，除支票的提示付款期间及支票付款人的付款责任外，其他均适用汇票付款的规则。

4. 追索权行使适用汇票的规则

票据法没有特别设定支票追索权的行使规则，完全适用汇票的相关规则，只是支票不发生期前追索的问题。因为支票为即期票据，无须承兑，也无保证人可供追索。

(二)支票适用汇票规则的例外情形

支票的特征决定了支票不能完全适用汇票规则，支票出票和付款均有其独特之处。

1. 支票出票

支票出票时，出票人首先必须保障付款时，自己的支票账户上有足够的资金可供支付，否则构成空头支票而遭到银行退票并罚款或停止使用支票，构成刑事犯罪的，要受到刑事处罚。另外，出票人还得承担因此而给他人造成损失的民事责任。其次，选择不同种类的支票，即在现金、转账、普通三种支票中根据需要作出选择。其中，现金支票只能用于支付现金不能转账，转账支票只能用于转账不得支取现金，普通支票可以支取现金，也可以转账。用于转账时得在支票的左上角划两条平行线，使其成为划线支票，划线支票只能用于转账，不得支取现金。出票的绝对必要记载事项中没有收款人名称，其中金额是可以授权补记的，付款日期的记载不具任何效力，因为支票为见票即付票据。其他记载事项均同于汇票。

2. 支票付款

支票付款人与汇票承兑人及本票的付款人的地位不同，仅承担受托付款责任，并不承担绝对付款义务。因而，我国《票据法》规定，超过提示付款期限的，支票付款人可以不予付款。

自 测 题

1. 什么是本票的"见票",它有什么效力?
2. 本票的哪些行为适用汇票的有关规定?
3. 支票有哪些特点?
4. 支票有哪些种类?
5. 支票的哪些行为适用汇票的相关规定?

第五编　保　险　法

第十六章　保险法概述

知识要点：

保险是一种分散危险、分担损失、提供经济补偿的制度，是商法上典型的营业商行为。保险法由保险合同法、保险特别法、保险业法组成。保险法的基本原则包括保险利益原则、最大诚信原则、损失补偿原则和近因原则。

引导案例：

1995 年 10 月 30 日，某公司在征得职工同意后为本单位 6 名女职工投保了妇科癌症普查保险，保险期间为 3 年，保险金额为每人 1 万元。在投保时，某公司全额支付了保险费。1996 年 6 月，员工陈某因公被调离原单位。1998 年 1 月，陈某被诊断出患有癌症。陈某向保险公司提出了给付保险金的申请，但保险公司以陈某调离后与原单位已经不再具有利益关系，保险合同失效为由，拒绝支付保险金。

法院在审理后认为，人身保险合同只能根据投保人在投保时是否具有保险利益来确定合同效力，不能随保险合同成立后的人事变化来确定合同效力，这样才能保持合同的稳定性。保险公司以陈某调离作为主张合同无效的理由不能成立。据此，判决保险公司承担给付保险金的责任。原《保险法》对于保险利益的考察时间未予明确。

本案中，法院从保持合同的稳定性出发，认定人身保险合同只需要考察投保人在投保时是否具有保险利益来确定合同效力，不能随保险合同成立后投保人对被保险人的保险利益的变化情况来确定合同效力。2009 年颁布的新《保险法》的第 12 条规定："人身保险的投保人在保险合同订立时，对被保险人应当具有保险利益。"因此，新《保险法》实行之后，遇到本案的情况，可以直接依据新《保险法》第 12 条认定保险合同有效。

（资料来源：黄再再. 《案说新保险法》，法律出版社，2009 年版第 115～118 页。）

我国《保险法》于 1995 年 6 月 30 日颁发，自 1995 年 10 月 1 日起施行，2002 年 10 月 28 日第九届全国人民代表大会常务委员会第三十次会议作了部分修改，2009 年 2 月 28 日第十一届全国人民代表大会常务委员会第七次会议作了大幅度修改，2014 年和 2015 年第十二届全国人民代表大会常务委员会第十次、第十四次会议先后对该法进行了相应的修改。本章概述了保险法最为基本、最为重要的问题。通过本章的学习，要求学生了解保险的意义，掌握保险法的定义及其主要内容，准确理解保险法的基本原则。

第一节　保险法的概念

一、保险的意义

从法律上而言，保险是指投保人根据合同的约定，向保险人支付保险费，保险人对于合同约定的可能发生的事故，因其发生所造成的财产损失承担赔偿保险金的责任，或者当被保险人死亡、伤残、疾病或者达到合同约定的年龄、期限时承担给付保险金责任的商业保险行为。这是《中华人民共和国保险法》(以下简称《保险法》)对保险概念的界定。毫无疑问，我国《保险法》上所说的保险，仅指商业保险。本书以下论及保险，除特别指出之外，亦仅指狭义保险即商业保险。

保险的直接功能是补偿被保险人因意外所受的经济损失。安全是人们追求的主要目标之一。保险在很大程度上能免除个人经济安全之忧和身体健康之忧，使其扩展人生目标、追求多元化发展，继而实现社会的安定、和谐与进步。正是基于上述多元性功能，保险被誉为"文明社会的稳定器"。

二、保险法的定义及其主要内容

保险法是指以保险关系为调整对象的法律。保险法有广义与狭义之分。广义的保险法是指调整保险关系的一切法律规范的总称，它既包括属于民商法范畴的保险合同法和保险特别法，也包括属于行政法范畴的保险业法和社会保险法。狭义保险法一般专指保险合同法。在学理上，学者们将保险业法、社会保险法称为保险公法，而将保险合同法及保险特别法称为保险私法。因此，广义保险法既包括保险私法，亦包括保险公法；狭义保险法仅指保险私法，而且一般仅指保险私法中的主要部分，即保险合同法。应该说，我国现行的保险法，既有保险私法，亦有保险公法。作为法典化的《中华人民共和国保险法》是公法与私法的结合体，但它又不是传统意义上的那种广义保险法，因为其并不包括属于公法范畴的社会保险法，也没有包括属于私法范畴的海上保险合同制度。

一般认为，广义保险法的主要内容大体如下。

(1) 保险合同法。保险合同法亦称保险契约法，是构成保险法的核心内容。一部保险法典可以不就保险业法作出规定，但规范中少了有关保险合同的内容，就不能称之为保险法典。世界各国关于保险合同法的规定尽管繁简不一，但是，其内容大体上都包括以下三个方面：一是关于保险合同的一般规定，包括保险合同的定义及基本分类、保险合同的主体和客体、保险合同的原则、保险利益、保险合同的订立、履行及解释、保险合同的变更、转让、解除和终止。二是关于财产保险合同的规定。三是关于人身保险合同的规定。我国《保险法》第二章的规定，即为保险合同法的内容，虽然仅一章，但其条文数量占《保险法》全部条文数的30%，可见其分量之重。

(2)　保险特别法。保险特别法是相对于保险合同法而言的，具体是指除保险合同法之外，规范于民商法中有关保险关系的条文。各国海商法中有关海上保险的规定，就是最典型也是最为主要的保险特别法。其内容一般包括：海上保险的一般规定；海上保险合同的订立、解除及转让；海上保险合同被保险人的义务；海上保险合同保险人的责任；海上保险赔偿的支付等。此外，一些国家的相关规定。例如，在德国，与其国民保险相关的法规；在法国，与其通俗保险相关的法规；在美国，与其工业保险相关的法规以及日本与其简易生命保险相关的法规等，都属于保险特别法一类。

(3)　保险业法。保险业法又称"保险事业法"或"保险事业监督法"，是国家对保险业进行监督和管理的一种强制法。各国在制定保险合同法之外，大多制定了监督保险业的保险业法。其主要内容一般包括：保险业监督的基本方式、保险企业组织的基本形式、设立保险公司的基本条件及审批文件要求、保险公司禁止兼营之规定、保险基金合法运用的规定、保障必要偿付能力的措施、保险中介以及保险违法行为的法律责任等。我国《保险法》第三、四、五、六章的规定，就是关于保险业法内容的规定。

三、保险法的特征

保险法，由于其规范对象的特殊性，决定了它与其他法律的有以下不同特征。

(1)　广泛的社会性。保险法的社会性，又称保险法的社会化，即保险业的社会责任或公共性。这是修正保险业等大企业过分的营利性所作的一项努力。凡与公众的社会生活关系至为密切的大企业(包括保险业在内)，其社会性之所以越来越为现代国家所重视，是因为这些事业一旦停止或经营不善时，将会使公众的生活遭受极大影响。

(2)　严格的强制性。法律规范按其效力可以分为强制性规定和任意性规定。强制性规定多是有关社会公众的利益，其效力是不容变更或限制的；而任意规定的效力仅为当事人意思的补充，当事人可以通过约定变更其效力。由于保险涉及社会公益，具有社会性，因而，保险法中有许多强制性规定，如关于被保险人故意造成的损失，保险人不负赔偿责任的规定，即使合同当事人有相反约定，也不能生效。

(3)　至善的伦理性。保险行为是一种射幸行为。保险的射幸性质又有导致道德危险发生的可能。法律为了防止道德危险，要求保险契约须以特别的善意订立。因此，保险契约又被称为"最大善意契约"或"最大诚信契约"。保险契约的这种善意要求，决定了调整保险关系的保险法具备特别善意性，亦即伦理性。如英国1906年的《海上保险法》第17条规定:"海上保险契约是以绝对的诚实信用为基础。倘任何一方不遵守诚实信用的原则,另一方得声明此契约无效。"我国《保险法》第 16 条关于"如实告知义务"的规定,就属于此类规定。

(4) 特定的技术性。保险业的经营对象是各种风险,因此在经营技术上有特定的技术要求。在一定时间内,保险人收取的保险费总量须同将要出现的危险损失赔偿形成一种平衡关系,这就要利用大数法则和概率论,以风险损失为基础,建立起符合保险经营原理、保证保险人财政稳定的数学模型。在保险法中,一般都有关于保险费率厘定、保险事故损失计算以及保险赔款计算、保险投资等方面的规定。这些规定,使保险法体现出了保险经营的特定技术要求。

(5) 趋同的国际性。保险法,从中世纪海上商人的习惯发展至今,历经了国际法——国内法——国际法的演变历程。英国学者施米托夫曾指出:"没有任何一个国家把商法完全纳入到国际法。即使在这一个时期,商法的国际性的痕迹依然存在,凡是了解商法的渊源和性质的人,都能看到这一点。"[1]因保险企业系具有国际性的商业,所以各国保险法便不得各自为政,否则保险企业必然受其制约,因此保险法渐成为国际性的法律,且有全世界趋同的趋势。[2]

第二节　保险法的基本原则

一般认为,保险法应遵循的基本原则是:保险利益原则、最大诚信原则、损失补偿原则、近因原则。

一、保险利益原则

保险利益原则当为保险法的基本原则之首,无保险利益者则无保险可言。

(一)保险利益的意义及其构成要件

保险利益是指投保人或者被保险人对保险标的具有的法律上承认的利益,这是我国《保险法》对保险利益的界定。保险利益又称可保利益,亦即投保人或被保险人在保险事故发生时可能遭受的损失或失去的利益。因此,保险利益从本质上说是某种经济利益。这种经济利益既可以是现有的,也可以是可期待的;可以是一定的财产或与财产相连的利益,也可以是因保险事故的发生而丧失的权利或法律上的赔偿责任,但它必须与经济利益相连。

---

① [英]施米托夫:《国际贸易法文选》,中国大百科全书出版社,1993 年版第 10~11 页。

② 郑玉波:《保险法论》,台北三民书局,1984 年版第 37 页。

一般认为，保险利益的构成，应当符合以下条件。

(1) 保险利益必须是法律所认可的利益。

(2) 保险利益必须是经济上的利益。

(3) 保险利益必须是确定的利益。

(二)保险利益的种类及其存在的时间

无论是财产保险还是人身保险，都不可无保险利益。但是，保险利益原则对这两类保险的适用是有所不同的。

1. 财产保险的保险利益

我国《保险法》第 12 条第 4 款规定："财产保险是以财产及其有关利益为保险标的的保险。"根据这一规定，财产保险的保险利益来源于各种有形的财产和无形的权益。一般认为，凡属下列情形之一的，均可认为有保险利益。

(1) 享有法律上权利的人。

(2) 保管人。

(3) 占有人。

(4) 股东。

(5) 享有合同利益的人。

2. 人身保险的保险利益

在人身保险中，原则上衡量投保人是否具有保险利益依然是以其是否具有法律所认可的经济上的利害关系，并且这种保险利益也应当以投保人实际可能丧失的利益为限。但是，对人身保险关系中利益价值的判断，要比财产关系复杂得多。

在确认是否具备人身保险的保险利益问题上，各国立法是有所差异的。英美法系采取"利益原则"，即根据投保人与被保险人之间是否存在利益关系来确定是否具有保险利益；有的国家如日本采取"同意原则"，即投保人投保人身险得经被保险人同意；有的国家采取"法定原则"，即通过法律列明一定范围的亲属关系或具有一定的法律关系即可认为有保险利益。也有的国家将上述几项人身保险保险利益确认方式相结合，即既规定一定范围，又规定应取得被保险人同意，来确认是否具有人身保险的保险利益。例如，我国《保险法》第 31 条规定："投保人对下列人员具有保险利益：①本人；②配偶、子女、父母；③前项以外与投保人有抚养、赡养或者扶养关系的家庭其他成员、近亲属；④与投保人有劳动关系的劳动者。除前款规定外，被保险人同意投保人为其订立合同的，视为投保人对被保险人具有保险利益。"

3. 保险利益存在的时间

财产保险及人身保险的保险利益，投保人、被保险人应当何时具有？我国《保险法》

第 12 条第 2 款规定:"财产保险的被保险人在保险事故发生时,对保险标的应当具有保险利益。"第 48 条规定:"保险事故发生时,被保险人对保险标的不具有保险利益的,不得向保险人请求赔偿保险金。"由此可见,在财产保险中,投保人在投保时,不要求具有保险利益,但发生保险事故时,被保险人必须对保险标的具有保险利益,否则,无权向保险人索赔。

人身保险的保险利益的存在时间,与财产保险的保险利益的存在时间有所不同。我国《保险法》第 12 条第 1 款规定:"人身保险的投保人在保险合同订立时,对被保险人应当具有保险利益。"第 31 条第 2 款规定:"订立合同时,投保人对被保险人不具有保险利益的,合同无效。"可见,在人身保险中,保险利益必须于保险合同订立时即存在,至于在保险事故发生时是否有保险利益存在,则无关紧要。

二、最大诚信原则

凡民事活动都应遵循诚信原则。所谓诚信原则,是指任何一方当事人对他方不得隐瞒欺诈,都必须善意地、全面地履行自己的义务。鉴于保险关系的特殊性,法律对其诚实信用程度的要求远远高于其他民事活动。因为保险合同是射幸合同,保险危险是不确定的,保险人主要是依据投保人对保险标的的告知和保证来决定是否承保和保险费的多少。如果投保人欺诈或隐瞒,就有可能导致保险人判断失误和上当受骗。所以,保险合同又被称为最大诚信合同。最大诚信原则也就被确立为保险法的又一项基本原则。在保险活动中,投保人遵守最大诚信原则主要体现在如实告知和履行保证上;保险人遵守该项原则主要体现在弃权与禁止抗辩上。

三、损失补偿原则

损失补偿原则是由保险的经济补偿性质和职能所决定的,最直接地体现了保险的经济补偿职能,因而是保险法几项基本原则中的基础。保险法的许多原则和制度,如代位追偿、委付、重复保险的分摊等,都是由它派生而来。

损失补偿原则可归纳为以下两点:第一,被保险人只有遭到约定的保险危险所造成的损失,才能得到补偿。在保险期限内,即便发生了保险事故,但如果被保险人有险无损,并没有造成损失,或者造成损失的并不是约定的危险事故所致,就无权要求保险人赔偿。第二,补偿的量应该是等于实际损失的量。也就是说,保险人的补偿恰好能使保险标的恢复到保险事故发生之前的状况。被保险人不应获得多于损失的赔偿,保险人也不应少赔。这就是损失补偿原则的含义。

保险损失补偿的具体范围,根据我国《保险法》的规定,主要包括三个方面。一是保险标的的实际损失。在财产保险中,最高赔偿额以保险金额为限。在保险实务中,实际损失的计算,常以损失发生时受损财产的实际现金价值(即市场价)为准,而不是以投保时保险标的的价值为准(定值保险除外)。二是合理费用。合理费用主要是指施救费和诉讼费。保险事故发生后，被保险人为了避免或减少保险责任范围内的损失而进行的施救、保护、整理、诉讼所支出的合理费用，保险人应根据合同规定进行偿付。三是其他费用。这主要是指为了确定保险责任范围内的损失所支付的受损标的的检验、估价、出售等所需要的费用，保险人也应予以偿付。

损失补偿原则固然很重要，但并不是所有的保险合同都适用这一原则。人身保险中的人寿保险自不待言。财产保险中的定值保险、重置成本保险、比例成保等，都与损失补偿相抵触或受到一定的限制，因而不能适用这一原则。

四、近因原则

在保险实务中，各国用以判定较为复杂的因果关系即一果多因的案件时，通常采用近因原则。所谓近因，并非指时间上最接近损失的原因，即后发生的原因(最近的原因)，而是指有支配力或一直有效的原因。

在我国，没有采用"近因"这一概念，而是以"导致损失的重要原因"或"主要原因"作为判断一果多因责任的依据。但是，有关近因原则的精神还是可以参考的。在处理一些保险纠纷案时，实际上也适用了近因原则。

当然，近因原则是一个十分复杂的问题。尽管各国保险法律都确立近因原则为保险法的重要原则，但对其解释却颇有分歧。美国学者普华鲁塞就曾经说过："近因仍然是一团乱麻和一堆荆棘，一个让人眼花缭乱、扑朔迷离的领域"。[①]但是，只要我们用唯物辩证法的观点去客观公正地分析和论证，实事求是地把握事物之间的实际联系，那么，近因原则这"一团乱麻"是能够理顺的。

自 测 题

1. 简述保险法的主要内容。
2. 简述保险法的特征。
3. 结合我国《保险法》的现行规定，思考保险利益原则、最大诚信原则、损失补偿原则之间的关系。

---

① 引自林增余：《试论近因与因果关系》，原载《保险研究》1992 年第 3 期第 43 页。

第十七章　保险合同总则

知识要点：

保险合同是产生保险法律关系的基础，也是保险法律关系的核心内容。保险合同具有有偿性、射幸性、附合性、不要式性等特征。保险合同的主体包括保险人、投保人、被保险人、受益人。在保险合同的履行中，投保人(被保险人)承担给付保险费、告知、防灾减损和通知的义务，保险人履行危险承担、订约说明、承担必要合理费用的义务。

引导案例：

2006年5月，秦芳的丈夫吴宇左大腿下段疼痛，被送入医院治疗。当年6月，医院出具两份病理检测报告，显示吴宇的左股骨下段为恶性纤维组织细胞瘤(俗称骨癌)。一个多月后，秦芳找到福州一家保险公司，为丈夫投了份人寿保险，保险金额10万元，保险期限20年，受益人为秦芳本人。双方在合同中约定，如果吴宇因意外伤害或主险合同生效之日起一年后因病身故，保险公司赔给秦芳10万元。2008年9月2日，吴宇因病身故。10天后，秦芳向保险公司提出理赔，但遭拒。保险公司的理由是，当初秦芳没说她丈夫患癌症。秦芳向法院提起诉讼，要求保险公司支付10万元赔偿。

台江区法院一审认为，保险公司的业务经办人未按保险合同中的"健康告知询问事项"逐一询问秦芳，问答部分也是保险业务经办人填写的。也就是说，秦芳已对保险公司提出的问题进行了答复，保险合同有效，保险公司应该把保险赔偿金支付给秦芳。保险公司不服，提出上诉。福州中院审理认为，当时保险业务员问秦芳，她丈夫有没有"患肝癌肺癌等重大疾病"，秦芳说没有。秦芳故意隐瞒事实，不履行如实告知的义务。根据《保险法》的有关规定，投保人隐瞒事实，未履行告知义务，且足以影响到保险人是否同意承担或提高保险费率的，保险人有权解除保险合同。最后，福州中院撤销了台江区法院的一审判决，判保险公司不用赔偿。在本案中，保险合同的当事人是秦芳和保险公司，吴宇为被保险人，秦芳为受益人。秦芳没有履行告知义务，导致无法得到保险公司的赔付。

本章阐述了保险合同的基本法律制度。通过本章的学习，要求学生了解保险合同的概念及特征，把握保险合同的基本分类及实益，正确理解保险合同的主体及其相互关系，掌握投保人的义务、保险人的义务。

第一节　保险合同的概念及特征

一、保险合同的概念

保险合同是投保人与保险人约定保险权利义务关系的协议。依据保险合同，投保人应向保险人支付约定的保险费，保险人则应在约定的保险事故发生或在约定人身保险事故出现或期限届满时，履行赔付保险金的义务。从性质而言，保险合同并不能直接促使物权发生、变更或消灭。因此保险合同为债权合同之一种，而非物权合同。[①]

二、保险合同的特征

1. 保险合同的有偿性

合同当事人一方享有合同约定的权益，须向对方当事人偿付相应代价的合同，为有偿合同；反之，则为无偿合同。保险合同为有偿合同。因为，一方面投保人订立保险合同转移风险，要求保险人承担保险责任，应当按照约定向保险人支付保险费，保险费为保险人承担保险责任的代价。另一方面，保险人向投保人收取保险费，相对应地承担保险责任。可见，保险人和投保人依保险合同享受权利或权益，均不是无偿的，所以保险合同为有偿合同。

2. 保险合同的射幸性

《牛津词典》给"射幸"下了这样的定义："取决于死亡的降临。因此，取决于不确定的偶然性。"[②]保险合同的目的是使保险人在特定的不可预料或不可抗力事故发生时，对被保险人履行赔偿或给付的义务。因此，保险合同属射幸合同。但保险合同和同样属于射幸合同的赌博行为不同。前者是以保险利益为标的，在保险利益受侵害时，由保险人补偿(或赔偿)，主要是补偿被保险人的损害，而不增加被保险人的利益，故两者不能混为一谈。此外，保险合同的这种射幸性质只是就单个保险合同而言，如就全部承保的保险合同总体来看，总保险费收入与总赔偿金额的关系是经过科学测算的，两者大体应相互平衡，在这方面看不存在偶然性，即不存在射幸性。

---

① 刘宗荣：《保险法》. 台北三民书局，1995 年版第 32 页。

② [英]A•L. 科宾：《科宾论合同(下册)》(中译本)，王卫国，徐国栋等译，中国大百科全书出版社，1998 年版第 130 页

3. 保险合同的附合性

根据订立合同中双方的地位来划分，合同可以分为附合合同和议商合同。附合合同是指一方受到严格的限制，而另一方不受限制或受限制较少的合同。与之相对应的是议商合同，即在订立合同时双方经过平等协商而订立的合同。保险合同为附合合同，这主要因为保险行为由于其技术性、行业垄断性，使得保险合同的内容，多由保险业先行确定，而一般的投保人只能依保险业者所确定的条款订立合同。故投保人只有是否订立合同的自由，而无对其内容进行实质性磋商的自由。为了消除此种不平等交易的缺陷，在我国《保险法》对因保险合同的附合性所带来的弊端做出了各种规制。

4. 保险合同的不要式性

合同依其成立是否以履行法定方式为标准分为要式合同与不要式合同。要式合同是需以法定方式或程序才能成立的合同；不要式合同则只需当事人意思表示一致即可成立，无须具备一定的方式。我国《保险法》第 13 条规定："投保人提出保险要求，经保险人同意承保，保险合同成立。保险人应当及时向投保人签发保险单或者其他保险凭证。"可见，保险合同为不要式合同。投保人和保险人意思表示一致时保险合同即成立，签发保险单或者其他保险凭证是保险人在合同成立后应该履行的义务。

第二节　保险合同的分类

一、财产保险合同与人身保险合同

财产保险合同与人身保险合同是以保险标的的性质为标准所进行的分类。保险标的是指作为保险对象的财产及其有关利益或者人的寿命和身体。[①]概言之，保险标的，包括经济生活的客体和主体，即财产和人身。当然，现代保险，其标的不仅以有形财产与人身为限，各种无形的权利及责任，亦包括于保险标的的范围之内。因此，根据保险标的的不同进行分类，可把保险分为财产保险、人身保险及无形利益保险三类。但由于各种无形权利及责任无不与财产、人身具有直接或间接的联系，所以，根据此种分类标准，一般将保险仅分为财产保险和人身保险两大类。该种分类对各国保险及其合同的法律分类影响甚广。我国《保险法》第二章保险合同分为"财产保险合同"与"人身保险合同"两类。

---

① 参见《中华人民共和国保险法》第 12 条第 3 款和第 4 款。

二、补偿性保险合同与定额性保险合同

补偿性保险合同与定额性保险合同，是以保险金的给付性质为标准所作的分类。补偿性保险合同又称评价保险合同，是指在危险事故发生后，由保险人评定被保险人的实际损失从而支付保险金的一种合同，通常以财产保险合同居多。补偿性合同设立的宗旨，在于使被保险人在遭受灾害和意外事故时获得经济补偿。定额保险合同，即合同当事人双方事先协议一定数目的保险金额，在危险事故发生时，由保险人依照保险金额承担给付责任的一种合同。大多数的人身保险合同都属定额保险合同。

此种分类对立法影响较大，各国法例中以损失保险与人身保险分列者，无不受此主张之影响。[1]它与根据保险标的的不同将合同分为财产保险合同与人身保险合同大体上是一致的。[2]唯此种分类，各有例外：在财产保险合同方面，亦有定额保险性质的合同，如总括保险合同，其保险金额即一定不变；在人身保险合同方面，亦有补偿保险性质的合同，如疾病保险、伤害保险等，即以医疗及住院等实际费用补偿为限。

三、定值保险合同与不定值保险合同

定值保险合同与不定值保险合同，是以保险价值的估计为标准所进行的分类。因人身保险并无保险价值的问题，故分类仅适合于财产保险。定值保险合同，是指当事人双方事先确定保险标的的价值并载明于保单中的一种保险合同。定值保险大多适用于保险价值不易确定的保险标的，如古玩、书画、矿物标本等。定值保险在技术方面的功能在于"以保险合同订立时约定的保险价值"代替"保险事故发生时实际的保险价值"，而为计算损害的标准，以简化保险事故发生时理赔的手续。换言之，定值保险的意义，"在于以容忍某种程度之不当得利，换取保险事故发生时计算保险价值之麻烦。"[3]

不定值保险合同，即被保险财产价值不先确定，合同中则载明"须至危险事故发生后，再行估计其价值而确定其损失。"这种保险合同，仅记载保险金额，而将保险标的的实际价值留待危险发生之际需要确定保险赔偿的限度时才去估。由于保险标的在这种保险合同中所载的实际价值可能变动，因此，据此理赔价值也是不固定的，这就是"不定值保险合同"名称的由来。与定值保险合同中确定赔偿金额的方法不同，不定值保险合同是根据保险标的在保险事故发生时的实际价值估定其损失额的，而确定保险标的实际价值最常用最简便的依据就是保险标的的市场价格。换言之，在不定值保险合同中，保险标的的实际价值应当以保险事故发生时，当时当地保险标的的市场价格为准。

---

① 袁宗蔚：《保险学》，首都经济贸易大学出版社，2000 年版第 215 页。

② 覃有土：《保险法概论》，北京大学出版社，1993 年版第 89 页。

③ 江朝国：《火灾保险》，台湾富邦产险公司印行，1992 年版第 278 页。

第三节　保险合同的主体

一、保险人

保险人又称承保人，是指与投保人订立保险合同，并按照合同约定承担赔偿或者给付保险金责任的保险公司。[①]

根据我国《保险法》的有关规定，保险人主体资格的特征如下。

(1) 保险人是依法设立的保险公司。《保险法》第 6 条规定："保险业务由依照本法设立的保险公司以及法律、行政法规规定的其他保险组织经营，其他单位和个人不得经营保险业务。"

(2) 保险人是经营保险业的保险公司。依法设立的保险公司只能经营保险业务，不得经营保险业以外的任何业务。

(3) 保险人是保险合同的一方当事人，依照各保险合同的约定来承担保险责任。

二、投保人

投保人又称要保人，是指与保险人订立保险合同，并按照合同约定负有支付保险费义务的人。[②]不论是为自己的利益订立的合同，还是为他人利益订立的合同，投保人都必须承担缴纳保险费的义务，因为投保人是保险合同的当事人。也可以说，承担缴纳保险费的义务，是投保人之所以成为保险合同当事人的最主要特征。在任何情况下，只要保险合同依法成立，且保险期限未届满，投保人就必须履行缴纳保险费的义务。无论自然人或法人均可以成为投保人。当投保人是法人时，其民事行为能力以其设立时取得的法律资格来确定。

三、被保险人

被保险人是指其财产或者人身受保险合同保障，享有保险金请求权的人。[③]保险合同所保障的对象为被保险人的财产或者人身。因为保险事故必发生在被保险人的财产或人身之上，即被保险人的财产上的保险事故或与人身上的保险事故，所以被保险人是保险合同的保障人。

---

① 《中华人民共和国保险法》第 10 条第 3 款。
② 《中华人民共和国保险法》第 10 条第 2 款。
③ 《中华人民共和国保险法》第 12 条第 5 款。

四、受益人

受益人是指人身保险合同中由被保险人或者投保人指定的享有保险金请求权的人。[①]受益人资格一般没有限制，自然人、法人均可为受益人。凡有权利能力的公民，虽不具有行为能力也可以作为受益人，同时也不要求受益人与被保险人或投保人必须存在保险利益关系。即使是胎儿，也可作受益人，但须以活着出生为限。依我国《保险法》的规定，受益人仅适用于在人身保险合同。

第四节　保险合同的形式和内容

一、保险合同的形式

保险合同的形式，是指保险当事人双方合意的表现形式，是保险合同内容的外部表现，即保险合同内容的载体。关于保险合同的形式，我国《保险法》第 13 条规定："投保人提出保险要求，经保险人同意承保，保险合同成立。保险人应当及时向投保人签发保险单或者其他保险凭证。保险单或者其他保险凭证应当载明当事人双方约定的合同内容。当事人也可以约定采用其他书面形式载明合同内容。"该规定表明，保险合同一般以保险单证为载体。实务中，保险单证主要有投保单、暂保单、保险单。

二、保险合同的内容

保险合同的内容，即指保险合同上所约定的保险条款。保险条款可以分为基本条款和特约条款两部分。基本条款是依照保险法规定必须记载的事项，而特约条款是双方当事人另外自行约定记载的事项。

所谓基本条款，即任何保险合同均必须具备的条款。根据我国《保险法》第 18 条第 1 款的规定，保险合同的基本条款包括下列一些事项。

(1) 保险人的名称和住所。

(2) 投保人、被保险人的姓名或者名称、住所，以及人身保险的受益人的姓名或者名称、住所。

(3) 保险标的。

(4) 保险责任和责任免除。

(5) 保险期间和保险责任的开始时间。

---

① 《中华人民共和国保险法》第 18 条第 3 款。

(6) 保险金额。

(7) 保险费以及支付办法。

(8) 保险金赔偿或者给付办法。

(9) 违约责任和争议处理。

(10) 订立合同的年、月、日。

我国《保险法》第 18 条第 2 款规定："投保人和保险人可以约定与保险有关的其他事项。"这里，所谓"约定与保险有关的其他事项"，即特约条款。特约条款是保险人控制危险的方法。凡对于过去、现在或未来的事项，无论其本质上是否重要，一经特约，即成为保险合同的一部分，有绝对的效力，当事人就不得违背。倘若任何一方当事人违背特约条款时，纵然在保险事故发生后才发现，同样也可以解除合同。

三、保险条款的解释

保险条款的解释，是对保险合同条款的理解和说明。当保险合同为格式合同时，保险条款是保险人事先印就的，保险人在拟定保险条款时难免会更多地考虑自身利益。而被保险人由于缺乏专门知识和受时间的限制，往往不可能对保险条款作细致的研究。因此，为了避免保险人拟定的保险条款规定模棱两可，损害被保险人的利益，当遇到保险格式条款含义不清时，应作不利于保险人而有利于被保险人或受益人的解释。这一解释方法已为我国《保险法》第 30 条确定："采用保险人提供的格式条款订立的保险合同，保险人与投保人、被保险人或者受益人对合同条款有争议的，应当按照通常理解予以解释。对合同条款有两种以上解释的，人民法院或者仲裁机构应当作出有利于被保险人和受益人的解释。"

第五节　保险合同的履行

一、投保人的义务

(一)保险费的交付义务

保险费是保险人承担保险责任的对价。我国《保险法》第 14 条规定，保险合同成立后，投保人按照约定缴付保险费。因此，交付保险费是投保人的合同义务，投保人应当按照合同约定的方式、数额、时间及地点向保险人缴纳保险费。

我国《保险法》第 35 条规定："投保人可以按照合同约定向保险人一次支付全部保险费或者分期支付保险费。"所谓一次交付，也称为趸交，就是一次付清全部保险费。所谓分期支付，就是将保险合同的期间划分成几个交费期间，每一个期间交付一定的金额。关于保险费交付的期限，如果合同中有特别约定的，依其约定；合同未作特别约定的，投保人应当在保险合同成立时向保险人缴付保险费。

(二)告知义务

根据各国保险立法，在保险合同订立时，投保人或被保险人应当将保险标的的有关重要事项如实告知保险人，这就是通常所说的告知义务。我国《保险法》第16条同样确立了告知义务制度。订立保险合同，保险人就保险标的或者被保险人的有关情况提出询问的，投保人应当如实告知。从性质上看，这种告知义务不是合同义务，因为这时保险合同尚未成立，无合同义务可言；它是法律加于投保人的合同订立前的义务，是法定义务。但这种法定义务与其他法律上之纯粹义务不同。"违反纯粹义务时，法律一面允许权利人诉请强制执行，以实现其拘束，一面允许相对人请求损害赔偿，以制裁之。而违反告知义务，保险人则不能强制投保人履行此项义务，通常亦不能请求损害赔偿，仅在违反此义务时，对义务人可以一定不利益之法律上的拘束，以收间接强制其行为之效果。"[1]因此学者称之为间接义务。

关于告知的范围，应限于重要事项。所谓"重要事项"，一般认为凡能够影响一个正常的、谨慎的保险人决定其是否接受承保，或者据以确定保险费率，或者是否在保险合同中增加特别条款的事实，都是重要事项。[2]但保险合同订立时，有关危险程度或其状态的事项，极其繁杂，究竟何为重要事项，即何为投保人在法律上必须告知的事项？各国立法对此有两种主义：无限告知义务主义(又称自动申告主义)和询问回答主义。依无限告知义务主义，只要事实上与保险危险状况有关的任何重要事项，义务人都有义务告知，而不论保险人是否询问。而依询问回答主义，义务人只需就保险人所询问的事项，如实回答。我国《保险法》第16条采取了询问回答主义。保险人没有询问的事项，投保人没有告知的义务。至于询问的方式，可以为口头询问，也可为书面询问。实务中通常由保险人提出一定格式的询问表(称之为告知表，常与投保单合而为一)，将投保人应告知之事项皆列于表中，让投保人逐一填写，投保人除依表上所问如实告知外，不负其他告知义务。

告知义务违反的成立要件，有客观要件与主观要件。其客观要件，即告知义务人不告知有关重要事项或作不实说明。其主观要件，是指义务人的告知或不实的告知，是否为故意或过失所致。我国《保险法》第16条规定："投保人故意或者因重大过失未履行前款规定的如实告知义务，足以影响保险人决定是否同意承保或者提高保险费率的，保险人有权解除合同。前款规定的合同解除权，自保险人知道有解除事由之日起，超过三十日不行使而消灭。自合同成立之日起超过二年的，保险人不得解除合同；发生保险事故的，保险人应当承担赔偿或者给付保险金的责任。投保人故意不履行如实告知义务的，保险人对于合

---

① 陈云中《保险学》，台湾五南图书有限公司，1985年版第178页。

② 《英国1906年海上保险法》第18条第(二)项的解释是："凡能影响保险人关于确定保险费的事项，或关于决定是否承保的事项，都是重要情况。"我国《保险法》第16条第2款亦有类似之文字。——笔者注。

同解除前发生的保险事故,不承担赔偿或者给付保险金的责任,并不退还保险费。投保人因重大过失未履行如实告知义务,对保险事故的发生有严重影响的,保险人对于合同解除前发生的保险事故,不承担赔偿或者给付保险金的责任,但应当退还保险费。保险人在合同订立时已经知道投保人未如实告知的情况的,保险人不得解除合同;发生保险事故的,保险人应当承担赔偿或者给付保险金的责任。"

(三)防灾减损的义务

所谓防灾减损,即指维护保险标的安全,避免灾害的发生或减低损失程度。保险按其本源,只是灾害或事故发生后的一种救济措施,它并不能保证灾害不发生或标的不受损。正基于此,现代保险法大多确立了防灾减损,维护保险标的安全的义务制度。我国《保险法》也遵循以上趋势,确立了该制度,第 51 条规定:"被保险人应当遵守国家有关消防、安全、生产操作、劳动保护等方面的规定,维护保险标的的安全。保险人可以按照合同约定对保险标的的安全状况进行检查,及时向投保人、被保险人提出消除不安全因素和隐患的书面建议。投保人、被保险人未按照约定履行其对保险标的的安全应尽责任的,保险人有权要求增加保险费或者解除合同。保险人为维护保险标的的安全,经被保险人同意,可以采取安全预防措施。"

(四)危险增加的通知义务

所谓危险的增加,是指保险合同当事人订立合同时未曾预料到,但在保险期限内有关保险标的的危险因素或危险程度的增加。如果在订立合同时已经预料到的危险,而在事故发生过程中危险程度不断增加的,并不属于保险标的的危险的增加,而是保险事故的开端。危险增加的通知义务,是指在保险合同有效期限内,保险标的面临危险增加的,被保险人依据合同应当履行将危险增加的情况通知保险人的义务。《保险法》第 52 条规定:"在合同有效期内,保险标的的危险程度显著增加的,被保险人应当按照合同约定及时通知保险人,保险人可以按照合同约定增加保险费或者解除合同。保险人解除合同的,应当将已收取的保险费,按照合同约定扣除自保险责任开始之日起至合同解除之日止应收的部分后,退还投保人。被保险人未履行前款规定的通知义务的,因保险标的的危险程度显著增加而发生的保险事故,保险人不承担赔偿保险金的责任。"

(五)保险事故发生的通知义务

所谓保险事故,是指保险合同约定的保险责任范围内的事故。保险事故发生的通知义务,也称出险的通知义务,是指在保险合同有效期限内,合同约定的保险事故发生后,投保人、被保险人或受益人应当将此情形及时通知保险人的义务。我国《保险法》第 21 条规定:"投保人、被保险人或者受益人知道保险事故发生后,应当及时通知保险人。故意或者因重大过失未及时通知，致使保险事故的性质、原因、损失程度等难以确定的，保险人对无法确定的部分，不承担赔偿或者给付保险金的责任，但保险人通过其他途径已经及时知道或者应当及时知道保险事故发生的除外。"

保险事故发生后，于何时通知保险人，各国法律的规定不尽相同，有的规定在3天内，有的为5天，有的国家还根据不同的险种，规定了不同的通知期限。我国《保险法》对出险的通知期限没有具体规定，仅仅要求投保人、被保险人或受益人"及时"通知保险人。以通常的理解，"及时"应该是在保险事故发生后可能通知的"最短时间内"，将发生保险事故的情形通知保险人，因不可抗力不能履行通知义务的除外。为了减少纠纷，实践中双方对保险事故发生后通知的时间应当在合同中明确加以规定。

(六)保险事故发生时的施救义务

所谓施救义务，是指保险合同约定的保险事故发生时，投保人、被保险人除及时通知保险人外，还应当采取积极合理的措施，抢救出险的财产，以避免或减少损失的义务。为了防止在发生保险事故后，投保人、被保险人因有保险合同的存在而任其损失的发生，或者由于懈怠而未及时实施抢救，致使本不应发生的损失发生甚至进一步扩大，《保险法》第57条明确规定："保险事故发生时，被保险人应当尽力采取必要的措施，防止或者减少损失。保险事故发生后，被保险人为防止或者减少保险标的的损失所支付的必要的、合理的费用，由保险人承担；保险人所承担的费用数额在保险标的损失赔偿金额以外另行计算，最高不超过保险金额的数额。"

二、保险人的义务

(一)危险承担义务

危险承担义务，亦即保险人的保险责任。所谓危险承担的定义，不仅显现于保险事故发生后保险人负有赔偿或给付保险金的义务，而且亦于保险合同发生效力后保险事故发生前即发挥作用。[1]我国《保险法》第14条规定："保险合同成立后，投保人按照约定交付保险费，保险人按照约定的时间开始承担保险责任。"危险承担义务是保险人收受保险费对价，属合同义务。

当保险合同约定的赔偿或给付保险金的条件成立时，保险人承担的保险责任即由存在而转化为实际履行。这一条件就是保险合同约定的保险事故或事件已经发生，而且发生在合同的有效期限内。

保险人应当赔偿或给付保险金的数额一经确定，并与请求权人达成一致的协议，就应

---

① 江朝国：《保险法基础理论》，兴图书股份有限公司，1984年版第283页。

当依据下列期限支付。

(1) 合同约定的期限。保险合同中明确约定有保险金支付期限的，保险人应当在合同约定的期限内，赔偿或给付保险金。

(2) 法定的期限。如果保险合同中没有约定保险金的支付期限，保险人应依据法律规定的期限支付。根据《保险法》第23条的规定，在保险人与被保险人或受益人达成有关赔偿或给付保险金额的协议后10日内，履行赔偿或给付保险金义务。即法律规定保险人支付保险金的期限是双方达成一致协议后的10日内。

因保险事故发生而给被保险人造成损失的，必然会影响到被保险人正常的生产或生活。如果被保险人能从保险人处得到及时的赔付，其正常的生产或生活就能尽快恢复。正是基于这种考虑，法律规定了保险金先予支付制度。我国《保险法》第25条规定："保险人自收到赔偿或者给付保险金的请求和有关证明、资料之日起六十日内，对其赔偿或者给付保险金的数额不能确定的，应当根据已有证明和资料可以确定的数额先予支付；保险人最终确定赔偿或者给付保险金的数额后，应当支付相应的差额。"

保险人未依合同约定或者法律规定的期限赔付保险金的，构成违约，应当承担违约责任。根据我国《保险法》第23条第2款规定，保险人未及时履行赔偿或者给付保险金义务所应承担的违约责任，包括支付保险金、赔偿被保险人或者受益人因此受到的损失。

(二)订约说明义务

我国《保险法》第17条规定："订立保险合同，采用保险人提供的格式条款的，保险人向投保人提供的投保单应当附格式条款，保险人应当向投保人说明合同的内容。对保险合同中免除保险人责任的条款，保险人在订立合同时应当在投保单、保险单或者其他保险凭证上作出足以引起投保人注意的提示，并对该条款的内容以书面或者口头形式向投保人作出明确说明；未作提示或者明确说明的，该条款不产生效力。"上述规定，学理上称之为保险人的订约说明义务。我国保险法关于保险人订约说明义务的规定，在保险法中属创新之举，外国保险立法没有这些规定。依照《保险法》第17条的相关规定，对保险合同的一般格式条款，保险人应当向投保人"说明"，此项义务可称作"一般说明义务"；对保险人的责任免除条款，保险人应作出足以引起投保人注意的提示，并以书面或者口头形式向投保人作出明确说明，此项义务可称为"免责条款说明义务"。

订约说明义务具有以下特点。

(1) 法定性。订约说明义务是保险人的法定义务，一切保险人均负此义务，且不允许保险人以合同条款等方式予以限制或免除。

(2) 先合同性。订约说明义务是保险人于保险合同订立之时所负的合同义务，不同于其依有效保险合同所负的合同义务，故此项义务的履行不受保险合同是否有效成立的影响。

(3) 主动性。此项义务的履行，不以投保人之询问为条件，保险人应主动履行。

(三)承担必要合理费用的义务

1. 施救费用

施救费是在保险标的出险时，被保险人为防止损失或减少损失而支付的抢救、保护、整理保险标的的必要的、合理的费用。我国《保险法》第 57 条第 2 款规定："保险事故发生后，被保险人为防止或者减少保险标的的损失所支付的必要的、合理的费用，由保险人承担；保险人所承担的数额在保险标的的损失赔偿金额以外另行计算，最高不超过保险金额的数额。"

2. 查勘费用

查明和确定保险事故的性质、原因和保险标的的损失程度在保险中称为审核责任。审核责任是理赔程序中的一个非常重要的环节，也是保险人履行合同义务的一个必经程序。在保险实践中，审核工作一般由保险人与被保险人直接协商进行。如果保险人与被保险人对审核的内容达不成一致意见，就会聘请有关的技术专家或评估机构的技术人员进行专业调查和评估。该项专业调查和评估，不论是应保险人的请求而进行的，还是应被保险人的请求而进行的，为此而支出的费用，均应由保险人承担。我国《保险法》第 64 条规定："保险人、被保险人为查明和确定保险事故的性质、原因和保险标的的损失程度所支付的必要的、合理的费用，由保险人承担。"

3. 仲裁或者诉讼费用

在责任保险中，责任保险的被保险人因给第三人造成损害的保险事故而被提起仲裁或者诉讼的，除合同另有约定外，由被保险人支付的仲裁或者诉讼费用以及其他必要的、合理的费用，由保险人承担。

自　测　题

1. 简述保险合同的特征。
2. 简述违反告知义务的法律后果。
3. 简述订约说明义务的特征。
4. 思考投保人、被保险人、受益人之间的关系。

第十八章　人身保险合同

知识要点：

人身保险是以人的寿命和身体为保险标的的保险。人身保险可分为人寿保险、健康保险、意外伤害保险等。受益人是人身保险合同的主体之一。人身保险合同包括宽限期条款、复效条款、不可争条款、年龄误告条款、自杀条款等常见条款。

引导案例：

李某，男，4岁，2006年11月10日由其母亲黄某向保险公司投保了"少儿终身平安保险"，保单载明生存受益人为李某，身故受益人为李某的父亲。2007年11月15日晚，李某在其母亲黄某的带领下，从所住楼房5层坠落身亡。经公安机关调查取证，认定其母子死因系自杀。李某身故后，保险公司对该案进行了细致调查。经了解，黄某家境良好，经济宽裕，丈夫为某银行职员，黄某则在某公司从事人事工作。近一段时间以来，黄某在单位因与某领导关系紧张而一直情绪低落，闷闷不乐，以致携子自杀。在本案中，李某不满10周岁，属于无民事行为能力人。而无民事行为能力人在主观上无法知晓自杀的真正意义，自杀的后果是其所不能预见的，而且无民事行为能力人不能辨别自己的行为，因此《保险法》第44条规定："以被保险人死亡为给付保险金条件的合同，自合同成立或者合同效力恢复之日起二年内，被保险人自杀的，保险人不承担给付保险金的责任，但被保险人自杀时为无民事行为能力人的除外。"在本案中，虽然李某是在保险合同成立之日起二年内自杀，但李某是无民事行为能力人，因此保险公司应当承担保险责任，向受益人(李某的父亲)给付保险金。

(资料来源：黄再再，《案说新保险法》，法律出版社，2009年版第154~155页。)

本章阐述了人身保险合同的基本法律制度。要求学生了解人身保险合同的概念、特征及分类，掌握受益人的基本制度，理解人身保险合同的保险费及现金价值，把握人身保险合同的常见条款，并运用其原理分析与解决实际问题。

第一节　人身保险合同概述

一、人身保险合同的概念和特征

人身保险合同是以人的寿命和身体为保险标的的保险合同。与财产保险合同相比，人身保险合同具有以下特殊性。

(1) 保险标的的不可估价性。人身保险合同的保险标的，即人的生命和身体，不是商品，不能用货币来计量、评价、表现其价值。从经济学的意义上看，人作为劳动力是有价值的。但从社会学的意义上看，人不具有商品价值，所以在人身保险合同中不存在保险价值的范畴。

(2) 保险金额的定额性。人身保险合同的保险金额，不是以保险标的的价值为依据，而是由保险人事先综合各种因素进行科学计算所规定的固定金额，由投保人选择适用；或者由保险人与投保人协商确定一个数额，保险人依此固定数额履行保险责任。所以，人身保险合同不会产生超额保险的问题。

(3) 保险金义务履行的给付性。人身保险合同的保险保障职能，是通过保险人给付保险金来实现的。因此，根据人身保险合同的约定，只要是保险事故发生使被保险人死亡、疾病或伤残的，或者合同约定的期限届满时，保险人即需要按照约定的金额向被保险人或受益人给付保险金，而不以被保险人的实际损失为前提，也不论被保险人或者受益人是否已从其他途径得到补偿。

(4) 保险期限的长期性。大多数人身保险合同，例如人寿保险合同，有效期限都是长期性的，它可以是几年或几十年甚至终身。被保险人的年龄越大，其寻求保险保障的需要越大，而其缴费的能力却在下降。所以，人身保险合同采取长期保险形式，有利于降低保险费用，增强对被保险人的保障作用。相比之下，财产保险合同则期限较短，一般以 1 年作为合同有效期限。

(5) 保险责任准备金的储蓄性。由于人身保险合同主要是以投保人多次缴纳的保险费集中起来，构成人身保险责任准备金，而最终由保险人以保险金的形式返还给被保险人或受益人。因此，人身保险合同具有储蓄性质。投保人每次缴纳的保险费，待保险期限届满时所获得的保险金，实际上相当于保险费的总和加上一定比例的利息。基于这一储蓄性质，投保人和被保险人可以享有储蓄方面的权利，诸如抵押贷款权、中途解除人身保险合同要求返还合同现金价值(责任准备金)的权利等。

二、人身保险合同的法律分类

传统的人身保险，仅以人寿保险为限。现代意义上的人身保险，则几乎涵盖了人的生、老、病、伤、残、死各种风险，主要有人寿保险、意外伤害保险和健康保险三大类。尽管如此，人身保险在各国法律上所涵盖的范围亦不尽相同。

在我国，依《保险法》第 95 条的规定，人身保险合同可分为以下三类。

(1) 人寿保险合同。人寿保险合同又称之为生命保险合同，是指以被保险人的寿命为保险标的，以其生存或者死亡为保险事故而成立的保险合同。人寿保险是最早的人身保险，有死亡保险、生存保险、生死两全保险、简易人身保险、年金保险等具体形式。保险以存在不确定的危险为条件，人之死亡构成危险无疑。人之生存何以构成危险？对此，有学者从被保险人"生存或者不死亡,致增重预料以外生活上之负担"这一角度来回答这一问题。[1]依照人寿保险合同,投保人按照约定向保险人支付保险费,在被保险人死亡或者生存到保险期间届满时,保险人按照约定向被保险人或受益人给付保险金。

(2) 意外伤害保险合同。这是以被保险人的身体为保险标的,以其受到意外伤亡为保险事故而成立的保险合同。意外伤害保险承保被保险人因为意外事件发生的伤残、死亡风险,与人寿保险的死亡保险有重合,故人寿保险时常附加承保意外伤害。但是,以补偿被保险人因为意外伤害所发生的损失为主要目的的单纯伤害保险,适用范围更广。依照意外伤害保险合同,投保人按照约定向保险人支付保险费,在被保险人因意外事故致伤、致残或者死亡时,保险人按照约定向被保险人或者受益人给付保险金。

(3) 健康保险合同。健康保险合同又称之为疾病保险合同,是以被保险人的身体健康为标的,以其患病、分娩和因疾病、分娩致残或致亡为保险事故而成立的保险合同。健康保险承保的风险呈现多元化,被称为"综合保险"。[2]但是,应当注意的是,健康保险和其他人身保险相比,相当程度上具有财产保险损害填补的性质。依照健康保险合同,投保人按照约定向保险人支付保险费,在被保险人患病、分娩或者因疾病、分娩致残或者死亡时,保险人按照约定向被保险人或者受益人给付保险金。

第二节　人身保险合同的受益人

一、受益人的指定

受益人的资格,一般并无限制,但该受益人须由被保险人或者投保人予以指定。对所指定的受益人,无须事先征得本人或保险人的同意,只需在保险单上注明。指定受益人时,一般只需记明受益人的姓名,无须说明受益人的身份或其与受益人的关系。投保人或被保险人如对受益人的身份或其与受益人的关系有记载,也只属于叙述性质,不得视为合同的担保;即使其叙述有错误,也不影响受益人的受益权,但其错误说明导致不合格的人成为受益人的除外。在实务中,投保人或被保险人对受益人的身份或关系所作的声明,经与保险人约定为担保的,其错误则影响合同的效力。同时,实务中投保人或被保险人往往以身份来表明受益人,如投保人或被保险人只指明继承人、配偶、子女等为受益人。

我国《保险法》第 39 条规定:"人身保险的受益人由被保险人或者投保人指定。投保人指定受益人时须经被保险人同意。投保人为与其有劳动关系的劳动者投保人身保险,不得指定被保险人及其近亲属以外的人为受益人。被保险人为无民事行为能力人或者限制民

---

① 桂裕:《保险法论》,台北三民书局,1981 年版第 338 页。

② 桂裕:《保险法论》,台北三民书局,1981 年版第 371 页。

事行为能力人的，可以由其监护人指定受益人。"法律之所以授予被保险人之同意权是为保护被保险人的利益而设的。因为人身保险以被保险人发生保险事故为受益人取得保险金额的前提，被保险人为保护自身利益，必然对受益人的道德品质进行考察，对可能引发道德危险之人，不会将其指定为受益人。因此，投保人指定受益人时，须经被保险人同意。被保险人作出同意的意思表示可以是明示或默示，抑或被保险人事后追认的，投保人的指定方能有效。如果被保险人是无民事行为能力人或限制行为能力人时，可以由其监护人指定受益人。监护人指定受益人时，应从被监护人(被保险人)的利益出发进行指定。

二、受益人的变更

关于人身保险合同受益人的变更，从国外看有两种立法例[①]：第一种是保留主义。它是指当投保人或被保险人指定受益人时，要求同时声明保留其处分权，否则，一旦指定了受益人，投保人或被保险人就再无权变更受益人。例如在美国，依照联邦最高法院的判例，投保人或被保险人在指定受益人时，凡未作保留处分声明的均视为抛弃。第二种是直接主义。它的含义是指当投保人或被保险人指定受益人后，除声明放弃处分权外，仍可以合同或遗嘱处分其保险利益。换言之，投保人或被保险人未做明确抛弃的，即可视为其保留处分权。所谓以合同处分其保险利益，是指投保人或被保险人于指定受益人后转让保险合同的，因合同而产生的一切权利义务应归受让人，因此而产生受益人的变更。以遗嘱处分其保险利益，是指投保人或被保险人指定受益人后，仍然可以以遗嘱的方式将保险金变更为由其继承人分配。例如美国绝大多数法院承认以下五种情况下遗嘱变更的效力：①保险合同对受益人的变更无特别规定的，或者虽有规定但无须保险人同意及将保险单送交保险人批注的，投保人或被保险人可以遗嘱变更受益人。②受益人如先于被保险人死亡，不论保险合同对受益人的变化有无特别规定，投保人或被保险人均可以遗嘱变更受益人。③保险合同上所规定的受益人的变更方式，如单纯为保险人的利益或方便，保险人抛弃规定要求的，投保人或被保险人也可以遗嘱变更受益人。④在军人保险的场合，为了顾及投保人或被保险人所处的独特环境并尊重其意见，特别容许其以遗嘱变更受益人。⑤法律特别容许以遗嘱变更受益人的。在此情形下，投保人或被保险人应严格遵守法律的规定，不仅变更受益人的书面形式要符合遗嘱的要件，而且还须在遗嘱上注明所遗赠的合同。我国《保险法》第 41 条则规定："被保险人或者投保人可以变更受益人并书面通知保险人。保险人收到变更受益人的书面通知后，应当在保险单或者其他保险凭证上批注或者附贴批单。投保人变更受益人时须经被保险人同意。"根据这条规定，被保险人或者投保人均有权变更受益人。投保人变更受益人时，应当经过被保险人的同意，被保险人不同意的，其变更无效。法律作此规定，是为了保护被保险人的利益。因为人身保险以被保险人发生保险事故为受

---

① 李玉泉：《保险法》，法律出版社，1997 年版第 205～206 页。

益人取得保险金的前提，被保险人为维护自身利益起见，必然对受益人的道德品质等进行考察，对可能发生道德危险者，不会将其作为受益人。而被保险人则有权独立变更受益人，无须征得投保人同意。当被保险人或者投保人变更受益人时，应当以书面方式通知保险人，保险人在收到变更受益人的书面通知后，应当在保险单上加批注，主要是注明变更后的受益人。此外，受益人的变更应当在保险事故发生之前。因为在保险事故发生之后再变更受益人对原受益人明显不利，有违法律的公平原则。在受益人有数人的场合，被保险人或者投保人有权变更全部或一部分受益人。

根据《最高人民法院关于适用〈中华人民共和国保险法〉若干问题的解释(三)》第 10 条的规定，投保人或者被保险人变更受益人的行为，自变更受益人的意思表示作出之时起生效。投保人或被保险人变更受益人未通知保险人的，该变更对保险人不发生效力。应当指出，投保人或被保险人以合同或遗嘱变更受益人的，非经通知，不得对抗保险人。这就是说，保险人在获得通知前对原先所指定的受益人给付保险金后，对于受让人或者遗嘱不再负有义务。

三、受益顺序和份额

投保人或被保险人可指定一人或数人为受益人。我国《保险法》第 40 条第 2 款规定："受益人为数人的，被保险人或者投保人可以确定受益顺序和顺序份额；未确定受益份额的，受益人按照相等份额享有受益权。"被保险人或投保人可以指定一人或者数人为受益人。当受益人为一人时，不存在受益顺序和受益份额的问题；当受益人为多数人时，就产生受益顺序和受益份额的问题。

受益顺序，即各受益人在保险事故发生后获得保险金给付的先后顺序。受益顺序一般按如下顺序进行确定。

(1) 原始受益人，即最初指定的受益人。

(2) 后继受益人，即保险单上注明的原始受益人死亡后由其受益的人。例如，保险单上被保险人指定其配偶为原始受益人，同时又指定其子女为后继受益人。在这种情况下，原始受益人先于被保险人先亡时，后继受益人才取得受益权。

(3) 法定受益人。未指定受益人或指定的受益人先于被保险人死亡，或者放弃、丧失受益权的，被保险人的法定继承人视为受益人。

我国《保险法》第 42 条规定："被保险人死亡后，有下列情形之一的，保险金作为被保险人的遗产，由保险人依照《中华人民共和国继承法》的规定履行给付保险金的义务：(一)没有指定受益人，或者受益人指定不明无法确定的；(二)受益人先于被保险人死亡，没有其他受益人的；(三)受益人依法丧失受益权或者放弃受益权，没有其他受益人的。受益人与被保险人在同一事件中死亡，且不能确定死亡先后顺序的，推定受益人死亡在先。"这些规定明确了法定受益人如何产生的情形。总之，在各种受益人中，原始受益人优于后继受益人，后继受益人优于法定受益人。对于同一顺序的多数受益人，被保险人或者投保人可以确定每人的受益份额，确定的受益份额可以相等，也可以不等。未确定受益份额的，受益人按照相等的份额享有受益权。

四、受益权的转让与撤销

(一)受益权的移转

如前所述，受益权于保险事故发生前仅为一种期待性权利，受益人可否将其转让于他人？

国外保险法一般都规定，受益人在接受受益权后，可以将其转让他人，但事先必须经过被保险人或投保人的同意，或者保险合同中事先载明允许转让，否则转让无效。例如，我国台湾《保险法》第114条规定："受益人非经要保人之同意，或保险契约载明允许转让者，不得将其利益转让他人。"而且，为防止道德危险之发生，受益人的受益权转让，尚需取得被保险人的同意。

我国《保险法》对受益权的转让并无明文规定。对此，2015年《最高人民法院关于适用〈中华人民共和国保险法〉若干问题的解释(三)》第13条作出了规定：保险事故发生后，受益人将与本次保险事故相对应的全部或者部分保险金请求权转让给第三人，当事人主张该转让行为有效的，人民法院应予支持，但根据合同性质、当事人约定或者法律规定不得转让的除外。

(二)受益权的撤销

受益权的撤销是指被保险人或投保人指定受益人后，发现该受益人有不轨行为(如企图谋害被保险人)时，依法取消受益人的受益权利。我国《保险法》第43条第2款规定："受益人故意造成被保险人死亡、伤残、疾病的，或者故意杀害被保险人未遂的，该受益人丧失受益权。"

受益权的丧失与受益人的变更是有原则区别的。受益人的变更，往往是投保人或被保险人与该指定的受益人的感情发生变化的缘故；而受益权的丧失，则是由于原指定的受益人有加害被保险人的行为或企图。因此，只要发现指定的受益人有谋害被保险人的行为或企图，即使投保人或被保险人原来已声明放弃其处分权，仍然可以行使其撤销权。

第三节　人身保险合同的保险费及现金价值

一、人身保险合同保险费的交付

人寿保险合同的保险费，以投保人自愿交付为原则，保险人不能以诉讼的方式请求投保人交付。这已成为人寿保险业的惯例。我国《保险法》第 38 条规定:"保险人对人寿保险的保险费,不得用诉讼方式要求投保人支付。"

人寿保险合同的保险费之所以以自愿支付为原则,从经济原因而言,是因为人身保险合同中大部分是保险期长的人寿保险合同,而长期人寿保险合同一般采用分期支付保险费的方式。在长达十几年、几十年的期间内,投保人的收入水平、支付能力、经济状况难免发生变化,投保人有可能确实失去支付保险费的能力,或者有更优先的支付项目,甚至投保人可能先于被保险人死亡。保险人以保险合同为依据,采用诉讼方式向投保人请求支付保险费,不仅加重投保人的困难,而且也不能保证保险人能收到保险费。从法律依据而言,是因为投保人交付的人身保险费,具有储蓄性,保险人收取的保险费并非保险人的利益或者利润,保险人应当将其提取累积,以便在将来支付给被保险人或者受益人。在这个意义上,投保人应当向保险人缴纳的保险费,并不构成投保人对保险人所负的债务,即使人身保险合同约定的保险费已届支付期,保险人对投保人应当支付的保险费也不具有债权请求权。相反,投保人在应当支付保险费时,有权选择不缴保险费,以终止保险合同的效力。

但应注意的是,人寿保险以外的人身保险合同,如人身意外保险的保险人是可以通过诉讼请求投保人支付保险费的。这是因为,以上险种多是一年期以内的短期保险,保险人一般不是以投保人是否支付保险费作为其承担保险责任的前提条件。

二、人寿保险单的现金价值

所谓保险单的现金价值,在保险实务上又称之为"退保金",是指投保人已交足两年以上保险费而保险合同的效力消灭时,保险人应当退还给投保人、被保险人或者受益人的已经提取的责任准备金。人寿保险具有长期性和储蓄性的特征。在保险期内,如果合同解除或由于某种原因终止,保险人应当将保险责任准备金扣除少量退保手续费后退还投保人或被保险人。因人寿保险合同的投保人可以随时向保险人提出解除合同(无须提出任何原因和理由)而领取退保金,所以持有人寿保险单相当于持有有价证券,即人寿保险单具有现金价值。人寿保险单的现金价值和金额价值量等于保险责任准备金减除退保手续费后的差额,即:

$$人寿保险单的现金价值=责任准备金-退保手续费$$

由于在保险期间内的不同时刻,保险责任准备金的金额不同,所以人寿保险单的现金价值可能多于已支付的全部保险费,也可能小于已支付的全部保险费。因此,如何合理地规定现金价值产生的时间,以公平地保护被保险人与保险人的利益,就成为立法上应解决的问题。一般说来,分期支付保险费的人寿保险合同,已缴足两年以上保险费后,才能产生现金价值。至于在投保时一次性付清全部保险费的人寿保险合同,则自支付保险费之日起,就产生现金价值。

三、现金价值的退还

现金价值的退还是人寿保险业的国际惯例。其法学依据在于，人寿保险单的现金价值是由保险费及其增值形成，具有储蓄性，现金价值的所有权归属于投保人或被保险人，无论保险合同效力的丧失是否可归责于投保人、被保险人或受益人，保险人不得以任何理由拒绝退还，否则构成不当得利。所以，当在保险期间内合同解除或终止时，保险人应退还人寿保险单的现金价值。

(一)因解约而退还现金价值

在保险期间内，无论投保人解除合同，还是保险人解除合同，若保险单已产生现金价值，保险人均应退还。

1. 因投保人解约而退还现金价值

我国《保险法》第 47 条规定："投保人解除合同的，保险人应当自收到解除合同通知之日起三十日内，按照合同约定退还保险单的现金价值。"

依我国《保险法》第 15 条规定，除本法另有规定或者保险合同另有约定外，保险合同成立后，投保人可以解除保险合同。因此，人寿保险合同订立后，投保人可以随时解除合同，无需向保险人提出任何原因或理由，而保险人应当按照合同的约定退还保险单的现金价值。

当投保人解除合同时，保险人将保险单的现金价值退还给谁？是投保人，还是被保险人？我国《保险法》并未明确规定。对此，《最高人民法院关于适用〈中华人民共和国保险法〉若干问题的解释(三)》第十六条规定：人身保险合同解除时，投保人与被保险人、受益人为不同主体，被保险人或者受益人要求退还保险单的现金价值的，人民法院不予支持，但保险合同另有约定的除外。由此可知，保险单的现金价值应退还给投保人。

那么，如果投保人已付清全部保险费(如于投保时一次付清，或年金保险分期缴费，但缴费期已结束)，而后投保人死亡，投保人的死亡并不影响合同效力，被保险人有无权利要求解除合同？或被保险人在这种情况下解除合同，保险单的现金价值是否应退还给被保险人？对此，《保险法》也未作规定。从法理上分析，人寿保险单的现金价值由保险费及其增值产生，保险费由投保人支付，所以保险单的现金价值应归投保人所有。据此，保险单的现金价值应退还给投保人。但是，由于人寿保险合同系为被保险人或受益人的利益订立，所以如果合同解除时投保人已死亡，保险单的现金价值应退还给被保险人。

2. 因保险人解约而退还现金价值

依我国《保险法》第 15 条的规定，除保险法另有规定或保险合同另有约定外，保险合同成立后，保险人不得解除合同。同时，我国《保险法》"人身保险合同"一节中规定允许保险人解除人身保险合同的两种法定情形：一种是投保人申报的被保险人年龄不真实，并且其真实年龄不符合合同约定的年龄限制的，保险人可以解除合同，并按照合同约定退还保险单的现金价值。另一种允许保险人解除人身保险合同的情况是投保人停缴保险费。合同约定分期支付保险费，投保人支付首期保险费后，除合同另有约定外，投保人自保险人催告之日起超过三十日未支付当期保险费，或者超过约定的期限六十日未支付当期保险费的，合同效力中止。自合同效力中止之日起满二年双方未达成补交协议的，保险人有权解除合同。保险人解除合同的，应当按照合同约定退还保险单的现金价值。

(二)因终止而退还现金价值

当人寿保险合同的被保险人死亡，如果其死亡属于除外责任，保险人当然不给付保险金。但是，由于被保险人已死亡，保险标的不复存在，以后也不可能再发生保险事故(被保险人不可能再发生死亡、伤残、疾病、生存到约定年龄等保险事故)，所以保险合同实际上自被保险人死亡之日因不能履行而终止。

当人寿保险合同由于上述原因终止时，保险对于已产生现金价值的保险单，应退还现金价值。其具体情形，我国《保险法》规定了以下三种情况。

(1) 《保险法》第 43 条规定，投保人故意造成被保险人死亡、伤残或者疾病的，保险人不承担给付保险金的责任。投保人已交足两年以上保险费的，保险人应当按照合同约定向其他权利人退还保险单的现金价值。

(2) 《保险法》第 44 条规定，以被保险人死亡为给付保险金条件的合同，自合同成立或者合同效力恢复之日起两年内，被保险人自杀的，保险人不承担给付保险金的责任，但被保险人自杀时为无民事行为能力人的除外。保险人依规定不承担给付保险金责任的，应当按照合同约定退还保险单的现金价值。

(3) 《保险法》第 45 条规定，因被保险人故意犯罪或者抗拒依法采取的刑事强制措施导致其伤残或者死亡的，保险人不承担给付保险金的责任。投保人已缴足两年以上保险费的，保险人应当按照合同约定退还保险单的现金价值。

综上所述，当被保险人死亡属于除外责任时，保险人虽不承担给付保险金的责任，但不能拒绝返还保险单的现金价值，对于已产生现金价值的保险单，均应退还现金价值。即使被保险人故意犯罪，应追究其刑事责任，也不能剥夺其民事权利。保险单的现金价值属于个人合法财产，仍应退还。

第四节　人身保险合同的常见条款

一、宽限期条款

宽限期条款是长期寿险合同中关于投保人支付保险费权益的常见条款。宽限期限也称优惠期限，是指在人身保险合同中分期支付保险费的情形下，投保人在支付了首期保险费后，对到期没有交纳续期保险费的投保人给予一定时间的优惠，让其在宽限期内补缴续期保险费。在宽限期限内，保险合同继续有效；如果在此期限内发生保险事故，保险人仍要负给付保险金的责任，不过要从给付金额中相应扣除欠缴的保险费。我国《保险法》第36条规定："合同约定分期支付保险费，投保人支付首期保险费后，除合同另有约定外，投保人自保险人催告之日起超过三十日未支付当期保险费，或者超过约定的期限六十日未支付当期保险费的，合同效力中止，或者由保险人按照合同约定的条件减少保险金额。被保险人在前款规定期限内发生保险事故的，保险人应当按照合同约定给付保险金，但可以扣减欠交的保险费。"宽限期限的产生有如下两种方式。

(1) 合同约定的期限。合同中如有约定的，双方当事人应遵守合同的约定。

(2) 法定的期限。如果合同没有约定的，即按照法律的规定，我国《保险法》第36条规定的宽限期为"投保人自保险人催告之日起30日"或者"超过约定的期限60天"。

投保人在宽限期限届满时仍未支付当期保险费的，投保人要承担对其不利的法律后果，其法律后果表现为两种。

(1) 合同效力的中止，即合同效力自动停止，此时即使发生保险事故，保险人也无义务按合同的规定给付保险金。

(2) 保险人按合同约定的条件减少保险金额。这种法律效果的发生以当事人在合同中有约定为前提，没有相应约定，则保险人无从减少保险金额。

上述两项效力不可能同时发生，而只能发生其中一项。究竟发生哪项效力，其选择权在保险人。

宽限期条款设定之目的在于避免合同非故意失效，保全保险人的业务。人身保险的投保人在分期交费方式下，缴纳首期保险费是合同生效的前提，按时缴纳续期保险费是维持合同效力的条件，在长期的缴费期间中，大多数投保人并非故意不按时缴纳保险费，而是因偶尔遗忘或暂时经济困难等客观原因，未能按时缴费，如果保险人不给予一定时间的宽限，必然导致许多合同中途停效，进而失效终止。这对保险人而言，会影响保单的继续率，不利于稳定经营；对投保方而言，会因其客观原因(并非主观愿望)而使保险保障毁于一旦。因此，宽限期的规定对于合同双方都有利而无害。

二、复效条款

复效条款是与宽限期条款相关联的又一常见条款。保险合同的复效，是指保险合同的效力中止以后重新恢复其效力。应注意的是，复效与重新投保不同。人身保险合同停效后，被保险人要想重新获得保险保障，有两条途径：一是申请复效，二是重新投保。二者各有适用情形。复效时保险费与原合同保持一致，停效期间连续计算在保险期间内，要补缴停效期间的保费和利息，否则不能获得此期间的保障。重新投保是投保人终止原合同——

退保，与保险人重新订立新的人身保险合同。重新投保按投保时被保险人的年龄计算保险费，保费必然高于原合同，但保险期间从新订约时开始。

人身保险合同中投保人缴付首期保险费后，在宽限期届满仍未续缴已到期保险费的，合同效力即告中止。但"中止"仅是合同的暂时停止效力，并不是"终止"。"中止"不同于"终止"，中止是暂时停止效力，而终止则完全失效。投保人在合同效力中止后一定期限内和一定条件下仍然有权申请恢复合同的效力。我国《保险法》第37条第1款对此明文规定："合同效力依照本法第三十六条规定中止的，经保险人与投保人协商并达成协议，在投保人补缴保险费后，合同效力恢复。"

复效须经投保人提出复效申请，并与保险人达成复效协议方可。为了防止逆选择，保险人对于申请复效，一般都规定了复效条件，主要是：①申请复效的时间。人身保险合同申请复效的时间，我国《保险法》第37条规定为两年，超过了这个期限，就不能复效，保单终止，保险人向受益人支付保单上的现金价值或退还已缴保费。②申请复效应尽告知义务。与申请投保一样，申请复效仍要尽告知义务，提供可保性证明。③复效时，应补缴停效期间的保险费及利息，但保险人不承担停效期间发生的保险责任。④复效时须还清保单上的一切借款，或重新办理借款手续。

三、不可争条款

不可争条款又称为两年后不否定条款、不可抗辩条款。其基本内容是：在被保险人生存期间，从保险合同生效之日起满一定时期后(通常为两年)，保险人不得以投保人在订立合同时违反诚信原则，未如实履行告知义务为理由，而主张解除合同。

不可争条款的设置，是为了防止保险人滥用权利，保护投保人的正当权益。根据诚信原则，要求投保人如实履行告知义务，告知被保险人有关年龄和健康的一切情况；如果投保人没有履行告知义务，法律赋予保险人有解除合同的权利。很显然，这一规定是为保障保险人的正当权利而设。但是，为防止保险人滥用这种权利，必须有所限制，否则就会使被保险人或受益人的利益遭受损害。因为人身保险合同一般都是长期性合同，时间过久，很难核实投保当时的告知是否属实。再者，如果被保险人死亡，受益人也不一定能够了解当时投保的告知是否属实。因此，为了保护投保方的正当权益，法律规定，合同订立后，对被保险人的年龄及健康方面的情况，允许保险人对投保人是否履行如实告知义务提出异议并解除合同。与此同时，又对保险人的这一权利行使从时间上作了限制。保险人只能在合同生效两年时间内，以告知不实主张合同失效，并在扣除手续费后，向投保人退还保险费；两年以后，保险人就失去了这种权利。

我国《保险法》第32条第1款关于"被保险人的年龄不符承保年龄限制"的规定属于不可争条款，该条规定："投保人申报的被保险人年龄不真实，并且其真实年龄不符合合同约定的年龄限制的，保险人可以解除合同，并按照合同约定退还保险单的现金价值。保险人行使合同解除权，适用本法第十六条第三款、第六款的规定。"而按照第十六条第三款、第六款的规定，该项合同解除权，自保险人知道有解除事由之日起，超过三十日不行使而消灭。自合同成立之日起超过两年的，保险人不得解除合同；发生保险事故的，保险人应当承担赔偿或者给付保险金的责任。保险人在合同订立时已经知道投保人未如实告知的情况的，保险人不得解除合同；发生保险事故的，保险人应当承担赔偿或者给付保险金的责任。至于健康方面，我国《保险法》未作明确规定，由保险合同特别约定。

四、年龄误告条款

人身保险合同中，被保险人的年龄是一个重要事项，它足以影响保险人决定是否同意或者提高保险费率。因此，各国保险法一般都有年龄误告的规定。

年龄误告条款是如何处理被保险人年龄申报错误的依据。其含义是指如果投保时，误报了被保险人的年龄，保险合同仍然有效，但应依据真实年龄予以更正的调整。但应注意的是如果投保人申报的被保险人年龄不真实，并且被保险人的真实年龄已不符合保险合同规定的年龄限制(如我国开办的简易人身保险最高承保年龄为65岁，而投保人投保时真实年龄为66岁)，属于不可争条款，保险合同无效，退还已缴保险费。

被保险人年龄误报可能出现两种情况：一是申报年龄大于真实年龄，二是申报年龄小于真实年龄。可能导致的结果也有两种：一是实缴保费多于应缴保费，即溢缴保险费；二是实缴保费小于应缴保费。前者如死亡类保险合同的被保险人申报年龄大于真实年龄，后者则是相反的情况。我国《保险法》第32条第2、3款对上述两种情况调整方法分别进行了如下规定。

(1) 溢缴保费时的调整。被保险年龄误告导致溢缴保费时，其调整方法有两种：①在保险事故发生或期满生存给付保险金时，如果发现了误报年龄时一般应按真实年龄和实际已缴保费调整给付金额。调整公式为：

$$应付保险金 = 约定保险金额 \times \frac{实缴保险费}{应缴保险费}$$

公式中的实缴保费是指投保人按错报年龄实际已缴纳的保险费，应缴保险费是按被保险人真实年龄计算应该缴纳的保险费。②在保险合同有效期间，如果发现了被保险人的年龄误报，既可以按前式调整保险金额，也可以退还溢缴保险费。一般地，保险人都按第一种方式调整保险金额，只有在调整后的保险金额超过了保险合同规定的限度时，才运用退还溢缴保费方式进行调整。我国《保险法》规定，溢缴保险费时，采取退还多收的保险费。

(2) 少缴保险费时的调整。一般分两种情况：①在合同有效期间，可要求投保人补交少交的保险费；②在保险事故发生时，则只能按实交保费调整给付金额，调整公式如上。

五、自杀条款

自杀条款是指人身保险的被保险人,在投保一定期间内自杀的,保险人不承担保险金的给付义务,仅退还保险单的现金价值;但法定期间经过后的自杀,保险人应承担保险责任。我国《保险法》第 44 条对自杀条款进行了明确规定:"以被保险人死亡为给付保险金条件的合同,自合同成立或者合同效力恢复之日起两年内,被保险人自杀的,保险人不承担给付保险金的责任,但被保险人自杀时为无民事行为能力人的除外。"

据此,自杀条款的宗旨,一方面要防止发生道德危险,保护保险人的利益;另一方面,又要保护被保险人家属或者受益人的利益。由此,把自杀的除外责任在时间上限制在保险合同签订后的两年内,在这一免赔期限内的自杀,保险人都不负给付责任;超过这一期限后的自杀,保险人仍要负给付责任。在签订合同或合同复效两年之内自杀的,保险人虽不负给付保险金的责任,但对投保人已支付的保险费,保险人应按照保险单退还其现金价值。

不过,自杀条款只适用于以死亡为给付保险金条件的合同。对于以意外伤害为保险范围的合同,保险人对自杀不负给付保险金的责任。此外,与自杀相对应的是他杀。投保人、受益人故意造成被保险人死亡、伤残或者疾病的,保险人不承担给付保险金的责任。投保人已缴足两年以上保险费的,保险人应当按照合同约定向其他享有权利的受益人退还保险单的现金价值。

自 测 题

1. 简述人身保险的概念与分类。
2. 不可争条款的意义与功能是什么?
3. 试述宽限期与复效条款。
4. 试述自杀条款。

第十九章　财产保险合同

知识要点：

财产保险是以财产及其有关利益为保险标的的保险。财产保险可分为足额保险、不足额保险与超额保险三种。财产保险包括重复保险、保险代位等重要制度。

引导案例：

2009 年春节，李先生将车借给朋友开后出了交通事故，经武汉市物价局定损为 74050 元。李先生的朋友赔了他 7 万元钱，同时李先生要求保险公司全赔。保险公司表示不能重复理赔，只承担总损失扣除第三者已赔偿的部分，即 4050 元。李先生表示不服并提起诉讼，一审法院判决李先生败诉，保险公司只用赔 4050 元，并承担诉讼费用。根据《中华人民共和国保险法》第 60 条的规定，因第三者对保险标的的损害而造成保险事故的，被保险人已经从第三者取得损害赔偿的，保险人赔偿保险金时，可以相应地扣减被保险人从第三者已取得的赔偿金额。因此，李先生只能从保险公司得到 4050 元的给付。即使李先生刻意隐瞒已经从第三者即朋友那里获得的赔偿，从而向保险公司全额索赔，也行不通。因为《中华人民共和国保险法》第 60 条规定："因第三者对保险标的的损害而造成保险事故的，保险人自向被保险人赔偿保险金之日起，在赔偿金额范围内代位行使被保险人对第三者请求赔偿的权利。"也就是说，即使保险公司赔给车主全额，之后它也可依法找车主的朋友追偿。保险只起到补偿作用，尽可能减少被保险人的损失。假如投保人想通过保险来获得比损失更多的钱，是不可行的。

本章阐述了财产保险合同的基本制度。通过本章的学习，要求学生正确理解足额保险、不足额保险与超额保险，掌握重复保险的基本制度，理解并运用保险代位的基本原理分析和解决实际问题。

第一节　足额保险、不足额保险与超额保险

保险价值与保险金额均为用货币表现的金额量，按照二者大小的不同，其关系样态可分为三种：等于、小于和大于，并分别称之为足额保险、不足额保险与超额保险。

一、足额保险

足额保险又称等值保险，是指保险金额的数额与保险价值的数额相等的保险。保险金

额是指保险人承担赔偿或者给付保险金责任的最高限额。[①]在足额保险合同中，关键是在保险标的的价值确定。而保险价值的确定方式不同，足额保险又可分为定值保险与不定值保险。因此，在定值保险与不定值保险中，足额保险之含义亦不相同。在定值保险中，若保险金额与当事人约定之保险价值相等，即为足额保险。但理论上仍以"约定之保险价值"与"实际保险价值"无悬殊差距者为限。我国保险法第 55 条规定："投保人和保险人约定保险标的的保险价值并在合同中载明的，保险标的发生损失时，以约定的保险价值为赔偿计算标准。"其"约定保险价值"即指"定值保险"。在不定值保险情形下，若当事人约定的保险金额与保险标的物在保险事故发生时的价值相等时，则为足额保险。我国《保险法》第 55 条还规定"投保人和保险人未约定保险标的的保险价值的，保险标的发生损失时，以保险事故发生时保险标的的实际价值为赔偿计算标准"，即为不定值保险的规定。

由于在定值保险与不定值保险中，足额保险之含义不同，故保险事故发生时，保险人承担赔偿保险金责任的计算方式亦不相同：在定值保险中，保险人应为之保险金额等于保险价值；在不定值保险中，其公式为

$$赔偿金额(保险人应为之保险赔偿数额) = 实际损失 \times \frac{保险金额}{保险价值}$$

在上述公式中，由于为等值保险，即保险金额等于保险价值。因此，其结论是：保险人应为之保险赔偿数额等于实际损失。

二、不足额保险

不足额保险又称部分保险，是指保险金额的数额低于保险价值的数额。同样，不足额保险在定值保险与不定值保险之情形下，有不同的含义。具体来说，在定值保险中是指保险金额少于当事人于订约时预先约定保险标的物在保险事故发生时的价值，即就约定保险价值额的部分为保险。在不定值保险中是指保险金额的数额小于保险事故发生时保险标的物之实际价值的数额，即就标的物实际价值的部分为保险。

在不足额保险中，保险人所负之保险赔偿责任的计算规则，我国保险法第 55 条规定："保险金额低于保险价值的，除合同另有约定外，保险人按照保险金额与保险价值的比例承担赔偿保险金的责任。"其公式为

$$赔偿金额 = 实际损失额 \times \frac{保险金额(小)}{(毁损减失部分的价值)保险价值(大)}$$

上述公式中，定值保险的保险价值为事先约定价值；不定值保险的保险价值为事故发生时标的的实际价值。

---

① 《中华人民共和国保险法》第18条。

三、超额保险

超额保险，是指保险合同所订保险金额大于保险价值的保险。定值保险和不定值保险均可能发生超额保险的情形。在定值保险中，超额保险是指保险金额大于当事人订约时所约定保险标的在保险事故发生时之价值。定值保险合同因已约定保险价值，再约定超过保险价值的保险金额，超过的又得不到赔偿，理论上虽属可能，但是实务上几乎为不可能。[①]因此，从常理而言，定值保险合同中不可能出现超额保险的情形。在不定值保险中，虽未明文约定保险价值，如果保险事故发生时保险标的的实际价值小于订立保险合同时约定的保险金额，则为超额保险。

超额保险的形式，有当事人善意与恶意之别。关于超额保险之法律效力，各国规定不尽一致。例如，法国、瑞士等国家有规定，如投保人为不当得利为目的者，其契约全部无效，否则超过部分为当然无效，且投保人得请求此后保险金额与保险费之减少。[②]我国台湾地区的保险法第76条则规定，超过保险之出于恶意者，当事人得据以为解除契约的理由，并对损失有赔偿请求权；如超过保险出于善意所致者，则其超过部分无效。而日本商法规定，无论投保人之善意或恶意，保险契约之超过无效。[③]我国保险法的规定类似日本的相关规定，第55条规定："保险金额不得超过保险价值。超过保险价值的，超过部分无效，保险人应当退还相应的保险费。"

第二节　重　复　保　险

一、重复保险的概念及构成要件

重复保险(Double Insurance)，简称复保险，是相对于单保险(Simple Insurance)而言的一个范畴。我国保险法第56条规定："重复保险是指投保人对同一保险标的、同一保险利益、同一保险事故分别与两个以上保险人订立保险合同，且保险金额总和超过保险价值的保险。"

重复保险须同时具备下列要件。

1. 须向数个保险人订立数个保险合同

重复保险须保险人为复数，保险合同亦必须为复数。如果投保人与一个保险人订立一

---

① 江朝国：《保险法基础理论》，台北瑞兴图书股份有限公司，1995年版第335页。

② 见《德国保险契约法》第51条，《瑞士保险契约法》第51条、《法国保险契约法》第29条。

③ 见《日本商法典》第631条。

个保险合同或数个保险合同，那么这些保险就皆为单保险而非复保险。如投保人与数个保险人订立一个保险合同，此为保险人联合负其责任，那么这些保险就属共同保险，而非重复保险。

共同保险(Co-insurance)，为投保人与两个以上保险人，以同一保险利益，对同一危险，所共同缔结的保险合同，亦即多数保险公司对同一危险共同承担损失补偿之责任。多数保险公司可能以某一保险公司的名义，签发一张保险单，然后每一保险公司比例分担所发生的损失。[①]由此可见，投保人就同一保险利益、同一保险事故向数个保险人投保，若订立数个保险合同且保险金额总和超过保险价值的，为复保险；若仅订立一份保险合同，尽管保险人为数人，则非复保险而为共同保险。[②]

2. 须为同一保险标的上的同一保险利益

若投保人就不同的保险标的与数个保险人订立数个保险合同，当然不构成重复保险。但是，同一保险标的，常具有不同的保险利益；故虽为同一保险标的，而以不同保险利益订立数个保险合同。例如，甲就其所有的 A 屋所有权的保险利益投保，乙又就 A 屋的"抵押权"的保险利益而投保，因保险利益不同，依然为各个单保险而非复保险。

3. 须为同一保险标的上的同一保险事故

投保人就同一保险利益向数个保险人投保，须所投保的保险事故相同才能构成重复保险，反之，则仍为单保险。例如，甲就其房屋分别向 M 保险人投保火灾险，向 N 投保水灾险，向 D 投保地震险，则不是重复保险。

4. 须有保险期间的重叠性

重复保险以时间有重叠性为必要。时间上的重叠分为"全部重叠"和"部分重叠"两种。全部重叠，是指投保人就同一保险的、同一保险事故和保险利益，向不同保险人订立的数个保险合同，其保险之起讫时间均相同，此种情形称为"同时重复保险"。部分重叠，是指投保人就同一保险标的，同一保险利益，同一保险事故向数个保险人订立的数个保险合同，其起讫时间虽非完全相同，但仍有部分相同，此种情形称为"异时重复保险"。须注意的是，时间上的重叠，是指"数个保险合同"的"生效期间"的重叠，并非指"成立期间"的重叠。须特别指出的是，所谓保险期间"同一"，法理解释上一般多解释为"保险有效期间同一"或"同一保险期间内发生效力"，并非指各保险合同的始日与末日均完全相同，而是指保险事故发生时各保险合同均在有效期间之内。申言之，是否构成重复保险，其判断时点应以"保险事故发生时"为准，而非以投保时点为准。其法理依据在于，复保险制

① 袁宗蔚：《保险学——危险与保险》，首都经济贸易大学出版社，2000 年版第 315 页。
② 袁宗蔚：《保险学——危险与保险》，首都经济贸易大学出版社，2000 年版第 218 页。

度源自损失填补原则。在损失填补原则下，保险的目的在于填补实际损失，而实际损失的数额，须待至损失发生时始能确定。因此，是否构成重复保险，其判断时点，应以保险事故发生之时为准，在保险事故发生时始有认定有无重复保险存在必要，至于数个保险契约是否同时投保，或是否同时届满，应属无关紧要。[①]以此来解释保险期间发生重合或交叉，其间为保险事故发生时，各保险合同均在有效期间内。

二、重复保险的通知义务

在重复保险中，对投保人课以通知义务，已为多数国家保险立法所采纳。我国保险法第 56 条规定："重复保险的投保人应当将重复保险的有关情况通知各保险人。"关于重复保险的通知义务的立法意旨，在于防止投保人以"化整为零"的方法达到超额保险的目的，并进而通过不当得利之禁止以防范道德危险的滋生以及保险欺诈的可能。

从重复保险通知义务的履行而言，依我国保险法第 56 条规定："重复保险的投保人应当将重复保险的有关情况通知各保险人。"那么，何者为"重复保险的有关情况"？在法律解释上，投保人履行保险的通知义务，应当将复保险合同的有关情况通知各保险人，包括保险人的名称和住所、保险标的、保险价值、保险金额、保险责任范围、保险期间、保险金的给付等。[②]另外，"各保险人"究竟是合同成立在先的保险人，还是合同成立在后的各保险人，或全部保险人？通知的时间和方式为何？在解释上，应认定为全部保险人，即"所谓各保险人，是指承保同一保险标的、同一保险事故之全部各个保险人，包括前后各个保险契约之保险人在内。"[③]

三、重复保险的法律效果

根据我国《保险法》第 56 条第 2、3 款的规定，重复保险的各保险人赔偿保险金的总和不得超过保险价值。除合同另有约定外，各保险人按照其保险金额与保险金额总和的比例承担赔偿保险金的责任。重复保险的投保人可以就保险金额总和超过保险价值的部分，请求各保险人按比例返还保险费。可见，我国《保险法》对重复保险的法律效力采取"比例分担主义"的立法政策。但当重复保险的保险人中有一人以上破产或丧失清偿能力而导致不能给付时，由于各保险人所应负担的比例是固定的，因此，被保险人因为某一保险人不能给付而不能获取保险金，又无法由其他有给付能力的保险人补偿。为解决此一问题，应借鉴"连带赔偿主义"的立法技术，使各保险人的外部关系采取连带责任，而各保险人

---

① 王仁宏：《商法裁判百选》，中国政法大学出版社，2002 年版第 352 页。

② 参见邹海林、常敏：《中华人民共和国保险法释义》，中国计划出版社，1995 年版第 126 页。

③ 刘宗荣：《保险法》，台北三民书局，1995 年版第 195 页。

间的内部关系则按连带责任的内部求偿权处理，其求偿额度按各自保险金额与保险金额总和的比例来确定。

第三节 保 险 代 位

一、保险代位权的含义及功能

保险代位[①]，是保险法中古老而独具特色的一项制度，它是指因第三者对保险标的的损害而造成保险事故的，保险人自向被保险人赔偿保险金之日起，在赔偿金额范围内代位行使被保险人对第三者请求赔偿的权利。我国保险法第 60 条规定："因第三者对保险标的的损害而造成保险事故的，保险人自向被保险人赔偿保险金之日起，在赔偿金额范围内代位行使被保险人对第三者请求赔偿的权利。前款规定的保险事故发生后，被保险人已经从第三者取得损害赔偿的，保险人赔偿保险金时，可以相应扣减被保险人从第三者已取得的赔偿金额。保险人依照本条第一款规定行使代位请求赔偿的权利，不影响被保险人就未取得赔偿的部分向第三者请求赔偿的权利。"

关于保险代位权的目的与功能，主要有如下四方面。

(1) 防止被保险人不当得利。被保险人因第三人之行为导致保险事故发生，使保险标的受损害时，由于同一标的受损，却同时拥有损害赔偿请求权与保险赔偿请求权，使被保险人获得双重赔偿，故保险法上代位权制度的目的在于防止被保险人因行使双倍请求权而不当得利。[②]

(2) 避免第三人脱责。建立代位权制度，使被保险人对于第三人的损害赔偿请求权，于受领保险给付的范围内，移转于保险人，以避免加害第三人逃避责任。

(3) 减轻投保人负担。保险代位权的行使，可以实质地降低保险人保险给付的总额，从而降低保险费率，保险费率降低，实际减轻了社会上广大投保人的负担。

(4) 保障被保险人获得充分补偿。保险事故发生后，被保险人既可以请求第三人赔偿，也可以请求保险人补偿；还可以在第三人的赔偿不足时，请求保险人予以弥补；又可以在保险人补偿不足时，向第三人请求赔偿。至于如何行使，由被保险人依情形决定，他人不得干涉。

---

① 保险代位包括权利代位和物上代位。我国保险法第 59 条规定："保险事故发生后，保险人已支付了全部保险金额，并且保险金额等于保险价值的，受损保险标的的全部权利归于保险人"，此规定即为物上代位。本节主要阐述权利代位。

② 江朝国：《保险法论文集(二)》，台湾瑞兴图书股份有限公司，1997 年版第 396 页。

二、保险代位权的成立要件

1. 损害事故须属于保险事故

只有保险责任范围内的事故造成保险标的损失，即损害事故发生的原因，受损的标的都属于保险责任范围，保险人才承担补偿责任，否则，保险人无须承担补偿责任。受害人(被保险人)只能向有关责任方索赔或自己承担损失，与保险人无关，也就不存在保险人代位追偿的问题。

2. 被保险人对第三人须有赔偿请求权

被保险人对第三人有赔偿请求权是保险人行使代位权的先决条件。若被保险人对第三人无赔偿请求权，保险代位权自无以成立。我国多数学者将保险代位权限定于因第三人的侵权行为所引起的赔偿中，此种理解显然有失全面。此赔偿请求权既包括由第三人的侵权行为而产生，又包括由合同关系而产生，如因运送人的违约行为造成保险标的的损失，保险人履行补偿责任后可请求责任方予以赔偿；不仅包括因第三人的不法行为而成立，也包括因第三人的合法行为而成立，例如共同海损中的弃货行为，当保险人赔付后，有权向其他共同海损债务人行使分摊请求权。只要保险人对被保险人应负保险赔偿责任的原因与被保险人对第三人损害赔偿请求权原因相同，保险人均可向第三人行使代位权。被保险人向第三人行使请求权的基础并不限于因侵权行为而产生的损害赔偿请求权，对债务不履行的损害赔偿请求权、不当得利返还请求权、所有物返还请求权、占有物返还请求权等均可。

3. 保险人已对被保险人给付保险金

保险代位权的权利主体为保险人，向被保险人给付保险金是保险人取得代位权的代价，若无此代价付出，则不得享有保险代位权。保险事故发生后，在保险人对被保险人给付保险金之前，被保险人享有向第三人的赔偿请求权仍未移转于保险人，保险人无权主张，这是避免被保险人因损失赔偿请求权已移转而无法向第三人求偿。从理论上讲，若保险人尚未对被保险人给付即可行使代位权，则可能导致保险人尚未为保险给付，但已自第三人处获得赔偿，成为无给付而获赔偿之获利者；另一方面，被保险人因未获赔偿，而产生未得先失，有失公平[1]。故保险人须给付保险金之后，方能取得代位权。各国保险法均将保险人的赔付作为取得保险代位权的必要条件。

三、保险人行使代位权的对象

保险代位权的义务主体为负有赔偿责任的第三人。第三人泛指保险合同当事人以外的

---

[1]　江朝国：《保险法基础理论》，中国政法大学出版社，2000 年版第 395 页。

所有人,不仅包括自然人,也包括法人及非法人团体。为了使被保险人所领受保险金能获得实益,若被请求的第三人为与被保险人有经济上或生计上的利害关系者,应禁止保险人对其行使代位权,此为各国保险法之通例。我国保险法第 62 条明确规定,除被保险人的家庭成员或者其组成人员故意造成本法第 60 条第 1 款规定的保险事故外,保险人不得对被保险人的家庭成员或者其他组成人员行使代位请求赔偿的权利。这是因为家庭成员或其他组成人员互负扶养义务,互享扶养权利,在经济上存在利益与共的关系。若保险人向被保险人给付之后,基于代位权向其家庭成员请求返还,保险人所为保险给付的功能就大受折损。故法律上将"家庭成员或其他组成人员"视为被保险人。我国台湾地区的保险法第 53 条第 22 项也规定"第三人为被保险人之家属或受雇人时,保险人无代位请求权"。但为了防止道德危险,若损失是由被保险人家庭成员或其他组成人员故意行为造成保险事故的,保险人仍得行使代位权。此为保险代位权的例外。否则,无异怂恿为恶,于法不容。我国保险法第 62 条赋予了保险人在被保险人家庭成员或其他组成人员故意行为造成保险事故情况下行使代位求偿的权利。

四、保险人行使代位权的范围

保险代位权属于法定债权,其权利范围受被保险人向第三人赔偿请求权的限制,无须赘述。对于是否受保险人的补偿金额限制,我国法律规定并不统一,学者认识也有分歧。依我国保险法第 61 条的规定,保险人须在赔偿金额范围内代位行使被保险人对第三人请求赔偿的权利。然我国海商法第 254 条第 2 款规定:"保险人从第三人取得的赔偿超过其支付的保险赔偿的,超过部分应当返还给被保险人。"由此可见,保险人的代位权范围可不受赔偿金额限制,只不过当其获得的赔偿数额超过其支付的补偿金额时,需将超过部分的返还给被保险人。

保险代位权既然以给付保险补偿为前提,也必须受给付数额的限制,从而与保险代位权的法理前后贯通,故《中华人民共和国保险法》的规定公平合理。但《中华人民共和国保险法》第 61 条规定保险人"在赔偿金额范围内代位行使被保险人对第三者请求赔偿的权利",易引起保险人所得代位请求的金额为赔偿金额的误解,应修正为"其所得请求之数额以补偿金额为限"较妥。

五、妨碍代位及其效果

被保险人对请求权的处分行为,因发生时间的不同而对保险人的代位权产生不同的效果。我国保险法第 61 条规定:"保险事故发生后,保险人未赔偿保险金之前,被保险人放弃对第三者请求赔偿的权利的,保险人不承担赔偿保险金的责任。保险人向被保险人赔偿保险金后,被保险人未经保险人同意放弃对第三者请求赔偿的权利的,该行为无效。被保险人故意或者因重大过失致使保险人不能行使代位请求赔偿的权利的，保险人可以扣减或者要求返还相应的保险金。"

六、代位追偿的禁止

代位追偿原则是损失补偿原则的派生原则，是对损失补偿原则的补充和完善，所以代位追偿原则与损失补偿原则同样只适用于各种财产保险，而不适用于人身保险。我国保险法第 68 条规定："人身保险的被保险人因第三者的行为而发生死亡、伤残或者疾病等保险事故的，保险人向被保险人或者受益人给付保险金后，不得享有向第三者追偿的权利。但被保人或受益人仍有权向第三者请求赔偿。"因为人身保险的保险标的是无法估价的人的生命和身体机能，因而不存在由于第三者的赔偿而使被保险人或受益人获得额外利益的问题。所以，如果发生第三者侵权行为导致的人身伤害，被保险人可以获得多方面的赔偿而无须权益转让，保险人也无权代位追偿。

自　测　题

1. 试比较不足额保险与超额保险法律效果之差异。
2. 简述重复保险的构成要件。
3. 简述保险代位的构成要件。
4. 思考保险代位的功能。

第六编 破 产 法

第二十章　破产法概述

知识要点:

破产是当债务人不能清偿到期债务时，依法以债务人的全部财产公平清偿给全体债权人的一种概括性执行程序。破产法是规范破产程序的各种法律规范的总称。我国 2006 年修订后重新颁布的《中华人民共和国企业破产法》适用对象为所有的企业法人，包括和解程序、重整程序及清算程序三大破产程序，其对维护债权人的利益，保障社会经济秩序的有效运行，具有重要的意义。

引导案例:

沈阳市防爆器械厂始建于 1966 年，原是沈阳变压器厂为解决职工生活困难安排家属就业组建起来的一个职工家属生产组。后几经变革于 1983 年改名为沈阳市防爆器械厂，属于国有企业。因设备陈旧，工人素质不强，产品质量不过关，沈阳防爆器材厂于 1986 年 8 月 3 日被宣布破产倒闭。这是新中国成立后第一家正式宣布破产的企业。

当时的沈阳市工商行政管理局发出企业破产通告第一号令：“根据《沈阳市关于城镇集体工业企业破产倒闭处理试行规定》，沈阳市防爆器械厂于 1985 年 8 月 3 日被正式宣告破产警告，进行整顿拯救，限期一年。但是一年来虽然企业做了各方面的努力，终因种种原因没能扭转困境，所欠债务无力偿还，严重资不抵债。现决定沈阳市防爆器械厂从即日起破产倒闭，收缴营业执照，取消银行账号。有关企业善后事宜，由沈阳市防爆器械厂破产监督管理委员会依照沈政发 1985(24)号文件精神全权处理。”

沈阳市防爆器械厂破产在国内外引起了巨大的反响。当时的外电报道称：“沈阳市实行企业破产规定，这是共和国成立以来破天荒的做法，它朝着打破‘大锅饭’迈进了新的一步……”，“中国沈阳，一项重大的实验：中国东北的沈阳城发生了‘地震’，‘超过八级的改革地震’。”

沈阳市防爆器械厂虽是我国第一家破产企业，但其操作并非依企业破产法进行。因为当时还没有《中华人民共和国企业破产法(试行)》，案件是依照沈阳市制定的《沈阳市关于城镇集体工业企业破产倒闭处理试行规定》实施的。由于当时的历史原因，法院没有法律依据审理破产案件，最后其破产事宜交由工商行政管理部门处理。

沈阳防爆器械厂的破产在我国具有重大的历史意义，但它的善后工作却引发了一系列思考。由于当时还没有"下岗"的概念，解决职工安置问题成为企业被宣告破产后政府最重要最困难的工作。

破产法是市场经济法律体系不可或缺的重要组成部分。我国于 1986 年即颁布了《中华人民共和国企业破产法(试行)》，并于 1988 年 11 月 1 日起施行，2006 年 8 月 26 日，全国人大常委会第二十三次会议最终通过了《中华人民共和国企业破产法》，该法自 2007 年 6 月 1 日起施行。本章主要介绍了破产及破产法的基本概念。通过本章的学习，要求学生能够正确理解破产及破产法的概念与特征，熟悉我国破产法的立法概况，正确认识我国破产法的立法宗旨和适用范围。

第一节　破产的概念与特征

一、破产的概念

一般认为，"破产"一词，源于拉丁语"Fallitux"，即"失败"的意思，英语谓破产为"Bankruptcy"，意指"银行跨了"。"破产"一词在经济社会生活中被广泛使用，但法律上的破产有其特定的内涵，通常是指当债务人不能清偿到期债务时，法院根据当事人的申请或依职权，以债务人的全部财产公平清偿给全体债权人的一种概括性执行程序。

破产的概念有广义和狭义之分。狭义上的破产概念仅指破产清算，即在债务人不能清偿到期债务时，在法院的指挥和监督下，对债务人的全部财产所进行的以分配为目的的清算程序。广义的破产概念则不仅仅包括破产清算程序，还包括破产重整、破产和解预防性程序。

二、破产的特征

由于破产同法定的偿债程序不可分离，因此在通常情况下，破产与破产程序同义。与一般民事执行程序相比，破产程序具有以下特征。

1. 破产是一种特殊的偿债手段

债务到期后，债务人必须偿还债权人的债务。与一般偿债不同，破产还债(在债务人为企业法人时)是通过消灭债务人的主体资格来实现的，而一般的债务履行行为则不会导致债务人主体资格的消灭。

2. 破产是一种概括性执行程序

一般民事执行程序解决的是债的个别受偿，破产程序则是解决全体债权人的受偿问题。当债务人不能清偿债务时，一旦进入破产程序，则必须受法院的概括执行程序的支配。破产程序开始后，法院选任管理人负责债务人全部财产的管理、变价和分配事务，整个过程处于法院的严格控制之下，如无法律特别规定，任何人不得处分或执行债务人的财产。在债务人的全部财产被分配完毕后，债权人未获清偿的部分不再偿还。

3. 破产以债务人不能清偿到期债务为前提

一般民事执行程序中的债务人通常具有清偿能力，只是拒不履行偿债义务时，由债权人申请法院强制执行。而破产程序适用的前提，是债务人发生了破产法上的破产原因，即债务人不能清偿到期债务。这里的不能清偿，不是个别的或部分的不能清偿，而是整体上不能清偿，不仅没有现金支付到期债务，也无相当资产作抵押获取款项用于还债。

4. 破产以公平清偿债权为主旨

债务人不能清偿到期债务，如仅有一个债权人，适用民事诉讼的强制执行程序就可达到满足债权人债权的目的。但如有多个债权人，特别是当债务人的资产不足以满足全体债权人的债权要求时，则需适用破产程序，按一定的顺序和比例将债务人的所有财产公平合理地分配给债权人。

第二节 破产法的概念与立法宗旨

一、破产法的概念

所谓破产法，是指规范破产程序的各种法律规范的总称。它有广义和狭义之分，狭义的破产法即形式意义上的破产法，特指专门规范破产程序的破产法典，如我国于 2006 年颁布的《中华人民共和国企业破产法》。广义的破产法即实质意义上的破产法，既包括专门规范破产程序的法律，也包括民法、商法、刑法、诉讼法等法律及有关行政法规、部门规章、司法解释中有关破产程序的规定，如《中华人民共和国商业银行法》《中华人民共和国保险法》《中华人民共和国公司法》《中华人民共和国合伙企业法》等法律规范中有关破产的规定。通常所称的破产法是指狭义的破产法，而破产法学的研究对象则是广义的破产法。

破产法的内容既包含程序性规范，也包含实体性规范。前者如破产案件的管辖、破产案件的申请与受理、债权申报、破产宣告、和解程序、重整程序、清算分配、程序的终结等制度；后者如债务人的破产能力、破产原因、破产债权、破产财产、破产机关、破产费用、共益债务、免责制度、破产宣告的效力以及破产法上的撤销权、取回权、别除权、抵销权等制度。其中，程序性规范是破产法的主要内容，实体性规范是为了程序性规范而设定的，是附属于程序性规范而存在的。

传统破产法主要调整破产清算关系，现代破产法则注重以避免债务人破产为目的的和解与重整制度的调整。但各国破产立法体例存在一定的差异，有的国家，例如美国、德国等均将破产清算程序、和解程序和重整程序三种程序统一规定于破产法之中；有的国家如日本等，则将破产法、和解法、公司更生法分别立法。英国和我国台湾地区的破产立法则是将破产程序和和解程序规定于破产法典中，而将重整程序规定于公司法之中。

二、破产法的立法宗旨

1. 公平地保护债权人的利益

公平是破产法的第一理念。当债务人不能清偿到期债务时，如适用一般强制执行程序，各债权人之间难免发生争先恐后行使债权的问题。特别是在债务人资不抵债时，易发生部分债权人获得全部清偿，而另一部分债权人只能获得部分清偿或完全不能受偿的情形。这就违背了债权平等原则，造成了债权人之间的不公平现象。为杜绝这一现象的发生，使债权人公平受偿，唯有依破产法规定的破产程序，按一定比例将债务人的全部财产在债权人之间公平分配；未受清偿的债权，其损失亦由各债权人公平分担。因此，破产是保护债权的最有效手段，没有破产，债权就得不到充分、有效地保护。具体而言，破产法对债权人利益的保护主要体现在以下四个方面：①破产终止了债务的拖延，促使债务现实地得到清偿；②破产迫使债务人以最大清偿能力满足债权人的债权；③破产使各种不同性质的债权获得不同的清偿效果；④破产使同一性质的若干债权按相同比例得到满足。

2. 弥补传统民事救济手段的不足

按照传统的民事救济手段，各个债权人为个别诉讼，取得执行名义的债权人可以对债务人的财产为强制执行。但这可能会导致极不平等的现象，即当债务人的财产不足以清偿全部债务时，债权人进行救济的时间先后可能会导致完全不同的结果，而且一旦债务人的经济状况不佳，无论是否应予破产，债权人都可能纷纷起诉，以求自保。这既不利于债权人利益的保护，也不利于债务人维护的正常经营活动。因此，有必要建立破产法律制度。

3. 赋予债务人重新开始的机会

破产法在保护债权人利益的同时，亦兼顾了对债务人利益的保护。现代各国破产法大都采取非惩罚主义的立法原则，不再将破产视为犯罪行为。当债务人不能清偿到期债务时，只需将其全部财产依破产法规定的程序，公平地分配给债权人即可，不必再受任何惩罚。而且，在符合一定条件时，可就未清偿部分免责。这就赋予了债务人在经济上东山再起的机会，并可以减免债务人多次应诉及负担费用之累。此外，当破产人为自然人时，依破产法的规定，破产人及其所抚养的人的生活必需费用和必要的生活用品不属于破产财产，破产人经破产清算人同意，有权取回。

4. 保障社会经济秩序的良好运行

现代交易是一个相互联系的锁链，各交易主体均是这条锁链上的一环。如果一个主体已濒临倒闭边缘而对其置之不理，则其负债必定日益增多，结果必然使该主体的债权人遭受的损害增多。此时，如任其互为因果连锁反应，则会导致社会经济的恐慌。所以，对不能清偿到期债务的债务人及时宣告破产，以防止其与更多的主体发生交易，切断其债务的膨胀，有利于保障社会经济秩序的良好运行。

第三节　我国的破产立法

一、我国破产立法的概况

我国现行的破产法律制度是在计划经济体制向市场经济体制的过渡中建立起来的。1986年12月2日，第六届全国人大常委会第十八次会议通过了《中华人民共和国企业破产法(试行)》(以下简称《企业破产法(试行)》)，这是中华人民共和国的第一部破产法。该法适用于全民所有制企业，于1988年11月1日起施行。为指导人民法院审理企业破产案件，1991年11月7日，最高人民法院发布了《关于贯彻执行〈中华人民共和国企业破产法(试行)〉若干问题的意见》。由于《企业破产法(试行)》仅适用于全民所有制企业，我国在1991年颁布的《中华人民共和国民事诉讼法》之中专门设置了第十九章"企业法人破产还债程序"，以适用于非全民所有制企业。

上述破产立法诞生于经济体制转型时期，因而不可避免地带有鲜明的时代特征和历史局限性，具体表现如下。

(1) 立法目的扩充了破产法的功能，将破产法作为改革的一项措施加以利用。

(2) 《企业破产法(试行)》仅适用于全民所有制企业，适用范围过窄，而非全民所有制企业适用《中华人民共和国民事诉讼法》的规定，造成了我国破产立法的不统一。

(3) 政府不当行政干预过重，过于突出政府在破产程序中的地位和作用。

(4) 对债权人的利益保护不够。由于国有企业政策性破产的执行，不可避免地影响到债权人的利益。

(5) 立法技术落后。如法律规范过于抽象，缺乏可操作性，破产管理人、重整等重要制度缺失等。

随着我国市场经济体制的确立和社会经济的发展，制定一部既符合我国国情又符合现代破产法发展方向的统一的破产法势在必行。1994年3月，全国人民代表大会财经委员会根据第八届全国人民代表大会常务委员会立法规划的要求，着手组织新破产法的起草工作。由于种种原因，经过 10 年，2004 年 6 月 21 日，在第十届全国人民代表大会常务委员会第十次会议上，破产法草案再次进入审议阶段。2004 年 10 月 19 日，全国人大法律委员会向全国人大常委会作了关于《中华人民共和国企业破产法(草案)》修改情况的汇报，2006 年全国人大法律委员会向全国人大常委会作了关于《中华人民共和国企业破产法(草案)》审议结果的报告，2006 年 8 月 26 日，全国人大常委会第二十三次会议最终通过了《中华人民共和国企业破产法》(以下简称《企业破产法》)，该法自 2007 年 6 月 1 日起施行。

新的《企业破产法》，相比原有的《企业破产法(试行)》，具有以下突出的特点：①操作性更强。新法不论是对破产实体问题的规定，还是对破产程序问题的规定，都更加明确、具体。法律条文的数量由《企业破产法(试行)》的 6 章 43 条，增加到 12 章 136 条，为处理破产案件提供了更加明确、清晰的法律依据。②新增设了企业重整制度的规定。目的是对一些因各种原因而面临困境，但有挽救希望的企业，通过实施重整，以摆脱困境，恢复生机，尽可能避免因破产清算带来的职工失业、社会财富损失等社会震荡。③对破产清偿顺序作出了更加符合我国国情，更有利于保证职工权益的规定。按照"新老划段"的制度安排，在保证破产人所欠职工的工资、医疗、伤残补助、抚恤费用、社会保险费用以及依法应当支付给职工的补偿金等在破产程序中得到优先清偿的同时，兼顾担保制度的稳定，维护交易安全。

二、我国破产法的适用范围

(一)《企业破产法》适用的主体范围

根据《企业破产法》第 2 条的规定，其主体适用范围限定为所有的企业法人，不仅包括国有企业法人，同时也包括承担有限责任的其他企业法人，其中最普遍的就是有限责任公司和股份有限公司。对于某些特殊的企业法人，由于其适用破产程序具有特殊性，《企业破产法》作了特别的规定。一是对国有企业破产的特殊规定。《企业破产法》第 133 条规定："在本法施行前国务院规定的期限和范围内的国有企业实施破产的特别事宜，按照国务院有关规定办理。"我国国务院于 1994 年 10 月 25 日发布了《关于在若干城市试行国有企业破产有关问题的通知》，对试点城市中破产企业的职工安置、土地使用权的处置、银行贷款损失的处理等破产法实施中的难点问题作出规定，在这一对国有企业实行的"政策性破产"中，将破产企业职工安置问题置于特殊优先的地位。当然，这一特殊政策在国务院规定的限期内，即到 2008 年过渡完毕，此后国有企业不再享受特殊政策待遇，而统一适用《企业破产法》的规定。二是对金融机构破产的特殊规定。《企业破产法》第 134 条第 2 款规定："金融机构实施破产的，国务院可以依据本法和其他有关法律的规定制定实施办法。"这里的金融机构，包括商业银行、证券公司、保险公司等机构，一般认为主要是银行监督管理委员会、证券监督管理委员会、保险监督管理委员会这三个金融监管部门监管的机构。由于金融机构的破产事关国家金融秩序的稳定，需要由国务院制定具体实施办法进行解决。

《企业破产法》的适用范围虽然是企业法人，但企业法人以外的组织的破产清算，可以参照适用《企业破产法》规定的程序。《企业破产法》第 135 条规定："其他法律规定企业法人以外的组织的清算，属于破产清算的，参照适用本法规定的程序。"这里的"企业法人以外的组织"包括以下三种情形。

(1) 非法人的企业。这主要包括我国《个人独资企业法》规定的个人独资企业和《合伙企业法》规定的合伙企业。目前，我国《个人独资企业法》尚未对个人独资企业破产作出规定，而 2006 年修订的《合伙企业法》第 92 条则规定："合伙企业不能清偿到期债务的，债权人可以依法向人民法院提出破产清算申请，也可以要求普通合伙人清偿。合伙企业依法被宣告破产的，普通合伙人对合伙企业债务仍应承担无限连带责任。"根据此规定，合伙企业不能清偿到期债务的，债权人可以申请合伙企业破产清算，法院审理该类破产案件时，参照适用《企业破产法》规定的程序。

(2) 非企业的法人。这主要包括机关法人、事业单位法人和社会团体法人。如我国《民办教育促进法》第 56 条和第 58 条规定，民办学校因资不抵债无法继续办学而被终止的，由法院组织的清算也属于破产清算。

(3) 其他组织。这主要包括律师事务所、医疗诊所等既不属企业也不具有法人资格的组织，如果相关法律规定这类组织可进行破产清算的，也可参照适用《企业破产法》规定的程序。目前，我国法律尚未对这类组织的破产清算作出规定。

(二)《企业破产法》适用的地域范围

《企业破产法》适用的地域范围，是指破产程序的域外效力问题，通常涉及跨国破产或跨境破产问题。在经济全球化的背景下，国际投资大量发生，当一个国家的企业破产时，如果该企业有位于他国的财产和债权人，就会产生针对该企业的破产程序的域外效力的问题。关于破产程序的域外效力，主要有属地破产主义和普及破产主义两种立法例。属地破产主义主张破产程序的效力只及于国内，不及于国外财产；普及破产主义主张将债务人国内国外所有财产，全部划归破产财产范围之内，也即破产程序的效力及于国外。显然，属地破产主义强调主权原则，普及破产主义更有利于对债权人的充分保护，但需要建立本国法院与外国法院之间就境外破产的协助机制。

我国企业破产法实行的是有限制的普及破产主义。《企业破产法》第 5 条规定："依照本法开始的破产程序，对债务人在中华人民共和国领域外的财产发生效力。对外国法院作出的发生法律效力的破产案件的判决、裁定，涉及债务人在中华人民共和国领域内的财产，申请或者请求人民法院承认和执行的，人民法院依照中华人民共和国缔结或者参加的国际条约，或者按照互惠原则进行审查，认为不违反中华人民共和国法律的基本原则，不损害国家主权、安全和社会公共利益，不损害中华人民共和国领域内债权人的合法权益的，裁定承认和执行。"本条的规定对我国融入国际市场、提升我国国际形象具有重要意义。

自 测 题

1. 如何理解破产是一种概括性执行程序？
2. 简述破产法的立法宗旨。
3. 简述我国企业破产法适用的主体范围。

第二十一章　破产实体法

知识要点：

破产法上的"破产原因"，即启动破产程序所依据的特定的法律事实，是破产案件受理的实质要件。我国《企业破产法》采纳了大陆法系的概括主义立法例，将破产原因界定为"企业法人不能清偿到期债务，并且资产不足以清偿全部债务或者明显缺乏清偿能力"。"债务人财产"与"破产债权"是破产法上两个相对应的重要概念，前者是指在破产程序中被纳入破产管理的为债务人所拥有的财产，后者是指依破产程序申报并依破产程序受偿的财产请求权，应正确认识两者各自包括的范围。债权人会议和破产管理人是破产法上保障破产程序正常进行的重要机构，应正确认识两者的法律地位和职权范围。此外，准确把握"破产费用"和"共益债务"的范围及其支付原则，正确认识破产关系中的撤销权、抵消权、取回权、别除权，是本章的难点。

引导案例：

(1) A 为有限责任公司，其对外负债 300 万元，其中欠 B 银行 150 万元，欠 C 企业 100 万元，欠 D 企业 50 万元。现 A 公司尚存流动资金 60 万元，固定资产折价 210 万元(已抵押给 B 银行)，即全部资产 270 万元小于全部债务 300 万元，属于资不抵债，但其是否已经具备了破产原因，还要具体分析。

① 如果对 D 企业的债务已到期，而对 B 银行和 C 企业的债务尚未到期，此时虽然 A 公司已资不抵债，但是仍然能够以其流动资金清偿对 D 企业的债务，A 公司不具备破产原因。

② 如果对 C、D 两企业的债务已到期，但对 B 银行的债务尚未到期，此时，A 公司的流动资金不足以对 C、D 两企业进行清偿，而固定资产不能用于清偿对 C、D 两企业的到期债务，A 公司具备破产原因。

③ 如果所有债务都已到期，B 银行和 C 企业没有对 A 公司提起追债诉讼，但 D 企业已申请人民法院强制执行，此时 A 公司具备破产原因，B 银行、C 公司或者 A 公司均可以向人民法院提出 A 公司破产的申请。

④ 其他情况同(2)，但 A 公司的母公司以其充足资产就 A 公司对 C 企业的全部债务提供了连带保证，此时 A 公司不具备破产原因。

(2) A 公司对外负有到期债务 400 万元，其中欠 B 银行到期贷款 300 万元，欠 C、D、E 企业到期欠款合计 100 万元。A 公司现有流动资金 200 万元，固定资产 50 万元，另有对 F 公司的债权 200 万元，F 公司长期亏损，已经停产，其固定资产已对外抵押，经人民法院强制执行，仍然无法偿付债务。此时，A公司资产负债表上的总资产高于总负债。但是，A公司的可执行财产即250万元的流动资金和固定资产已无法清偿到期的400万元债务，明显缺乏清偿能力。在这种情形下，A公司具备破产原因。

（资料来源：王卫国.《破产法精义》，法律出版社，2007年版第7~8页。）

本章主要介绍了影响破产程序运行的几个重要实体法律问题。通过本章的学习，要求学生能够正确理解破产原因、破产债权、破产费用等重要概念，熟悉债务人财产、破产债权的法定范围，正确认识破产费用和共益债务的区别，准确理解破产关系中的撤销权、抵消权、取回权、别除权。

第一节 破 产 原 因

一、破产原因的概念

破产原因也称破产界限，是来源于德国破产法理论的一个专门术语，是指法院据以对债务人开始破产程序或者宣告债务人破产的依据，是启动破产程序所依据的特定的法律事实，是构成破产案件受理的实质要件。破产原因规则是一国破产法律制度的重要内容，其直接关系到债务人与债权人之间利益的平衡，甚至影响到社会公共利益的协调。作为判断债务人是否破产的决定性因素，它必须是实际存在的事实状态，同时该事实状态必须符合法律的规定。

二、破产原因的立法体例

各国破产法对破产原因的规定主要有列举主义和概括主义两种立法体例。

(一)破产原因的列举主义立法体例

英美法系国家在破产原因上采取列举主义立法体例，列举规定债务人丧失清偿能力的各种具体行为，实施其中的某一种行为即构成破产原因。如根据英国1914年《破产法》第1条的规定，下列行为为构成破产行为。

(1) 债务人为债权人的利益，在英国或者任何其他地方，债务人将其财产让与或者委付给一个或者数个受托管理人。

(2) 在英国或者任何其他地方，债务人以欺诈的方式转移、赠与、分配或者让渡其财产的全部或者一部分。

(3) 在英国或者任何其他地方，债务人将其财产的全部或一部分交付、转让或者设抵，这些行为在其被宣告破产时被认定属于特惠性欺诈行为而无效。

(4) 如果债务人对其债务故意地拒绝或者迟延履行，而且做出了以下行为之一：离开英国，或者滞留他国拖延不归，或者逃离居所而隐藏，或者居家不出，或者开始定居他地，均构成破产行为。

(5) 债务人被提起强制执行程序，其财产已被扣押，或者其财产已被司法执行官变卖，或者被司法执行官查封达 21 日以上。

(6) 债务人按规定的格式向法院提出申请说明其无力偿债，或者提出了对抗自己的破产申请状。

(7) 债务人在接到债权人根据终审判决要求法院发送的破产通知书后，未执行，也未向法院提出旨在抵消原债或对超出原债部分的反清偿要求时，构成破产行为。

(8) 债务人已通知任何债权人，明确表示自己已经停止或者将要停止履行偿债义务。

(9) 根据 1933 年《刑事法庭权限法》第 2 条第 2 款的规定，任何人在接到对其作出的刑事破产令后，自该命令发布之日起，他被视为已做出了破产行为的债务人。

(10) 根据 1976 年《无力偿债法》第 11 条的规定，当债务人不能支付依据行政命令而产生的债时，如果法院受理该案并发出接管令，应视为在接管令发出时，债务人已经为破产行为。

列举主义立法的优点在于简单明了，便于法院认定，而且可以对一些违法行为尽早予以制止，从而有利于保护债权人的利益。但这种立法模式的弊端也是显而易见的，由于社会经济生活日趋复杂，采用列举的方式难免挂一漏万。因此，一些原来采用列举主义的国家，现在已趋向奉行概括主义了。如英国在 1986 年修订破产法时，已经将列举主义立法模式改为概括主义立法模式。

(二)破产原因的概括主义立法体例

大陆法系国家在破产原因上采取概括主义立法体例，对开设破产程序的事实或应受破产宣告的事实作本质的、抽象的概括。一般将破产原因概括为清偿不能、债务超过和停止支付三种情形。

1. 清偿不能

清偿不能即不能清偿债务，有时也称为现金流量标准下的确定债务人无偿付能力的破产原因规则。一般认为，构成清偿不能包括以下几个方面。

(1) 债务人欠缺清偿能力。欠缺清偿能力是债务人客观上没有偿债的能力，而不是暂时停止清偿债务或者拒绝偿债。欠缺清偿能力不能仅凭债务人财产数额的多寡来判断，有的债务人虽然资产小于负债，但能够凭其良好的信用融通资金以偿还债务，相反，有的债务人虽然资产大于负债，但由于其处分财产困难，无法变现以获取资金来支付到期债务，则亦可构成清偿不能。因此清偿不能强调的是清偿的能力而不是静态的资产状况。

(2) 债务人清偿不能呈持续状态。债务人不能清偿必须是一种持续状态，若只是一时性或暂时性的状态，则不得视为达到破产原因，应当认定为一般民法上的给付迟延或者暂时支付不能。

(3) 债务人不能清偿的债务应为到期债务。债务如果未到期，债务人并无清偿的义务，因此，对于履行期尚未届至的债务，即使有不能清偿的情形，也不能构成破产原因。这里的到期债务，应理解为债权人已要求履行的债务，若履行期已届至，但债权人未请求履行，仍不属于清偿不能。

2. 债务超过

债务超过又称资不抵债，是指债务人的全部财产总额不足以抵偿其所负的全部债务。这一破产原因一般仅适用于法人破产和遗产破产。各国立法例为保护善意第三人及法人成员的利益，专门规定法人有债务超过的情形时，公司董事应立即向法院申请破产。债务超过的执行实际是静态的资产负债表标准。此标准受资产评估及市场变化的影响，存在较多不确定的因素，法院在把握时往往比较严格。

3. 停止支付

停止支付是债务人明示或默示地表示其不能支付债务的行为。停止支付实际上是债务人主观上的行为态度，与债务人客观上不能清偿债务的破产原因并不相同。考虑到债务人停止支付的复杂情形，债务人停止支付债务一般作为债务人清偿不能的推定原因。通常要求债权人必须证明债务人有停止支付的行为事实，且停止支付的状态应持续至破产宣告时仍继续存在。

三、我国破产法上的破产原因

我国破产法与大陆法系立法体例相同，破产原因采纳概括主义，但新旧破产法所概括的破产原因并不完全相同。

《企业破产法(试行)》第 3 条规定："企业因经营管理不善造成严重亏损，不能清偿到期债务的，依照本法规定宣告破产。"虽然该条将企业破产的原因概括为清偿不能，但又限定了必须是"因经营管理不善造成严重亏损"所导致的清偿不能，这实际上大大限制了对债务人适用破产程序的条件，显然是不合理的。

《企业破产法》排除了旧破产法中有关"严重亏损"的规定，更有利于破产程序的公正适用。《企业破产法》第 2 条第 1 款明确规定："企业法人不能清偿到期债务，并且资产不足以清偿全部债务或者明显缺乏清偿能力的，依照本法规定清理债务。"这一规定可以看出，我国破产法规定的破产原因可以分为两种情况：一是企业法人不能清偿到期债务，并且资产不足以清偿全部债务；二是企业法人不能清偿到期债务，并且明显缺乏清偿能力。一般来说，第一种情况主要适用于债务人资不抵债明显的破产申请，第二种情况主要适用于债务人资不抵债不易判断时的破产申请。

值得注意的是，我国最高人民法院 2011 年发布的《关于适用〈中华人民共和国企业破产法〉若干问题的规定(一)》，分别对债务人"不能清偿到期债务"、"资产不足以清偿全部债务"、"明显缺乏清偿能力"的认定情形作了具体规定。认定债务人"不能清偿到期债务"，应当同时存在以下情形：①债权债务关系成立；②债务履行期限已经届满；③债务人未完全履行债务。债务人的资产负债表，或者审计报告、资产评估报告等显示其全部资产不足以偿付全部负债的，人民法院应当认定债务人"资产不足以清偿全部债务"，但有相反证据足以证明债务人资产能够偿付全部负债的除外。债务人账面资产虽大于负债，但存在下列情形之一的，人民法院应当认定其"明显缺乏清偿能力"：①因资金严重不足或者财产不能变现等原因，无法清偿债务；②法定代表人下落不明且无其他人员负责管理财产，无法清偿债务；③经人民法院强制执行，无法清偿债务；④长期亏损且经营扭亏困难，无法清偿债务；⑤导致债务人丧失清偿能力的其他情形。

第二节　债务人财产

一、债务人财产的概念

所谓债务人财产，是指在破产程序中被纳入破产管理的而为债务人所拥有的财产。我国《企业破产法(试行)》仅使用了"破产财产"的概念，但《企业破产法》先后使用了"债务人 财产"和"破产财产"两个概念。债务人财产的概念，是对债务人在破产案件受理后至破产宣告前所拥有的财产的称谓，而债务人被宣告破产后，债务人财产称为破产财产。两个概念从财产意义上看并无本质区别，但"债务人财产"是再建主义立法的概念，"破产财产"是清算主义立法的概念。

二、债务人财产(破产财产)范围的立法例

各国破产法对债务人财产(破产财产)的范围，有固定主义和膨胀主义两种立法例。前者以破产宣告时债务人所拥有的财产为限，后者则不仅包括破产宣告时债务人所有的财产，还包括在破产程序终结前债务人所取得的财产。应当说，固定主义因财产的范围在破产宣告时即已确定，更有利于破产分配的及时进行，有利于迅速终结破产程序。但固定主义的弊端也是显而易见的，其不利于保护债权人的利益。从理论上说，凡属于债务人的财产，不管什么时候取得，都应该供全体债权人进行分配。相比之下，膨胀主义尽管成本更高，程序更复杂，但比固定主义更符合公平原则。

三、我国破产法上债务人财产的范围

(一)《企业破产法》对债务人财产范围的规定

我国《企业破产法》第 30 条规定:"破产申请受理时属于债务人的全部财产,以及破产申请后至破产程序终结前债务人取得的财产,为债务人财产。"显然,我国现行破产法在债务人财产的范围上采取的是膨胀主义立法例。根据该条的规定,债务人财产包括以下两个部分。

(1) 破产申请受理时属于债务人的财产。这既包括有形财产,也包括无形财产;既包括未成为担保物的财产,也包括已成为担保物的财产;既包括位于中华人民共和国境内的财产,也包括位于中华人民共和国境外的财产。

(2) 破产申请受理后至破产程序终结前债务人取得的财产。这主要包括以下情形:程序开始后债务人财产的增值;程序开始后收回的财产;债务人的出资人在尚未完全履行出资义务的情况下补交的出资。

(二)司法解释对债务人财产范围的具体规定

根据《最高人民法院关于适用〈中华人民共和国企业破产法〉若干问题的规定(二)》(下简称"《破产法司法解释二》"),除债务人所有的货币、实物外,债务人依法享有的可以用货币估价并可以依法转让的债权、股权、知识产权、用益物权等财产和财产权益,人民法院均应认定为债务人财产。但下列财产不应认定为债务人财产。

(1) 债务人基于仓储、保管、承揽、代销、借用、寄存、租赁等合同或者其他法律关系占有、使用的他人财产;

(2) 债务人在所有权保留买卖中尚未取得所有权的财产;

(3) 所有权专属于国家且不得转让的财产;

(4) 其他依照法律、行政法规不属于债务人的财产。

第三节　破　产　债　权

一、破产债权的概念与特征

一般认为,破产债权是因破产程序启动前原因成立的,经依法申报确认,并得由破产财产中获得公平清偿的债权。我国《企业破产法》第 107 条第 2 款规定,债务人被宣告破产后,人民法院受理破产申请时债权人对债务人享有的债权称为破产债权。

虽然破产债权在实体上渊源于民法上的债权概念，但破产债权并非民法债权的简单移植，而是在民法债权基础上融进了特殊因素。与一般债权相比，破产债权具有如下特征：

1. 破产债权为财产请求权

破产债权必须表现为能够折合为一定数额的货币。债权在设立时因目的不同，有的为金钱给付义务，有的为交付货物或提供劳务等非金钱给付义务，但对于非金钱给付义务，债务人已不可能再实际履行，只能以货币形式对债权人予以清偿。故以债务人特定行为为目的之请求权不得构成破产债权，但债务人不履行特定行为而给债权人造成损失的，其损失赔偿额或者代为履行费用，可以作为破产债权。

2. 破产债权因破产程序开始前原因成立

各国破产法一般规定，破产债权是因债务人破产程序开始前原因成立的债权。破产程序开始后，债务人的财产由管理人接管，债务人丧失对债务人财产的管理、处分权，此时以债务人名义进行民事活动所发生的债务不属于破产债权。管理人因管理、处分债务人财产形成的债权，属于破产费用或共益债务，不属于破产债权。

当然，为维护公平，法律也特别规定某些在破产程序开始后发生的债权也属于破产债权。例如，根据我国《企业破产法》规定，管理人或者债务人依照破产法规定解除合同的，对方当事人有权以因合同解除所产生的损害赔偿请求权申报债权；委托合同的委托人被裁定适用破产程序，受托人不知该事实，继续处理委托事务的，受托人有权以由此产生的请求权申报债权；票据出票人被裁定适用破产程序，该票据的付款人继续付款或者承兑的，付款人有权以由此产生的请求权申报债权。

3. 破产债权是可以强制执行的债权

破产程序具有强制执行程序的特征，因此破产债权必须是可以强制执行的债权。已经超过诉讼时效的债权，因违法犯罪行为形成的非法债权等，因不受司法保护，不得强制执行，不能通过破产程序而获得清偿。

4. 破产债权须是依破产程序申报确认并行使的债权

破产程序开始后，债权人应当依法向管理人申报债权。债权人申报的债权，须在债权人会议上经各方利害关系人审查，并经人民法院确认，方能享有受偿权利。若债权人未依法律规定申报债权，不得依照破产法规定的程序行使权利。

5. 破产债权是对人的请求权

根据债权是否设置物的担保，债权的请求分为对物请求和对人请求。有财产担保的债权由于债权人可直接对担保标的物行使权利，所以只能作为别除权对待而不能作为破产债权，但债权人放弃优先受偿权,或虽未放弃但债权超过担保标的物不能满足的部分,仍可作为破产债权。至于设有保证担保的债权,因其仍属对人请求权的范畴,可以作为破产债权。

二、破产债权的申报与确认

(一)破产债权的申报

破产债权申报,是指债权人或其代理人,在破产程序开始后的法定期限内向管理人申报债权,以表示其参加破产程序的愿望。债权申报是债权人依照破产程序行使权利的条件。

《企业破产法》规定,人民法院受理破产申请后,应当确定债权人申报债权的期限。债权申报期限自人民法院发布受理破产申请公告之日起计算,最短不得少于 30 日,最长不得超过 3 个月。债权人申报债权时,应当书面说明债权的数额和有无财产担保,并提交有关证据。申报的债权是连带债权的,应当说明。连带债权人既可以由一人代表申报,也可以共同申报。关于连带债务人求偿权在破产程序中的申报,若债务人的保证人或者其他连带债务人已经代替债务人清偿债务,则以其对债务人的求偿权申报,若尚未代替债务人清偿债务,则以其对债务人的将来求偿权申报,但债权人已经向管理人申报全部债权的除外。

对于待确定的债权,包括附条件、附期限的债权和诉讼、仲裁未决的债权,债权人依法也可以申报,由管理人将其分配额提存。对于附条件、附期限的债权,按最后分配日的权利状态决定债权人是否享受分配;对于诉讼、仲裁未决的债权,则自破产程序终结之日起满二年仍不能受领分配的,人民法院应当将提存的分配额分配给其他的债权人。此外,对于债务人所欠职工的工资和医疗、伤残补助、抚恤费用,所欠的应当划入职工个人账户的基本养老保险、基本医疗保险费用,以及法律、行政法规规定应当支付给职工的补偿金,不必申报,由管理人调查后列出清单并予以公示。

在人民法院确定的债权申报期限内,债权人未申报债权的,可以在破产财产最后分配前补充申报;但是,此前已进行的分配,不再对其补充分配。为审查和确认补充申报债权的费用,由补充申报人承担。

(二)破产债权的确认

根据《企业破产法》规定,管理人收到债权申报材料后,应当登记造册,对申报的债权进行审查,并编制债权表。管理人依法编制的债权表,应当提交第一次债权人会议核查。债务人、债权人对债权表记载的债权无异议的,由人民法院裁定确认;债务人、债权人对债权表记载的债权有异议的,可以向受理破产申请的人民法院提起诉讼。

第四节　破产关系(过程)中的其他财产权

一、破产撤销权

(一)破产撤销权的概念

破产撤销权,是指破产管理人享有的,人民法院受理破产申请前一定期间内,对于债务人实施的有害于债权人利益的行为,于破产程序开始后予以撤销并追回财产的权利。

破产撤销权的设立,是为了防止债务人在丧失清偿能力的情况下,通过无偿转让、非正常交易等行为损害债权人利益,若不对这些行为予以制止,将会严重破坏破产法的公平清偿原则。

(二)破产撤销权的构成要件

1. 可撤销行为的发生临近于破产程序的开始

破产法关于撤销权的时间限定于破产程序开始前的一定期间,这一点与一般民商法上对于可撤销行为撤销的限制具有相似之处。不过,一般民商法上撤销权的行使,撤销与否依赖于利害关系人的主观意愿,而破产法上撤销权的行使,往往具有法律上的强制属性,除非这种撤销不利于债务人财产的增加。

2. 可撤销行为具有诈害性或偏颇性

从可撤销行为的后果看,不外乎两个方面:一是减少了债务人财产的总价值,使全体债权人利益遭受损失,二是在债权人之间设置了厚此薄彼的歧视性待遇,破坏了债权人之间既定的平等分配规则。前者可称为"诈害性行为",后者可称为"偏颇性行为"。显然,诈害性行为比偏颇性行为更强调交易行为的主观恶性。

3. 第三人或者债权人从中受益

破产撤销权旨在使那些本来属于债务人的财产重新复归债务人,或者使债务人财产之上已经设定的财产负担(比如设置抵押担保)得以解除,以维护债权人的利益。因而,有关债务人处分财产的结果如没有使第三人或者债权人从中受益,便无破产撤销权可言。

(三)破产撤销权的适用范围

我国《企业破产法》第31条规定:人民法院受理破产申请前一年内,涉及债务人财产的下列行为,管理人有权请求人民法院予以撤销:无偿转让财产的;以明显不合理的价格进行交易的;对没有财产担保的债务提供财产担保的;对未到期的债务提前清偿的;放弃债权的。

而依我国《企业破产法》第 32 条规定，人民法院受理破产申请前六个月内，债务人有破产法第二条第一款规定的情形，仍对个别债权人进行清偿的，管理人有权请求人民法院予以撤销，但个别清偿使债务人财产受益的除外。

根据《破产法司法解释二》的相关规定，管理人因过错未依法行使撤销权导致债务人财产不当减损，债权人有权提起诉讼主张管理人对其损失承担相应的赔偿责任。破产申请受理后，管理人未依据《企业破产法》第 31 条的规定行使撤销权的，债权人有权起诉，请求撤销债务人相关行为并将因此追回的财产归入债务人财产。

二、破产取回权

(一)取回权的概念与特征

取回权是指破产申请受理后，债务人占有的不属于债务人的财产，该财产的权利人享有的不依破产程序，向管理请求直接取回的权利。我国《企业破产法》第 38 条规定："人民法院受理破产申请后，债务人占有的不属于债务人的财产，该财产的权利人可以通过管理人取回。但是，本法另有规定的除外。"

取回权具有以下特征。

(1) 取回权的标的物本身不属于债务人所有。

(2) 取回权的权利基础主要是所有权以及其他物权。

(3) 取回权本身是一种实体性权利，而非程序性权利。

(4) 取回权是针对管理人行使的返还财产请求权。

(5) 取回权是对不属于债务人财产的特定财产所享有的权利。

(二)一般取回权

一般取回权指第三人财产因承揽、租赁、委托、借贷、无因管理等法律关系而被债务人占有，并被管理人依职权接管而划归债务人财产时，该财产之真正所有人从管理人处取回其财产。

一般取回权的产生基础是财产所有权与财产实际占有之分离。取回权成立的基础可以是合同关系，也可以是物权关系，还可以是基于特定身份关系而占有他人财产。取回权人行使取回权须依破产分配程序之外的方法向破产管理人为之。

根据《破产法司法解释二》的相关规定，权利人行使取回权，应当在破产财产变价方案或者和解协议、重整计划草案提交债权人会议表决前向管理人提出。权利人在上述期限后主张取回相关财产的，应当承担延迟行使取回权增加的相关费用。

(三)特别取回权

特别取回权，是指适用破产法特别规定的取回权，主要包括出卖人取回权、行纪取回权和代偿取回权。

1. 出卖人取回权

出卖人取回权是指在异地交易中，出卖人发运买卖标的物后，买受人没有付清价款，而于收到标的物以前被宣告破产的，出卖人有权解除合同并取回该财产。根据我国《企业破产法》第 39 条规定，人民法院受理破产申请时，出卖人已将买卖标的物向作为买受人的债务人发运，债务人尚未收到且未付清全部价款的，出卖人可以取回在运途中的标的物。但是，管理人可以支付全部价款，请求出卖人交付标的物。

2. 行纪取回权

行纪取回权是指行纪人按委托人的委托购入物品并交付给委托人，在货物发运后，委托人尚未收到货物又未付清价款而被宣告破产的，行纪人对于已发运的财产拥有取回权。由于实践中行纪人取回权的情况在我国极少发生，我国《企业破产法》未规定行纪取回权，一般而言，若发生这种情况，可参照《企业破产法》第 39 条有关出卖人取回权的规定处理。

3. 代偿取回权

代偿取回权是指作为取回权的标的物被非法转让或灭失时，该财产的权利人有权取回转让其财产所得到的对待给付财产或补偿金。我国《企业破产法》未规定代偿取回权，但《破产法司法解释二》第 32 条对此作了规定："债务人占有的他人财产毁损、灭失，因此获得的保险金、赔偿金、代偿物尚未交付给债务人，或者代偿物虽已交付给债务人但能与债务人财产予以区分的，权利人主张取回就此获得的保险金、赔偿金、代偿物的，人民法院应予支持。"

三、破产抵销权

(一)抵销权的概念与特征

抵销权是指债权人在法院受理破产申请前对债务人负有债务的，则不论其债权同所负债务种类是否相同，也不论其债权是否到期，均有不依破产程序而径行以其所享有之债权抵销其所负债务的权利。

抵销权具有如下特征。

(1) 抵销权之权利人仅以债权人为限，债务人及管理人均不得主张抵销。

(2) 抵销权不受债务种类和履行期限的限制。

(3) 债权人主张抵销之债务，只以法院受理破产申请前对债务人所负的债务为限。

(二)抵销权的适用与限制

债权人在破产申请受理前对债务人负有债务的,可以向管理人主张抵销。根据《破产法司法解释二》第 42 条规定,管理人收到债权人提出的主张债务抵销的通知后,经审查无异议的,抵销自管理人收到通知之日起生效。管理人对抵销主张有异议的,应当在约定的异议期限内或者自收到主张债务抵销的通知之日起三个月内向人民法院提起诉讼。

根据《企业破产法》第 40 条规定,有下列情形之一的,不得抵销。

(1) 债务人的债务人在破产申请受理后取得他人对债务人的债权的。

(2) 债权人已知债务人有不能清偿到期债务或者破产申请的事实,对债务人负担债务的。但是,债权人因为法律规定或者有破产申请一年前所发生的原因而负担债务的除外。

(3) 债务人的债务人已知债务人有不能清偿到期债务或者破产申请的事实,对债务人取得债权的;但是,债务人的债务人因为法律规定或者有破产申请一年前所发生的原因而取得债权的除外。

四、破产别除权

(一)别除权的概念与特征

别除权也称"有财产担保的债权",是指不依破产程序而从属于债务人财产中的特定财产得到优先受偿的权利。我国《企业破产法》第 109 条规定:"对破产人的特定财产享有担保权的权利人,对该特定财产享有优先受偿的权利。"

别除权有以下特征。

(1) 别除权是针对债务人的特定财产行使的权利。

(2) 别除权是一种优先受偿的权利。

(3) 别除权是担保物权和法定特别优先权在破产法上的转化形式。

(4) 别除权的行使受破产程序的适当约束。

(二)别除权的适用范围

关于别除权的适用范围,大陆法系国家的破产法一般将担保物权中的抵押权、质权作为别除权产生的基础,还有些国家将商事留置权和特别优先权也规定为别除权产生的基础。具体主要包括以下权利。

(1) 抵押权,即债务人或者第三人向债权人提供不动产作为清偿债务的担保而不移转占有所产生的权利。

(2) 质权,即债权人占有债务人或者第三人为担保债务履行而移交的财产,当债务人不能履行债务时,享有就该财产卖得之价金优先受偿的权利。

(3) 留置权,即债权人对已占有的债务人的动产,在债务未清偿前加以扣留,以作为担保而优先受偿的权利。

(4) 定金，即合同之一方当事人为了保证合同的履行而预先向对方当事人交付的一定数额的金钱。

(三)别除权的行使

别除权人在行使别除权时，须以破产管理人为相对人。别除权人应于法定期间内申报债权，说明其性质和数额；担保物为别除权人占有而管理人要求提示标的物进行估价时，别除权人应予以配合。别除权人于破产宣告后不主动行使别除权时，除非放弃优先权，否则不得拒绝管理人对标的物进行拍卖，别除权人只能就拍卖价款优先受偿。

此外，我国《企业破产法》就别除权的行使与限制还作了如下具体规定。

(1) 人民法院受理破产申请后，管理人可以通过清偿债务或者提供为债权人接受的担保，取回质物、留置物；该债务清偿或者替代担保，在质物或者留置物的价值低于被担保的债权额时，以该质物或者留置物当时的市场价值为限。(第37条)

(2) 在重整期间，对债务人的特定财产享有的担保权暂停行使。但是，担保物有损坏或者价值明显减少的可能，足以危害担保权人权利的，担保权人可以向人民法院请求恢复行使担保权。(第75条)

(3) 对债务人的特定财产享有担保权的权利人，自人民法院裁定和解之日起可以行使权利。(第96条第2款)

(4) 享有别除权的债权人行使优先受偿权未能完全受偿的，其未受偿的债权作为普通债权；放弃优先受偿权利的，其债权作为普通债权。(第110条)

第五节 破 产 机 关

为了保证破产程序的正常进行及公平保护债权人的利益，破产法上必须建立或依赖一系列相关机构，即破产机关。这主要包括：破产法院、管理人、债权人会议和监督人。

一、破产法院

(一)破产法院的含义

破产法院即对破产案件有管辖权的法院。我国《企业破产法》第3条规定："破产案件由债务人住所地人民法院管辖。"可见，我国破产法院为破产案件中债务人所在地法院。由于破产案件主要是就债务人财产进行处置并公平清偿给债权人，因此由债务人住所地法院管辖，有利于破产案件的顺利进行。

破产案件的管辖在国际上主要有以下几种立法例。

(1) 由普通法院管辖。大陆法系一般采取此立法例，如德国 1999 年《破产法》第 2 条规定，在破产程序中，州法院所在地的基层法院为该州法院辖区内破产案件管辖的专门法院。

(2) 由特别法院管辖。如美国《破产法典》规定，破产及重整案件以及与此有关的案件由联邦地区法院行使管辖权。

(3) 由商事法院或大程序法院管辖。如法国 1985 年《困境企业司法重整及清算法》第 7 条第 1 款规定："如果债务人是商人或手工业者，管辖法院为商事法院，其他情况由大程序法院管辖。"

我国属于普通法院管辖之立法例。

(二)破产程序在法院的运作

关于破产程序的运作应由法院哪个单位具体操作，我国《企业破产法》及其他相关立法并未直接规定。但从国际上来看，在法院设置专业的破产审判机构，是破产法制发达国家的成功经验。在美国，破产法为联邦立法，设立有专门的破产法院。德国在地方法院也有专门的破产法庭负责破产程序。专门的破产审判机构因具有独立性、专业性和体系完备性等特点，使其处于破产程序的核心主导地位，并作为破产程序中的裁判者维护和平衡各方利益，对于提升破产审判效率、推动破产法律依法实施、维护市场经济健康运行起到重要作用。

借鉴国外的成功经验，2016 年 8 月，我国最高人民法院制定了《关于在中级人民法院设立清算与破产审判庭的工作方案》，要求直辖市应当至少明确一个中级人民法院设立清算与破产审判庭，省会城市、副省级城市所在地中级人民法院应当设立清算与破产审判庭。其他中级人民法院是否设立清算与破产审判庭，则由各省(区、市)高级人民法院会同省级机构编制部门，综合考虑经济社会发展水平、清算与破产案件数量、审判专业力量、破产管理人数量等因素，统筹安排。

二、管理人

(一)管理人的概念与特征

1. 管理人的概念

管理人是指破产案件受理后依法成立的，在法院的指导和监督之下全面接管债务人财产并负责债务人财产的管理及分配等事务的专门机构。管理人在各国的称谓不同，大陆法系国家一般称为"破产管理人"，日本则称"破产管财人"，英美法系通常称为"破产信托人"。我国《企业破产法(试行)》使用了"破产清算组"的概念，它渊源于《企业法》中的"清算组"一语。《企业破产法》则称为"管理人"，并在第三章对此作了专门的规定。

管理人是破产程序中最重要的一个机构，破产程序能否在公正、公平和高效的基础上顺利进行和顺利终结，与其关系至为重大。相比较而言，"清算组"概念是破产清算主义的体现，而"管理人"的概念体现了再建主义的理念，于破产程序来说，是更为科学的概念。

2. 管理人的法律特征

(1) 中立性。管理人在地位上既不代表债权人，也不代表债务人。在破产清算中，只有管理人最适宜执行对债务人财产的清算、评估、分配和处理事务，它有自己独特的存在价值，其他任何机构或人员都不适宜担任此种角色。

(2) 相对独立性。从世界各国的破产立法和理论来看，管理人由法院指定以后，便在破产法规定的职权范围内活动，具有相对的独立性，不受包括法院在内的其他组织的任意干预。

(3) 专业性。债务人财产的管理和清算工作会涉及大量的法律和非法律事务，必须要有具有专业知识和技能的机构或人员参与，这有利于提高解决具体事务的效率，及时了结当事人之间的债权债务纠纷。

(二)管理人的选任

1. 管理人的任职资格

国外对破产管理人的选任及其任职资格的规定比较复杂，选任体制也不一样。首先，多数国家立法规定，破产案件的管理人须由自然人出任，社会组织一般不能充当管理人，但在司法实践中，有的也允许法人担任管理人，如《美国破产法》规定，破产管理人一般应是公民个人，但信托公司可以担任管理人。其次，许多国家对管理人规定有积极资格和消极资格的要求。

我国《最高人民法院关于审理企业破产案件指定管理人的规定》(以下简称《指定管理人规定》)规定了管理人在章程、执照、业务、业绩等方面的积极资格。而《企业破产法》第24条第3款则明确规定了管理人的消极资格，即不得担任管理人的情形。

(1) 因故意犯罪受过刑事处罚。

(2) 曾被吊销相关专业执业证书。

(3) 与本案有利害关系。

(4) 人民法院认为不宜担任管理人的其他情形。

2. 管理人的选任主体

关于管理人的选任，国外主要有法院选任、债权人选任及法院与债权人选任相结合这三种模式。从破产法的发展历史看，各国破产法普遍寻求一种融法院指定或债权人选任于一体的方法，绝对由法院或债权人选任不是破产法的发展趋向。

我国《企业破产法》第22条规定："管理人由人民法院指定。债权人会议认为管理人不能依法、公正执行职务或者有其他不能胜任职务情形的可以申请人民法院予以更换。"明显地，我国采用了法院选任与债权人异议模式。只不过，我国立法的表达是"法院指定"与"债权人会议申请"。

3. 管理人的选任范围

从国际上看，大陆法系国家对管理人的选任范围一般不作明确规定，而以空白条款的方式授权法官自由裁量。英美法系国家则对管理人的选任范围作出明确规定，法官只能在此范围内选任管理人。

根据我国《企业破产法》第24条的规定，管理人可以由有关部门、机构的人员组成清算组或者依法设立的律师事务所、会计师事务所、破产清算事务所等社会中介机构担任。人民法院也可以根据债务人的实际情况，在征询有关社会中介机构的意见后，指定该机构具备相关专业知识并取得执业资格的人员担任管理人。

我国《企业破产法》第13条规定，人民法院裁定受理破产申请的，应当同时指定管理人。《指定管理人办法》则对管理人名册的编制、管理人的指定办法作了具体规定。

(三)管理人的义务与职责

1. 管理人的义务

(1) 勤勉与忠实的义务。《企业破产法》第27条规定："管理人应当勤勉尽责，忠实执行职务。"

(2) 接受监督的义务。《企业破产法》第23条的规定："管理人在依法执行职务时，应当向人民法院报告工作，并且要接受债权人会议和债权人委员会的监督。管理人应当列席债权人会议，向债权人会议报告职务执行情况，并回答询问。"

(3) 报告义务。《企业破产法》第69条规定："管理人实施下列行为，应当及时报告债权人委员会：①涉及土地、房屋等不动产权益的转让；②探矿权、采矿权、知识产权等财产权的转让；③全部库存或者营业的转让；④借款；⑤设定财产担保；⑥债权和有价证券的转让；⑦履行债务人和对方当事人均未履行完毕的合同；⑧放弃权利；⑨担保物的取回；⑩对债权人利益有重大影响的其他财产处分行为。未设立债权人委员会的，管理人实施前款规定的行为应当及时报告人民法院。"

2. 管理人的职责

根据《企业破产法》第25条的规定，管理人所履行的职责主要是：①接管债务人的财产、印章和账簿、文书等资料；②调查债务人的财产状况，制作财产状况报告；③决定债务人的内部管理事务；④决定债务人的日常开支和其他必要开支；⑤在第一次债权人会议召开之前，决定继续或者停止债务人的营业；⑥管理和处分债务人的财产；⑦代表债务人参加诉讼、仲裁或者其他法律程序；⑧提议召开债权人会议；⑨人民法院认为管理人应当履行的其他职责。

除上述职责外，《企业破产法》还规定了管理人的其他职责，包括在重整程序、和解程序以及在变价和分配中应当履行的相应职责。

3. 管理人的法律责任

管理人在破产程序中具有非常重要的地位，若管理人不能勤勉尽责并忠实执行职务，将承担一定的法律责任。《企业破产法》第130条规定："管理人未依照本法规定勤勉尽责、忠实执行职务的，人民法院可以依法处以罚款；给债权人、债务人或者第三人造成损失的，依法承担赔偿责任。"《企业破产法》第131条规定："违反本法规定，构成犯罪的，依法追究刑事责任。"

(四)管理人的报酬

我国《企业破产法》确认了管理人可以通过管理破产财产而合法地获得报酬，这项制度的确立目的是激励管理人，使之在承担巨大责任和风险的同时，获得相应的酬劳。《企业破产法》第28条第2款规定："管理人的报酬由人民法院确定。债权人会议对管理人的报酬有异议的，有权向人民法院提出。"

根据我国最高人民法院《关于审理企业破产案件确定管理人报酬的规定》，人民法院应根据债务人最终清偿的财产价值总额，在该规定明确的比例限制范围内分段确定管理人报酬。

三、债权人会议

债权人会议，是指在破产程序进行中，为便于全体债权人参与破产程序以实现其参与权和监督权，维护全体债权人的共同利益，而由全体登记在册的债权人组成的表达债权人意志和统一债权人行动的议事机构。显然，债权人会议这一机构的设置，有利于统一债权人的意志和行动，公平保护全体债权人的利益。

(一)债权人会议的组成

债权人会议由全体债权人组成。《企业破产法》第59条第1款规定："依法申报债权的债权人为债权人会议的成员，有权参加债权人会议，享有表决权"。这意味着，债权人依法申报债权后，即成为债权人会议的成员。但是，根据《企业破产法》第59条第2款、第3款的规定，债权额尚未确定的债权人，除人民法院能够为其行使表决权而临时确定债权额的外，不得行使表决权；对债务人的特定财产享有担保权的债权人，未放弃优先受偿权的，对于债权人会议通过和解协议与破产分配方案的表决不享有表决权。

《企业破产法》第59条第5款还规定，债权人会议应当有债务人的职工和工会的代表参加，对有关事项发表意见。需要指明的是，在这里职工和工会代表是发表意见，而不是作为债权人代表进行表决。

此外，为保障破产程序的顺利进行，，《企业破产法》还规定了列席债权人会议的人员，包括管理人、债务人的法定代表人、债务人的财务管理人员和其他经营管理人员等。而在重整程序中，债务人的出资人代表可以列席讨论重整计划草案的债权人会议。

《企业破产法》第60条规定，债权人会议设主席一人，由人民法院从有表决权的债权人中指定。

(二)债权人会议的职权

债权人会议的职权是其从事各种活动的法律依据和行为准则。《企业破产法》第61条第1款规定，"债权人会议行使下列职权：①核查债权；②申请人民法院更换管理人，审查管理人的费用和报酬；③监督管理人；④选任和更换债权人委员会成员；⑤决定继续或者停止债务人的营业；⑥通过重整计划；⑦通过和解协议；⑧通过债务人财产的管理方案；⑨通过破产财产的变价方案；⑩通过破产财产的分配方案；⑪人民法院认为应当由债权人会议行使的其他职权"。

(三)债权人会议的召集与决议

1. 债权人会议的召集

《企业破产法》第62条规定，第一次债权人会议由人民法院召集，自债权申报期限届满之日起15日内召开。以后的债权人会议，在人民法院认为必要时，或者管理人、债权人委员会、占债权总额1/4以上的债权人向债权人会议主席提议时召开。第63条规定，召开债权人会议，管理人应当提前15日通知已知的债权人。

2. 债权人会议的决议

《企业破产法》第64条规定，债权人会议的决议，由出席会议的有表决权的债权人过半数通过，并且其所代表的债权额占无财产担保债权总额的1/2以上。但是，本法另有规定的除外。《企业破产法》第84条第2款规定，在重整程序中，出席会议的同一表决组的债权人过半数同意重整计划草案，并且其所代表的债权额占该组债权总额的2/3以上，即为该组通过重整计划。《企业破产法》第97条规定，在和解程序中，债权人会议通过和解协议的决议，由出席会议的有表决权的债权人过半数同意，并且其所代表的债权额占无财产担保债权总额的2/3以上。

债权人会议的决议，对其他债权人均有约束力。债权人认为债权人会议的决议违反法律规定，损害其利益的，可以自债权人会议作出决议之日起15日内，请求人民法院裁定撤销该决议，责令债权人会议依法重新作出决议。

四、监督人——债权人委员会

监督人是指债权人会议决定设立，由债权人代表组成，代表债权人会议依法决定破产程序的有关事项，并对破产程序进行监督的常设机构。监督人的设置，主要考虑到债权人会议人数众多且非常设机构，无法及时就破产程序中发生的事务进行监督，因而将债权人会议的集体决定权授予他们所信赖的人。

监督人在不同国家或地区的名称并不相同，我国台湾地区称为"监查人"，日本称为"监察委员"，德国和我国称为"债权人委员会"。

《企业破产法》第 67 条规定："债权人会议可以决定设立债权人委员会。债权人委员会由债权人会议选任的债权人代表和一名债务人的职工代表或者工会代表组成。债权人委员会成员不得超过九人。债权人委员会成员应当经人民法院书面决定认可。"

《企业破产法》第 68 条规定："债权人委员会行使下列职权：①监督债务人财产的管理和处分；②监督破产财产分配；③提议召开债权人会议；④债权人会议委托的其他职权。债权人委员会执行职务时，有权要求管理人、债务人的有关人员对其职权范围内的事务作出说明或者提供有关文件。管理人、债务人的有关人员违反本法规定拒绝接受监督的，债权人委员会有权就监督事项请求人民法院作出决定；人民法院应当在五日内作出决定。"

第六节　破产费用和共益债务

一、破产费用

(一)破产费用的概念与特征

破产费用，是指人民法院受理破产案件后，为破产程序顺利进行以及对债务人财产或者破产财产的管理、变价、分配而必须支付的，由债务人财产或者破产财产优先拨付的费用。

破产费用有以下特征。

(1) 破产费用原则上发生在破产案件受理后破产程序终结前的期间内，即从破产案件受理时，开始发生破产费用。

(2) 破产费用是为破产债权人的利益而支付的费用。

(3) 破产费用的支付具有优先性和随时性。

(4) 破产费用的支付具有足额性。

(二)破产费用的范围

根据我国《企业破产法》第 41 条的规定，破产费用的范围包括：①破产案件的诉讼费用；②管理、变价和分配债务人财产的费用；③管理人执行职务的费用、报酬和聘用工作人员的费用。

(三)破产费用的支付原则

破产费用按照下列原则进行支付。

1. 随时支付原则

随时支付原则，是指破产费用不依破产分配程序，而是根据破产案件的需要随时支付。

2. 优先支付原则

优先支付原则，是指破产费用不纳入破产债权，优先于共益债权、一般优先权以及普通破产债权受偿。《企业破产法》第43条第2款规定："债务人财产不足以清偿所有破产费用和共益债务的，先行清偿破产费用。"

3. 比例支付原则

比例支付原则，是指债务人财产不足以支付所有破产费用时，对尚未清偿部分根据费用数额按比例受偿。

《企业破产法》第41条规定的仅仅是破产费用的范围，非破产费用的受偿顺序，因此，如果破产财产不足以支付破产费用时，诉讼费用、管理、变价和分配债务人财产的费用、管理人执行职务的费用、报酬和聘用工作人员的费用按照费用比例清偿。

二、共益债务

(一)共益债务的概念和特征

共益债务，是指人民法院受理破产案件后，管理人为全体债权人的共同利益，管理债务人财产时所负担或者产生的债务以及因债务人财产而产生的有关债务。

相对于破产费用，共益债务的特征如下。

(1) 共益债务发生的事实主要是管理人执行职务、履行合同、继续营业以及因债务人财产发生的无因管理、不当得利及侵权行为等；而破产费用发生的事实是法律规定、法院指定及管理人相关的民事行为。

(2) 共益债务的内容具有不确定性。

(3) 共益债务相对于破产费用具有劣后清偿性。

共益债务与破产费用的相同之处是为债权人共同利益而发生，都应该在破产财产中优先拨付。不同之处是破产费用是为破产程序顺利进行，为管理、变卖和分配破产财产而必须支出的"成本性"费用；而共益债务是管理人执行破产事务中因民事行为(合同、侵权、不当得利、无因管理)而使破产财产承担的债务。

(二)共益债务的范围

我国《企业破产法》第42条规定，人民法院受理破产申请后发生的下列债务，为共益债务。具体包括：①因管理人等请求履行未履行完毕的合同所产生的债务；②债务人财产受无因管理所产生的债务；③因债务人不当得利所产生的债务；④为债务人继续营业而应支付的劳动报酬和社会保险费用以及由此产生的其他债务；⑤管理人或相关人员执行职务致人损害所产生的债务；⑥债务人财产致人损害所产生的债务。

(三)共益债务的清偿原则

共益债务的清偿遵循下列原则。

1. 优先清偿原则

共益债务是破产程序进行期间产生的债务，立法赋予共益债务的债权人优先受偿权。

2. 随时清偿原则

随时清偿原则是指随着共益债务的发生由管理人从债务人财产中及时给予清偿。

3. 比例清偿原则

比例清偿原则是指当债务人财产在清偿破产费用后不足以清偿共益债务的，按照共益债务的比例分别用债务人财产余额清偿。这是各国破产立法的通例。

自　测　题

1. 简述我国破产法对破产原因的规定。
2. 简述国际上债务人财产范围的立法例及我国破产法上债务人财产的范围。
3. 简述破产债权的概念与特征。
4. 什么是破产撤销权？其构成要件有哪些？
5. 简述一般取回权的概念与特征。
6. 何谓破产抵销权？其行使有哪些限制？
7. 简述破产费用与共益债务的区别及清偿规则。

第二十二章 破产程序法

知识要点：

破产程序法由破产清算程序法、重整法及和解法三大部分组成。破产清算程序是法院受理破产申请和宣告债务人破产等程序的总和。破产法上的重整，是指对可能或已经发生破产原因但又有挽救希望与挽救价值的债务人实施的，通过对各方利害关系人的利益协调，强制性进行营业重组与债务清理，以使债务人避免破产的法律制度。而和解则是指具备破产原因的债务人，为避免破产清算而与其债权人之间，就延期、分期清偿或免除及部分免除债务达成协议，协议经法院认可后生效的法律程序。破产法上的上述三大程序均可以独立启动，在一定条件下可以相互转化。通过本章内容的学习，要求理解各程序的含义与特征、熟悉各程序的启动条件、运行流程及程序启动或终止的法律后果。

引导案例：

2015 年 8 月 18 日上午，ST 凤凰经深交所批准正式复牌交易。这标志着此前因连年亏损而被停牌的央企长航凤凰股份有限公司(以下简称长航凤凰)成功实现了破产重整。与此同时，以控股股东长江航运(集团)总公司(以下简称长航集团)为债务人的系列执行案件由湖北省武汉市中级人民法院顺利执结，最大限度地保护了 600 多家债权人，9 万多股民、出资人和企业员工等各方利益，也为长航集团全面解决债务危机，依法协调长航集团与金融债权人之间的关系提供了典型指引，创造了良好的法制环境。

长航集团是我国内河最大的航运企业，为国务院直接管理的大型央企，主要经营水上运输、船舶制造及修理、物流及相关配套服务。长航集团控股的长航凤凰是该集团核心优质资产，是中国航运业唯一能够实现内河、沿海、远洋一体化运输和物流服务的企业。

近年来，因干散货市场需求低增长与运力高增长导致供需严重失衡，船舶运输业整体陷入低迷；加之燃油价格持续高位运行与相关航运成本攀升，导致长航凤凰生产经营连续两年出现巨额亏损。截至 2012 年 12 月底，长航凤凰净资产为-5.7 亿元，面临破产清算和退市风险。

因长航凤凰不能清偿到期债务，经债权人申请，2013 年 11 月武汉市中级人民法院裁定受理该公司破产重整案。因该公司作为上市公司的重整涉及多方利益，影响面较大，为避免重整失败进入破产清算程序，武汉中院与管理人一起对重整方案进行多次论证，最终确定清偿比例远高于破产清算状态下清偿比例的方案，体现了破产法的公平公正要求。长航凤凰重整计划顺利通过后，长航凤凰即实现了主营业务扭亏为盈。2014 年 9 月 15 日，长航凤凰重整计划全部执行完毕。长航凤凰这个曾经负债高达 58.6 亿元、面临被深交所退市风险的上市公司重新焕发出生机。

正当长航凤凰筹备恢复上市事宜时，以长航集团为债务人的系列案件陆续进入诉讼、执行程序，武汉中院依法保全了长航集团持有的 ST 凤凰股份，长航凤凰恢复上市再度笼罩乌云。

因 11 起借款合同纠纷，交通银行湖北省分行以长航集团构成违约为由于 2014 年 6 月起诉至武汉中院。中院经审理，判决长航集团偿还交通银行贷款本金、逾期罚息、案件受理费及诉前保全费等 8.1 亿余元。判决生效后，因长航集团未履行生效判决确定的义务，交通银行于 2014 年 11 月 19 日向武汉中院申请执行。

执行过程中，武汉中院依法对长航集团持有的长航凤凰 17.89% 的股权进行了查封。因长航凤凰正处在恢复上市的前夜，如对该股票进行强制执行，可能致其无法按时复牌交易，甚至还可能引发市场价格波动，导致股票价值大幅缩水。在依法强制执行的同时，中院坚持以执促调，从有利于维护企业正常经营秩序、有利于促进经济秩序稳定和维护金融债权合法权益的角度出发，确定了放水养鱼、盘活资金的执行思路，敦促长航集团积极寻找受让公司，实现股权兑现的最大化，同时争取交通银行对该方案的理解支持。

在法院的积极努力下，经多个回合的协调磋商，长航集团与天津顺航海运有限公司(以下简称顺航海运)就转让长航集团持有的长航凤凰 17.89% 股权事宜达成一致。

2015 年 8 月 6 日，长航集团持有的长航凤凰股权通过市场行为成功转让给第三方顺航海运，成交价格为 5.53 元/股，总计 10 亿元，实现了长航凤凰壳资源价值的最大化。长航集团根据与交行达成的和解协议，拿出其中 4 亿多元偿还给交通银行，剩余 4.1 亿元本息进行贷款重组。此外，招商银行申请执行长航集团借款合同纠纷一案，涉案标的额 2 亿余元亦在上述系列案件执行中得到一并清偿。

武汉中院承办该案的法官说，该院牢固树立服务大局、促进经济发展的意识，在办理涉及市场主体的民商事纠纷案件和执行案件中，坚持"公平、公正、公开"的办案原则，同时坚持调判结合、政策考量、利益平衡等工作方法，以能动司法最大限度地维护当事各方的合法权益，实现了当事各方的多赢：申请人债权全部兑现，被执行人股权价值最大化，企业职工利益得到有效保护。该案办理过程中，中院还启动了涉企重大案件风险评估，审执部门共同以办案需采取的失信惩戒、资金冻结、财产扣押、强制拍卖等措施对涉案企业经营和对社会稳定可能造成的风险进行全面评估，以实现办案法律效果、政治效果和社会效果的有机统一。

(资料来源：《人民法院报》，2015 年 8 月 19 日版。)

本章阐述了破产清算、重整、和解三种程序，通过本章的学习，要求学生准确理解破产清算、重整、和解的概念与特征，重点掌握三大程序之间在程序启动、程序运行、程序后果等方面的区别。

第一节　破产清算程序

一、破产清算程序的开始

(一)破产清算及其开始之意义

破产清算程序是法院受理破产申请和宣告债务人破产等程序的总和。但各国对破产程序的规定有所不同，有的奉行破产程序受理开始主义，即破产程序开始于法院受理破产申请之时，以英国破产法为代表；有的奉行破产宣告开始主义，即破产程序开始于法院依职权调查结束而宣告债务人破产之时，以法国、德国破产法为代表。我国的破产程序从破产申请受理时开始。

从各国的破产法看，有权提出破产申请的，一般为债权人与债务人，但在特别法上，例如公司法中，大多规定公司因解散而进行清算时，清算人发现公司财产不足以清偿债务的，也应向法院提出破产申请。我国《企业破产法》第 70 条规定："债务人或者债权人可以依照本法规定，直接向人民法院申请对债务人进行重整。债权人申请对债务人进行破产清算的，在人民法院受理破产申请后、宣告债务人破产前，债务人或者出资额占债务人注册资本 1/10 以上的出资人，可以向人民法院申请重整。"

(二)破产申请

破产申请是破产申请权人向法院请求宣告债务人破产的意思表示，是债务人或者债权人的破产请求权的具体行使。另外，破产申请无论是否被法院受理，均发生债权时效中断的效力。如果破产申请被法院许可，则申请时间就成为计算撤销权、抵销权等的时间界点。

立法为破产申请规制的法律要件有实质要件和形式要件两种。破产申请的实质要件包括破产能力和破产原因。而破产申请的形式要件有如下几点。

1. 破产申请必须由申请权人提出

根据我国《企业破产法》第 7 条的规定，债务人、债权人或者负有清算责任的人为申请主体，即破产清算申请权人。

债务人申请涉及以下问题：①债务人申请的法理基础。首先，现代破产法规定了债务人的免责制度，这种有利于债务人的激励机制，是债务人申请破产的原动力。其次，债务人具有申请破产的有利条件，它最了解自己的财务状况和清偿能力。②债务人申请是其权利也是其义务。③公司法人破产申请的提出。公司的内部治理结构由股东会、董事会和监事会组成，通常，公司的破产申请由股东会作出决策，由董事会提出。④债务人申请破产的限制。破产能力是债务人破产申请的主要限制，但也有对具有破产能力而限制其自愿提出破产申请的,如美国《破产法》。

债权人申请涉及以下问题:①债权人申请债务人破产有如下原动力:一是,从债务人的总财产中得到满足;二是,若债务人有损害债权人一般利益的欺诈行为,则可依破产程序中的撤销权而恢复被损害的利益;三是,民事强制执行必须具有执行名义,但在破产申请中,却不受此限制。基于此,无执行名义的债权人有申请破产的利益。②何种债权人可以提出破产申请。根据不同的标准,可将债权人分为不同的种类,此问题内容是很丰富的,但其主要涉及如下问题:一是,附条件和附期限的债权人是否可以提出破产申请;二是,有担保的债权人是否可以提出破产申请;三是,自然债务的债权人是否可以提出破产申请。③对债权人提出破产申请的限制。英美法系国家一般多规定限制条件,而大陆法系一般对此没有限制,我国破产法亦然。

负有清算责任的人申请主要指公司清算组申请的情形。《企业破产法》第7条第3款规定:"企业法人已解散但未清算或者未清算完毕,资产不足以清偿债务的,依法负有清算责任的人应当向人民法院申请破产清算。"根据我国《公司法》第187条规定,清算组在清理公司财产、编制资产负债表和财产清单后,发现公司财产不足清偿债务的,应当依法向人民法院申请宣告破产。

2. 破产申请必须向有管辖权的法院提出

前已述及,根据我国《企业破产法》的规定,破产案件由债务人住所地人民法院管辖。因此,申请人依法应当向有管辖权的人民法院提出破产申请。而对于法院审理破产案件的程序,《企业破产法》有规定的优先适用《企业破产法》的规定,没有规定的,适用《民事诉讼法》的有关规定。

3. 破产申请应以书面形式提出

关于破产申请的具体形式,各国法律规定并不一致。日本《破产法》第114条规定:"关于破产程序的声明、陈述及抗辩,可以以书面或口头为之。"我国《企业破产法》第8条第1款规定,向人民法院提出破产申请,应当提交破产申请书和有关证据,即破产申请应以书面形式为之。

《企业破产法》第8条第2款规定,破产申请书应载明以下内容:①申请人与被申请人的基本情况;②申请目的;③申请的根据与理由;④人民法院认为应当载明的其他事项。

不过,依据《企业破产法》第8条第3款规定,债务人提出破产申请的,其申请书除了载明上述申请书应当载明的事项之外,还应当向人民法院提交财产状况说明、债务清册、债权清册、有关财务会计报告、职工安置预案以及职工工资的支付和社会保险费用的缴纳情况。

4. 破产申请的撤回应符合法律规定

破产申请的撤回,是指法院在收到破产申请后,作出受理决定之前,申请人撤回其申请的行为。依民事诉讼法原理，法院在受理民事案件之前，原告有权撤回其诉讼，这是其诉讼权的一部分。但在破产程序中，申请并非可以轻易撤回。

我国《企业破产法》第 9 条规定："人民法院受理破产申请前，申请人可以请求撤回申请。"这表明，申请人撤回破产申请，应当受到一定的限制。首先是时间上的限制，由于我国破产程序的开始实行受理开始主义，在人民法院受理破产申请前，申请人有权提出撤回破产申请的请求，但一旦法院受理了破产申请，则不得撤回申请。其次，对于申请人在人民法院受理前提出的撤回请求，人民法院有权决定是否准许。根据司法解释，人民法院准许申请人撤回破产申请的，在撤回破产申请前已经发生的程序费用应当由申请人承担。

(三)破产案件的受理

破产案件一经法院受理，意味着破产程序的开始。在我国，所谓破产案件的受理，是指人民法院对债务人或者债权人提出的破产申请进行审查，认为符合法定条件，予以立案的行为。

1. 法院对破产申请的审查和处理

法院对破产申请的审查有形式审查和实质审查两个方面。形式审查即审查破产开始的形式要件，包括：①申请人是否具有申请权；②法院有无管辖权；③破产申请书的内容是否齐备。实质审查则主要审查债务人是否具有破产能力和破产原因。

法院经过审查，若认为申请人的破产申请不符合破产开始的要件，应当分别情况作出处理：①对不具备形式要件，但可以补救的破产申请，法院可以责令申请人限期补救。②对不具备形式要件，而且是不可补救的破产申请，法院应劝告申请人撤回申请，并告之正确的申请方法；若申请人经劝告拒不撤回申请，则法院应裁定不予受理。③对于不具备实质要件的破产申请，法院亦应劝告申请人撤回申请，并告之正确的主张权利的方法；若申请人不愿撤回申请，则法院应裁定不予受理。申请人若不服裁定，可以上诉。

法院经过审查，认为破产申请既符合破产开始的形式要件，也符合破产开始的实质要件，应当受理该破产案件。虽然破产立法未对法院决定是否受理破产案件的时间作出直接规定，但有关司法解释根据《民事诉讼法》有关条款，确立了法院应当自收到破产申请后 7 日内决定是否受理破产案件的规定。若法院收到破产申请后曾责令申请人限期补救的，则该 7 日之期间应自法院收到更正或者补充材料之日起算。

《企业破产法》第 10 条规定了人民法院受理破产申请的期限要求。第 1 款规定："债权人提出破产申请的，人民法院应当自收到申请之日起五日内通知债务人。债务人对申请有异议的，应当自收到人民法院的通知之日起七日内向人民法院提出。人民法院应当自异议期满之日起十日内裁定是否受理。"第 2 款规定："除前款规定的情形外，人民法院应当自收到破产申请之日起十五日内裁定是否受理。有特殊情况需要延长前两款规定的裁定受理期限的，经上一级人民法院批准，可以延长十五日。"

2. 受理破产案件后的程序

(1) 通知和公告。《企业破产法》第 11 条第 1 款规定："人民法院受理破产申请的，应当自裁定作出之日起 5 日内送达申请人。"第 2 款规定："债权人提出申请的，人民法院应当自裁定作出之日起 5 日内送达债务人。债务人应当自裁定送达之日起 15 日内，向人民法院提交财产状况说明、债务清册、债权清册、有关财务会计报告以及职工工资的支付和社会保险费用的缴纳情况。"

(2) 破产保全。所谓破产保全是指法院在受理破产案件后，为保证将来宣告破产后能够顺利地实施破产清算、公平清偿各个债权人而对债务人的财产采取的限制其处分的强制性措施。我国破产立法没有直接规定破产保全，但有关司法解释对于法院为了保全债务人的财产而采取的措施作了具体规定。

(3) 债权的申报与确认。《企业破产法》第 45 条规定："人民法院受理破产申请后，应当确定债权人申报债权的期限。债权申报期限自人民法院发布受理破产申请公告之日起计算，最短不得少于 30 日，最长不得超过 3 个月。"关于债权申报及确认的具体规则，我国《企业破产法》设有专章规定。

(四)破产申请的驳回

法院收到破产申请后，经审查发现不符合法律规定或法院要求的，应当裁定驳回申请。《企业破产法》第 12 条规定："人民法院裁定不受理破产申请的，应当自裁定作出之日起 5 日内送达申请人并说明理由。申请人对裁定不服的，可以自裁定送达之日起 10 日内向上一级人民法院提起上诉。人民法院受理破产申请后至破产宣告前，经审查发现债务人不符合《企业破产法》第二条规定情形的，可以裁定驳回申请。申请人对裁定不服的，可以自裁定送达之日起 10 日内向上一级人民法院提起上诉。"

(五)破产程序开始的效力

所谓破产程序开始的效力，是指破产程序开始所带来的法律后果。它包括程序上的法律后果和实质上的法律后果。

1. 程序上的法律后果

(1) 破产管理人的选任。《企业破产法》第 13 条规定："人民法院裁定受理破产案件的，应当同时指定管理人。"

(2) 债权的申报。法院受理破产案件后，债权人应当按照规定的期限及程序申报债权。

(3) 债务人之民事诉讼管辖的规制。《企业破产法》第 21 条规定："人民法院受理破产申请后，有关债务人的民事诉讼，只能向受理破产申请的人民法院提起。"

(4) 破产程序的优先性。即破产程序优先于民事执行程序。《企业破产法》第 19 条规定："人民法院受理破产申请后，有关债务人财产的保全措施应当解除，执行程序应当中止。"第 20 条规定："人民法院受理破产申请后，已经开始而尚未终结的有关债务人的民事诉讼或者仲裁应当中止；在管理人接管债务人的财产后，该诉讼或者仲裁继续进行。"

2. 实质上的法律后果

(1) 对债务人的有关人员行为的限制。这里的有关人员是指企业的法定代表人，经人民法院决定，可以包括企业的财务管理人员和其他经营管理人员。《企业破产法》第 15 条规定："自人民法院受理破产申请的裁定送达债务人之日起至破产程序终结之日，债务人的有关人员承担下列义务：①妥善保管其占有和管理的财产、印章和账簿、文书等资料；②根据人民法院、管理人的要求进行工作，并如实回答询问；③列席债权人会议并如实回答债权人的询问；④未经人民法院许可，不得离开住所地；⑤不得新任其他企业的董事、监事、高级管理人员。"

(2) 债务人个别清偿的无效。《企业破产法》第 16 条规定："人民法院受理破产申请后，债务人对个别债权人的债务清偿无效。"

(3) 债务人的债务人或者财产持有人的义务。《企业破产法》第 17 条规定："人民法院受理破产申请后，债务人的债务人或者财产持有人应当向管理人清偿债务或者交付财产。债务人的债务人或者财产持有人故意违反前款规定向债务人清偿债务或者交付财产，使债权人受到损失的，不免除其清偿债务或者交付财产的义务。"

(4) 破产申请前成立合同的继续履行与解除。《企业破产法》第 18 条规定："人民法院受理破产申请后，管理人对破产申请受理前成立而债务人和对方当事人均未履行完毕的合同有权决定解除或者继续履行，并通知对方当事人。管理人自破产申请受理之日起二个月内未通知对方当事人，或者自收到对方当事人催告之日起三十日内未答复的，视为解除合同。管理人决定继续履行合同的，对方当事人应当履行；但是，对方当事人有权要求管理人提供担保。管理人不提供担保的，视为解除合同。"

二、破产宣告及其法律效力

(一)破产宣告的概念与特征

所谓破产宣告，是指法院依当事人(债权人或者债务人)之申请或者依职权，在确认债务人具有无法消除的破产原因时作出的，对债务人进行破产清算的裁定或者命令。

破产宣告具有以下特征。

(1) 破产宣告只有法院才能作出。

(2) 破产宣告既可以依申请作出，也可依职权作出。

(3) 破产宣告必须以债务人存在无法消除的破产原因为前提条件。

(4) 破产宣告必须符合法定条件和程序。

(5) 破产宣告一经作出，破产清算程序随之开始。

(二)破产宣告的程序

1. 审查破产宣告的条件

法院在裁定宣告债务人破产之前，应依职权对申请事项以及债务人的破产原因进行审查。破产宣告可以分为积极要件和消极要件，只有当债务人具备积极要件，而且没有消极要件时，法院才可以作出破产宣告。

(1) 积极要件。即债务人在实质上符合法律规定的破产能力并在客观上产生了破产原因，同时，破产申请等环节符合法定程序。

(2) 消极要件。即阻却破产宣告的要件，又称障碍要件或除外要件。我国《企业破产法》第108条规定："破产宣告前，有下列情形之一的，人民法院应当裁定终结破产程序，并予以公告：①第三人为债务人提供足额担保或者为债务人清偿全部到期债务的；②债务人已清偿全部到期债务的。"

2. 破产宣告裁定的作出

《企业破产法》第107条第1款规定："人民法院依照本法规定宣告债务人破产的，应当自裁定作出之日起五日内送达债务人和管理人，自裁定作出之日起十日内通知已知债权人，并予以公告。"

(三)破产宣告的法律效力

破产宣告的效力，是指人民法院作出的宣告债务人破产的法律文书生效之后，该裁定对破产人、破产程序、债权人及其他利害关系人所产生的法律后果。我国《企业破产法》第107条第2款规定："债务人被宣告破产后，债务人称为破产人，债务人财产称为破产财产，人民法院受理破产申请时对债务人享有的债权称为破产债权。"

根据各国立法之惯例，破产宣告后，破产人在公法与私法上的资格权利方面要受到相应限制。由于我国破产法不适用自然人，故仅规定了破产企业负责人的任职资格限制。如依据我国《公司法》第146条的规定，担任破产清算的公司、企业的董事或者厂长、经理，对该公司、企业的破产负有个人责任的，自该公司、企业破产清算完结之日起未逾三年，不得担任公司的董事、监事、高级管理人员。

三、变价与分配

(一)破产财产的变价

破产财产包括金钱财产和非金钱财产。破产财产的变价，即指将非金钱财产经过合理评估而分别或者概括地变卖，使之转化为金钱财产的一种行为。

破产财产的变价应当符合法律规定的程序。《企业破产法》第 111 条规定，管理人应当及时拟订破产财产变价方案，提交债权人会议讨论，并照债权人会议通过的或者人民法院裁定的破产财产变价方案适时变价出售破产财产。

《企业破产法》第 112 条还对破产财产的变价方式作了明确规定："变价出售破产财产应当通过拍卖进行。但是，债权人会议另有决议的除外。破产企业可以全部或者部分变价出售。企业变价出售时，可以将其中的无形资产和其他财产单独变价出售。按照国家规定不能拍卖或者限制转让的财产，应当按照国家规定的方式处理。"

(二)破产财产的分配

破产财产的分配，是指按照法律规定的顺序及规则，将破产财产在债权人之间进行清偿的程序。

(1) 分配顺序。根据《企业破产法》第 113 条规定，破产财产在优先清偿破产费用和共益债务后，依照下列顺序清偿：①破产人所欠职工的工资和医疗、伤残补助、抚恤费用，所欠的应当划入职工个人账户的基本养老保险、基本医疗保险费用，以及法律、行政法规规定应当支付给职工的补偿金；②破产人欠缴的除前项规定以外的社会保险费用和破产人所欠税款；③普通破产债权。破产财产不足以清偿同一顺序的清偿要求的，按照比例分配。破产企业的董事、监事和高级管理人员的工资按照该企业职工的平均工资计算。

(2) 分配方式。《企业破产法》第 114 条规定："破产财产的分配应当以货币分配方式进行。但是，债权人会议另有决议的除外。"

(3) 分配方案。《企业破产法》第 115 条规定："管理人应当及时拟订破产财产分配方案，提交债权人会议讨论。破产财产分配方案应当载明下列事项：①参加破产财产分配的债权人名称或者姓名、住所；②参加破产财产分配的债权额；③可供分配的破产财产数额；④破产财产分配的顺序、比例及数额；⑤实施破产财产分配的方法。债权人会议通过破产财产分配方案后，由管理人将该方案提请人民法院裁定认可。"

(4) 分配方案的执行。《企业破产法》第 116 条规定："破产财产分配方案经人民法院裁定认可后，由管理人执行。管理人按照破产财产分配方案实施多次分配的，应当公告本次分配的财产额和债权额。管理人实施最后分配的，应当在公告中指明，并载明本法第一百一十七条第二款规定的事项。"

(5) 附条件债权的分配。《企业破产法》第 117 条规定："对于附生效条件或者解除条件的债权，管理人应当将其分配额提存。管理人依照前款规定提存的分配额，在最后分配公告日，生效条件未成就或者解除条件成就的，应当分配给其他债权人；在最后分配公告日，生效条件成就或者解除条件未成就的，应当交付给债权人。"

(6) 未受领破产财产的分配。《企业破产法》第 118 条规定："债权人未受领的破产财产分配额，管理人应当提存。债权人自最后分配公告之日起满二个月仍不领取的，视为放弃受领分配的权利，管理人或者人民法院应当将提存的分配额分配给其他债权人。"

(7) 诉讼或者仲裁未决债权的分配。《企业破产法》第 119 条规定："破产财产分配时，对于诉讼或者仲裁未决的债权，管理人应当将其分配额提存。自破产程序终结之日起满二年仍不能受领分配的，人民法院应当将提存的分配额分配给其他债权人。"

四、破产终结

(一)破产终结的概念与法定事由

破产终结是指在破产程序进行之中，发生终结破产程序的法定原因时，由法院裁定结束破产程序。

可导致破产程序终结的法定事由主要有以下几种情形。

(1) 因实现和解、重整而终结。

(2) 因破产财产不足以支付破产费用而终结。

(3) 因破产财产分配完结而终结。

(4) 因破产人无财产可供分配而终结。

(二)破产终结的法律后果

(1) 注销登记。《企业破产法》第 121 条规定："管理人应当自破产程序终结之日起十日内，持人民法院终结破产程序的裁定，向破产人的原登记机关办理注销登记。"

(2) 管理人职务之终止。《企业破产法》第 122 条规定："管理人于办理注销登记完毕的次日终止执行职务。但是，存在诉讼或者仲裁未决情况的除外。"

(3) 对债权人的追加分配。《企业破产法》第 123 条规定："自破产程序依照本法第四十三条第四款或者第一百二十条的规定终结之日起二年内，有下列情形之一的，债权人可以请求人民法院按照破产财产分配方案进行追加分配：①发现有依照本法第三十一条、第三十二条、第三十三条、第三十六条规定应当追回的财产的；②发现破产人有应当供分配的其他财产的。有前款规定情形，但财产数量不足以支付分配费用的，不再进行追加分配，由人民法院将其上交国库。"

第二节 重 整 程 序

一、重整的概念与特征

(一)重整的概念

重整制度在各国法律中的称谓存在一定的差异。在美国称为"重整"，在法国称为"司法重整",在日本被称为"更生"或"再生",在英国被称为"管理程序"。

破产法上的重整,是指对可能或已经发生破产原因但又有挽救希望与挽救价值的债务人实施的,通过对各方利害关系人的利益协调,强制性进行营业重组与债务清理,以使债务人避免破产的法律制度。

(二)重整的特征

重整程序具有如下特征。

1. 重整对象的特定化

由于重整程序成本高、社会代价较大,多数国家破产立法一般将重整对象限定为大型企业。例如,在日本,重整仅适用于股份有限公司,而我国台湾地区现行"公司法"则将重整对象限制在公开发行股票或公司债券的股份有限公司。我国《企业破产法》将重整的对象限定为企业法人。

2. 重整原因的宽松化

破产清算与和解的原因一般为债务人不能清偿到期债务,而重整的原因明显要较此为宽,只要出现有不能清偿到期债务的可能就可以适用重整程序。这主要是为了更好的挽救陷于困难的企业。依照《企业破产法》第 2 条第 2 款规定,企业法人有明显丧失清偿能力可能的,也可以依法进行重整。

3. 重整程序启动的多元化

破产清算申请由债务人或债权人提出,和解申请一般只能由债务人提出,但重整申请既可由债权人或债务人提出,也可以由债务人的股东(出资人)提出。债务人的股东(出资人)的参与,有助于提升重整的成功率。

4. 重整措施的多样化

与和解程序单纯依靠债权人与债务人达成的妥协与让步协议相比,重整程序中可适用的措施更加多样,另还包括企业的部分或整体出让、分立与合并、追加投资、租赁经营、对担保物权行使的限制等措施。

5. 重整程序的优先化

重整程序不仅优先于一般民事执行程序,而且也优先于清算程序与和解程序。故当重整程序一经开始,不仅正在进行的一般民事执行程序应当中止,而且正在进行的清算程序或和解程序也应当中止。当清算申请、和解申请与重整申请同时并存时,法院应当优先受理重整申请。

二、重整程序的开始

(一)重整申请

(1) 申请重整的条件。主要包括：①必须具有重整的原因；②具有重整的希望；③受案法院由管辖权；④债务人应当具有重整能力。其中，重整原因和重整能力为法定条件。

(2) 重整申请权人。根据各国破产立法的规定，有权提出重整申请的主体主要包括：①债务人；②债权人；③股东(出资人)。根据我国《企业破产法》第70条第2款的规定，除债权人和债务人外，出资额占债务人注册资本 1/10 以上的出资人，可以向人民法院申请重整。

(3) 重整申请的形式与时间要求。无论债权人、债务人还是股东(出资人)提出重整申请，都应当以书面形式为之。根据我国《企业破产法》第70条的规定，重整申请权人提出重整申请的时间必须在破产宣告之前，破产宣告后不得再提出重整申请。具体分两种情况：①申请权人直接向法院申请重整，这种情况可以是当事人发生财务困难、有不能清偿债务之虞，即具备重整原因时提出，也可以是具备破产原因时，由当事人就适用清算程序、和解程序或重整程序作出选择后提出。②在债务人已经开始破产程序但尚未宣告破产前，申请权人可以提出重整申请，从而将破产程序转换为重整程序。

(二)法院受理

法院接到重整申请后，应在法定期限内对申请进行审查并作出受理或不受理的决定。

1. 法院对重整申请的审查

法院对重整申请的审查分为形式审查和实质审查两种。形式审查的事项主要包括：①拟重整的企业是否属于法律规定的重整对象；②受理法院对重整事件有无管辖权；③申请人有无申请权，有无当事人能力及诉讼能力；④是否已提出申请书，并载明法定事项；⑤申请重整的企业是否确定宣告破产，是否依据破产法达成和解协议，或企业是否解散；⑥申请人是否缴纳申请费用。形式审查合法后，法院应进行实质审查，即审查被申请重整的债务人是否具备重整能力和重整原因。

2. 法院对重整申请的驳回与受理

法院对重整申请进行审查后，应根据情况作出受理或不受理的裁定。经审查，法院认为申请形式不合法但可以补正者，应限期补正，如不能补正，应裁定驳回。重整申请虽然形式合法，但如被申请重整的债务人不具备重整能力和重整原因，法院也应驳回重整申请。对于符合法定的形式要件和实质要件的重整申请，法院应裁定予以受理。《企业破产法》第71条规定："人民法院经审查认为重整申请符合本法规定的，应当裁定债务人重整，并予以公告。"

三、重整期间的营业与管理

重整期间，是指法院裁定债务人重整之日起至重整程序终止的时间段。我国《企业破产法》第 72 条规定："自人民法院裁定债务人重整之日起至重整程序终止，为重整期间。"在这一期间，各国破产法为确保债务人继续营业，保障重整程序的顺利进行，需要明确债务人财产与营业事务的管理机构，对利害关系人的权利给予适当的限制。

(一)重整期间债务人财产与营业事务的管理机构

在重整期间，债务人财产与营业事务的管理，有债务人自行管理和管理人管理两种模式。从我国立法的规定来看，这两种都是可以选择适用的模式。

1. 债务人自行管理

根据《企业破产法》第 73 条的规定，在重整期间，经债务人申请，人民法院批准，债务人可以在管理人的监督下自行管理财产和营业事务。在此情形下，依照法律规定已接管债务人财产和营业事务的管理人应当向债务人移交财产和营业事务，法律规定的管理人的职权由债务人行使。

在重整期间，由债务人自行管理财产和营业事务，其优点在于债务人熟悉自己的财产状况和营业事务，也不必另行聘任管理人员而增加管理成本，其缺点在于债务人的自行管理能力与自行挽救的诚意无法判断，债权人利益有受到威胁的可能。因此，债务人自行管理财产和营业事务时，一般应将其置于管理人的监督之下。

2. 管理人管理

由管理人作为重整人负责在重整期间管理债务人的财产和营业事务，是破产法上的常见情形。我国《企业破产法》第 74 条规定："管理人负责管理财产和营业事务的，可以聘任债务人的经营管理人员负责营业事务。"考虑到债务人的经营管理人员更熟悉债务人的财产和营业，管理人聘请其负责营业执行，有利于提高重整效率。当然，管理人聘任这些经营管理人员的费用属于破产费用，从破产财产中随时支付。

(二)重整期间利害关系人权利的限制

在重整期间，利害关系人的权益应该得到保护，但是其相关权利的行使会受到一定的限制。

(1) 担保权行使的限制。《企业破产法》第 75 条规定，在重整期间，对债务人的特定财产享有的担保权暂停行使。但是，担保物有损坏或者价值明显减少的可能，足以危害担保权人权利的，担保权人可以向人民法院请求恢复行使担保权。

(2) 第三人财产取回权的限制。《企业破产法》第 76 条规定，债务人合法占有的他人财产，该财产的权利人在重整期间要求取回的，应当符合事先约定的条件。

(3) 出资人收益分配的限制。《企业破产法》第 77 条第 1 款规定，在重整期间，债务人的出资人不得请求投资收益分配。

(4) 债务人有关人员转让股权的限制。《企业破产法》第 77 条第 2 款规定，在重整期间，债务人的董事、监事、高级管理人员不得向第三人转让其持有的债务人的股权。但是，经人民法院同意的除外。

四、重整计划

(一)重整计划的概念

重整计划是指由债务人或管理人拟定，以维持债务人业务继续经营、清理其债务、谋求其再生为内容，并经债权人会议表决通过和法院批准的方案。重整计划的制订和批准是重整程序能否顺利进行的核心环节，只有切实可行、科学合理的重整计划才有可能获得债权人会议的表决通过，并最终有助于债务人重整成功。

(二)重整计划的制订与提交

1. 重整计划的制订

在重整计划的制订主体上，不同国家或地区的做法并不一致。我国台湾地区由重整人制订；日本一般由重整人制订，但在特殊情况下，其他人也可以制订；美国一般由债务人制订，但特殊情况下其他人也可制订。我国《企业破产法》则贯彻"谁管理，谁制订重整计划"的原则，第 80 条明确规定，债务人自行管理财产和营业事务的，由债务人制作重整计划草案；管理人负责管理财产和营业事务的，由管理人制作重整计划草案。

根据《企业破产法》第 81 条的规定，重整计划草案应当包括下列内容：①债务人的经营方案；②债权分类；③债权调整方案；④债权受偿方案；⑤重整计划的执行期限；⑥重整计划执行的监督期限；⑦有利于债务人重整的其他方案。

2. 重整计划的提交

根据我国《企业破产法》第 79 条的规定，债务人或者管理人应当在人民法院裁定债务人重整之日起 6 个月内制订出重整计划草案，并同时提交法院和债权人会议审查。有正当理由不能在前述 6 个月内制定的，债务人或管理人可请求法院延期 3 个月。债务人或者管理人不能按期提出重整计划草案的，人民法院应当裁定终止重整程序，并宣告债务人破产。

(三)重整计划的通过与批准

1. 重整计划的通过

重整计划关系到债权人切身利益,债务人或管理人制订重整计划草案后,必须经债权人会议表决通过。

(1) 表决的分组。《企业破产法第 82 条规定》:"下列各类债权的债权人参加讨论重整计划草案的债权人会议,依照下列债权分类,分组对重整计划草案进行表决:①对债务人的特定财产享有担保权的债权;②债务人所欠职工的工资和医疗、伤残补助、抚恤费用,所欠的应当划入职工个人账户的基本养老保险、基本医疗保险费用,以及法律、行政法规规定应当支付给职工的补偿金;③债务人所欠税款;④普通债权。人民法院在必要时可以决定在普通债权组中设小额债权组对重整计划草案进行表决。"

(2) 对重整计划草案的表决。根据《企业破产法》的规定,人民法院应当自收到重整计划草案之日起三十日内召开债权人会议,对重整计划草案进行表决。出席会议的同一表决组的债权人过半数同意重整计划草案,并且其所代表的债权额占该组债权总额的三分之二以上的,即为该组通过重整计划草案。重整计划草案涉及出资人权益调整事项的,应当设出资人组,对该事项进行表决。各表决组均通过重整计划草案时,重整计划即为通过。

2. 重整计划的批准

根据《企业破产法》的规定,自重整计划通过之日起十日内,债务人或者管理人应当向人民法院提出批准重整计划的申请。人民法院经审查认为符合本法规定的,应当自收到申请之日起三十日内裁定批准,终止重整程序,并予以公告。

部分表决组未通过重整计划草案的,债务人或者管理人可以同未通过重整计划草案的表决组协商。该表决组可以在协商后再表决一次。双方协商的结果不得损害其他表决组的利益。未通过重整计划草案的表决组拒绝再次表决或者再次表决仍未通过重整计划草案,但重整计划草案符合下列条件的,债务人或者管理人可以申请人民法院批准重整计划草案:①按照重整计划草案,本法第八十二条第一款第一项所列债权就该特定财产将获得全额清偿,其因延期清偿所受的损失将得到公平补偿,并且其担保权未受到实质性损害,或者该表决组已经通过重整计划草案;②按照重整计划草案,本法第八十二条第一款第二项、第三项所列债权将获得全额清偿,或者相应表决组已经通过重整计划草案;③按照重整计划草案,普通债权所获得的清偿比例,不低于其在重整计划草案被提请批准时依照破产清算程序所能获得的清偿比例,或者该表决组已经通过重整计划草案;④重整计划草案对出资人权益的调整公平、公正,或者出资人组已经通过重整计划草案;⑤重整计划草案公平对待同一表决组的成员,并且所规定的债权清偿顺序不违反本法第一百一十三条的规定;⑥债务人的经营方案具有可行性。

经人民法院裁定批准的重整计划,对债务人和全体债权人均有约束力。债权人未依照本法规定申报债权的，在重整计划执行期间不得行使权利；在重整计划执行完毕后，可以按照重整计划规定的同类债权的清偿条件行使权利。债权人对债务人的保证人和其他连带债务人所享有的权利，不受重整计划的影响。

(四)重整计划的执行

1. 重整计划的执行人

关于重整计划的执行人，各国立法虽有所差异，但不外乎两类人：一是债务人，二是管理人或者重整人。由债务人担当重整程序的执行人，其优点是债务人对企业状况最为了解，执行计划驾轻就熟，宜于操作。

根据我国《企业破产法》第 89 条的规定，重整计划由债务人负责执行。债务人作为执行人，无疑有利于计划的执行，但也不可避免会造成利害关系人利益的损害，因而建立有效的监督机制，是重整计划执行的关键。

2. 重整计划执行的监督

根据《企业破产法》的规定，自人民法院裁定批准重整计划之日起，在重整计划规定的监督期内，由管理人监督重整计划的执行。在监督期内，债务人应当向管理人报告重整计划执行情况和债务人财务状况。监督期届满时，管理人应当向人民法院提交监督报告。自监督报告提交之日起，管理人的监督职责终止。经管理人申请，人民法院可以裁定延长重整计划执行的监督期限。

五、重整程序的终止

重整程序的终止，是指法院根据重整人或者其他利害关系人的申请或依职权裁定终止已开始的重整程序。

重整程序的终止包括以下几种情形。

(1) 因重整期间债务人存在特定行为而终止。《企业破产法》第 78 条规定："在重整期间，有下列情形之一的，经管理人或者利害关系人请求，人民法院应当裁定终止重整程序，并宣告债务人破产：①债务人的经营状况和财产状况继续恶化，缺乏挽救的可能性；②债务人有欺诈、恶意减少债务人财产或者其他显著不利于债权人的行为；③由于债务人的行为致使管理人无法执行职务。"

(2) 因重整计划未获法院批准而终止。《企业破产法》第 88 条规定："重整计划草案未获得通过且未依照本法第八十七条的规定获得批准，或者已通过的重整计划未获得批准的，人民法院应当裁定终止重整程序，并宣告债务人破产。"

(3) 因债务人不能或不执行重整计划而终止。《企业破产法》第 93 条第 1 款规定："债务人不能执行或者不执行重整计划的，人民法院经管理人或者利害关系人请求，应当裁定终止重整计划的执行，并宣告债务人破产。"对于终止重整计划执行的后果，依据该条第 2 款、第 3 款、第 4 款也作了明确规定：人民法院裁定终止重整计划执行的，债权人在重整计划中作出的债权调整的承诺失去效力。债权人因重整计划实施所受的清偿仍然有效，未受清偿的部分应作为破产债权行使权利，但只有当其他债权人所受的清偿达到同一比例时，该债权人才能继续接受分配。此外，为重整计划的执行提供的担保继续有效。

（4）因重整计划被法院批准而终止。根据《企业破产法》第 86 条和第 87 条的规定，重整计划得到通过并获得法院的裁定批准，或者未通过的重整计划草案的表决组拒绝再次表决或者再次表决仍未通过，但重整计划草案符合法定条件的，经债务人或者管理人申请，法院依法裁定批准，同时裁定终止重整程序，并予以公告。这里的重整程序终止，不会导致破产宣告，而是开始重整计划的执行。

第三节　和　解　程　序

一、和解的概念与特征

（一）和解的概念

和解是指具备破产原因的债务人，为避免破产清算而与其债权人之间，就延期、分期清偿或免除及部分免除债务达成协议，协议经法院认可后生效的法律程序。一般认为，作为预防债务人破产的较为完善的和解法律制度，首创于 1883 年比利时颁布的法律——《预防破产之和解制度》，此后和解制度成为各国破产法中的重要内容。①

破产法上的和解分为法院和解与法院外和解。法院和解属于强制和解，它不需要每一个债权人同意，只要债权人会议的多数表决通过和解协议即可，和解协议生效后对全体债权人均有约束力。法院和解又分破产宣告前的和解与破产宣告后的和解，其中破产宣告前的和解具有阻却破产清算程序的功能，而破产宣告后的和解则不具备。我国《企业破产法》规定的和解仅限于破产宣告前的和解。

法院外的和解又称自行和解，属于民法一般意义上的和解，即债权人与债务人在没有法院参与的情况下，自愿就债权债务关系的解决达成一致协议，以了结债权债务的一种路径。我国《企业破产法》第 105 条规定："人民法院受理破产申请后，债务人与全体债权人就债权债务的处理自行达成协议的，可以请求人民法院裁定认可，并终结破产程序。"这说明我国立法承认债权人与债务人在法院外达成自行和解的效力。当然，法院外的和解必须经全体债权人同意，且须由人民法院裁定认可。

---

① 王欣新著：《破产法》(第三版)，中国人民大学出版社，2011 年版第 226 页。

(二)和解的法律特征

和解具有如下法律特征。

1. 和解请求以避免破产清算为目的

债务人与债权人会议就债务清偿达成和解协议并经法院认可后，清算程序即行中止。只要债务人履行和解协议约定的义务，就可以避免破产清算，并可终结清算程序。

2. 和解的适用以债务人已具备破产原因为条件

和解制度设立的目的，在于为债务人提供避免被破产清算的机会。如果债务人本身不具备破产原因，破产清算程序无法开始，自然也就无适用和解制度的必要。

3. 和解协议采用让步方法了结债务

单纯的破产清算由于受限于债务人现有财产的状况，债权人往往损失巨大，而和解则可以以债务人将来获得的财产作为实现债权的基础，从而使得债权人通过和解可以获得更多的清偿。为达到此目的，债权人通常需要作出减少本金、放弃或减少利息、延长偿债期限以及同意第三人承担债务等方面的让步，以利于债务人重新获得新生，避免被破产清算。当然，与重整程序中可以采用多元措施挽救债务人相比，这种单纯以让步方法避免债务人被破产清算，其实施效果无疑要差得多。

4. 和解程序受法定机关的监督

尽管和解本质上属于当事人自愿协议的范畴，应当充分体现当事人的意思自治，但为了保护债权人的利益，维护程序公正，各国一般将和解程序置于审判机关或者其他特别机关的监督之下，职权包括对和解申请的认可、债权人会议的召集、裁定认可和解协议、监督和解协议的执行等。

5. 和解程序具有优先于破产清算程序的效力

各国破产法均承认和解对于清算程序的优先效力，这主要表现在：和解申请即使晚于破产清算申请提出，也应当优先受理；如果和解成立和生效在破产清算程序开始之前，和解就成为阻却破产清算程序开始的法定事由；在破产程序的进行过程中有和解许可的，应当终结或者中止破产程序。

二、和解程序的进行

(一)和解的开始

各国对破产和解的成立原则上采取申请主义，法院不得依职权启动和解程序。我国《企业破产法》第 95 条第 1 款规定："债务人可以依照本法规定，直接向人民法院申请和解；

也可以在人民法院受理破产申请后、宣告债务人破产前，向人民法院申请和解。"可见，我国立法也确认和解程序的启动须基于和解申请。而和解申请必须符合法律规定的形式要件和实质要件。

1. 和解申请的形式要件

(1) 和解申请须由申请权人提出。关于和解申请权人，大陆法系国家如德国、日本等规定只能是债务人，但一些英美法系国家则允许债权人也可以提出和解申请。由于和解能否取得成功，更多取决于债务人的诚意，尤其是债务人能否提出具有可行性的和解方案，故国际上多数国家破产法将和解申请权人限定为债务人。我国《企业破产法》也规定，和解申请只能由债务人提出。

(2) 和解申请须在法律规定的时间内提出。一般而言，对于破产宣告前的和解，只要债务人具备了破产原因，在破产宣告前的任何时候债务人均可提出和解申请；对于破产宣告后的和解，债务人则只能在破产宣告以后破产财产最后分配以前提出和解申请。依据我国《企业破产法》的规定，债务人既可以直接向人民法院申请和解，也可以在人民法院受理破产案件后宣告债务人破产前申请和解。

(3) 和解申请须向有管辖权的法院提出。如债务人依法直接向法院申请和解，须遵守破产法关于破产案件管辖的相关规定。根据我国《企业破产法》的规定，债务人直接提出和解申请只能向债务人所在地法院提出。

(4) 和解申请的方式及应提交的文件须符合法律规定。和解申请一般应以书面形式为之，即应向法院提交和解申请书。和解申请须提交相关文件。依据我国《企业破产法》第95条第2款规定，债务人申请和解，应当提出和解协议草案。和解协议草案应包含以下基本内容：①债务人和各债权人的自然状况；②债务人清偿债务的财产来源；③债务人清偿债务的办法；④债务人清偿债务的期限；⑤若要求减少债务的，还应写明请求减少的数额。此外，债务人申请和解时，还应当提交财产状况说明书、债权债务清册、担保及相关文件等。

2. 和解申请的实质要件

(1) 债务人须有和解能力。具有和解能力是民事主体依法申请破产和解的前提。一般而言，有破产能力的主体均具有和解能力。依据我国《企业破产法》的规定，只有企业法人才有和解能力。

(2) 须有和解原因。即债务人必须具备破产原因。债务人直接向法院提出和解申请，必须以债务人具有破产原因为条件，至于债务人在法院受理破产案件后至宣告破产前提出和解申请的，则债务人必然已经具备破产原因。

(二)和解申请的审查与裁定

债务人提出和解申请并不意味着和解程序的当然开始，必须经过法院对和解申请的审查和裁定，和解程序才得以开始。

法院收到债务人提出的和解申请后，应当依法进行形式审查和实质审查。形式审查主要包括法院有无管辖权、申请人及债务人是否适格、法定必备文件是否齐全等。实质审查主要包括是否存在和解原因、债务人是否具有和解能力、是否存在和解障碍以及和解协议草案的内容是否违法或者侵害债权人利益等。法院经审查认为和解申请符合法律规定的，法院应当裁定许可进行和解程序。法院经审查认为不符合法律规定的，可以责令债务人作相应的补正，债务人拒不补正或者经补正后仍不符合法律规定的，应当裁定驳回和解申请。《企业破产法》第 96 条第 1 款规定："人民法院经审查认为和解申请符合本法规定的，应当裁定和解，予以公告，并召集债权人会议讨论和解协议草案。"

(三)和解协议的成立与生效

和解的成立取决于和解协议的成立与生效。和解协议本质上是债务人与债权人会议双方意思表示一致而成立的契约。和解协议的成立要件是债权人通过和解协议的决议。我国《企业破产法》第 97 条规定，债权人会议通过和解协议的决议，由出席会议的有表决权的债权人过半数同意，并且其所代表的债权额占无财产担保债权总额的三分之二以上。由于和解协议的通过与否对每一个债权人都事关重大，故法律往往要求债权人会议以绝对多数通过。值得注意的是，根据我国《企业破产法》第 59 条第 3 款的规定，对债务人的特定财产享有担保权的债权人，未放弃优先受偿权利的，对通过和解协议不享有表决权。

债权人会议通过和解协议并不意味着和解协议的生效，和解协议要发生法律效力，还有待于法院对和解协议的裁定认可。法院对和解协议的裁定认可，是代表国家对当事人就其民事权利所作的处分进行监督与干预。法院在决定是否裁定认可和解协议时，需要审查决议通过程序是否合法、债务人有无和解诚意等。我国《企业破产法》第 98 条规定："债权人会议通过和解协议的，由人民法院裁定认可，终止和解程序，并予以公告。管理人应当向债务人移交财产和营业事务，并向人民法院提交执行职务的报告。"

《企业破产法》第 99 条规定，和解协议草案经债权人会议表决未获得通过，或者已经债权人会议通过的和解协议未获得人民法院认可的，人民法院应当裁定终止和解程序，并宣告债务人破产。而第 103 条规定，因债务人的欺诈或者其他违法行为而成立的和解协议，人民法院应当裁定无效，并宣告债务人破产。有前款规定情形的，和解债权人因执行和解协议所受的清偿，在其他债权人所受清偿同等比例的范围内，不予返还。可见，和解协议成立并生效后，并不是不可逆转的。

三、和解协议的法律效力

经法院裁定认可的和解协议，对债务人及全体和解债权人均有约束力。这里的"和解债权人"是指人民法院受理破产申请时对债务人享有无财产担保债权的人。和解协议的法律效力主要表现在以下方面。

(一)和解协议对债务人的效力

(1) 债务人应严格执行和解协议。和解协议是和解债权人与债务人之间就原债权债务关系所成立的新的契约，该契约对债务人具有约束力，债务人应严格按照和解协议规定的条件清偿债务。债务人不能执行或者不执行和解协议的，人民法院经和解债权人请求，应当裁定终止和解协议的执行，并宣告债务人破产。 此外，债务人不得对个别和解债权人为和解协议以外的给付，不得给予个别和解债权人超出和解协议约定范围的利益，除非是对全体债权人均提前清偿或提高相同的清偿比例。

(2) 对债务人管理处分权的限制。和解协议发生法律效力之后，债务人财产之管理处分权又依法从管理人处移交到债务人，但债务人在行使管理处分权时，不得违反和解协议的限制或者法律规定的限制。

(3) 对债务人的相对免责。和解协议通常会约定对债务人减免债务、延缓清偿期限等，这些对债务人责任的相对减轻，也是基于和解协议生效的当然的法律后果。

(二)和解协议对债权人的效力

和解协议经法院裁定认可后，对所有和解债权人，包括不同意和解协议的和解债权人，均具有约束力。债权人应按照和解协议中规定的债权额、清偿期等接受清偿，不得接受债务人的个别清偿。根据我国《企业破产法》第 100 条第 3 款的规定，和解债权人未依照本法规定申报债权的，在和解协议执行期间不得行使权利；在和解协议执行完毕后，可以按照和解协议规定的清偿条件行使权利。

(三)和解协议对保证人、连带债务人的效力

和解协议对债务人的保证人或连带债务人不产生变更其债务关系的法律效力，债权人对债务人所作的让步，效力不及于债务人的保证人或连带债务人，他们仍应按照原来债的约定或法定责任承担保证或连带责任。我国《企业破产法》第 101 条规定："和解债权人对债务人的保证人和其他连带债务人所享有的权利，不受和解协议的影响。"

(四)和解协议对享有担保权的权利人的效力

我国《企业破产法》第 96 条第 2 款规定，对债务人的特定财产享有担保权的权利人，自人民法院裁定和解之日起可以行使权利。 对债务人的特定财产享有担保权的权利人不属于和解债权人，不受和解协议效力约束，仍可提起对担保物的执行程序。债务人如为避免因担保物执行使和解难以进行，需要与此类债权人另行单独达成和解。

四、和解程序的终止

(一)和解程序终止的情形

和解程序终止主要有以下几种情形。

(1) 因和解协议草案未获通过或认可而终止。《企业破产法》第99条规定："和解协议草案经债权人会议表决未获得通过，或者已经债权人会议通过的和解协议未获得人民法院认可的，人民法院应当裁定终止和解程序，并宣告债务人破产。"

(2) 因和解协议被法院裁定无效而终止。《企业破产法》第103条第1款规定："因债务人的欺诈或者其他违法行为而成立的和解协议，人民法院应当裁定无效，并宣告债务人破产。"

(3) 因债务人不能执行和不执行和解协议而终止。《企业破产法》第104条第1款规定："债务人不能执行或者不执行和解协议的，人民法院经和解债权人请求，应当裁定终止和解协议的执行，并宣告债务人破产。"

(4) 因债务人与全体债权人自行和解而终止。《企业破产法》第105条规定："人民法院受理破产申请后，债务人与全体债权人就债权债务的处理自行达成协议的，可以请求人民法院裁定认可，并终结破产程序。"

(5) 因债务人完全履行了和解协议而终止。和解期限届满时，若债务人已依和解协议之约定清偿了其全部债务，法院自应裁定终结破产程序并公告。

(二)和解程序终止的法律后果

(1) 债务人被宣告破产。如依据我国《企业破产法》第99条、第103条第1款、第104条第1款的规定，人民法院在裁定和解协议无效、终止和解协议的执行或终止和解程序的同时，将依法宣告债务人破产。

(2) 和解债权人已受清偿不予返还。《企业破产法》第103条规定，和解协议因债务人的欺诈等违法行为被人民法院裁定无效后，和解债权人因执行和解协议所受的清偿，在其他债权人所受清偿同等比例的范围内，不予返还。

(3) 和解债权人已作出的债权调整承诺失效。《企业破产法》第104条规定，因债务人不能执行或者不执行和解协议，人民法院裁定终止和解协议执行后，为和解协议的执行提供的担保继续有效，和解债权人在和解协议中作出的债权调整的承诺则失去效力。和解债权人因执行和解协议所受的清偿仍然有效，和解债权未受清偿的部分作为破产债权，但和解债权人只有在其他债权人同自己所受的清偿达到同一比例时，才能继续接受分配。

(4) 和解协议执行完毕后债务人依约减免的债务不再承担。《企业破产法》第106条规定，按照和解协议减免的债务，自和解协议执行完毕时起，债务人不再承担清偿责任。

自 测 题

1. 破产申请的形式要件和实质要件各有哪些？
2. 简述破产程序开始的法律效力。
3. 破产宣告有哪些法律效力？
4. 我国法律规定的破产财产分配顺序是怎样的？
5. 与破产清算、和解程序相比，破产重整程序有哪些特征？
6. 试比较破产清算、和解和重整三大程序在申请权人上的差异。
7. 重整计划草案未获表决通过，什么情况下人民法院可以强制批准重整计划？
8. 和解申请需要具备哪些形式要件和实质要件？
9. 经人民法院裁定认可的和解协议对债务人、债权人产生哪些法律效力？

参 考 文 献

1.　覃有土. 商法学. 北京：高等教育出版社，2012

2.　王保树. 商法总论. 北京：清华大学出版社，2007

3.　任先行. 商法原论(上下册).北京：知识产权出版社，2015

4.　雷兴虎. 商法学教程(第二版). 北京：中国政法大学出版社，2008

5.　赵旭东. 公司法学(第四版). 北京：高等教育出版社，2015

6.　雷兴虎. 公司法学(第二版). 北京：北京大学出版社，2012

7.　冯果. 证券法. 武汉：武汉大学出版社，2014

8.　叶林. 证券法(第三版). 北京：中国人民大学出版社，2010

9.　高西庆，陈大刚. 证券法学案例教程. 北京：知识产权出版社，2005

10.　罗培新. 最新证券法解读. 北京：北京大学出版社，2006

11.　谢怀栻. 票据法概论(增订版). 北京：法律出版社，2006

12.　刘心稳. 票据法. 北京：中国政法大学出版社，2008

13.　梁宇贤. 票据法新论. 北京：中国人民大学出版社，2004

14.　吴京辉. 票据行为论. 北京：中国财政经济出版社，2006

15.　胡德胜，李文良. 中国票据制度研究. 北京：北京大学出版社，2005

16.　樊启荣. 保险法. 北京：北京大学出版社，2011

17.　王卫国. 破产法精义. 北京：法律出版社，2007

18.　李国光. 最高人民法院关于破产法司法解释的理解与适用. 北京：人民法院出版社，2002

19.　韩长印. 破产法学. 北京：中国政法大学出版社，2007

20.　李飞. 当代外国破产法. 北京：中国法制出版社，2006